国家技能型紧缺人才

职业教育城市轨道交通专业任务驱动、项目导向改革创新示范教材

城市轨道交通电力监控系统

李冰涛　王德铭　主　编
孟宪庄　牛园园　参　编
田爱军　陆广华　主　审

西安交通大学出版社
XI'AN JIAOTONG UNIVERSITY PRESS

图书在版编目（CIP）数据

城市轨道交通电力监控系统/李冰涛，王德铭主编 . —西安:西安交通大学出版社,2017.7

国家技能型紧缺人才职业教育城市轨道交通专业任务驱动、项目导向改革创新示范教材

ISBN 978 - 7 - 5605 - 9946 - 5

Ⅰ. ①城…　Ⅱ. ①李…　②王…　Ⅲ. ①城市铁路—轨道交通—电力监控系统—职业教育—教材　Ⅳ. ①U239.5

中国版本图书馆 CIP 数据核字（2017）第 187531 号

书　　　名	城市轨道交通电力监控系统
主　　　编	李冰涛　王德铭
责 任 编 辑	李清妍　贺彦峰
出 版 发 行	西安交通大学出版社
	（西安市兴庆南路 10 号　邮政编码 710049）
网　　　址	http://www.xjtupress.com
电　　　话	（029）82668357　82667874（发行中心）
	（029）82668315（总编办）
传　　　真	（029）82668280
印　　　刷	陕西丰源印务有限公司
开　　　本	787mm×1092mm　1/16　印张 19.75　字数 471 千字
版次印次	2018 年 1 月第 1 版　　2018 年 1 月第 1 次印刷
书　　　号	ISBN 978 - 7 - 5605 - 9946 - 5
定　　　价	39.80 元

读者购书、书店添货、如发现印装质量问题,请与本社发行中心联系、调换。

订购热线:（029）82665248　（029）82665249

投稿热线:（029）82668284

内 容 简 介

　　本书以城市轨道交通供电所需知识、技能为出发点编写。全书分为三篇共 11 章，首先介绍了国家电力电网系统与铁路电力供电系统中远动技术的应用概况，以及 SCADA 技术的基础性知识。其次，对 PLC 技术在电力监控系统中的应用、电力监控系统中网络通信技术的基础知识（即数据通信与计算机的网络技术、工业总线技术等）进行了全面介绍。最后，以苏州地铁 1 号线电力监控系统为实例，介绍了电力监控系统的架构及主要设备构成、苏州地铁控制中心的电力调度系统及其变电所综合自动化系统，并针对电力监控系统的功能及实现的技术手段等进行了全面讲解。

　　本书可作为职业类院校城市轨道交通供电及其相关专业学生的教材，也可作为从事轨道交通电力供电职工的自学及参考资料。

P REFACE 前 言

随着我国城市化进程的快速推进，越来越多的城市开始发展轨道交通。城市轨道交通以其运能大、能耗低、污染少、速度快、安全、准点等优势，成为深受人们欢迎的城市交通方式。为适应这一行业的需求，越来越多的职业院校以及高校都陆续开设了与轨道交通相关的专业，但由于此类专业形成时间短、专业性强，因而有针对性的教材处于落后状态。目前其各专业所用教材严格说来还不算成熟，知识体系编排不够科学合理，系统性也不强，所以亟需编出一些适合的、好用的教材来，这也是我们编写本书的目的。

"城市轨道交通电力监控系统"课程是城市轨道交通供电专业中专业性较强的一门核心课程。随着计算机技术、网络技术和通信技术的迅速发展，该课程的重要性越来越突显。

电力监控技术最早应用于国家电网电力供电系统。它在电力系统上的应用叫作"电力远动技术"，在铁路电力供电系统上的应用叫作"铁路电力系统远动技术"，而在城市轨道交通系统中，它被纳入了城市轨道交通综合监控系统之中，也叫电力监控子系统（PSCADA）。所以，在进行内容策划时，一方面考虑到学生的就业方向既有城市地铁也有国家铁路施工单位，另一方面不论是城市轨道交通还是国家铁路的运输，其电力皆来自国家电网。因此，为保证知识体系的完整性和系统性，本书在内容的选择上进行了兼顾性处理。以城市轨道交通电力监控系统为主，兼顾了国家电力电网系统以及铁路行业电力供电系统的远动技术，教师在教学实施过程中可以根据学生的不同就业方向及技能要求，对教学内容作选择性讲解。如此亦可减少教师在选用教材时的困难。

本书分为三篇共11章，其中第1至第3章（第一篇）主要介绍了国家电网系统和铁路供电系统的远动技术知识；第4至第7章（第二篇）主要介绍实现各种电力监控系统所需要的技术及其装备；第8至第11章（第三篇）具体介绍了苏州地铁1号线电力监控系统的设备组成、工作原理及其电力岗位工作人员对设备基本的操作要求。希望这种由点到面的知识介绍，能够使学生对各种电力监控系统有一个全面的了解和掌握。

本书第二篇由徐州技师学院王德铭老师编写；第三篇由徐州技师学院的孟宪庄老师和牛园园老师共同编写；其余部分全部由徐州技师学院的李冰涛老师编写。李冰涛老师还完成了全部内容的统编与组稿工作。本书由王德铭老师策划，田爱军、陆广华老师主审。

本书在编写过程中参考了大量的相关资料，在此对这些文献的所有作者们表示诚挚的感谢。

由于编者水平有限，书中难免存在不当之处，敬请读者批评指正。

第一篇　电力系统与铁路系统远动技术概述

第二篇 轨道交通电力监控系统技术基础

第4章 PLC 技术 /96

第5章　数据通信技术　/125

第6章　计算机网络技术　/154

第7章　工业总线技术　/219

第一篇

电力系统与铁路系统远动技术概述

本篇主要介绍国家电力网系统与铁路电力供电系统中远动技术的应用，以使学生建立对电力远动技术总体的了解。第 1 章介绍了我国电力供电电网的结构及电力系统的远动技术；第 2 章对 SCADA 技术作了基础性知识的概述；第 3 章对铁路电力远动技术进行了概括性介绍。

第1章

电力系统远动技术

1.1 电力系统概述

1.1.1 什么是电力系统

日常生活中的电能通常由发电厂提供。但是，发电厂提供的电能是怎样满足不同用户需求的呢？这就需要一套完整的电力系统。电力系统是由发电、变电、输电、配电和用电等环节组成的电能生产与消费系统。电力系统的功能是将自然界的一次能源通过发电动力装置（主要包括锅炉、汽轮机、发电机及电厂辅助生产系统等）转化成电能，再经输电体系统、变电系统及配电系统将电能供应给各用户，用户使用各种设备再将电能转换成动力、热、光等不同形式的能量。

发电厂与用户多数处于不同地区，并且电能无法大量储存，因此电能生产必须时刻保持与消费平衡。为实现这一功能，电力系统应在各个环节和不同层次设置相应的信息与控制系统，对电能的生产过程进行测量、调节、控制、保护、通信和调度，以保证用户获得安全、经济、优质的电能。电力供电系统示意图如图1-1所示。

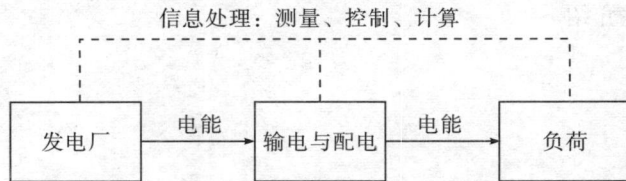

信息处理：测量、控制、计算

| 发电厂 | → 电能 → | 输电与配电 | → 电能 → | 负荷 |

图1-1 电力供电系统示意图

建立结构合理的大型电力系统不仅便于电能生产与消费的集中管理、统一调度和分配，减少总装机容量，节省动力设施投资，而且有利于地区能源资源的合理开发利用，更大限度地满足地区国民经济日益增长的用电需要。电力系统建设往往是国家及地区国民经济发展规划的重要组成部分。

电力系统的出现，使高效、无污染、使用方便、易于调控的电能得到广泛应用，推动了社会各生产领域的变化，开创了电力时代，发生了第二次技术革命。目前，电力系统的规模和技术水准已成为一个国家经济发展水平的标志之一。

1.1.2 电力系统的发展概况

最早的电力系统是简单的住户式供电系统，由小容量发电机单独向灯塔、轮船、车间等照明供电。白炽灯的发明，使电能的应用进入千家万户，从而出现了中心电站式供电系统，如 1882 年爱迪生在纽约主持建造了珍珠街电站。它装有 6 台直流发电机，总容量为 900 马力（约 662 千瓦），用 110 伏电压供给电灯照明（开始时，近 1300 盏灯）。19 世纪 90 年代初，三相交流输电研究成功，并很快取代了直流输电，成为电力系统大发展的里程碑。随之，三相感应电动机及交流功率表也先后研制成功，推动了电力系统的发展。

交流电力系统可以提高输电电压，增加装机容量，延长输电距离，节省导线材料，具有无可争辩的优越性。交流输电地位的确定，成为电力系统大发展的新起点。

1895 年在美国尼亚加拉建成了复合电力系统，这是早期交流电力系统的代表。复合电力系统装有单机容量为 5000 马力（约 3677 千瓦）的交流水力发电机，用二相制交流 2.2 千伏向地区负荷供电，又用三相制交流 11 千伏输电线路与巴伐洛电站相连，还使用了变压器和交直流变换器将交流电变为 100～230 伏直流电，供应照明、化工、动力等负荷。尼亚加拉电力系统的成功，结束了长达 10 年的关于直流输电（以爱迪生为代表）与交流输电（以 G. 威斯汀豪斯为代表）的方案之争。

20 世纪以来，电力系统的大发展使动力资源得到更充分的开发，工业布局也更为合理，使电能的应用不仅深刻地影响着社会物质生产的各个侧面，也越来越广地渗透到人类日常生活的各个层面。图 1-2 所示为电力系统示意图。

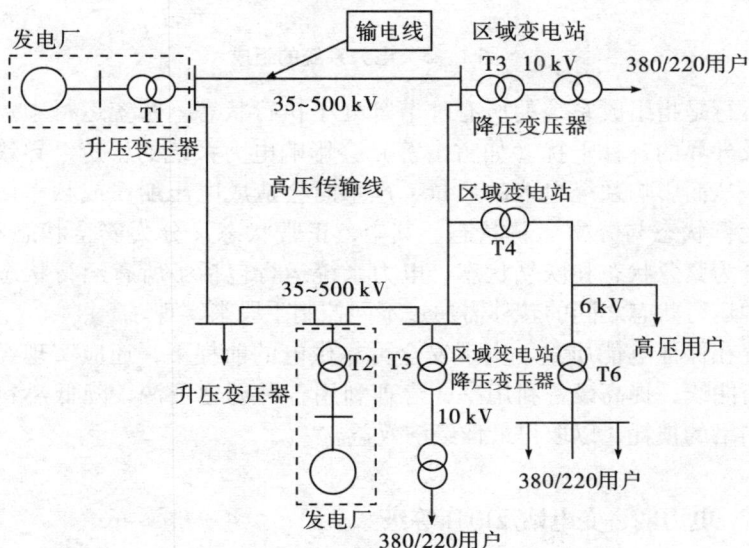

图 1-2　电力系统示意图

20 世纪以后，人们普遍认识到扩大电力系统的规模可以在能源开发、工业布局、负荷调整、系统安全与经济运行等方面带来显著的社会经济效益。于是，电力系统的规模迅速增长。世界上覆盖面积最大的电力系统是前苏联的统一电力系统。它东西横越 7000 千米，南北纵贯 3000 千米，覆盖了约 1000 万平方千米的土地。

我国的电力系统是从 20 世纪 50 年代开始迅速发展起来的。

1.1.3 电力系统的构成与运行

如图 1-3 所示，电力系统的主体结构有电源、电力网络和负荷中心。电源指各类发电厂（站），它将一次能源转换成电能。电力网络由电源的升压变电所、输电线路、负荷中心变电所、配电线路等构成；它的功能是将电源发出的电能升压到一定等级后输送到负荷中心变电所，再降压至一定等级后，经配电线路与用户相连。电力系统中千百个网络结点交织密布，有功潮流、无功潮流、高次谐波、负序电流等近似光速在全系统范围传播。它既能输送大量电能，创造巨大财富，也能在瞬间造成重大的灾难性事故。为保证系统安全、稳定、经济地运行，必须在不同层次上依不同要求配置各类自动控制装置与通信系统，以组成信息与控制子系统。信息与控制子系统已成为实现电力系统信息传递的神经网络，使电力系统具有可观测性与可控性，为电能生产与消费过程的正常进行以及事故状态下的紧急处理提供保障。

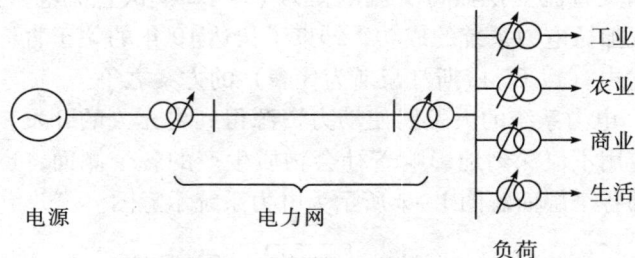

图 1-3 电力系统的组成

系统的运行是指组成系统的所有环节都处于执行状态。系统运行中，电力负荷的随机变化以及外界的各种干扰（如雷击等）会影响电力系统的稳定，导致系统电压与频率的波动，从而影响系统电能的质量，严重时会造成电压崩溃或频率崩溃。系统运行分为正常运行状态与异常运行状态。其中，正常状态又分为安全状态和警戒状态；异常状态又分为紧急状态和恢复状态。电力系统运行包括了所有运行状态及其相互间的转移。各种运行状态之间的转移需通过不同控制手段来实现。

电力系统在保证电能质量、实现安全可靠供电的前提下，还应实现经济运行，即努力调整负荷曲线，提高设备利用率，合理利用各种动力资源，降低燃料的消耗、厂用电和电力网络的损耗，以取得最佳经济效益。

1.1.4 电力网、变电站及电压等级

电力网是电力系统中除发电设备和用电设备以外的部分，它是由电力系统中各种电压的变电所及输配电线路组成的整体。电力网包含变电、输电、配电三个单元。电力网以变换电压（变电）、输送和分配电能为主要功能，是协调电力生产、分配、输送

和消费的重要基础设施。它把分布在广阔地域内的发电厂和用电户连成一体，把集中生产的电能送到分散用电的千家万户。

电力网主要由电力线路、变电所和换流站（实现交流电和直流电相互变换的技术装置）组成。电力网各部分按功能可分为输电线路、区域电网、联络线和配电网络。其中，联络线可以实现网络互联，能够合理调剂区域间的电能，提高供电可靠性和发电设备利用率，使电力系统运行的经济性、稳定性都得以改善。实现网络互联虽具有较大的社会、经济效益，但它对电力系统的结构、控制措施、通信设施、运行调度等也提出了更高的要求。图1-4所示为高压电力网线图。

图1-4 高压电力网线图

电能生产是产、供、销同时发生，同时完成的。产、供、销三者中任意一个环节配合不好，都不能保证电力系统的安全、经济运行。

变电站是改变电压的场所。为了能较经济地将电能输送到较远的地方，必须把电压升高，到用户附近时再按需要把电压降低，这种升降电压的工作就靠变电站来完成。变电站的主要设备是开关和变压器。图1-5所示为变站设备图。

图1-5 变电站设备图

目前我国常用的电压等级为：220 V、380 V、6 kV、10 kV、35 kV、110 kV、220 kV、330 kV、500 kV、1000 kV。通常将35 kV以上的电压线路称为送电线路；将35 kV及其以下的电压线路称为配电线路；将额定电压为1 kV以上的称为"高电压"，额定电压在1 kV以下的称为"低电压"。

交流电压等级中，通常将 1 kV 及以下称为低压，1 kV 以上、20 kV 及以下称为中压，20 kV 以上、330 kV 以下称为高压，330 kV 及以上、1000 kV 以下称为超高压，1000 kV 及以上称为特高压。表 1 – 1 为不同电压合适的输送电距离和功率。

表 1 – 1　所示不同电压合适的输送电距离和功率

电压等级/KV	送电距离/km	送电功率/kW
0.4	0.6 以下	100 以下
6.6	4 ~ 15	100 ~ 1200
10	6 ~ 20	200 ~ 2000
35	20 ~ 70	1000 ~ 10000
66	30 ~ 100	3500 ~ 30000
110	50 ~ 150	10 ~ 50 MW
220	100 ~ 300	100 ~ 500 MW
330	200 ~ 600	200 ~ 800 MW（西北）

大型电力系统的优点如下：

（1）电网更可靠。

由于大型电力系统网络之间互相交错连接，可以在一条线路或者几条线路故障时，通过其他途径供电，不会造成停电。

（2）降低电价。

大型电力系统建立后，电能生产的运行成本更低。同时，可以充分使用系统内低发电成本的电厂多发电，再通过电力调度来降低整个电网的电价。

（3）大幅度交流电力潮流。

大电网中，若某一区域需要更多的电力，则可以增大电网中其他区域发电机的出力，然后通过系统将电力调度到所需区域，从而达到合理调度的目的。

（4）降低系统内备用容量的比例。

由于大型电力系统可以通过电网远端调度电力，所以系统内的备用容量可以适当降低，从而降低电网运行成本。

1.2　电力系统远动技术

电力系统远动为电力系统调度服务的远距离监测、控制技术，即管理和监控众多分布甚广的厂、所、站和设备、元器件的运行工况的一种技术手段。

电力系统远动的功能是运用通信、电子和计算机技术采集电力系统实时数据，对电力网和远方发电厂、变电所的运行进行监视和控制，即运用远程通信技术完成"四遥"功能。远动在欧洲被称为 Telecontrol，在北美被称为 SCADA（Supervisory Control And Data Acquisition）系统，即数据采集与监视控制系统。

1.2.1 电力系统远动原理与发展概况

由于电能生产的特点，能源中心和负荷中心一般相距甚远，其中发电厂、变电所、电力调度中心和用户之间的距离近则几十公里，远则几百公里甚至数千公里。要管理和监控众多分布甚广的厂、所、站和设备、元器件的运行工况，已不能用通常的机械联系或电联系来传递控制信息或反馈数据。此时，应该借助一种更加高效的技术手段，这就是远动技术。远动技术可将各个厂、所、站的运行工况（包括开关状态、设备的运行参数等）转换成便于传输的信号形式，为防止传输过程中的外界干扰，它会给信号加上保护措施，经过调制后，由专门的信息通道传送到调度所。调度所的中心站经过反调制，将信号还原为对应的厂、所、站工况并显示出来，供调度人员监控时使用。调度人员发出的控制命令也可以通过类似过程传送到远方厂、所、站，驱动被控对象。这一过程实际上涉及遥测、遥信、遥调、遥控，所以，远动技术是"四遥"技术的结合。

随着科学技术的提高，远动技术的发展可以分为三个阶段。

第一阶段 20 世纪 30 年代，以继电器和电子管为主要部件构成远动设备。其中，继电器、磁芯构成遥信、遥调、遥控设备，电子管和磁放大器构成脉冲频率式遥测，而调制解调则采用脉冲调幅式。这些设备的运行是可靠的，在电力系统的调度管理中发挥过一定的作用。

第二阶段 20 世纪 50 年代到 60 年代初，以半导体器件为主体，采用模数转换技术和脉冲编码技术、抗干扰编码技术，与计算机技术相结合的综合远动设备，将遥信、遥测、遥调、遥控综合为循环式点对点远动设备，调制解调器采用调频制为主。

第三阶段 20 世纪 60 年代以后，采用微型计算机构成远动系统，其主要特征是在主站端（调度端）形成前置机接收、处理远动信息，可以接收多个远方站的信息，前置机还可以向上级转发信息和驱动模拟盘。前置机应能接收处理符合标准的远动信息，还要能接入各类使用中的远动设备信息。后台机完成数据处理、驱动屏幕显示和打印制表等安全监控功能。后台机可采用超小型机、小型机或高档微型计算机。远方站的远动设备也采用微型机。这种系统除了传统的远动功能、模拟转换、遥信扫描、遥控之外，还扩展了事故顺序记录、全系统时钟对时、事故追忆、发（耗）电量统计和传送，增加当地功能，如电容器投切、接地检查，当地屏幕显示和打印制表以及其他需要的功能，远方站扩大功能时要发展成多机系统或采用高功能微型机。

为了保证整个安全监控系统的可靠性，在远方站和主站端分别采用不停电电源，并且主站端应采用双机备用切换系统。为保证信息传输的可靠性，需采用双通道备用。为适应电力系统调度管理中采用分层控制的方式，远动信息网也采用分层式结构，以保证有效地传输信息，减少设备和通道投资。

1.2.2 电力系统远动相关知识

1. 远动规约

由于电力生产的特点，发电厂、变电所和调度所之间的信息交换只能经过通道实现。信息传送只能是串行方式。因此，要使接收方能够识别、接收和处理信息，就要对传送的信息格式作严格的规定，这就是远动规约的一个内容。这些规定包括传送的方式（同步传送还是异步传送）、帧同步字、抗干扰的措施、位同步方式、帧结构、信息传输过程等。

远动规约的另一方面内容是规定实现数据收集、监视、控制的信息传输的具体步骤。例如，将信息按其重要性程度和更新周期，分成不同类别或不同循环周期传送，确定实现遥信变位传送、实现遥控返送校核以提高遥控的可靠性的方式，实现发（耗）电量的冻结、传送，实现系统对时、实现全部数据或某个数据的收集，以及远方站远动设备本身的状态监视的方式等。

远动规约的制定，有助于各个制造厂制造的远方终端设备可以接入同一个安全监控系统。尤其在调度端（主站端）采用微型机或小型机作为安全监控系统的前置机的情况下，更需要统一规约，使不同型号的设备能接入同一个安全监控系统。它还有助于制造设备的工厂提高工艺质量，提高设备的可靠性，从而提高整个安全监控系统的可靠性。

远动规约分为循环式远动规约和问答式远动规约（在中国这两种规约并存）。

1）循环式规约

循环式规约中的帧结构具有帧同步字、控制字、帧类别和信息字。其中帧同步字是用作一帧的开头，要求帧同步字具有较好的自相关特性，以便对方比较容易捕捉，检出帧同步。还要求帧同步具有较小的假同步概率，防止假同步发生。控制字用来指明帧的类别，共有多少字节，以及发送信息的源地址、目的地址等。

循环式规约要求循环往复不停顿地传送信息。传送信息的内容在受到干扰而拒受以后，在下一帧还可以传送，丢失的信息还可以得到补救，保护性措施可以降低要求，也可以用于单工或双工通道，但不能用于半双工通道。可以采用位同步和波形的积分检出等提高通道传输质量的措施。此种通信规约传输信息的有效率较低。

2）问答式规约

问答式规约的主要特点是以主站端为主，主站端向远方站询问召唤某一类别信息，远方站即对此种类别信息作回答。主站端正确接受此类别信息后，才开始下一轮新的询问，否则还继续向远方站询问召唤此类信息。

为了减少传输的信息量，问答式规约采用变位传送遥信、死区变化传送遥测量等压缩传送信息。

问答式远动规约的另一个特点是通道结构可以简化。在一个通信链路上，可以连接好几个远方站,这样可以使通道投资减少,提高通道的备用性。问答式远动适用于双工、半双工通道。

按远动规约要求传输的信息都有相应抗干扰措施。一般,遥信、遥测的抗干扰编码的信号距离为4,残余差错率$\leqslant 10^{-14}$。

2. 远动信息编码

采集的远动信息在传输前必须按照有关规约的规定变换成各种信息字或报文。这种变换工作叫作远动的信息编码。其中编码由数据采集装置完成。

我国原电力部颁发的循环式传输规约的信息字格式见图1-6。

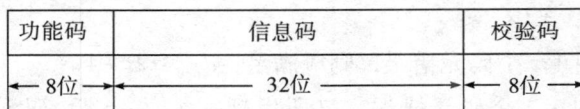

功能码	信息码	校验码
8位	32位	8位

图1-6 循环式传输规约的信息字格式

循环式传输规约规定,任何信息字都由48个字节组成。其中,前8位是功能码,它有28种取值方式可以区分各种不同信息内容。最后8位是校验码,其产生规则是在40位信息码的基础上末位添加8个零,再使用模2除法生成多项式$g(x) = x^8 + x^2 + x + 1$,将所得余式取非后即为8位校验码。

问答式传输规约中的报文(Message)格式见图1-7。

报文头通常有3至4个字节,它能指出问答双方的地址、报文种类、报文数据区的字节数等。数据区的内容、字节数和字节中各位的含义由报文头有关字节指出,校验码按照规约指定的某种编码规则,用报文头和数据区的码字运算得到。报文的长度按字节增减。

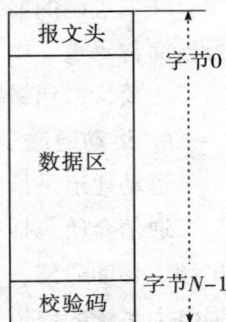

图1-7 问答式传输规约的报文格式

3. 编码的检错纠错

数字信号在传输过程中受到干扰而造成错码的情况难以避免。数据通信、计算机及自动控制的发展和广泛应用,提出了如何提高抗干扰能力,有效而可靠地进行数字传输等要求,从而促进了编码理论的发展,目前纠错编码已成为应用数学的一个分支。

要发现或纠正传输过程中的错误就必须进行检错和纠错。其基本做法是在发送信息码元时,附加若干冗余码元,使码元之间的关系符合某一确定的规则,收信端按此规则进行检查便可知道是否有错码。

数字信号序列是分组传送的,若每组有k个信息码元,便有了2^k个组合(码字)。将这些码字按确定的规则变换成n个码元的数字序列,其相互间应有尽可能多的差异,这个过程叫编码,此2^k个的组合叫(n, k)分组码。其中n为码长,k为信息码元数,$n - k$为冗余码元数,冗余码元又称为监督码元、保护码元。因为监督码元是根据信息码按线性方程式规则算出来的,故又称为线性分组码。k个信息码元在前,$n - k$个冗余码元在后的(n, k)码称为系统码,反之称为非系统码。若码长为n则共有2^n个码字，其中 2^k 个为有效码字，$2^n - 2^k$ 个为禁用码字。接收端对收到的码元序列按预定规则进行效验，如属于有效码字就认为是无错码，若属于禁用码字则肯定出错，这个过程叫检错译码。进一步还可以进行纠错。最直观的是采取最大似然译码法，即将收到的码字与合法码字进行比较看它与哪个码字差别最小就译成该码字。

码距：在编码中用码距来表示两个码字差异的大小。码字集合中，码距的最小值称为最小码距 d_{min}，又称汉明距离，它是衡量其纠错/检错能力的重要指标。d_{min} 愈大，纠错检错能力愈强，其关系如下：

（1）一个（n，k）分组码中，若发现任意 e 个码元错误，则其中码字间的最小距离 d_{min} 应满足：$d_{min} \geqslant e + 1$。

（2）如果要能纠正 t 个码元错误，则应满足：$d_{min} \geqslant 2t + 1$。

（3）如果要能纠正 t 个码元错误，又要发现 e 个（$e > t$）码元错误，则应满足：$d_{min} \geqslant t + e + 1$。

在二进制的前提下，一个码字中非零元素数目（即 1 的个数）称为码字的汉明重量，简称码重，用 w 表示。线性码的最小码距等于该码字集合中的最小码重。

主要检错纠错编码有奇偶效验码、恒比码、循环码、BCH 码和卷积码。

4. 远动通道

远动通道是指主站与远方终端间进行数据通信的设备，也称信道。

通信介质包括有线（专用有线通道、复用电力线载波、光纤）、无线（微波、无线扩频、移动通信、卫星通信）等。通道质量的好坏直接影响信号传输的可靠性。为加强电力系统的信道建设，我国现已建成以光纤为主干的国家电力调度数据网络（State Power Data network，SPDnet）和电力数据通信网络（State Power Telecommunication network，SPTnet）构成的四级数据网，为远动信息传输提供了良好的基础。

数据传输的工作方式：全双工——可同时进行双向通信；单工——只能进行单向通信；半双工——双方交替进行发送和接收。

数据传输通道类型：传统的远动通道和网络通道。传统的远动通道示意图见图 1 - 8。

5. 远动终端

远动终端也叫远程测控终端（Remote Terminal Unit，RTU）。远动终端定时采集包括模拟量、脉冲量及开关量等实时数据并进行数据处理，按远动通信规约发给主站。从主站下发的命令通过远动终端接收识别后输出至执行机构或调节器。有的厂站远动终端还可以向当地值班人员提供一般控制屏上没有的监控信息，如功率总加、越限告警等。如果当地有监控计算机，那么远动终端仅需与其连接，而无需提供当地功能。

RTU 的功能是采集并向远方发送遥信、遥测量接收并执行遥控、遥调，合称"四遥"。此外还有事件顺序记录、数据总加、信息转发、越限告警、与两个以上调度中心通信、接收并执行校时命令、复归命令、主备通道自动切换等。

远动终端结构简图见图 1 - 9。

TXD—发送数据线；RXD—接收数据线

图 1-8 传统的远动通道示意图

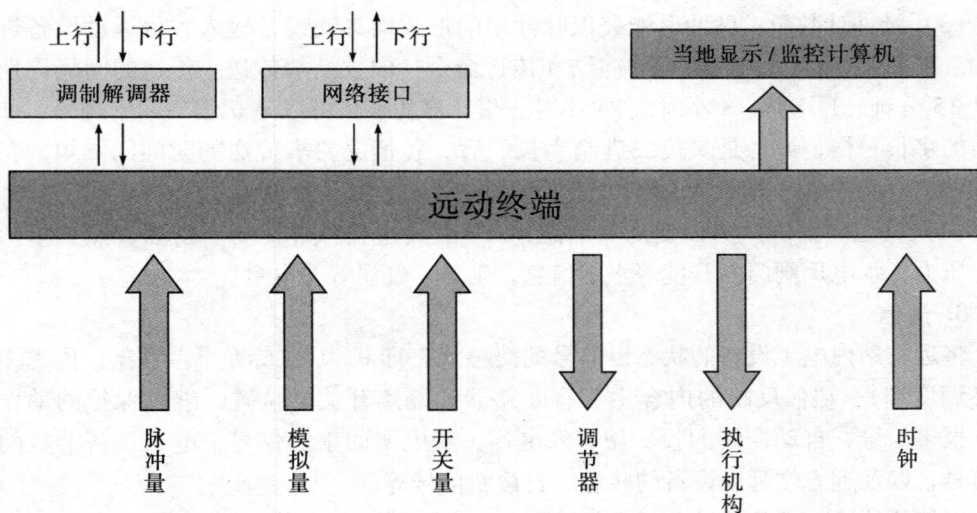

图 1-9 远动终端结构简图

6. 远动系统

远动系统配置的类型如图 1-10 所示。

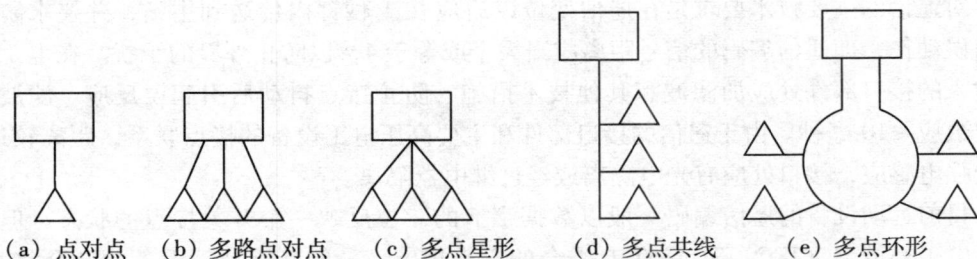

(a) 点对点　　(b) 多路点对点　　(c) 多点星形　　(d) 多点共线　　(e) 多点环形

图 1-10 远动系统配置的类型

远动系统是调度自动化系统的重要组成部分，是实现调度自动化的基础。

7. 遥测

将远方站的各种测量值传送到主站端。遥测的主要技术指标是模拟转换器的准确度、分辨率、温度稳定性。一般要求准确度在 $\pm 0.1\%$ ~ $\pm 0.5\%$，分辨率为10位或12±1位。数字量的字长则根据被测对象的要求而定。遥测量一般有模拟量、数字量、脉冲计数量和其他测量值。

（1）模拟量：电气设备的各种参量，如电压、电流、功率等。它们经过各种变送器的转换变成统一规格的直流电压（0~5伏、0~±5伏、0~±10伏）或直流电流（0~1毫安、0~10毫安、4~10毫安）输入到远动设备，经过多路转换开关，输入到模数转换器，转换成10位或12位（包括符号位）的数值，传送到主站端。

（2）数字量：主要是水位计、数字或频率计、功率转换器、电能累加器和变压器分接头位置所反映的水位、系统频率、电气量的功率角，发（耗）电量以及变压器分接头位置等。这些量经过相应的变送器或直接以并行数字状态输入到远动设备的并行接口部件。输入的格式可能是若干组并行的二进制、二－十进制、格雷码形式。

（3）脉冲计数量：脉冲电能表以脉冲串的形式向远动设备输入，由远动设备进行累加。根据调度端（主站端）的冻结和传送命令，向主站端传送。传送的间隔周期可能是15分钟、1小时、8小时或24小时。累计器的字长可以是6位二－十进码，和电能表的字长一样，或者是8位二进制字长。后一种情况要求传送的时间间隔短，在两次传送的时间内累加器不会溢出。

（4）其他测量值：例如变压器油温，SF6 组合电器气体压力、密度，热工量的温度、压力，水电厂闸门的开度等水工信息，雨量、气温等非电量。

8. 遥信

将远方站内电工设备的状态以信号的两种状态即0、1（或断开、闭合）传送主站端（调度端）。遥信反映的内容主要有断路器和隔离开关的位置，继电保护的动作状态，报警信号，自动控制的投、切，发电厂、变电所的事故信号，电工设备参数的越限信号，以及远方站远动设备的状态、自诊断信号等。

遥信的传送有变位传送和循环传送两种，以变位传送为优。为避免发生信号丢失，在远动设备初投入运行时，需将全部内容向主站端传送，使主站端安全监控系统内的数据库的内容和模拟盘的信号状态准确反映系统内运行设备的状态。在平时定期传送全部信号。

对遥信的主要技术要求是在遥信变位以后应在1秒钟内传送到主站，并要求防止遥信误动作，即遥信编码的信号距离应当大于或等于4，以防止外界的干扰。在电工设备输入的接口部件处应加滤波和其他技术措施，防止接点抖动后引起误反应。滤波时间常数应≤10毫秒。由于遥信的接口部件和主要高压电工设备的接点联系，距离较远，易受强电感应，接口处应有光电隔离或经过继电器隔离。

目前远动设备的遥信编码一般以数据字节的一位反映一个开关接点的状态。但是国际电工委员会（IEC）TC－57 专委会的标准规定，一般断路器等设备的开合状态，应以两位数据来反映，其中01、10分别表示断开、闭合，而00、11则为错误状态，只有事故告警信号才用一位数据位来反映一个信号的状态。

9. 遥调

由主站端向远方站发送调节命令，远方站经过校验后将命令转换成适合于被控对象的数据形式，驱动被调对象。

发送的调节命令可以采取返送校核，也可以不采取返送校核，远方站接受遥调命令后直接执行。

遥调命令有两种形式：①设定值形式。由主站端向远方站发送控制被控对象的一个数值，远方站接受后或者以数字形式直接输出，或者经数/模转换器将数字量转换成被控对象所需要的模拟量形式输出。②升降命令形式。将主站端发送过来的升/降调节命令，转换成升/降的步进信号，用以调节发电机的出力或者变压器的分接头的位置以及水电厂的闸门。

实现遥调可以采取局部反馈调节的方式，即主站端定时发送调节命令后，由被调对象的自动调节设备来完成调节过程；也可以采用大反馈调节方式，即将被调节对象的信息反馈到主站端来进行反馈平衡，决定是否继续发送调节命令。一般采取前一种形式较多。

10. 遥控

调度所（主站端）远距离控制发电厂、变电所需要调节控制的对象。被控对象为发电厂、变电所电气设备的合闸和跳闸、投入和切除。遥控涉及电工设备动作，要求遥控动作准确无误，一般采用选择—返送校验—执行的过程。

选择：在调度员发送命令时，首先应该校核被控制站和被控制的设备是否正常运行，系统或变电所是否无事故和警报，所发出的命令是否符合被控设备的状态。当主站端校验正确后，方能向远方站发送命令。

返送校验：命令被送到远方站以后，经过差错控制的校核，确认命令没有受到干扰。远方站收到命令后，应先检查输出执行电路没有接点处于闭合状态，然后将正确接收的命令输出，同时将输出命令的状态反编码送到主站端，在主站端将接收到的返送校核码进行比较。

执行：在返送校核无误后，将结果显示给调度人员，并向远方站发送执行命令。此时由执行命令将输出执行电路的电源合上，驱动执行电路操作对象动作。被控制的对象动作后，过一定时间还要检查有关电路是否有接点粘上，并将动作结果告知主站，过一定时间将电路电源自动切除。只有这样严格的技术措施，才能保证遥控的正确无误。对于电力系统，遥控的技术指标是：执行动作的正确率为100%。

1.3 电网调度自动化系统

1.3.1 电网调度

1. 电网调度的分层结构

电能的特点之一是不能大量储存。电能从分散在广大地域上的发电厂发出，再经高压变电站升压，经高压输电线、降压变电站、配电网直到用户。

调度中心是对发电厂、变电所、线路等进行调度控制的中心，由于电力系统是一个庞大复杂的跨地区系统，必须实行分层管理。

电能的产、输、配和用均在一个电力系统中进行。目前我国已建成五个大电网（华北、东北、华东、华中、西北电网）以及一些省网，并且在大网之间通过联络线进行能量交换（如三峡、葛洲坝到上海的 500 kV 输电线将华东和华中两大电网联系起来）。受现行电网运行、管理体制的制约，我国电网实行五级分层调度管理；国家调度控制中心，大区电网调度控制中心，省电网调度控制中心及地、县电网调度控制中心。

电网调度管理实行分层管理，因而调度自动化系统的配置也与之相适应，信息分层采集，逐级传送，命令也按层次逐级下达。为了保证电力系统能安全、经济、高质量的运行，对各级调度都规定了一定的职责与功能。

根据发展，我国电网调度机构目前分为五级（见图 1-11）：国家调度机构（简称国调），跨省、自治区、直辖市调度机构（简称网调），省、自治区、直辖市级调度机构（简称省调），省辖市级调度机构（简称地调），县级调度机构（简称县调）。

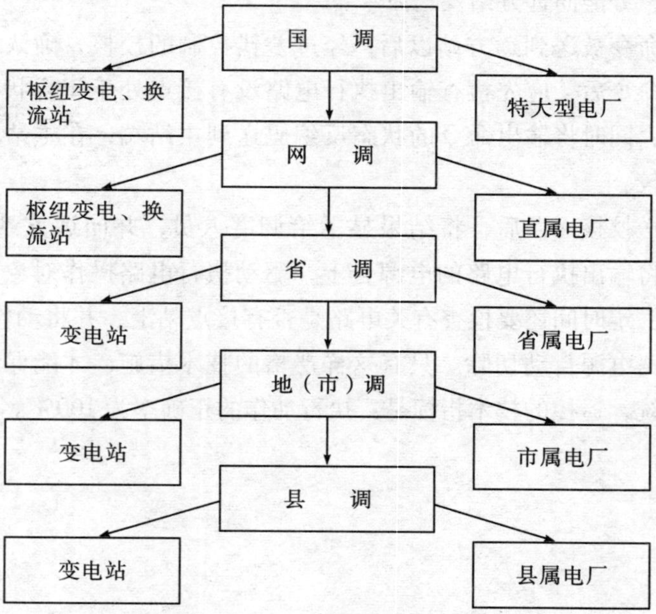

图 1-11 我国电力系统分层调度控制图

1) 国家调度机构

国家调度机构通过计算机数据通信网与各大区电网控制中心相连，协调、确定大区电网间的联络线潮流和运行方式，监视、统计和分析全国电网运行情况，并根据系统运行情况，对所辖枢纽变电、换流站和特大型电厂进行监视控制。其主要任务包括：

①在线收集各大区电网和有关省网的信息，监视大区电网的重要监测点工况及全国电网运行概况，进行统计分析并做生产报表。

②进行大区互联系统的潮流、稳定、短路电流及经济运行计算，通过计算机数据通信校核计算结果的正确性，并向下传达。

③处理有关信息，参与电网规划及各种技术经济指标制定和审查，作中期、长期安全经济运行分析。

2) 大区级调度（网调）

大区级调度按统一调度、分级管理的原则，负责跨省大电网的超高压线路的安全运行，并按规定的发用电计划及监控原则进行管理，提高电能质量和运行水平。具体任务包括：

①实现电网的数据收集和监控、经济调度以及有实用效益的安全分析。

②进行负荷预计，制定开停机计划和水火电经济调度的日分配计划，闭环或开环的指导自动发电控制。

③省（市）间和有关大区电网的供/受电量计划编制和分析。

④进行潮流、稳定、短路电流及离线或在线的经济运行分析计算，通过计算机数据通信校核各种分析计算结果的正确性并上报、下传。

⑤进行大区电网继电保护定值计算及其调整试验。

⑥大区电网中系统性事故的处理。

⑦大区电网系统性的检修计划安排。

⑧统计、报表及其他业务。

3) 省级调度

省级调度按统一调度、分级管理的原则，负责省内电网的安全运行监控、操作、事故处理和无功/电压调整，并按照规定的发电计划及监控原则进行管理，提高电能质量和运行水平。其具体任务包括：

①实现电网的数据收集和监控、经济调度以及有实用效益的安全分析。

②进行负荷预测，负责省网的安全运行，编制省网的运行方式，制定开停机计划和水火电经济调度的日分配计划和设备检修计划并下发，闭环或开环的指导自动发电控制。

③地区间和有关省网的供/受电量计划的编制和分析。

④进行潮流、稳定、短路电流及离线或在线的经济运行分析计算，通过计算机数据通信校核各种分析计算结果的正确性并上报、下传。

4) 地区调度

负责区内运行监视，遥控、遥调操作、事故处理和无功/电压调整，与省调和县调交换实时信息。负责所辖地区的用电负荷管理及负荷控制。

5）县级调度

县级调度（县调）主要监控110 kV及以下农村电网的运行，其主要任务包括：

①指挥系统的运行和倒闸操作。

②充分发挥本系统的发供电设备能力，保证系统的安全运行和对用户连续供电。

③合理安排运行方式，在保证电能质量的前提下，使系统在最佳方式下运行。

2. 电网调度的基本原则

我国电网调度的基本原则是统一调度、分级管理、分层控制。

1）统一调度

统一调度的含义和内容主要如下：

①电网调度机构统一组织全网调度计划（或称电网运行方式）的编制和执行，其中包括统一平衡和实施全网发电、供电调度计划，统一平衡和安排全网主要发电、供电设备的检修进度，统一安排全网的主接线方式，统一布置和落实全网安全稳定措施等。

②统一指挥全网的运行操作和事故处理。

③统一布置和指挥全网的调峰、调频和调压。

④统一协调和规定全网继电保护、安全自动装置、调度自动化系统和调度通信系统的运行。

⑤统一协调水电厂水库的合理运用。

⑥按照规章制度统一协调有关电网运行的各种关系。

在形式上，统一调度表现为在调度业务上，下级调度必须服从上级调度的指挥。

2）分级管理

分级管理：为了明确各级调度机构的责任和权限，有效地实施统一调度，由各级电网调度机构在其调度管理范围内具体实施电网调度管理的分工。

电网运行的统一调度、分级管理是一个整体，其中统一调度以分级管理为基础，而分级管理则是为了有效地实施统一调度。统一调度、分级管理的目的是为了有效地保证电网安全、优质、经济的运行，最终目的是为了维护社会的公共利益。

①从电力系统调度控制的角度来看，信息可以分层采集，只需把采集处理成一些必要的信息转发给上一级调度部门。上一级调度只向下一级调度发出总指标，由下一级调度进行控制。这样做既减轻了上级调度的负担，又加速了控制过程。

②在分层控制的电力系统中，若局部的控制系统发生故障，则一般不会严重影响电力系统的其他控制部分，并且各分层间可以部分地互为备用，从而提高电力系统运行的可靠性。在电力系统中，即使在紧急状态下部分电网与系统解列，也可以分别独立运行。因为局部地区也有相应的调度自动化系统，可以对电网实现监控。

③实现分层控制以后，可以大大降低信息流量，因而减少了对通信系统的投资。同样，分层以后减轻了计算机的负荷，投资也相应地下降。

④分层控制的自动化系统结构灵活，可适应电力系统变更或扩大的需要。

3）分层控制

①电力系统调度组织结构一般都是分层的。例如，国际电工委员会标准（IEC - 870 - 1 - 1）提出的典型分层结构中就将电力系统调度中心分为主调度中心、区域调度中心及地区调度中心。分层控制和调度组织结构是相适应的，尤其是调度控制任务有全网性的亦有局部性的。大量的局部性的调度控制任务可以由下层相应的调度机构来完成，而全网性或跨地区性的调度可以由上层相应调度机构来完成，这样便于协调和平衡。同时电力系统不断扩大，运行信息大量增加，分层控制方式亦使运行信息的采集分散化，各层次根据各自分担的调度控制任务采集运行信息，大大压缩了信息量的传输和处理，提高了调度效能。

②系统可靠性提高。采用调度分层控制方式后，调度自动化系统亦相应分层设立，因而当某一层次自动化系统停运或故障时，不致影响全系统调度自动化功能的实现，而且相应层次的自动化系统还有备用和互补作用，从而提高了整个系统的可靠性。

③系统响应改善。在电力系统调度中实时性很重要，事故处理、负荷调度、不正常运行状态的改善和消除都必须在一定的时间内完成。采用调度分层控制方式，使不少调度控制任务可以由不同层次调度自动化系统并进行处理，从而加快了处理速度，亦改善了整个系统的响应时间。此外，采用调度分层控制还便于调度自动化系统的功能扩充、系统升级和分期投资。

1.3.2 电网调度信息及电力系统远动技术

电力系统运行时，各级调度中心及发电厂、变电所相互间传递反映运行状态和进行控制调节的信息以及与系统运行有关的其他信息，这些信息统称为电网调度信息。

1. 分类

电网调度信息可按功能要求、信息流向、信息制式等进行分类。

1）功能要求

按功能要求，可将电网调度信息分为实时信息、批次信息和水情信息。

①实时信息：反映电力系统运行状态和进行设备控制调节的信息。例如：

遥信——反映各断路器、隔离开关的分合状态、变压器分接头位置以及保护自动装置动作状态等。

遥测——反映线路、变压器、发电机、母线、负荷等的有功功率、无功功率、电流、电压、频率以及电量等。

遥控——向管辖范围内的电气设备发送断路器分/合闸，发电机启/停，电容器以及保护和其他自动装置的投入、切除等命令。

遥调——向管辖范围内的发电机发送有功功率、无功功率和电压、变压器分接头位置等的调节命令。

②批次信息：为管理服务的数据、报表以及对电力系统安全、经济运行情况进行运算分析所得的数据。

③水情信息：反映电力系统有关地区内水情、气象的信息。

2）信息流向

按信息流向，可将电网调度信息分为上行信息和下行信息两种。

3）信息制式

按信息制式，可将电网调信息分为以下几种：

模拟量——随时间变化的连续量。

开关量——又称状态量，只有两种状态。

数字量——一次仪表以数字量输出的量，如频率、水位。

脉冲量——一次仪表以脉冲量输出的量，如电度。

2. 特点

电力系统中发电厂、变电站数量多，分布地域广，运行状态变化频繁，变化过程快，因此要求调度信息具有高实时性和高可靠性。

远动系统是指对广阔地区的生产过程进行监视和控制的系统，它包括对必需的过程信息进行采集、处理、传输、显示和执行等的全部设备和功能。构成远地系统的设备包括厂站端远地装置、调度端远动装置和远动信道。

在远动术语中，将调度中心称为主站，也叫控制站，它是对子站实现远程控制的站。将厂站称为子站，也叫受控站，它是受主站监控的站。计算机技术进入远动技术之后，安装在主站的远动装置称为前置机，安装在子站的远动装置称为远动终端装置（RTU）。图 1-12 所示为远动系统的功能结构框图。图中上半部分表示前置机的功能和结构，下半部分表示 RTU 的功能和结构。

前置机是缓冲处理输入或输出数据的处理机。它接收 RTU 送来的实时远动信息，无干扰时经译码后还原出被测量的实际大小值和被检测对象的实际状态，显示在调度室的 CRT 上和调度模拟屏上，也可以按要求打印输出。这些信息还要向主计算机传送。另外，调度员通过键盘或鼠标操作可以向前置机输入遥控指令和遥调命令，前置机按规约组装出遥控信息字和遥调信息字向 RTU 传送。

RTU 对各种电量变送器送来的 0~5 V 直流电压分时完成 A/D 转换，得到与被测量对应的二进制数值，并由脉冲采集电路对脉冲输入进行计数，得到与脉冲量对应的计数值，还把状态量的输入状态转换成逻辑电平"0"或"1"。再将上述各种数字信息按规约编码成遥测信息字和遥信信息字，向前置机传送。RTU 还可以接收前置机送来的遥控信息字和遥调信息字，经译码后还原出遥控对象号和控制状态，遥调对象号和设定值经返送校核正确后（对遥控）输出执行。

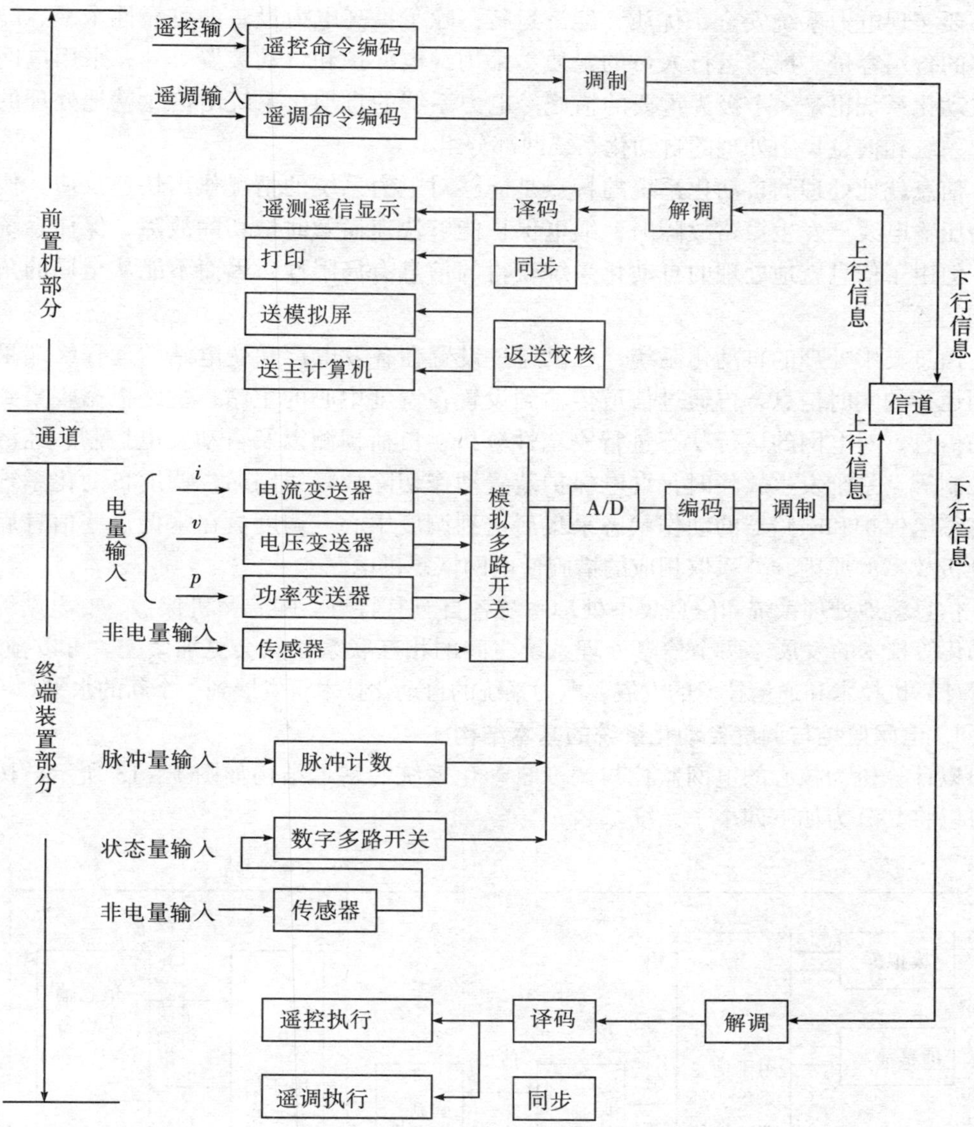

图 1-12 远动系统的功能结构框图

远动系统是调度自动化系统的重要组成部分，是实现调度自动化的基础。

1.3.3 电网调度自动化系统

远动技术在电力系统中的应用，使电力系统调度工作进入自动化阶段。当远动装置从布线逻辑的全硬件发展到广泛采用计算机技术后，就出现了调度自动化系统。传统的调度自动化系统被认为是保证电网安全运行的三大支柱之一（其他两个是安全稳定控制系统、电力专用通信系统），它在电力系统的安全运行中发挥了并继续发挥着不可替代的作用。调度自动化系统是现代电力系统运行不可缺少的重要组成部分。

要实现电力系统安全、优质、经济运行，除了提高电力设备的可靠性水平、配备足够的备用容量、提高运行人员的素质、采用继电保护和自动装置等外，采用电网调度自动化系统也是一个极为重要的措施。电力系统的自动化系统由信息就地处理的自动化系统和信息集中处理的自动化系统两部分组成。

信息就地处理的自动化系统的特点是能够对电力系统的情况作出快速反应。例如当高压输电线上发生短路故障时，继电保护能够快速而及时地切除故障，保住系统稳定。但由于信息就地处理的自动化系统获得的信息有局限性，因而不能从全局的角度处理问题。

信息集中处理的自动化系统，可以通过设置在各发电厂和变电站的远程终端采集电网运行的实时信息，再通过信道传输到设置在调度中心的主站，主站根据收集到的全局信息，对电网的运行状态进行安全性分析，负荷预测以及自动发电控制、经济调度控制等。系统发生故障时，继电保护装置动作切除故障线路后，调度自动化系统便可将继电保护和断路器的动作状态采集后送到调度中心。调度员在掌握这些信息后可以分析故障的原因，并采取相应的措施使电网恢复供电。

信息就地处理系统和信息集中处理系统各自有其特点。随着微机保护、变电站综合自动化等技术的发展，两个信息处理系统之间的相互联系必然会更加紧密。可以预料，随着计算机技术和通信技术的发展，电力系统的自动化技术将发展到一个新的水平。

1. 电网监控与调度自动化系统的基本结构

以计算机为核心的电网监控与调度自动化系统的基本结构如图 1 – 13 所示，按功能可以将其分为如下四个子系统。

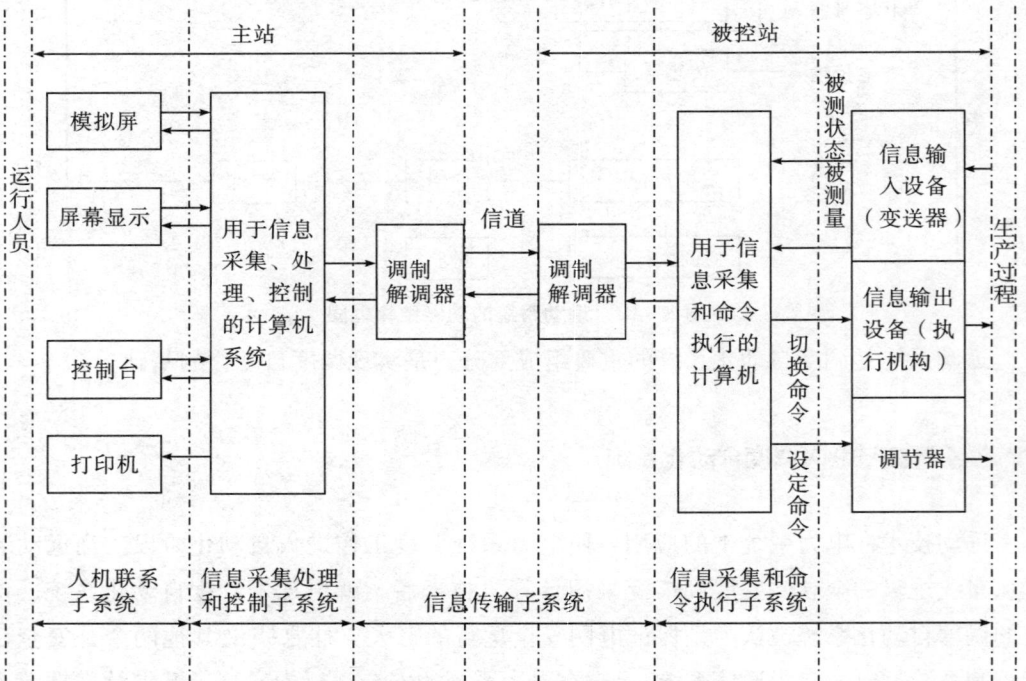

图 1 – 13　电网监控与调度自动化系统的基本结构

1）信息采集和命令执行子系统

信息采集和命令执行子系统是指设置在发电厂和变电站中的远动终端（包括变送器屏、遥控执行屏等）。远动终端与主站配合可以实现"四遥"功能：RTU 在遥测方面的主要功能是采集并传送电力系统运行的实时参数，如发电机功率、母线电压、系统中的潮流、有功负荷和无功负荷、线路电流、电度量以及事故追忆等；RTU 在遥信方面的主要功能是采集并传送继电保护的动作信息、断路器的状态信息、形成事件顺序记录等；RTU 在遥控方面的主要功能是接收并执行从主站发送的遥控命令，并完成对断路器的分闸或合闸操作；RTU 在遥调方面的主要功能是接收并执行从主站发送的遥调命令，调整发电机的有功功率或无功功率等。

2）信息传输子系统

信息传输子系统按信道的制式不同，可分为模拟传输系统和数字传输系统两类。

对于模拟传输系统（其信道采用电力线载波机、模拟微波机等），远动终端输出的数字信号必须经过调制后才能传输。模拟传输系统的质量指标可用其衰耗－频率特性、相移－频率特性、信噪比等来反映，它们都将影响到远动数据的误码率。

对于数字传输系统（其信道采用数字微波、数字光纤等），低速的远动数据必须经过数字复接设备，才能接到高速的数字信道。随着通信技术的发展，数字传输系统所占的比重将不断增加，信号传输的质量也将不断提高。

3）信息的采集处理和控制子系统

为了实现对整个电网的监视和控制，需要收集分散在各个发电厂和变电站的实时信息，对这些信息进行分析和处理，并将结果显示给调度员或产生输出命令对系统进行控制。

4）人机联系子系统

高度自动化技术的发展要求调度人员在先进的自动化系统的协助下，充分、深入和及时地掌握电力系统实时运行状态，作出正确的决策和采取相应的措施，使电力系统能够更加安全、经济地运行。从电力系统收集到的信息，经过计算机加工处理后，通过各种显示装置反馈给运行人员。运行人员收到这些信息作出决策后，再通过键盘、鼠标、显示屏触摸等操作手段，对电力系统进行控制，这就是人机联系。

2. 电网监控与调度自动化系统的基本功能

电网监控与调度自动化系统由电力系统中的各个监控与调度自动化装置的硬件和软件组成，其基本功能包括以下几方面。

1）变电站自动化

变电站是电力系统中的一个重要组成部分，其实现综合自动化是电网监控与调度自动化得以完善的重要方面。变电站综合自动化采用分布式系统结构、组网方式、分层控制，其基本功能通过分布于各电气设备的 RTU 对运行参数与设备状态的数字化采集处理、继电保护微机化、监控计算机与各 RTU 和继保装置的通信，完成对变电站运行的综合控制、完成遥测、遥信数据的远传与控制中心对变电站电气设备的遥控及遥调，实现变电站的无人值守。

对于传统的变电站的无人值班的改造，则是考虑从经济的角度出发，在保留原有基本设备的前提下，通过对控制回路、信号回路以及模拟远动装置数字化的改造，实现变电站远方遥测、遥信、遥控及遥调。

2）配电网管理系统

配电管理系统是一种对变电、配电到用电过程进行监视、控制、管理的综合自动化系统，它包括配电自动化、地理信息系统、配电网络重构、配电信息管理系统、需方管理等几部分。

配电自动化系统是配电管理系统中最主要的部分，包括变配电站的综合自动化和馈线自动化，其中的数据采集监控系统（SCADA）通过安装于变电站、开闭所的远方终端（RTU）以及安装于线路分段开关的馈线终端（FTU）采集配电网的运行数据和故障数据。数据经过变换与处理，由通信通道传至控制中心 SCADA。对收集到的数据进行综合分析，判断出当前配电网的运行状态，并发出相应的维护配电网安全运行的控制操作。

地理信息系统是一种人机交互系统，通过基于地理信息的配电网运行状态的拓扑网络着色显示，为调度人员提供实时的、直观的运行信息内容。同时，地理信息系统还能实现配电网的电气设备的管理、寻找和排除设备故障、统计与维修计划等服务。

配电网重构、电压/无功优化等计算机软件通过分析与计算为调度人员提供配电网运行控制建议，使供电可靠性、安全性得以提高，使配电网运行结构优化，降低网损，改善电压质量等。

配电信息管理系统不同于人员信息管理系统，配电信息管理系统的管理对象为配电网运行数据历年数据库、用户设备及负荷变动，主要进行业扩、供电方式与路径、统计分析等数据显示与建议。

需方管理提供电力供需双方对用电市场进行共同管理的手段，其内容包括供电合同下的负荷监控、削峰和降压减载、远方抄表、用户自发电管理等，以达到提高供电质量与可靠性，减少能源消耗及供需双方的供用电费用支出的目的。

3. 能量管理系统

能量管理系统是电力系统监视与控制的硬件及软件的总成，主要包括数采与监控、自动发电与经济调度、系统状态估计与安全分析、调度模拟培训等。

1）数据采集和监控（SCADA）

SCADA 是能量管理系统实现的基础，其他功能均从 SCADA 得到电力系统实时的运行信息，其主要功能如下：

①数据采集 DA。

②数据预处理及报警。

③事件顺序记录 SOE。

④事故追忆 PDR。

⑤远方控制。

⑥远方调整。

⑦趋势曲线和棒图。

⑧历史数据存储和制表打印。

⑨系统统一时钟。

⑩模拟盘接口。

2）自动发电控制和经济调度控制

自动发电控制功能是以 SCADA 功能为基础而实现的。

①对于独立运行的省网或大区统一电网，自动发电控制功能的目标是自动控制网内各发电机组的出力，以保持电网频率为额定值。

②对跨省的互联电网，各控制区域（相当于省网）自动发电控制功能的功能目标是既要求承担互联电网的部分调频任务，以共同保持电网频率为额定值，又要保持其联络线交换功率为规定值，即采用联络线偏移控制的方式（在这种情况下，网调、省调都要承担自动发电控制功能任务）。

在线经济调度控制通常都与自动发电控制功能相配合进行。系统在自动发电控制功能下运行较长时间后，可能会偏离最佳运行状态，这就需要按一定的周期（通常可设定为 5 ~10 min），启动在线经济调度控制程序重新分配机组工作，以维持电网运行的经济性，并恢复调频机组的调节范围。

3）电力系统状态估计

根据有冗余的测量值对实际网络的状态进行估计，得出电力系统状态的准确信息，并产生"可靠的数据集"。

①网络接线分析（又称网络拓扑）。

②潮流计算（包括三相潮流）。

③状态估计（包括三相状态估计）。

④负荷预报（包括系统负荷预报和母线负荷预报）。

⑤短路电流计算。

⑥电压/无功优化等。

4）安全分析

安全分析可以分为静态安全分析和动态安全分析两类。

①静态安全分析。一个正常运行的电网常常存在着许多潜在危险因素，静态安全分析的方法就是对电网的一组可能发生的事故进行假想在线计算机分析，校核这些事故后电力系统稳态运行方式的安全性，从而判断当前的运行状态是否有足够的安全储备。当发现当前的运行方式安全储备不够时，就要修改运行方式，使系统在有足够安全储备的方式下运行。

②动态安全分析。动态安全分析就是校核电力系统是否会因为一个突然发生的事故而失去稳定，即校核假想事故后电力系统能否保持稳定运行的稳定计算。由于精确计算工作量大，难以满足实施预防性控制的实时性要求，因此人们一直在探索一种快速而可靠的稳定判别方法。

5）调度员模拟培训系统

调度员培训系统通过对电网的模拟仿真，可使调度员得到离线的运行操作训练，培养调度员处理紧急事件的能力。调度员培训系统的信息可用电网实时数据更新，可帮助调度员在实际操作前了解操作后的结果，从而提高调度的安全性，还可试验和评价新的运行方法和控制方法。

第 2 章

SCADA 系统

2.1　SCADA 系统概述

2.1.1　什么是 SCADA 系统

SCADA 系统是一类功能强大的计算机远程监督控制与数据采集系统，它综合利用了计算机技术、控制技术、通信与网络技术，完成了对测控点分散的各种过程或设备的实时数据采集，本地或远程的自动控制，以及生产过程的全面实时监控，并为安全生产、调度、管理、优化和故障诊断提供必要和完整的数据及技术手段。

SCADA 系统的应用领域很广，它可以应用于电力系统、给水系统、石油、化工等领域的数据采集与监视控制以及过程控制等诸多领域。在电力系统以及电气化铁道上，SCADA 系统又称为远动系统。通常可将 SCADA 系统理解成是以计算机为基础的生产过程控制与调度自动化系统。它可以对现场的运行设备进行监视和控制，以实现数据采集、设备控制、测量、参数调节以及各类信号报警等功能。一般来讲，SCADA 系统特指分布式计算机测控系统，主要用于测控点十分分散、分布范围广泛的生产过程或设备的监控，通常情况下，测控现场是无人或少人值守的。

早期的工业自动化生产过程中，PLC、DCS 是两类应用最广泛的控制系统。其中，PLC 是可编程逻辑控制系统；DCS 是分布式控制系统，又称为集散控制系统，是相对于集中式控制系统而言的一种新型的计算机控制系统。20 世纪 80 年代之前，这些控制系统的 I/O 卡件均集中在远离现场的控制室内，与现场装置（其中包括 AI/AO 模拟量输入输出装置和 DI/DO 开关量输入输出装置等）的连接线都是一对一直接接线，很多现场可以看到进出控制室的大量电缆和敷设电缆的大尺寸桥架。20 世纪 80 年代后期，PLC、DCS 两类控制系统先后推出远离控制室安装的远程 I/O 卡件，它安装在现场，可就近与现场装置连线，而这些远程 I/O 卡件与 PLC、DCS 系统安装在控制室的控制器是通过单根电缆的通信实现信息交换的。然而在 20 世纪 80 年代初期，一些相对生产规模小一些的厂家利用它们在数据采集转换及通信方面的优势，就已经推出远程测控终端 RTU，并采用 RTU 构成计算机 SCADA 系统，有时又将它称为即"四遥"（遥测、遥信、遥控、遥调）系统，像英国施伦伯杰（Schlumberger）公司 20 世纪 80 年代初期开发的 IMP 远程测控终端及由它构成的 SCADA 系统就是 RTU 早期成功应用的一个例子。

RTU 是 SCADA 系统的基本组成单元。一个 RTU 可以有几个，几十个或几百个 I/O 点，可以放置在测量点附近的现场。RTU 应该至少具备以下两种功能：一种是数据采集及处理，另一种是数据传输（网络通信）。此外，许多 RTU 还具备 PID 控制功能或逻辑控制功能、流量累计功能，等等。

远程测控终端 RTU 作为体现"测控分散、管理集中"思路的产品从 20 世纪 80 年代起介绍到中国并迅速得到广泛的应用。它在提高信号传输可靠性、减轻主机负担、减少信号电缆用量、节省安装费用等方面的优势得到用户的肯定。

对于现代企业来说，了解生产情况是实施科学生产的基础。如果生产现场分布很近，则可以采用就近控制的办法，就地接线、监视与控制。对于复杂的过程生产采用 DCS 系统控制的比较多，也有采用 PLC 的或者专业控制器。而对于生产各个环节分布距离非常远的，比如几千米，几十千米，几百千米甚至几千千米的（如变电站、天然气管线、油田、自来水管网等），应采用何种技术？随着技术的发展，人们慢慢发展出远程数据采集监视控制系统，称为 SCADA 系统。

由于各个应用领域对 SCADA 的要求不同，所以不同应用领域的 SCADA 系统发展也不完全相同。

在电力系统中，SCADA 系统应用最为广泛，技术发展也最为成熟。它在远动系统中占重要地位，可以对现场的运行设备进行监视和控制，以实现数据采集、设备控制、测量、参数调节以及各类信号报警等各项功能，即"四遥"功能。RTU（远程终端单元）、FTU（馈线终端单元）是它的重要组成部分，在现今的变电站综合自动化建设中起了相当重要的作用。

SCADA 作为能量管理系统（EMS 系统）的一个最主要的子系统，有着信息完整、提高效率、正确掌握系统运行状态、加快决策、能帮助快速诊断出系统故障状态等优势，现已经成为电力调度不可缺少的工具。它对提高电网运行的可靠性、安全性与经济效益，减轻调度员的负担，实现电力调度自动化与现代化，提高调度的效率和水平等方面有着不可替代的作用。

SCADA 在铁道电气化远动系统上的应用较早，在保证电气化铁路的安全可靠供电，提高铁路运输的调度管理水平上起到了很大的作用。在铁道电气化 SCADA 系统的发展过程中，随着计算机的发展，不同时期有不同的产品，同时我国也从国外引进了大量的 SCADA 产品与设备，这些都带动了铁道电气化远动系统向更高的目标发展。

图 2 - 1 所示为 SCADA 系统结构示意图。

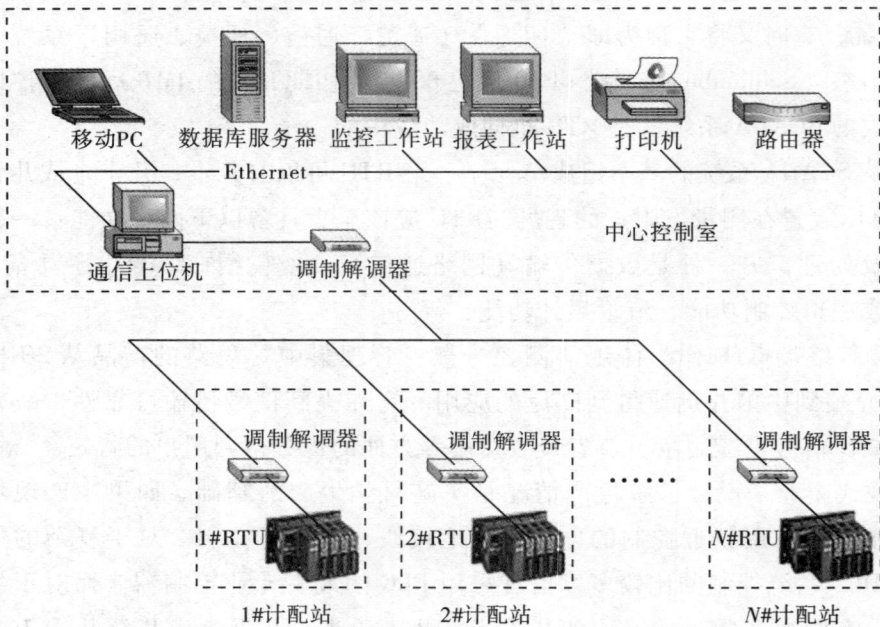

图 2 - 1   SCADA 系统结构示意图

2.1.2   SCADA 系统的发展历史

SCADA 系统自诞生之日起就与计算机技术的发展紧密相关。SCADA 系统发展到今天已经经历了三代。图 2 - 2 所示为 SCADA 计算监控中心。

图 2 - 2   SCADA 计算监控中心

第一代是基于专用计算机和专用操作系统的 SCADA 系统，如电力自动化研究院为华北电网开发的 SD176 系统以及日本日立公司为我国铁道电气化远动系统所设计的 H - 80M 系统。这一阶段从计算机运用到 SCADA 系统中开始到 20 世纪 70 年代。

第二代是 20 世纪 80 年代基于通用计算机的 SCADA 系统。在第二代中，广泛采用 VAX 等其他计算机以及其他通用工作站，操作系统一般是通用的 UNIX 操作系统。在这一阶段，SCADA 系统在电网调度自动化中与经济运行分析、自动发电控制

（AGC）以及网络分析结合到一起构成了 EMS 系统（能量管理系统）。

第一代与第二代 SCADA 系统的共同特点是基于集中式计算机系统，并且系统不具有开放性，因而对系统维护、升级以及与其他联网构成很大困难。

20 世纪 90 年代按照开放的原则，基于分布式计算机网络以及关系数据库技术的能够实现大范围联网的 SCADA/EMS 系统称为第三代。这一阶段是我国 SCADA/EMS 系统发展最快的阶段，各种最新的计算机技术都汇集进 SCADA/EMS 系统中。这一阶段也是我国对电力系统自动化以及电网建设投资最大的时期，当时国家计划未来三年内投资 2700 亿元改造城乡电网，可见国家对电力系统自动化以及电网建设的重视程度。

第四代 SCADA/EMS 系统的基础条件已经具备。该系统的主要特征是采用 Internet 技术、面向对象技术、神经网络技术以及 JAVA 技术等，继续扩大 SCADA/EMS 系统与其他系统的集成，综合安全经济运行以及商业化运营的需要。

SCADA 系统在电气化铁道远动系统的应用技术上已经取得突破性进展，应用上也有迅猛的发展。由于电气化铁道与电力系统有着不同的特点，在 SCADA 系统的发展上与电力系统的道路并不完全一样。在电气化铁道远动系统上已经成熟的产品有：由我国自行研制开发的 HY200 微机远动系统以及由西南交通大学开发的 DWY 微机远动系统等。这些系统性能可靠、功能强大，在保证电气化铁道供电安全，提高供电质量上起到了重要的作用，对 SCADA 系统在铁道电气化上的应用功不可没。

2.1.3 SCADA 系统的发展趋势

SCADA 系统随着新技术的不断涌现也在不断完善，不断发展。当今，随着电力系统以及铁道电气化系统对 SCADA 系统需求的提高以及计算机技术的发展，为 SCADA 系统提出新的要求。概括地说，有以下几点：

1. SCADA/EMS 系统与其他系统的广泛集成

SCADA 系统是电力系统自动化的实时数据源，为 EMS 系统提供大量的实时数据。同时在模拟培训系统、MIS 系统等系统中都需要用到电网实时数据，而没有这个电网实时数据信息，所有其他系统都成为"无源之水"。所以近十年来，SCADA 系统如何与其他非实时系统连接已成为 SCADA 研究的重要课题。现在，SCADA 系统已经成功地实现与 DTS（调度员模拟培训系统）、企业 MIS 系统的连接。SCADA 系统与电能量计量系统、地理信息系统、水调度自动化系统、调度生产自动化系统以及办公自动化系统的集成成为 SCADA 系统的一个发展方向。

2. 变电所综合自动化

以 RTU、微机保护装置为核心，将变电所的控制、信号、测量、计费等回路纳入计算机系统，取代传统的控制保护屏，能够降低变电所的占地面积和设备投资，提高二次系统的可靠性。变电所的综合自动化已经成为有关方面的研究课题，我国东方电子等公司已经推出相应的产品，在铁道电气化上也已经开始应用。

3. 新技术的研究与应用

可以利用一些新技术模拟电网的各种运行状态，并开发出调度辅助软件和管理决策软件，再由专家系统根据不同的实际情况推理出最优化的运行方式或解决故障的方法，以达到合理、经济地进行电网电力调度，提高运输效率的目的。

4. 面向对象技术、Internet 技术及 JAVA 技术的应用

面向对象技术（OOT）是适用于网络数据库设计、市场模型设计和电力系统分析软件设计的工具，将面向对象技术运用于 SCADA/EMS 系统是发展趋势。

随着 Internet 技术的发展，浏览器界面已经成为计算机桌面的基本平台，将浏览器技术运用于 SCADA/EMS 系统，将浏览器界面作为电网调度自动化系统的人机界面，对扩大实时系统的应用范围，减少维护工作量非常有利。在新一代的 SCADA/EMS 系统中，传统的 MMI 界面将保留，主要供调度员使用，新增设的 Web 服务器供非实时用户浏览，以后将逐渐统一为一种人机界面。

JAVA 语言综合了面向对象技术和 Internet 技术，将编译和解释有机结合，严格实现了面向对象的四大特性：封装性、多态性、继承性、动态联编，并在多线程支持和安全性上优于 C + + 。JAVA 技术将导致 EMS/SCADA 系统的一场革命。

2.1.4 SCADA 的体系结构

1. 硬件

典型的 SCADA 硬件配置如图 2 - 3 所示。其中，服务器与硬件设备通信，进行数据处理和运算。而客户用于人机交互，如用文字、动画显示现场的状态，并可以对现场的开关、阀门进行操作。还有一种"超远程客户"，它可以通过 Web 发布在 Internet 上进行监控。硬件设备（如 PLC）一般既可以通过点到点方式连接，也可以以总线方式连接到服务器上。点到点连接一般通过串口（RS232），总线方式可以是 RS485、以太网等连接方式。

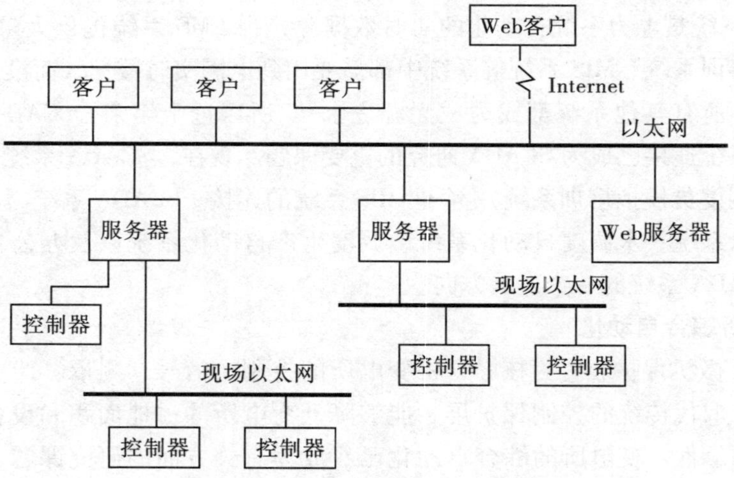

图 2 - 3　典型的 SCADA 硬件配置

2. 软件

SCADA 由很多任务组成，每个任务完成特定的功能。位于一个或多个机器上的服务器负责数据采集和数据处理（如量程转换、滤波、报警检查、计算、事件记录、历史存储、执行用户脚本等）。服务器间可以相互通信。有些系统将服务器进一步单独划分成若干专门服务器，如报警服务器、记录服务器、历史服务器、登录服务器等。各服务器逻辑上作为统一整体，但物理上可能放置在不同的机器上。分类划分的好处是可以将多个服务器的各种数据统一管理、分工协作，缺点是效率低，局部故障可能影响整个系统。

3. 通信

如图 2－4 所示，SCADA 系统中的通信分为内部通信、I/O 设备通信和外界通信。客户与服务器间以及服务器与服务器间一般有三种通信形式，即请求式、订阅式与广播式。设备驱动程序与 I/O 设备通信一般采用请求式，大多数设备都支持这种通信方式，当然也有的设备支持主动发送方式。SCADA 通过多种方式与外界通信。如 OPC，一般都会提供 OPC 客户端，用来与设备厂家提供的 OPC 服务器进行通信。因为 OPC 有微软内定的标准，所以 OPC 客户端无需修改就可以与各家提供的 OPC 服务器进行通信。

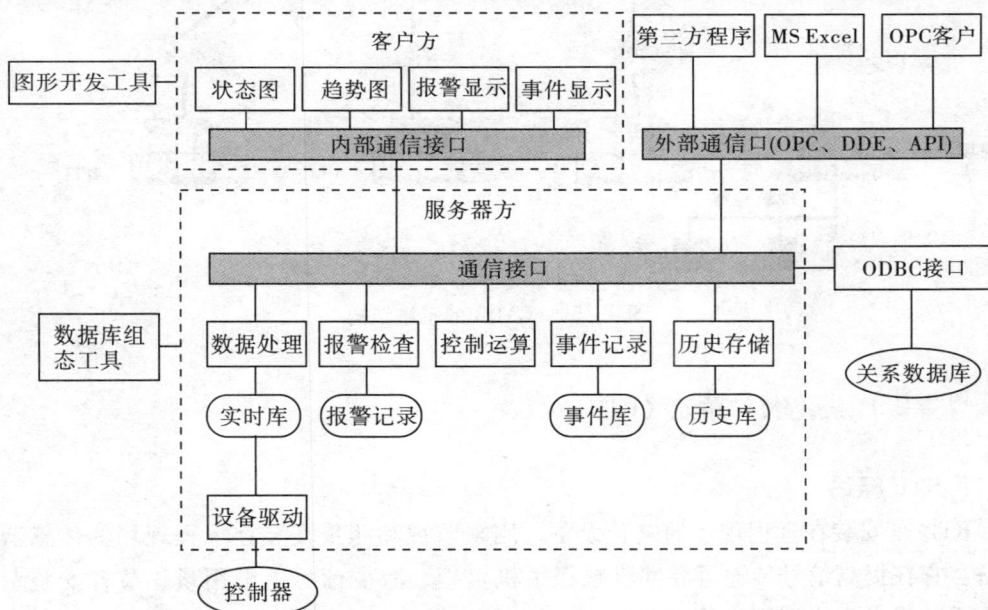

图 2－4　SCADA 通信结构

2.2　SCADA 的系统结构

SCADA 系统主要由三部分组成：主站系统、远程终端单元和通信网络。

主站系统侧重监控功能。主站系统一般采用先进的计算机，有着良好的图形支持，现在采用 PC 计算机和 Windows 系统居多，过去曾经有很多系统采用 UNIX 系统和 X Windows 图形界面。一个主站可能的分站数量从几十到几百、几千个不等。

通信网络实现上、下位机数据交换。通信网络实现方法很多，有线的包括音频电缆、载波电缆、光纤、电力载波等，无线的包括电台、卫星、微波等。

远程终端单元实现直接控制功能。

SCADA 的系统结构如图 2-5 所示。从中可以看出，SCADA 系统具有控制分散、管理集中的"集散控制系统"的特征。

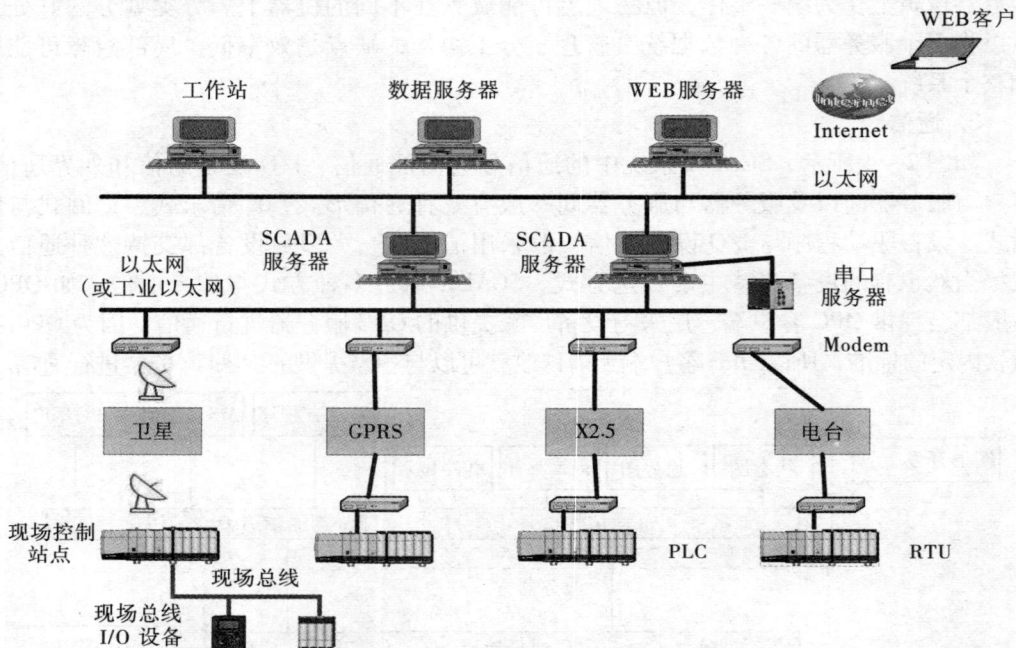

图 2-5 SCADA 的系统结构

2.2.1 远程终端单元（RTU）

1. RTU 概述

RTU 是安装在远程现场的电子设备，用来监视和测量安装在远程现场的传感器和设备。它在提高信号传输可靠性、减轻主机负担、减少信号电缆用量、节省安装费用等方面的优点也得到用户的肯定。

RTU 的主要作用是进行数据采集及本地控制，进行本地控制时作为系统中一个独立的工作站，这时 RTU 可以独立的完成连锁控制、前馈控制、反馈控制、PID 等工业上常用的控制调节功能；进行数据采集时作为一个远程数据通信单元，完成或响应本站与中心站或其他站的通信和遥控任务。

RTU 的主要配置有 CPU 模板、I/O（输入/输出）模板、通信接口单元，以及通信机、天线、电源、机箱等辅助设备。

RTU 能执行的任务流程取决于下载到 CPU 中的程序。应用程序可用工程中常用的编程语言编写，如梯形图、C 语言等。

RTU 的特点可以概括为：同时提供多种通信端口和通信机制；提供大容量程序和数据存储空间；高度集成的、更紧凑的模块化结构设计；更适应恶劣环境应用的品质。

远程终端单元的品种也有很多，大的系统由很多机柜组成，小的系统可能就是一个小盒子。目前常见的远程终端单元有如下几种。

1）PLC（中、小型）

典型的小型 PLC 产品有三菱的 FX2N 系统 PLC、西门子的 S7200 系统、OMRON 的 CPM1A 等。

一些中、大型的 SCADA 系统的下位机会选用中型的 PLC 产品，如三菱的 Q 系列、西门子的 S7 – 300、A – B 公司的 ControlLogix 和施耐德的 Quantum 系列等。

2）PAC（可编程自动化控制器）

作为一种开放型的自动化控制设备，PAC 在 SCADA 系统的下位机的应用逐步增多，主要的产品有：GE Fanuc 公司的 PACSystemsRX3i/7i、NI 公司的 Compact Field-Point、Beckhoff 公司的 CX1000、泓格科技的 WinCon/LinCon 系列、μ PAC – 7186EX、A – B 公司的 CompactLogix 和研华公司的 ADAM – 5510EKW 等。

3）智能仪表

在一些侧重数据采集、信息集中管理与远程监管的应用中，远程控制功能要求较低。在这类 SCADA 系统中，大量使用各种现场仪表作下位机，如智能流量计量表、冷量热量表、智能巡检仪等。

按照国标 GB/I 14429—2005《远动设备及系统第 1 ~ 3 部分：总则 术语》中的定义，远动（telecontrol）是指利用通信技术进行信息传输，实现对远方运行设备的控制。

在电力系统中，远动终端单元的作用是采集各发电厂、变电所中各种表征电力系统运行状态的实时信息，并根据运行需要将有关信息通过信息传递通道传送到调度中心，同时也接受调度端发来的控制命令，并执行相应的操作。

远动终端的任务包括以下几个方面：

数据采集：在电力系统中，数据采集又分为模拟量、开关量、数字量和脉冲量。

数据通信：按照预订通信规约的规定，自动循环（或按调度端要求）地向调度端发送所采集的本厂站的数据，并接收调度端下达的各种命令。

执行命令：根据接收到的各种命令，完成对指定对象的遥控、遥调等操作。

其他功能：①当地功能，对有人值班的较大站点，如果配有 CRT、打印机等，则可完成显示、打印功能，越限告警功能，事件顺序记录功能等。②自诊断功能，程序出现死机时自行恢复功能，自动监视主、备通信信道及切换功能，个别插件损坏诊断报告等功能。

2. 远程信号（遥信）的实现

远程信号的实质是开关量状态的采集和传输。

开关量的采集现在一般都采用光电耦合器进行隔离。

在电力系统中，遥信信息用来传送断路器、隔离开关的位置状态，传送继电保护、自动装置的动作状态，以及系统、设备等运行状态信号，如厂站端事故总信号，发电机组开、停状态信号以及远动终端自身的工作状态等。这些位置状态、动作状态和运行状态都只取两种状态值。如开关位置只取"合"或"分"，设备状态只取"运行"或"停止"。因此，可用一位二进制数即码字中的一个码元就可以传送一个遥信对象的状态。按国际电工委员会 IEC 标准，以"0"表示断开状态，以"1"表示闭合状态。

1）断路器状态信息的采集

断路器的合闸、分闸位置状态决定着电力线路的接通和断开，断路器状态是电网调度自动化的重要遥信信息、断路器的位置信号通过其辅助触点 QF 引出，DL 触点是在断路器的操动机构中与断路器的传动轴连动的。所以，QF 触点位置与断路器位置一一对应。

2）继电保护动作状态的采集

采集继电保护动作的状态信息，就是采集继电器的触点状态信息，并记录动作时间，它对调度员处理故障及事后的事故分析有很重要的意义。

3）事故总信号的采集

如果发电厂或变电站任一断路器发生事故跳闸，就会启动事故总信号。事故总信号用以区别正常操作与事故跳闸，对调度员监视系统运行十分重要。事故总信号的采集同样是触点位置的采集。

4）其他信号的采集

当变电站采用无人值班方式运行后，还要增加大门开关状态等遥信信息。

由上述分析可见，断路器位置状态、继电保护动作信号以及事故总信号，最终都可以转化为辅助触点或信号继电器触点的位置信号，故只要将触点位置采集进 RTU 就完成了遥信信息的采集。图 2-6 所示就是遥信信息采集的输入电路。

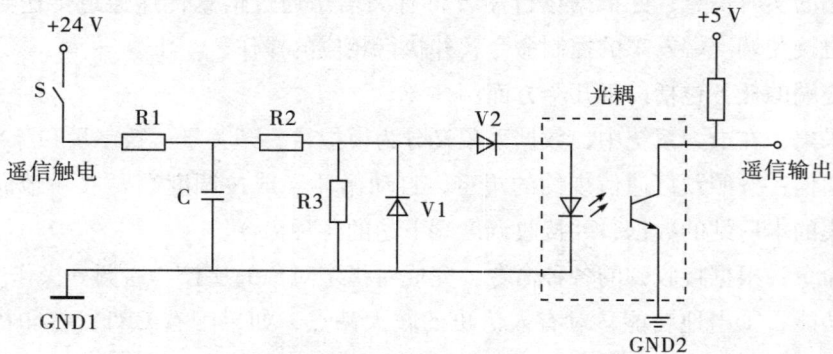

图 2-6　典型的遥信信息采集输入电路

为了防止因辅助触点接触不良而造成差错，这些触点回路中所加电压一般都比较高，例如直流 24 V。电气设备的辅助触点与 RTU 装置有一定距离，连线较长。为了避免干扰耦合在连线上经二次回路串入远动装置，RTU 与触点回路之间要有隔离措施，目前常用光电合器实现 RTU 内外的电气隔离。在图 2-6 中，遥信触点串接在输入电路中，T 形 RC 网络构成低通滤波器，用来滤掉信回路的高频干扰、电阻还有限流的作用，使进入发光二极管的电流限制在毫安级。两个二极管起保护光耦的作用。在这个电路中 +24 V 和 +5 V 是两个独立的电源，且不共地网，使光耦真正起到隔离作用。此外，电容 C 的选择要全面考虑。如果 C 的容量过大，则时间常数大，反应遥信变化的速度慢；如果 C 的容量过小，则不易滤除干扰信号，从而产生误遥信。

现以采集断路器状态来说明输入电路的工作原理：设断路器处于分闸状态，其辅助触点闭合， +24 V 经过 RC 网络后输入到光耦，光耦中发光二极管发光，光敏三极管导通，遥信输出端得低电平 "0"；若断路器处于合闸状态，其辅助触点断开，则发光二极管无电不发光。光敏三极管截止，遥信输出端输出高电平 "1"，从而完成了遥信信息的采集。作为计算机系统扫描输入的 I/O 口，或者扩展的数字输入，就能得到开关量的状态。

如果扫描速度够快，就能发现开关量输入状态的变化，可以用于低频的计数，有时称为遥脉。

一组开关量输入，如果每位的权重不一样，组合起来，称为数字量输入，在水位编码信息，变压器分接头位置上有着广泛的应用。

有时为了研究事件发生的顺序，需要记下开关量状态发生变化的时刻，这种信息称为带时标的开关量（SOE）。

3. 远程命令（遥控）的实现

远程命令的实质是开关量输出，图 2-7 是一个典型的遥控输出电路。

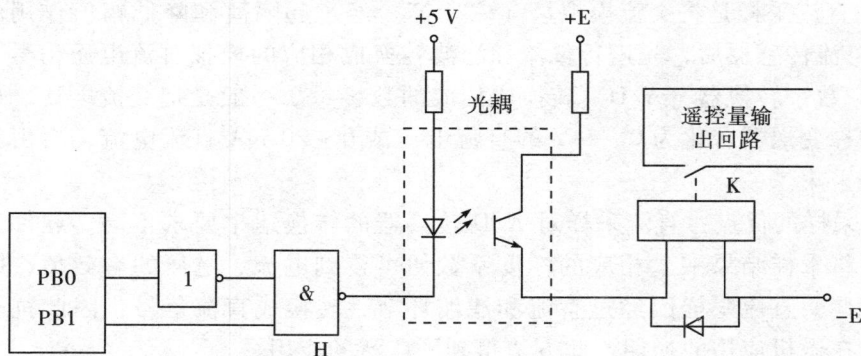

图 2-7 典型的遥控输出电路

电路的工作过程如下，当（PB0，PB1）=（0，1）时，H 输出 0，光敏三级管导通，继电器 K 吸合，跳合闸回路接通，动作于断路器。反之类似（PB0，PB1）=（1，0）。

电路中设置与非门，原因是并行口的负载能力有限，不足以直接驱动发光二级管，还有是增加两个条件以提高抗干扰能力。

4. 远程测量（遥测）的实现

远程测量也就是模拟量输入，一般通过 A/D 转换和多路模拟量开关进行多路切换测量。远程测量离不开变送器和传感器，变送器是把物理信号转换成标准电信号的设备。传感器是把物理信号变为可电测量信号的设备。

在电力系统中，模拟量采集的方法有两种，一种是 A/D 转换方式，另一种是电压频率变换技术。

1）基于 A/D 变换的模拟量输入电路

基于 A/D 转换的模拟量采集原理图如图 2-8 所示。

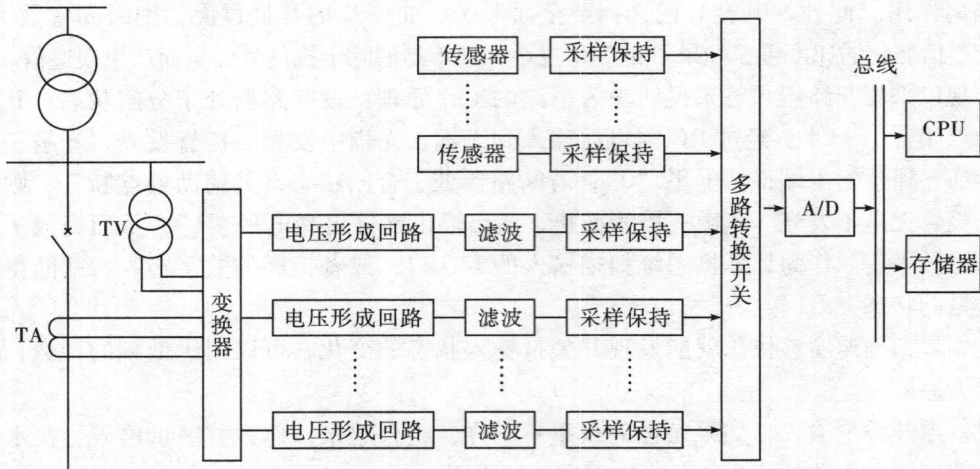

图 2-8　基于 A/D 转换的模拟量采集原理图

由图 2-8 可以看到，一次侧的电压或电流通过互感器送给电量变送器或传感器，转换成标准的电信号，标准的电信号再经过 A/D 转换变成计算机可以处理的数字信号。对于电量采集来说通常有两种采样方式：直流采样和交流采样。

（1）直流采样是将交流模拟量（u、i 等）经过起隔离和降低幅值作用的电压传感器/电流传感器后，先进行整流和滤波转换成相应的模拟直流电压信号，然后再由模拟/数字转换器（A/D）转换成相应的数字量。一般是把交流电压、电流信号经过各种变送器转化为 $0\sim5$ V 的直流电压或 $0\sim20$ mA 直流电流，再由各种装置和仪表采集。

直流采样的优点：直流采样对 A/D 转换器的转换速率要求不高，软件算法简单。只要将采样结果乘上相应的标度系数便可得到电流、电压的有效值，因此采样程序简单。直流采样因经过整流和滤波环节，转换成直流信号，因此抗干扰能力较强。在微机应用的初期，此方法得到了广泛的应用。

直流采样的缺点：直流采样输入回路，因要滤去整流后的纹波，往往采用 RC 滤波电路，其时间常数较大（一般几十毫秒~几百毫秒），因此采样结果实时性差，而且无法反映被测模拟量的波形，尤其不适合用于微机保护和故障录波。变送器电路中采用的非线性元件如铁芯、整流二极管等都引起误差。直流采样需要很多变送器，硬件数量多，接线繁琐，占用平面多。

（2）交流采样是将交流模拟量（u、i 等）经过电压传感器/电流传感器后，不进行整流，仍以交流模拟信号直接提供给模拟/数字转换器（A/D）进行采样，然后通过计算得到被测量的有效值等需要的参数。交流采样法包括同步采样法、准同步采样法、非同步采样法等几种。

交流采样的优点：实时性好。它能避免直流采样中整流、滤波环节的时间常数大的影响，因此在微机保护中必须采用交流采样。它能反映原来电流、电压的实际波形，便于对所测量的结果进行波形分析。因此在需要谐波分析或故障录波的场合，必须采用交流采样。有功功率和无功功率是通过采样得到的 u、i 计算出来的，因此可以省去有功功率和无功功率变送器，从而节约投资并缩小测量设备的体积。

交流采样对 A/D 转换器的转换速率和采样保持器要求较高。为了保证测量的精度，一个周期内，必须保证有足够的采样点数，因此要求 A/D 转换器要有足够的转换速度。测量准确性不仅取决于模拟量输入通道的硬件，而且还取决于软件算法，因此采样和计算程序相对复杂。

对于电力监控等众多应用，过去采用的是交流变送器和模拟量输入进行数据采集的。由于其应用及其广泛，对精度和成本要求高，于是就出现了交流采样技术。

交流采样是直接对交流电压和电流的波形进行采样，然后通过一定算法计算出交流电参数。通过一套装置可以得到几乎所有的电参数，比如电压、电流、功率、无功、谐波、不平衡度等。

交流采样原理是假设电网的电压和电流信号带宽是一定的，通过电路把信号变换成 A/D 可以采样的信号，然后按照定周期进行采样，一个周波采样 16 点，32 点甚至 1024 点。然后通过数学算法计算得到需要的量。图 2-9 所示为交流采样原理图。

图 2-9　交流采样原理图

图 2-10 所示为交流采样中电压形成电路的典型原理图。

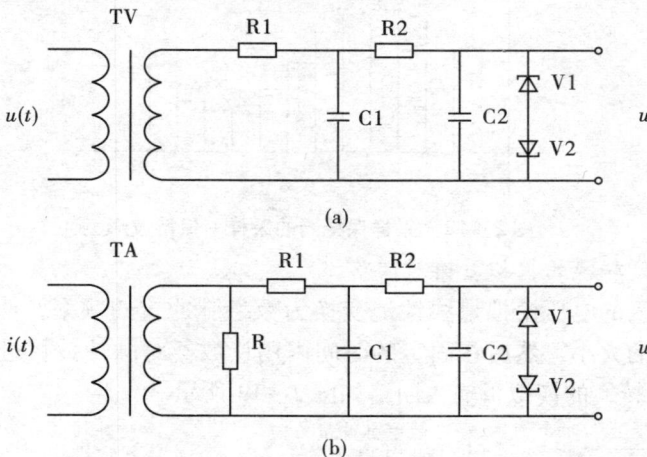

图 2-10　交流采样中电压形成电路的典型原理图

在图 2-10 中，电压电流变换器的作用是将电流变换成电压信号，并进一步降低电压。另外一个作用是将一次设备的电流互感器 TA、电压互感器 TV 的二次回路与微机 A/D 转换系统完全隔离，提高抗干扰能力。RC 电路组成低通滤波器，其作用是限制输入信号的最高频率，以降低采样频率。

图 2-11 所示为交流采样过程，其中采样保持器（S/H）的基本原理是在 A/D 转换器完成一次完整的转换时所需要的一段时间里，模拟量不能变化。S/H 可将瞬间采集的模拟量保持一段时间，以保证 A/D 转换的实时性。图 2-12 所示为采样保持器的采样保持波形。

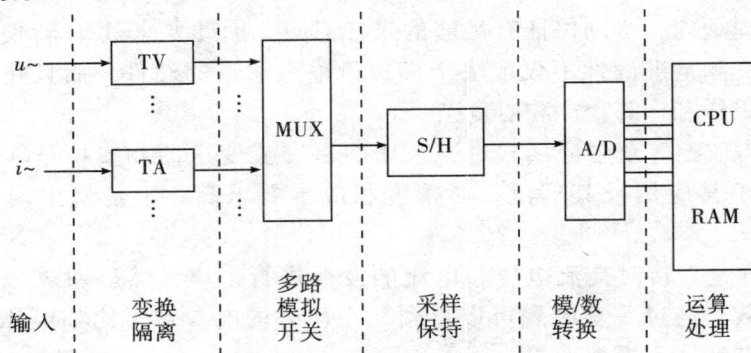

图 2-11　交流采样过程

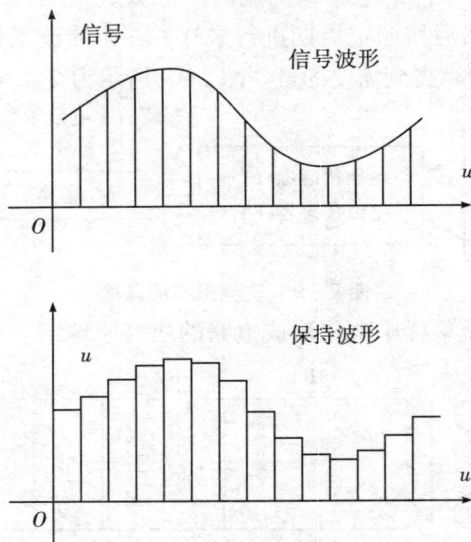

图 2-12　采样保持器的采样-保持波形

2）基于 V/F 转换的模拟量输入回路

原理：将输入的电压模拟量线性地变换为数字脉冲式的频率，使产生的脉冲频率正比于输入电压的大小，然后在固定的时间内用计数器对脉冲数目进行计数，供 CPU 读入。基于 V/F 转换的模拟量输入回路如图 2-13 所示。

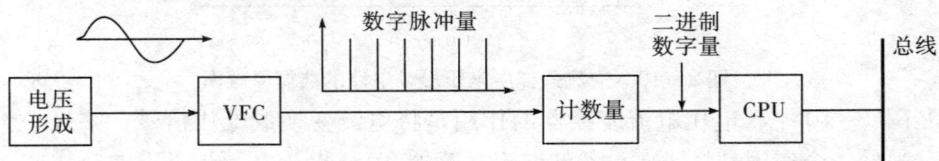

图 2-13　基于 V/F 转换的模拟量输入回路

直流采样和交流采样是两种不同的采样方式，各有各的特点和应用场合。但从发展的眼光看，随着大规模集成电路技术的提高，A/D 转换器的转换速度和分辨率也不断提高，而且交流采样的算法也有多种方法可供选择，因此采用交流采样是一种发展的趋势。

对于一些典型的应用，如电力远动，已经把电量变送器和 RTU 设备合为一体的，称为交流采样技术，这样省去了误差环节，提高了系统的精度、可靠性，降低了系统的成本和安装复杂度。

目前有一种把测量和变送器合在一起的趋势，特别是对于典型的传感器，如热电阻、热电偶、应变片等。

5. 远程调节（遥调）的实现

远程调节主要是模拟量输出，但是也有开关量输出的。

模拟量输出主要形式是通过 D/A 转换和相应的电路把输出信号转换成标准的模拟信号，如 4～20 mA、0～10 V 等。比如把这个信号输出给变频器，使之输出频率变化以改变电动机的转速，从而控制压力、转速等。

远程调节的开关量形式：比如，通过给阀门的电机通电，让阀门转动，通过时间的控制来控制阀门的开度。正方向开关量给电时间越长，阀门开度就越大；反方向开关量给电时间越长，阀门开度就越小。这种控制一般不是线性的。

图 2-14 所示为基于模拟量输出通道的 D/A 转换结构框图，其中锁存器是在 D/A 转换期间保持输出数字量的稳定。转换后的模拟信号可用低通滤波来平滑输出波形。

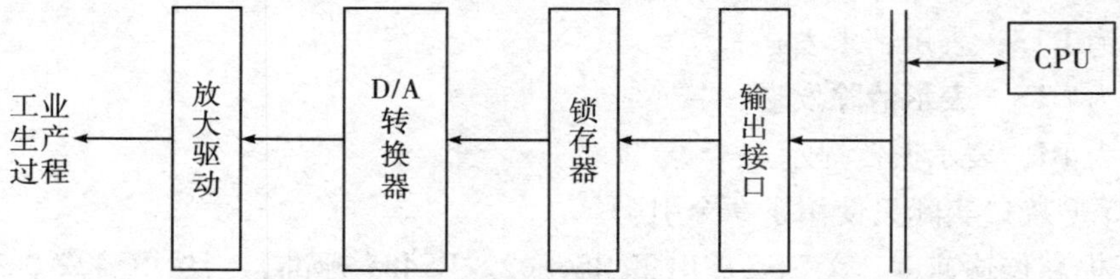

图 2-14　基于模拟量输出通道的 D/A 转换结构框图

6. 电源系统

对于 RTU 设备来说，电源系统相当重要，一般包括一次电源和二次电源。

一次电源是把市电转换成直流 24 V 或者 12 V 电源，目前一般采用开关电源。但是由于很多开关电源的设计是按照室内使用环境设计的，不一定能够满足现场的需要。在很多野外场合需要特制的电源，因此增加一个隔离变压器，能够大大提高系统的可用性。为了停电后系统还能维持工作，需要配专门的电池，比如铅酸电池、镍氢电池、锂电池等。

一次电源还可以用来给传感器供电、给执行机构供电、给开关量输入供电等。电源系统对于系统可靠性至关重要，所以，必须选用质量高性能好的电源。

二次电源一般由小功率的 DC/DC，转换成 CPU 的电源和其他电源。比如 5 V、12 V 等。

7. 通信接口

通信接口对于 RTU 则越来越重要。因为很多的数据采集都可以通过远程模块和 IED（智能电子设备）完成，而 RTU 则越来越向通信靠近。

一般的通信接口包括 RS232、RS422、RS485 接口，复杂的还有以太网、USB、现场总线接口等。

RS232 标准是一个美国标准，定义了 DTE 设备和 DCE 设备的接口电平、波特率、引线和引线功能以及机械尺寸。实际上很少有产品能够完全合乎 RS232 标准的所有要求。目前应用比较多的是 DB25、DB9 和 3 线制。

RS232 是一个不平衡传输的标准，定义了信号线和公共回线。电平 $-3 \sim -15$ V 定义为逻辑 1，$3 \sim 15$ V 定义为逻辑 0，传输距离一般不超过 15 m，最大通信速率不超过 20 kb/s（实际用到 115200 b/s 甚至更高）。一般用到 TXD、RXD、GND 三根线，复杂的还有 CD、RI、DTR、DSR、CTS、RTS 等。

DTE 设备定义（DB9 型接口）如下：

1 脚为 DCD，表示载波检测；

2 脚为 RXD，表示接收数据；

3 脚为 TXD，表示发送数据；

4 脚为 DTR，表示数据终端准备好；

5 脚为 SGND，表示信号地线；

6 脚为 DSR，表示数据准备好；

7 脚为 RTS，表示请求发送；

8 脚为 CTS，表示清除发送；

9 脚为 RI，表示振铃提示。

DB25 型接口实际只使用了 9 个引脚。

为了提高传输速度，美国又提出了 RS – 422/RS485 标准，当然 RS422 标准相当复杂，实际使用只使用 4 线（2 对），RS485 只使用 1 对线。都是采用的平衡传输方式，差分发送和差分接收，A/B 两线间电压在 $0.1 \sim 5$ V 为逻辑 1，$-0.1 \sim -5$ V 为逻辑 0。在双绞线下，100 kb/s 可以传输 1200 m。RS422 采用是主从一对多通信方式，RS485 可以采用主从一对多通信或者对等通信方式。因为其可靠，速度高，廉价，其应用是非常广泛的。甚至 PROFIBUS 的物理层都采用的是 RS485。

随着互联网的发展和以太网设备的普及，现在也有很多设备采用以太网方式，以太网接口主要又两种方式，一种是 50 Ω 同轴细缆或者 75 Ω 同轴粗缆，一种是双绞线，接头标准 RJ45。同轴电缆的方式目前已经极少采用。

RJ45 的定义如下：

1 脚为 TX +（发信号 +）；

2 脚为 TX –（发信号 –）；

3 脚为 RX +（收信号 +）；

4 脚为 n/c（空脚）；

5 脚为 n/c（空脚）；

6 脚为 RX－（收信号－）；

7 脚为 n/c（空脚）；

8 脚为 n/c（空脚）。

8. 系统软件

现在的 RTU 设备都是由微处理器构成的，因此必须配备相应的软件。

RTU 设备的软件由于架构的不同而不同，RTU 设备有两种结构，即单 CPU 的与分布式的结构。

作为单 CPU 系统，系统包括如下软件模块：通讯协议模块，开关量采集模块、模拟量采集和处理模块、模拟量输出模块、脉冲量采集模块、可编程逻辑等。复杂的系统有的需要实时操作系统支持，比如 VXWORKS、Linux、WINCE 等。

作为分布式系统，系统的软件也是分布的。

一个 CPU 模块用作通信和协议处理，专门的 CPU 完成一种量的采集或者几种量的采集，专门的 CPU 要实现内部通信。系统间的通信可采用的方式很多，包括 RS485、CAN、内部并行总线、以太网等。内部通信的实现一般采用主从方式，这种方式比较容易实现，但是这种通信模式的速度可能比较慢。也可以采用令牌或者对等方式，这种实现方式通信速度很快，但实现复杂。

为了实现复杂的功能，RTU 软件可能需要操作系统的支持，比如实现协议栈、文件系统、远程升级、内存管理、网络功能等。常用的操作系统有 Linux、VXWORKS、WINCE。

2.2.2 主站系统

主站系统通常包括 SCADA 服务器、工程师站、操作员站、WEB 服务器等，这些设备通常采用以太网联网。

实际的主站系统如何配置要根据系统规模和要求而定。根据安全性要求，主站系统还可以使用冗余，即配置两台 SCADA 服务器，当一台出现故障时，系统会自动切换到另外一台工作。

在 SCADA 系统发展初期，主站系统普遍采用工控机。工控机在商用计算机上进行了改装与加固，以适应工业应用的要求，这主要体现在硬件结构、系统可靠性、抗干扰能力和环境适应性等方面上。

然而，近年来，随着商业机可靠性的不断增强，以及商用机与工控机之间较大的价格差距，SCADA 系统选用商用机作主站系统已经十分普遍。对于可靠性要求高的场合，可以通过热备等方式来实现。

主站系统功能主要是数据采集和状态显示、远程监控、报警和报警处理、事故追忆和趋势分析以及其他应用系统的结合等。

SCADA 系统的主站过去是基于 UNIX 操作系统家族和 XWindows 图形界面的。随着计算机系统的发展，特别是 PC 机的发展，PC 机和 PC 机上运行的操作系统在扮演着越来越重要的角色。主站系统一般包括以下内容。

1. 通信前置系统

通信前置系统主要负责解析各种不同的规约，完成通信接口数据处理，包括数据转发。包括前置计算机、串口池或者 MODEM 池、机架、防雷措施和网络接口。根据系统的规模可能有一个，两个甚至多个前置计算机。串口池是多个串口构成的集合，有两种方式，一种是插在计算机上的多串口卡，一种是以太网接口的多串口服务器。MODEM 池是多个 MODEM 的集合，可以采用多个 MODEM 或者采用 DSP 技术的集成式 MODEM（一个接口可以提供 30 个 MODEM）。

各种数据网关把各种不同的协议进行解析，转换成统一的数据存储于实时数据库中。某种意义上前置系统是一种特殊的网关设备。

从软件划分的角度看，规约接口模块是整个监控软件直接和控制设备打交道的，从监控系统的数据来源来看它是最底层的数据提供者，它所服务的对象是实时数据库。它是系统数据的来源，也是系统操作执行的输出模块。

一般按照规约不同，进行模块的划分，不同的规约采用不同的模块实现，OPC 和 OLE 由专门的模块实现，不同的 OPC 和 OLE 采用不同的模块实现。

规约最好是有层次的，有层次规约的好处在于在一种通信模式下的规约很容易在其他通信模式下实现。规约的调度可以采用单线程或者多线程的方式，单线程实现简单，容易管理，但是效率低。多线程的优点在于效率高，缺点是程序编写复杂。

规约的层次结构一般包括物理层、链路层和应用层，实现时也按照层次实现。协议的分层是指协议报文的头和内容的关系，下层一般把上层的数据作为载荷使用。规约接口模块可以由软件在前置系统实现，也可以通过硬件（网关设备）实现。所有的数据都写入实时数据库。

2. 数据库系统

数据库系统主要包括运行实时数据库的服务器和保存历史数据的服务器。

现在的监控组态软件都有实时数据库作为整个系统数据处理、数据组织和管理的核心，也称其为数据词典。实时数据库与基于传统数据库技术的数据库（如，关系数据库）在原理、实现技术、功能和系统性能方面有很大的不同。集成了实时数据库功能的组态软件的应用范围更为广阔，尤其是在时间关键型应用中。

实时数据库无缝地集成了数据库与定时性，在对数据库能力和实时处理技术两者均有要求的各种领域有着极其广泛的应用前景，集成了实时数据库的监控组态软件，对多种工程或过程及时间关键型应用更是必要而迫切的，为国家的现代化尤其是自动化建设及国民经济的发展提供有力的、必不可少的支持，在信息技术、信息高速公路及信息产业的建设中起到重大作用。

利用实时数据库可以完成以下应用：

（1）记录实时过程的历史数据，用于过程存档、历史数据查询、事故分析、系统建模等。

（2）连接各种类型的自控设备（如，DCS、PLC、智能模块、板卡、智能仪表、控制器、变频器等），配以监控界面，实现自动监控。

（3）通过数据库网络通信功能构建分布式应用系统。

（4）运行在控制系统（包括 DCS 大型控制系统或其他中小控制系统）的上位机中，在数据库上运行先进控制软件、优化控制软件和其他用户应用程序，在客户机上运行各种界面监控软件，快捷方便地实现可扩展的先进控制或优化控制的目标。

（5）连接多种控制系统和设备，实现车间级、分厂级及总厂级实时数据综合利用和管理。

（6）配合关系数据库管理系统，构建生产指挥调度系统及其他管控一体化系统。

（7）通过数据的 Web 功能，利用 Internet/Intranet 资源，在浏览器上访问生产过程数据。

（8）完全的开放功能，以实时数据库为平台进行再次开发。

历史数据是整个 SCADA 系统的财富。历史数据是按照时间或者其他规则把实时数据库内容转成历史记录。

历史数据的记录很庞大，一年的记录数据可能就有几千兆字节甚至几万兆字节的数据量。所以对历史数据库服务器的内存和存储以及 CPU 的速度要求比较高。因为在数据挖掘的时候，需要大量遍历历史数据。

3. 图形界面

图形界面就是将采集的数据，用各种计算机图形技术展示给使用者的界面。主站的图形界面如图 2-15 所示。

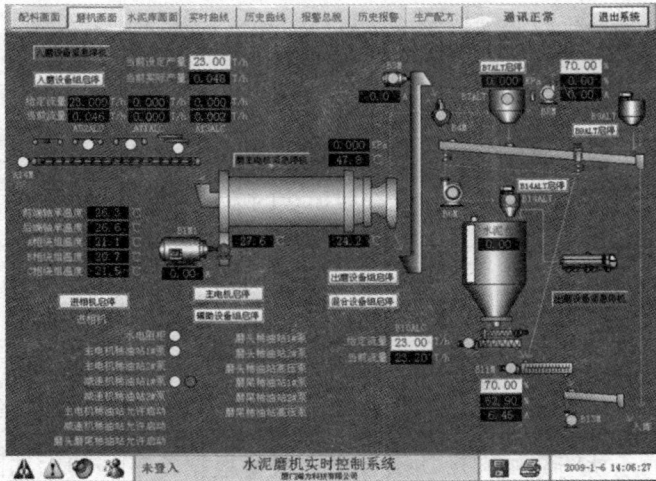

图 2-15 主站的图形界面

图形界面主要包括图和动画连接。图是指展示给用户的图形，动画连接是指让图随着数据的改变而发生变化。比如在图上存在一个指示灯，与实时数据库内的一个离散变量 X 进行动画连接，当 $X=0$ 时，指示灯为绿色；当 $X=1$ 时，指示灯为红色。不同的软件对动画连接的叫法不一样，动画连接这个词最早见于组态软件。

为了方便用户根据需要产生各种方便的图形，一般主站软件给用户提供了很多类型的图元供用户使用。图元大体可以分为：基本图元如点、线、矩形、圆形、文字等，这些图元的形状、颜色、填充、文字等在动画连接后可以随着变量的改变而改变。

复杂图元可以是综合了很多基本图元而生成的图元，它的属性更多，更为复杂，比如 $X-Y$ 曲线、圆饼图、指示仪表等。

对象图元更为复杂，也更利于用户的使用。比如，可以把一个炉子定义成一个对象图元，把一个管道定义为对象图元。

4. 工作站

工作站主要包括：工程师工作站，负责系统的组态、画面制作和系统的各种维护；生产调度工作站，是监控系统的主要用户，可以显示画面、进行画面浏览、实现各种报警等；各种监控工作站，主要用于特别庞大的系统。每个工作站都有工作人员值守。

5. WEB 服务器

WEB 服务器现在是 SCADA 主站系统的一个流行趋势，只要用户装有浏览器软件，得到相应的授权，就可以访问相应的数据。

6. 系统软件构成

SCADA 系统软件很复杂，软件划分的目的是为了软件的编制和维护。软件划分的方法一般有两种。一种是模块法，它能把软件划分成很多模块，然后将软件通过模块通信的方法进行耦合。对于简单的程序一般采用模块法。只要把模块间的接口只要定义清楚，修改一个模块不会影响其他模块的功能。

还有一种划分方法是层次法，它把软件分为很多层，而后软件按照层次关系进行操作，比如对于操作系统就必须按照层次进行分析。层次法的好处对于某一层不满意，只要层间的关系划分得很合理，就可以重新编写一个层替换原来的层，而不需要修改其他代码。

实际上，对于复杂的软件系统一般采用的是模块层次的划分方法，也就是既要按照层的概念定义操作的层次关系，又要按照模块的方法划分同层间的模块关系。

7. SCADA 软件的上层应用

SCADA 系统的上层应用各不相同，这也是不同 SCADA 系统的区别所在。因为各种 SCADA 系统应用大部分都是一样的，而差异主要在上层应用和传感器。

例如电力系统的短期负荷预报，需要利用去年的历史数据和当前几天的历史数据以及天气预报情况，根据数据模型进行短期的负荷预报，从而指导调度和发电。

而油井监控的示功图分析和示功图计产，需要根据每口井的示功图数据进行泵况的分析和泵效的分析，给修井、开井和停井提供数据依据。在地形复杂（如山地、丘陵、高原等），无法设置计量间的地区，可以根据示功图进行产量的估计，虽然有误差，但作为产量的估算还是有价值的。

上层应用只能根据各行业进行单独的开发，不可能一个软件满足各行各业的要求。

图 2-16 所示是一个典型的大型电力 SCADA 系统的结构图。

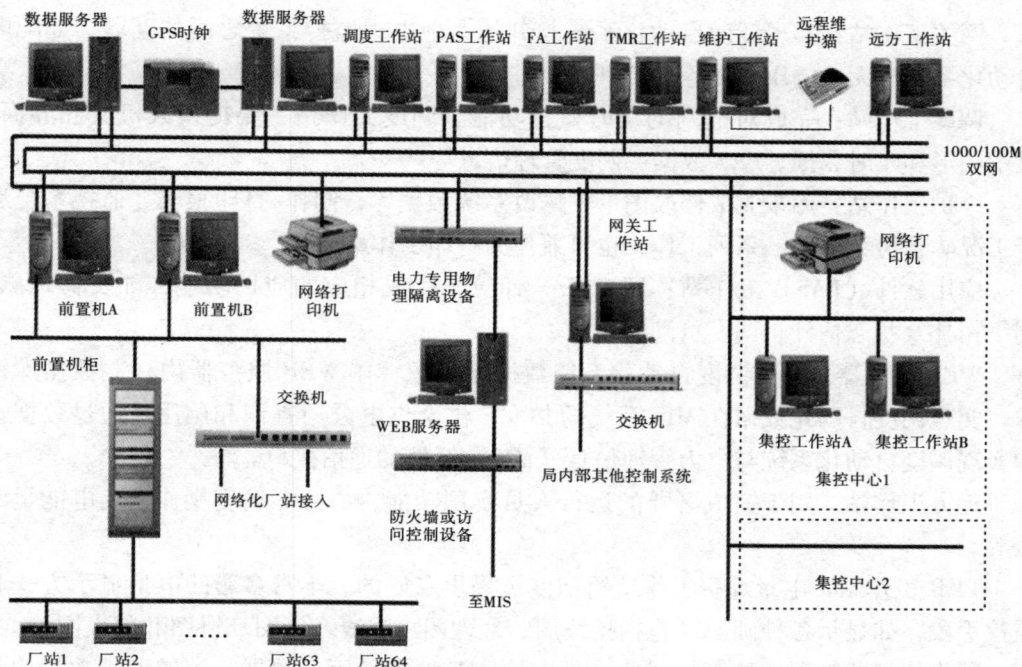

图 2 - 16 典型的大型电力 SCADA 系统的结构图

图 2 - 16 中，各个部件的功能描述如下：

前置机：前置机由两台计算机组成，主备方式运行，主要用于数据采集及预处理，通信原码监视及转发，与其他调度中心交换数据，以及向远方智能终端设备下发控制命令，完成对开关、刀闸、变压器档位的远方控制。两个前置机之间通过网络相互进行监视，实现自动和手动切换。自动切换是根据系统的运行状态自动完成。手动切换是根据运行需要强制将原值班机退出值班状态，备用机转为值班机状态的过程。

两台前置机均采集 RTU 信息。主备机数据库完全一致，主、备前置机的切换不影响后台实时数据更新的速度，不会产生切换停顿感。

数据服务器：调度自动化系统的核心，由两台同型号高性能的 PC 服务器组成。每台服务器通过网络口与主干局域网相连。两台服务器互为热备用。数据服务器一般有以下功能：

①完成系统数据处理功能（SCADA）。

②负责维护和存储系统实时数据。

③负责维护和存储系统历史数据。

④完成前置系统的网络数据交换。

⑤完成向 WEB 服务器的数据单向迁移。

⑥响应客户端的数据请求。

双数据服务器分为主服务器和备服务器，备服务器处于热备用状态，当主服务器故障时，系统自动进行切换，切换时间小于 10 s，不会造成实时数据和服务功能的丢失。系统服务器之间也可通过人工干预进行切换。

网关工作站：实现调度自动化系统与其他本地电力监控系统之间的互联，如配电自动化系统、无功电压优化等。

调度工作站：完成对电网的实时监控功能。调度工作站主要提供人机交互界面，显示图形和实时数据、PAS 数据、调度管理信息等。

维护工作站：用来完成修改图形、修改系统数据库，制作/打印报表、监视系统运行工况、备份数据等一系列工作，也可兼作为打印工作站。

应用软件（PAS）工作站：用于 PAS 计算，完成相应的应用功能，如负荷预测、网络拓扑及状态估计、调度员潮流。

WEB 服务器：兼作调度自动化系统数据库镜像。在 WEB 服务器内建立数据库镜像，实现调度自动化数据在 MIS 系统的共享，供全供电公司查询和调用。通过数据镜像实现调度自动化系统与电力管理信息（MIS）系统的通信接口。

远方工作站：用于完成必要的运行人员实用功能，如智能调度操作票、电能量考核等。

TMR 工作站：电量计费工作站给调度员提供友好的、丰富多彩的电量显示方式和监控手段，如显示各种画面（包括接线图、地理图、曲线、棒图、饼图和仪表图）、报表、警告信息和管理信息等。调度员可以检索各种电量历史数据，完成各种数据的录入。查询各种数据及事件信息，在一定范围内对数据进行处理。用户可以通过图形直观地了解系统中的所有电量、线损、变损、网损、各电表参数，安装的地理位置及通道、终端、电表、计算机等的运行情况。

FA 工作站：FA 工作站完成配网故障的各种交互式人工处理，以及进行故障的模拟处理，完成配网故障的监测、隔离、网络重构、无功补偿等配网故障信息的处理。

2.2.3 通信网络

通信网络实现 SCADA 系统的数据通信，是 SCADA 系统的重要组成部分。与一般的过程监控相比，通信网络在 SCADA 系统中的作用更为重要，这主要因为 SCADA 系统监控的过程大多具有地理分散的特点，如无线通信机站系统的监控。

在主站系统中，主要有连接主站、服务器、通信设备、打印设备的局域网络。同时主站还可以设置 WEB 服务器，提供远程监控网络。在远动终端单元，通信网络包括连接 I/O 设备与控制器的现场总线、各种设备级总线等。在连接主站系统与远动终端单元的通信系统中这部分网络最复杂，形式最多样，是 SCADA 系统的重要部分。

通信系统的基本模型见图 2 - 17。图中，信源是指发出信息的信息源；发送变换器的功能是把信息源发出的信息变换成适合在信道中传输的信号；信道是指传输信号的通道，是信源和信宿之间的通信线路；接收变换器的功能是发送变换器的逆变换，需要把从信道上接收的信号变换为接收者可以接收的信息；信宿是信息传送的终点，是通信过程中接收和处理信息的设备。图 2 - 17 中噪声源是信道中的噪声以及通信系统中其他各处噪声的集中表示。

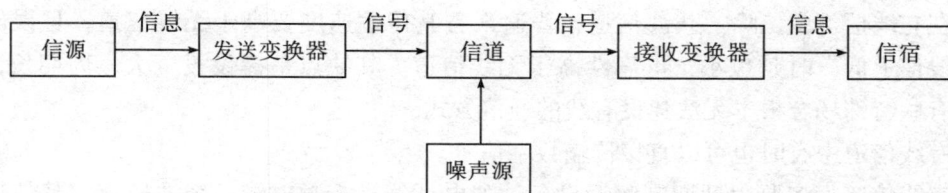

图2-17　通信系统的基本模型

由信息到信号的过程称为信道编码，一般调制方式有 ASK、FSK、PSK、QAM、TCM，等等。信道编码常用于有线和无线通信。随着 DSP 计算能力的提高，AD、DA 速度和精度的提高，以及数学方法的发展，现在信道编码的能力越来越接近香农信息论的理论值。在电话线上，香农信息论的理论值在 64 kb/s 以下，而实际的调制解调器可以达到 33.6 kb/s 甚至 56 kb/s 的速度。

由于通信过程中存在噪声干扰，因而有可能出现差错，那么就要进行差错控制。通常进行差错控制的方法是编码。

而在 SCADA 系统中经常用的是检错，纠错除了特殊的场合很少使用，检错主要是两种编码方式，即和校验和 CRC 校验。

和校验原理非常简单，就是对信息进行加法运算或者模 2 加法运算，接收后对信息进行同样的运算，比较运算结果和传输来的校验是否一致，如果一致认为是正确的，否则认为错误。这个算法实现起来非常简单，也得到了广泛的应用，但是其基本原理存在着出现差错检不出的可能，适合于信道质量比较好的场合。

CRC 校验方法可以检出的错误远远超过了和校验，适合比较恶劣的通信场合。

CRC 校验比较复杂一些，它有一个生成多项式 $g(x)$，信息可以看成一个 $i(x)$，设校验位为 16 位，则校验多项式 $r(x) = x^{16} \cdot i(x) / g(x)$。则整个发送序列多项式为 $t(x) = x^{16} \times i(x) / g(x) + r(x)$。接收时，如果没有差错则用 $t(x) / g(x) = 0$，如果有差错就不是 0。这样就可以知道差错了。人们已经找到很多的标准生成多项式，比如：

CRC - 16　　　　$g(x) = x^{16} + x^{15} + x^2 + 1$

CRC - CCITT　　$g(x) = x^{16} + x^{12} + x^5 + 1$

而 CRC 的计算需要进行移位和模 2 加运算。计算机除非有专门的硬件设备，否则计算起来很慢。为了提高计算速度，一般采用查表计算的方法，把运算转换成查表和字节运算，这样使得运算速度大大提高。

SCADA 中，将通信通信系统非常重要，可以看成 SCADA 的神经系统。由于介质的不同大体可以分为如下三种类型：有线、无线和网络。之所以把网络拿出来是因为这些年网络技术发展很快，目前网络成了传输 SCADA 信息的一个很重要的方式。信道分类也可以分为半双工和全双工的信道，但是有时即使信道是全双工的，而协议是半双工的，系统也工作在半双工状态。

1. 有线系统

有线的范畴很广，常用的包括电话线、音频电缆、电力载波、同轴电缆、光纤等。这里的有线指的是，要有介质连接且不经过网络协议而直接进行 SCADA 协议的通信方式。

在有线信道中，除了载波信道，普遍来看其传输速度要高于无线信道，且误码率比无线信道低，时延也小，可靠性高于无线信道。其缺点是建设投资大，周期长，而且在有些特殊场合根本无法建设有线的通信方式。

有线信道中有时也可以直接传输数字信号。

有线信道很多要用到调制解调设备，如电话线、音频电缆、载波通道，其信道容量肯定小于香农信息论容量。电话线中的调制解调器可以达到 33.6 kb/s 的速度，而载波通道有的只能到 300 b/s 的速度。

2. 无线系统

常用的无线系统无线信道包括无线电台、微波通信和卫星通信等。GPRS/CDMA 通信方式已列入网络通信的范畴。

无线电台由于受到带宽的限值，其信道一般为 25 kHz，无线电管理委员会专门划出几个频段用于无线数据传输，主要包括 150 MHz 频段、230 MHz 频段和 470 MHz 频段。目前的调制解调技术可以做到的速度从 600 b/s 到 19200 b/s 不等。一般都是采用调制解调器和无线电台做在一起的数传电台。

采用无线电台中心站要复杂一些，为了系统能够更好地进行通信，需要建设一个很高的全向天线，有的是安装在楼顶，有的是建设专门的铁塔。实施前要进行频点干扰测试、遮挡测试、场强测试等。无线电台受到地形和建筑的影响相当严重，有时会出现本来通信很好，若在中间出现一个高层建筑就导致无法通信的情况。无线电台有时不适宜于城市应用，也不适宜于山区、高原、丘陵地带使用。它适合于平原农村和水面应用。

无线电台是一个典型的半双工轮询系统，系统如果点数很多，轮询一遍所花的时间可能会长达几分钟甚至更长。

另外必须区分无线电台的接口速率和空中速率，这二者是相互独立的两个概念。空中速率指的是电台在无线信道的实际数据速率，这个速度越快，说明电台的性能越好，而且单位时间传输的数据越多。接口速率是电台与 RTU 设备的速率，这个速率只要不小于空中速率和通信速度就没有太大关系。

无线电台可能会受到干扰的影响，严重影响通信性能，甚至完全无法使用。主要干扰有：同频干扰、高压输电线路电晕干扰、其他射频设备等。一般不受天文情况的影响，如太阳黑子、太阳磁暴、电离层等。

微波通信只有在特别重要的场合才实施，其投资巨大，而且要每大约 50 km 就要有一个中继站，对于地形复杂的场合，可能为了视距原因可能很近就要有一个中继站。一般的单位是没有财力建设微波系统的。国内的电力企业当年有一套从各个大区到中央的微波通信系统。微波通信还会受到降水和雾的影响。

简单地说，卫星通信就是地球上（包括地面和低层大气中）的无线电通信站间利用卫星作为中继而进行的通信。卫星通信系统由卫星和地球站两部分组成。卫星通信的特点是：通信范围大；只要在卫星发射的电波所覆盖的范围内，从任何两点之间都可进行通信；不易受陆地灾害的影响（可靠性高）；只要设置地球站电路即可开通（开通电路迅速）；同时可在多处接收，能经济地实现广播、多址通信（多址特点）；电路设置非常灵活，可随时分散过于集中的话务量；同一信道可用于不同方向或不同区间（多址联接）。

随着我国卫星通信技术的发展，SCADA 系统中将会越来越多地使用卫星通信技术。

3. 网络系统

网络通信方式在无线方式上常用的包括 GPRS/CDMA、ZIGBEE、Wi－Fi 等。有线方式常用的包括以太网、ADSL、CABLE MODEM 等。

网络通信方式的优点在于借用现有的网络资源，真正打破了地域的限制，可以构架分布全球的 SCADA 系统，对于很多全球生产的企业非常有利。

由于网络构建于公共网络之上，在出现突发事件时而且要求 SCADA 系统在突发事件进行应急处理时，这样的方式可能会因为公众通信的信息量大增，导致通信设备瘫痪或者阻塞，而无法应对这样的应用。这种通信阻塞的情况完全有可能出现，所以在构建 SCADA 系统的时候，一定要评估这个风险，否则就是一套在紧急情况下不能使用的系统，这个系统可能就没有建设的必要。对于这种系统一定要采用生存能力强的独立系统，比如无线电台或者专门的网络。

在网络通信上，由于 GPRS/CDMA、ADSL 等设备都是构建在 PPP 协议或者 PPPOE 协议之上的，其地址分配可能是动态的，也可能是静态的。而主站的地址可能是静态的也可能是动态的，所以二者可能存在互不知道 IP 地址的可能，如果没有专门的机制是无法通信的。为了保证 RTU 能和主站通信需要做专门的处理。

就 TCP/IP 通信而言，双方必须知道对方 IP 地址和端口号才能通信，而且一般的通信模型是客户机/服务器模型，而且一般主站作为服务器使用，所以主站系统不能放在防火墙的后面，如果放在防火期后面，防火墙至少要开放几个端口，而且把主机的 IP 地址通过 NAT 的方式映射到公网上，否则 RTU 不可能和主站通信。如果主站地址是静态的，RTU 端设置通信设备时，把主站的 IP 地址设为主机 IP 地址。这样上电后，RTU 的通信设备 DTU 就可以根据设定的 IP 地址和端口号及通信方式（TCP/UDP）找到主站进行通信。

GPRS/CDMA 的应用是无线通信，几乎没有数传电台的缺点，其构架于无线通信运营商的网络之上，只要手机能够通话就能工作，缺点是按照流量收费，费用可能略微嫌高。另外受到网络能力限制，同时能够发起的认证连接数和同时能够维持的连接数有限，对于大规模的应用可能是一个相当大的制约。一般来看 CDMA 的通信速度要高于 GPRS，而实际应用中，SCADA 系统应用的速度要远远低于其标称速率。GPRS/CD-MA 还有一个重要的问题是网络延时问题，从用户发出一个报文到收到响应报文，可能需要 3 秒甚至更长的时间，对于有些苛刻的应用无法满足。

Wi－Fi 通信方式的应用越来越广泛，其价格越来越便宜，而且 Wi－Fi 的带宽很宽，可以承载语言业务、图形监控业务和 SCADA 业务，非常有发展潜力。而且可以在 Wi－Fi 上构建自组织网络（MASH 网），这样无论网络是固定的还是移动的，都能正常通信；即使出现个别设备的损坏，都能通过网络的再组织，保证正常的通信。Wi－Fi

采用全向天线时，其通信距离受到很大的限制，只有几百米，而采用定向高增益天线，距离可以到几到几十千米。

随着物联网技术的发展，无线网络连接的新技术不断涌现，网络带宽在逐渐增加，网络时延也在逐渐减小。随着互联网云服务系统的兴起，相信不远的将来，物联网技术会让 SCADA 系统的应用变得更加方便，更加快捷。

2.3 SCADA 系统的典型架构

SCADA 系统的发展经历了集中式 SCADA 系统阶段、分布式 SCADA 系统阶段和网络式 SCADA 系统三个阶段。

集中式 SCADA 系统是所有的监控功能依赖于一台主机（mainframe），采用广域网连接现场 RTU 和主机。网络协议比较简单，开放性差，功能较弱。

网络化 SCADA 系统以各种网络技术为基础，控制结构更加分散化，信息管理更集中。系统普遍以客户机/服务器（C/S）和浏览器/服务器结构（B/S）为基础，多数系统结构上包含这两者结构，但以 C/S 结构为主，B/S 结构主要是为了支持 Internet 应用，以满足远程监控的需要。

与第二代 SCADA 系统相比，第三代 SCADA 系统在结构上更加开放，兼容性更好，可以无缝集成到全厂综合自动化系统中。

由于 SCADA 系统的规模可以从几百点到几万点，用户对 SCADA 系统的需求是多样的，因此对其系统架构提出了很高的要求。

SCADA 系统属于典型的分布式计算机应用系统，在这样的系统中，体系结构是软件系统中最本质的东西，良好的体系结构意味着普适、高效和稳定。由于体系结构是对复杂事务的一种抽象，良好的体系结构是普遍适用的，它可以高效地处理多种多样的个体需求。同时，体系结构在一定的时间内保持稳定。当需求发生变化时，程序员可以不用修改系统的体系结构。

1. 客户机/服务器结构

C/S 结构中客户机和服务器之间的通信以"请求－响应"的方式进行。客户机先向服务器发出请求，服务器再响应这个请求，如图 2－18 所示。

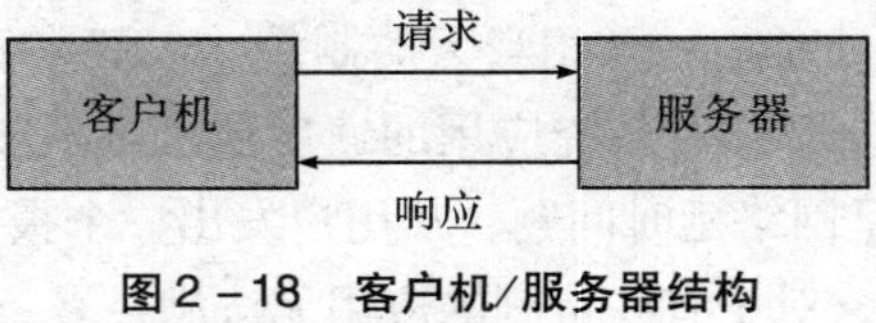

请求

客户机 ← → 服务器

响应

图 2－18 客户机/服务器结构

C/S 结构最重要的特征是：它不是一个主从环境，而是一个平等的环境，即 C/S 系统中各计算机在不同的场合既可能是客户机，也可能是服务器。在 C/S 应用中，用户只关心完整地解决自己的应用问题，而不关心这些应用问题由系统中哪台或哪几台计算机来完成。

如在 SCADA 系统中，当 SCADA 服务器向 PLC 请求数据时，它是客户机，而当其他操作站向 SCADA 服务器请求服务时，它就是服务器。显然，这种结构可以充分利用两端硬件环境的优势，将任务合理分配到客户端和服务器端来实现，降低了系统的通讯开销。

2. 浏览器/服务器结构

随着 Internet 的普及和发展，以往的主机/终端和 C/S 结构都无法满足当前的全球网络开放、互联、信息随处可见和信息共享的新要求，于是就出现了 B/S 型结构，如图 2-19 所示。

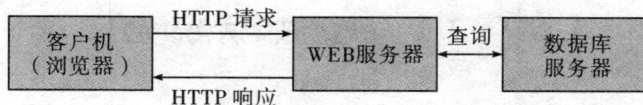

图 2-19　浏览器/服务器结构

B/S 结构最大特点是：用户可以通过浏览器去访问 Internet 上的文本、数据、图像、动画、视频点播和声音信息，这些信息都是由许许多多的 WEB 服务器产生的，而每一个 WEB 服务器又可以通过各种方式与数据库服务器连接，大量的数据实际存放在数据库服务器中。这种结构的最大优点是：客户机统一采用浏览器，这不仅让用户使用方便，而且使得客户端不存在维护的问题。

3. 两种结构比较

1）B/S 模式的优点和缺点

B/S 结构的优点：具有分布性特点，可以随时随地进行查询、浏览等业务处理。业务扩展简单方便，通过增加网页即可增加服务器功能。维护简单方便，只需要改变网页，即可实现所有用户的同步更新。开发简单，共享性强。

B/S 结构的缺点：个性化特点明显降低，无法实现具有个性化的功能要求。操作是以鼠标为最基本的操作方式，无法满足快速操作的要求。页面动态刷新，响应速度明显降低。功能弱化，难以实现传统模式下的特殊功能要求。

2）C/S 模式的优点和缺点

C/S 结构的优点：由于客户端实现与服务器的直接相连，没有中间环节，因此响应速度快。操作界面漂亮、形式多样，可以充分满足客户自身的个性化要求。C/S 结构的管理信息系统具有较强的事务处理能力，能实现复杂的业务流程。

C/S 结构的缺点：需要专门的客户端安装程序，分布功能弱，针对点多面广且不具备网络条件的用户群体，不能够实现快速部署安装和配置。兼容性差，对于不同的开发工具，具有较大的局限性。若采用不同工具，需要重新改写程序。开发成本较高，需要具有一定专业水准的技术人员才能完成。

第3章

铁路电力系统自动化

3.1 铁路供电系统简介

3.1.1 供电方式简介

电力系统是发电、输电、变电、配电到用电的一个有机整体，其动力源可以是水能、热能等传统能源，也可以是太阳能、风能、核能等新能源，而铁路供电系统是电力系统中具有特殊负荷特性的一个子系统，如图3-1所示。

图3-1　铁路供电系统

铁路供电系统分为两部分：电力供电系统和牵引供电系统。电力供电系统为调度指挥、通信信号、旅客服务等业务提供可靠的电力保障，而牵引供电系统为电气化铁路的电力机车（动车组）提供电能。

1. 电力供电系统简介

铁路电力供电线路一般由沿铁路全线设置的一条一级负荷电力贯通线和一条综合电力贯通线构成。电力贯通线电压等级通常为10 kV，供电距离为30~50 km，特殊情况下如青藏铁路采用35 kV电压等级，供电距离超过100 km。沿线与行车有关的通信、信号、综调系统等由一级负荷电力贯通线主供，综合电力贯通线备供。其他用电负荷及各牵引变电所所用电源由综合电力贯通线提供，在区间各用电点设置10 kV箱式变电站。图3-2所示为京津城际客运专线电力供电系统示意图。

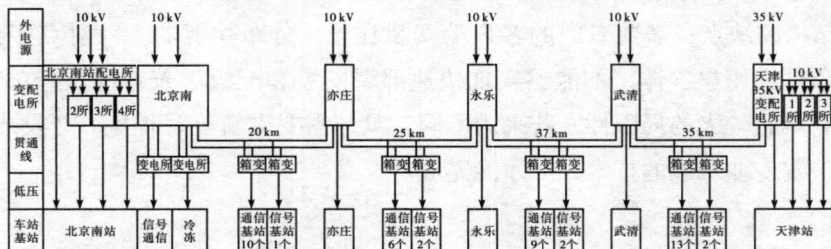

图3-2　京津城际客运专线电力供电系统示意图

2. 牵引供电系统简介

牵引供电系统主要由牵引变电所和接触网组成。牵引变电所将电力系统通过高压输电线送来的电能加以降压和变流后输送给接触网，以供给沿线路行驶的电力机车。有些国家电气化铁路有时由专用发电厂供电。

电力牵引供电系统按照向电力机车提供的电流性质分为直流制和交流制，交流制又分工频单相交流制和低频单相交流制。工频指工业标准频率，即 50 Hz 或 60 Hz；低频是指应用最多的低于工业标准频率的频率，即 50 Hz 的三分之一。各种电流制的电力牵引供电系统的设备有很大的差别。

电力牵引负荷为一级负荷，引入牵引变电所的外部电源应为两回独立可靠的电源，并互为热备用，能够实现自动切换。图 3-3 所示为牵引供电系统示意图。

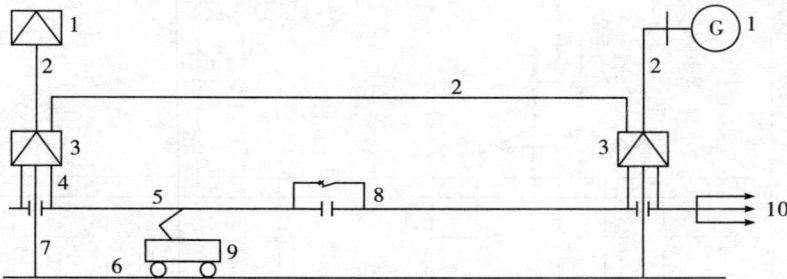

1—区域变电所或发电厂；2—高压输电线；3—牵引变电所；4—馈电线；5—接触网；6—钢轨；7—回流线；8—分区所；9—电力机车；10—开闭所

图 3-3 牵引供电系统示意图

3.1.2 牵引供电类型

牵引所可以分为牵引变电所、分区所、开闭所和 AT 所四类。

1. 牵引变电所

牵引变电所的作用是将电力系统引入的 110 kV 或 220 kV 三相交流电变换成 27.5 kV 的单相交流电，通过馈电线送至电路沿线的接触网，为电力机车供电。有少数牵引变电所还承担向铁路地区工农业用户的 10 kV 动力负荷供电。牵引变压器除了采用电力系统常规的普通三相变压器外，为满足牵引负荷的特殊需求还常采用特殊结线变压器，如单相结线、V/V 结线、斯科特结线、阻抗匹配平衡结线等变压器。图 3-4 所示为牵引变电所供电系统示意图。

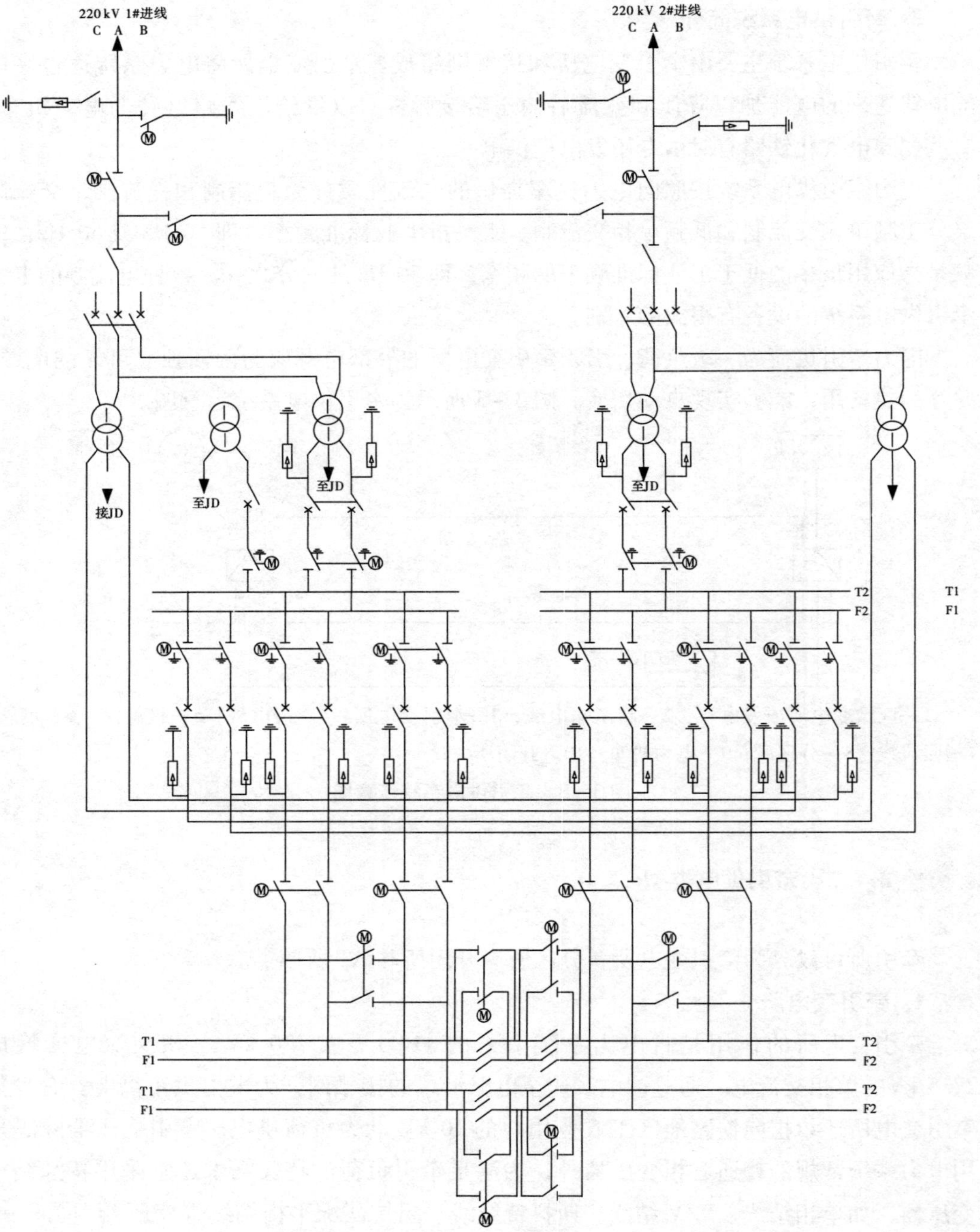

图 3-4　牵引变电所供电系统示意图

2. 分区所

分区所设置于两个牵引变电所的中间,可使两相邻的接触网供电区段实现并联或单独工作。分区所的设置增加了供电的灵活性、可靠性,分区所能够起到分相、越区供电、缩小事故范围的作用。

如图 3-5 所示,断路器 QF1、QF2 正常工作时闭合,实现上、下行牵引网并联运行。隔离开关 QS1、QS2 在正常运行时断开，当相邻牵引变电所发生故障而不能继续供电时，可以闭合 QS1、QS2，由非故障牵引变电所实现越区供电，使行车不至中断。

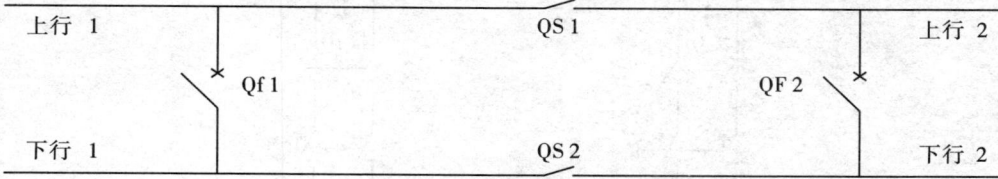

图 3 - 5　分区所供电结构示意图

3. 开闭所

开闭所是指不进行电压变换而用开关设备实现电路开闭的配电所。开闭所的位置设在车站、货场附近，电力机务段，枢纽站等大宗负荷处。开闭所的作用是将供电臂分段，缩小事故发生的范围，提高供电的可靠性、灵活性；减少变电所的复杂性；不改变电压大小，只扩大馈线回路数，相当于配电所。

在电气化铁路枢纽地区，客运站、编组站和电力机车机务段等铁路设施较集中的地方，由于站线延续长且股道数量多，接触网结构和配置复杂，客货运交会、编组和电力机车整备作业繁忙，致使该地区牵引网发生故障的几率增多。为了保证枢纽供电的可靠性，缩小事故范围，一般将接触网横向分组及分区供电。

如图 3 - 6 所示，由相邻两牵引变电所的牵引馈线经断路器 QF1、QF2 向它供电。通过开闭所的多路馈线和断路器（QF3～QF6）向站场、电力机车机务段等牵引网供电，QF7、QF8 为旁路断路器。

图 3 - 6　开闭所供电结构示意图

4. AT 所

如图 3 - 7 所示，采用 AT 供电方式时，在沿线间隔 10 km 左右设置一个自耦变压器站（AT 所）。将 AT 所自耦变压器（AT）按一定间隔距离跨接在牵引网的接触网、正馈线和钢轨间，起着支撑 2×25 kV 馈电系统的作用。

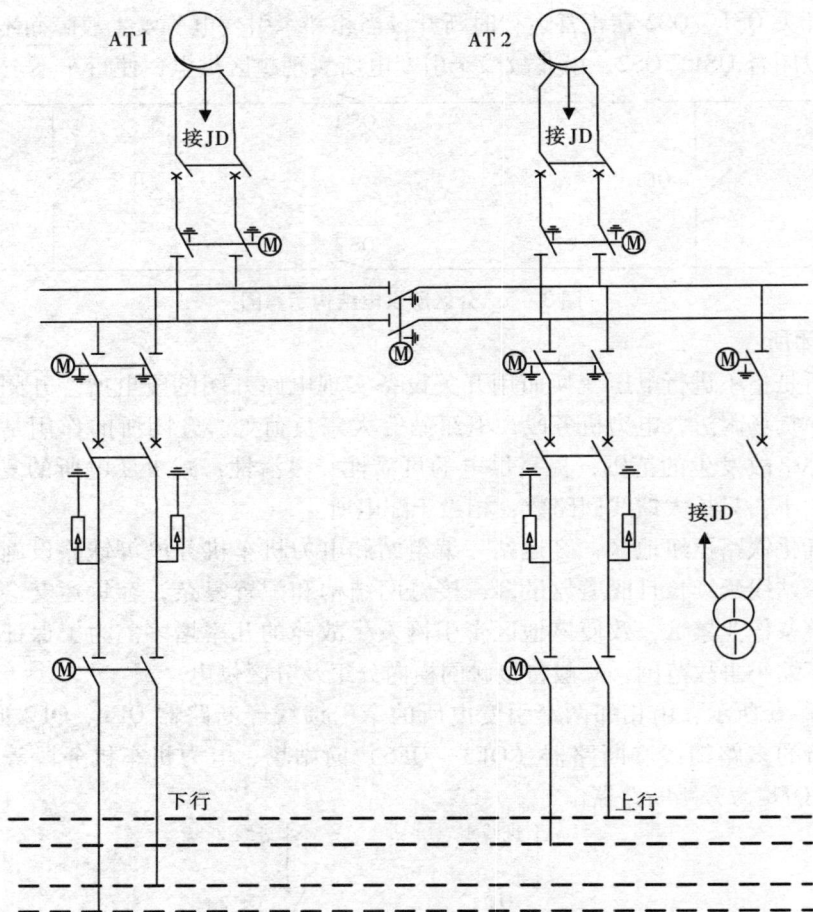

图 3 - 7　AT 所供电结构示意图

3.1.3　牵引供电方式

牵引供电的方式有直接供电方式、DN 供电方式、BT 供电方式、AT 供电方式和全并联 AT 供电方式五种。

1. 直接供电方式

如图 3 - 8 所示，直接供电方式的供电回路为：牵引变压器→牵引母线→馈电线→接触网→电力机车→区间钢轨→回流线→牵引变压器接地端子。

这种方式在牵引网中不加特殊防护措施，它的优点是结构简单、造价低，施工及运营维修方便；主要缺点是对铁路沿线通信线路干扰大，一般只在早期的牵引网和通信线路少的山区采用。

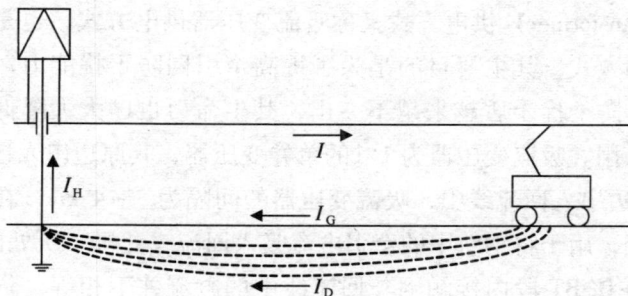

图 3-8 直接供电方式

2. DN 供电方式

带回流线的直接供电方式是在接触网同高度的外侧增设了一条回流线，使原来流经大地和钢轨的部分电流经架空回流线回牵引变电所，架空回流线中的电流与接触网电流方向相反，距离近，两者产生的电磁场明显较直接供电方式小，减轻了接触网对邻近通信线路的干扰。这种供电方式的特点是：结构简单，投资和维护量小；供电可靠性高；牵引网阻抗比直供和 BT 方式都小，能耗较低，供电距离增长；防干扰效果强于直供，但不如 BT 供电方式。

如图 3-9 所示，DN 供电方式的牵引电流回路为：牵引变压器→牵引母线→馈电线→接触网→电力机车→区间钢轨和回流线→牵引变压器接地端子。

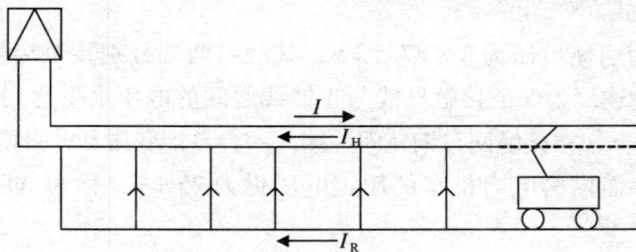

图 3-9 DN 供电方式

3. BT 供电方式

BT 供电方式就是在牵引网中，每相距 1.5～4 km 间隔，设置一台 1:1 的变压器，它的一次侧绕组串接在接触导线上，二次侧绕组串接在特设的回流线或钢轨上，如图 3-10 所示。

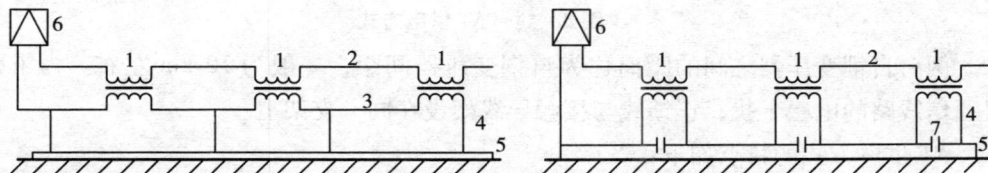

1—吸流变压器；2—接触网；3—回流线；4—吸上线；5—钢轨；6—牵引变电所；7—绝缘轨缝

图 3-10 BT 供电方式

BT（Boost Transformer）供电方式又称吸流变压器供电方式，也是在我国早期电气化铁路中采用过的方式，其主要目的是为了提高牵引网防干扰能力，但随着通信线路电缆化和光缆化，防干扰矛盾越来越不突出，其生命力也已大大降低，该种供电方式目前已经基本不采用。吸流变压器为1:1的单卷变压器，其原边串入接触网中（在绝缘锚段关节处），次边串入回流线中，吸流变压器的间隔为 3～4 km，在两个吸流变压器的中间设有吸上线，用于将钢轨中的牵引电流吸入回流线。机车所处的 BT 间隔内存在"半段效应"，即在该 BT 段内接触网与回流线中的电流并不相等，防干扰效果并不明显，而在其余 BT 段内两者的电流大小相等，方向相反，防干扰效果非常明显。

但是，由于 BT 变压器自身存在较大的阻抗，且安装密度较大，其在牵引网中引起的电压也较大。因此，在同等条件下，BT 供电方式变电所间距小于其他供电方式，且每 3～4 km 在接触网内存在断口，断口两端因 BT 自阻抗而存在一定的电压差，机车通过该断口时可能会产生电火花，导致接触网的使用寿命缩短。

4. AT 供电方式

随着铁路的提速，高速、大功率电力机车的不断投入运行，机车通过吸流变压器处的接触网分段时，产生很大的电弧，极易烧损机车受电弓滑板和接触线，且 BT 供电方式的单位牵引网阻抗大，造成很大的电压和电能损失。为此引入自耦变压器供电方式，即 AT 供电方式。

牵引变电所牵引侧电压为 2×27.5 kV，其绕组两端分别接至接触导线和正馈线，其中性点与钢轨相连。为保证接触导线与正馈线之间的电压水平达到 55 kV，AT 供电方式每隔 10～15 km，在接触网与钢轨间并接入一台自耦变压器，自耦变压器将牵引网的电压提高一倍，而供给电力机车的额定电压仍为 25 kV，称为 AT 所，如图 3-11 所示。

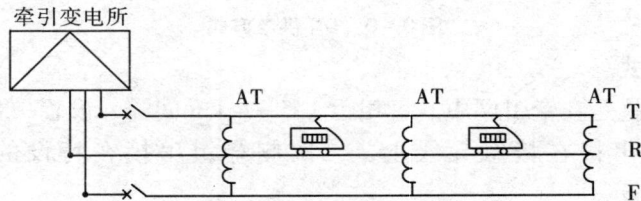

图 3-11　AT 供电方式

两台自耦变压器之间的距离称为自耦变压器间距，一般为 10 km 左右。为了减少对通信线路的电磁干扰，正馈线与接触导线架设在同一支架上。

AT 供电方式的特点如下：

（1）AT 供电方式中自耦变压器并联在接触网和正馈线之间，与 BT 供电方式相比，AT 供电方式提高了供电可靠性。在 BT 供电方式下，吸流变压器的一次侧绕组串接在接触导线上，所以在每一个吸流变压器处接触网必须电分段。这样就增加了接触网的维修工作量和事故率，降低了供电可靠性。在 AT 供电方式下，自耦变压器并联在接触网和正馈线之间，不存在上述问题，所以有利于高速和大功率电力机车运行。

（2）减小了对通信线路的干扰。在自耦变压器作用下，牵引负荷电流经接触网和正馈线供给，且由于接触网和正馈线的电压为电力机车的 2 倍，在功率相同的情况下，经接触网和正馈线的电流为机车负荷电流的一半。接触网和正馈线是同杆架，两个方向相反的电流对外界的电磁干扰基本抵消，所以对通信线路的干扰大大降低。

（3）AT 供电方式的馈电电压高，供电能力大，电压下降率小。AT 供电方式的馈电电压为 BT 供电方式的 2 倍。同时对于相同的牵引负荷，AT 供电方式的电压下降率为 BT 供电方式的 1/4，从理论上看，牵引变电所的间距可以增大 4 倍。在实际应用中，由于供电区段的加长，区段上同时运行的列车增多，负荷将增大，因此 AT 供电方式下的牵引变电所间距一般为 BT 供电方式间距的 2～3 倍，牵引变电所的数量可以减少，从而节省投资。

5. 全并联 AT 供电方式

随着我国高速铁路和重载铁路的快速发展，AT 供电方式越发显示出较其他供电方式的优点，为进一步提高牵引网电压，减小了牵引网电能损失，采用了牵引网在 AT 所和分区所处进行上下行并联的接线方式，称为全并联 AT 供电方式。我国客运专线普遍采用全并联 AT 供电方式。

如图 3 – 12 所示，全并联 AT 供电方式与不并联的 AT 供电方式相比，减小了牵引网单位长度阻抗，减少了电压损失和增强供电能力。在相同的负载条件下，大约可以减少牵引网电力损失 10%。同时，由于在每一 AT 站都进行了并联，负荷电流在上下行牵引网进行了均分，使得线路运行更加均衡，大大提高了供电的可靠性和带负载能力及减少对周围通信的干扰。

在全并联 AT 供电方式下，由于在每一个 AT 站进行电气的横联后，整个牵引网的电路拓扑结构变得极其复杂。当牵引网线路发生短路时，故障区段及故障地点的准确判别也变得非常困难，不利于故障的排除和供电的及时恢复。

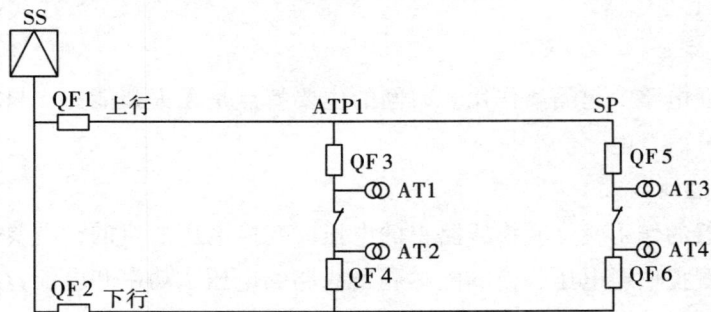

图 3 – 12　全并联 AT 供电方式

3.1.4　牵引所亭主要设备介绍

1. 一次设备

一次设备是指发、输、配电的主系统上所使用的设备，如发电机、变压器、断路器、隔离开关、母线、电力电缆和输电线路等。

2. 二次设备

二次设备是对一次设备的工作进行控制、保护、监察和测量的设备，如测量仪表、继电器、操作开关、按钮、自动控制设备、计算机、信号设备、控制电缆以及提供这些设备能源的一些供电装置（如蓄电池、硅整流器等）。

3. 断路器

断路器既可用于在正常情况下接通和断开电路，又可用于切除短路故障电流，因此其同时承担着控制和保护的双重任务。

（1）油断路器：指触头在断路器油中开断，利用断路器油作为灭弧介质的断路器。

（2）SF$_6$断路器：以 SF$_6$ 气体作为灭弧介质，或兼作绝缘介质的断路器。

（3）真空断路器：指触头在真空中开断，利用真空作为绝缘介质和灭弧介质的断路器。

4. 牵引变压器

牵引变压器是将三相电力系统的电能传输给两个各自带负载的单相牵引线路。两个单相牵引线路分别给上下行机车供电。在理想的情况下，两个单相负载相同。所以，牵引变压器就是用作三相变二相的变压器。

根据变压器绕组数量及接线方式，牵引变压器主要有以下几种：

（1）单相变压器；

（2）平衡变压器；

（3）YN、d11 变压器；

（4）V/V 变压器；

（5）V/X 变压器；

（6）SCOTT 变压器。

5. 隔离开关

隔离开关在电路中起隔离作用。刀闸的主要特点是无灭弧能力，只能在没有负荷电流的情况下分、合电路。

6. 电压互感器

电压互感器的作用就是变换线路上的电压。变换电压的目的，主要是给测量仪表和继电保护装置提供弱电压，使其能够测量线路的电压、功率和电能，或者用来在线路发生故障时保护线路中的贵重设备，比如接触网和变压器等。其工作原理与变压器相同，基本结构也是铁芯和原、副绕组。其特点是容量很小且比较恒定，正常运行时接近于空载状态。

7. 电流互感器

电流互感器可将数值较大的一次电流通过一定的变比转换为数值较小的二次电流，可作保护、测量等用途。

3.2 铁路电力线路自动化

3.2.1 铁路电力线路自动化的特点

铁路电力线路自动化是指使用计算机技术、网络技术、通信技术以及微电子技术，对铁路系统中的电力线路进行管理、操控和监测，不断提高铁路电力系统的管理、调度、保护和运转水平，促进铁路电力线路的安全稳定经济运转。当出现自闭贯穿电力线路问题时，经过自动化技术能及时处理问题线路，减小问题线路规模，尽快恢复线路供电，提高铁路电力线路的运行安稳性，减少铁路电力线路系统的损失。铁路电力线路自动化技术主要包括：视频监控自动化技术、配电所综合自动化技术、调度自动化技术等，依据铁路电力线路的不同状况，自动化技术的完成方法也不同。

铁路电力系统由电源线路、铁路沿线配电室、贯通/自闭线路、馈出线路、箱式变电站/变台、低压配电网络等组成。具有供电线路长、负荷小的特点，能够为调度集中、车站电气集中联锁、自动闭塞、驼峰电气集中联锁、红外线轴温测试装置等提供电能供应。

铁路电力自动化技术是铁路电力系统中的一项主要技术手段，有助于提高电力专业管理与维护水平，减少大面积停电，降低电力故障发生率，从而保障电力系统安全供电，实现铁路电力系统的经济运行。电力远动系统包括配电所自动化、馈线自动化、重要低压供电回路的监控等内容，通过对贯通/自闭线路、配电室内开关柜等设备的监控与自动化调度，可以实现对设备的远程控制与管理，配合完善的运行方案和处理措施，可以减少供电事故。铁路电力自动化不仅具有一般电力自动化系统的特点，还具有铁路电力系统自身特有的特点，具体如下。

1. 对电力本身要求不高

铁路电力自动化系统对于电力本身的要求并不是太高，但其重要性却不言而喻。铁路供电系统是为铁路运行而服务的。因此，铁路供电系统所要求的电压并不会太高，其中绝大部分的铁路配电所为低压配电所。但这并不是说铁路供电系统只配备低压配电所，也有部分铁路系统配置的是高压配电所。同时也正是铁路运行对于供电系统的要求有着统一的标准，因而在给铁路系统进行配电所的安置时，其功能大多一致，结构也相对较为单一。正是铁路系统独特的特点，使得铁路供电系统在进行电动化建设中，配电所有着统一的标准，其建设效率也十分高。

2. 电力自动化系统的配电连接形式

铁路电力自动化系统的配电连接形式也比较单一，正是如此，相对而言其操作也比较简易，其连接线路也与铁路的走向基本一致，因而配置线路中转站、配电所以及变电所的位置比较平均，各个配电所中转站之间也有着连接线路。在实际的铁路供电系统中，这两种连接方式均会采用，其主要目的是为了实现满足铁路全线电力的需求，同时实现相邻线路的全部连接。

3. 具有高稳定性、连续性以及安全性

铁路供电的特殊需求要求供电系统的稳定性，同时又因铁路系统对供电系统的电压、配电所种类和连接形式等没有太多要求，因而供电系统对于其稳定性和连续性给予了足够的重视，也满足了铁路系统对于供电系统的高标准要求。

3.2.2 综合自动化系统在铁路供电系统中的作用

1. 铁路供电系统的三种状态

正常工作状态——正常监视开关状态及测量信息。

不正常工作状态——需要发告警信号。不能满足母线电压、线路电流、设备功率、系统频率这几项指标中的部分条件的情况，称为不正常运行状态。

故障状态——需要切除故障点。供电系统的所有一次设备在运行过程中由于外力、绝缘部分老化、过电压、误操作、设计制造缺陷等原因会发生例如短路、断线等故障。最常见同时也是最危险的故障是发生各种类型的短路。

2. 继电保护装置

所谓继电保护装置，是指能反映供电系统中电气设备发生故障或不正常运行状态，并动作于断路器跳闸或发出信号的一种自动装置。

继电保护装置的主要功能如下：

（1）自动、迅速、有选择性地将故障元件从供电系统中切除，使故障元件免于继续遭到损坏，保证其他无故障部分迅速恢复正常运行。

（2）反映电力设备的不正常运行状态，并根据运行维护条件，而动作于发出信号或跳闸。此时一般不要求迅速动作，而是根据对供电系统及其元件的危害程度规定一定的延时，以免短暂的运行波动造成不必要的动作和干扰引起的误动。

继电保护装置的基本工作原理如下：

第一步，首先必须"区分"供电系统的正常、不正常工作和故障三种运行状态。不同运行状态下具有明显差异的电气量有：流过电力元件的相电流、序电流、功率及其方向；元件的运行相电压幅值、序电压幅值；元件的电压与电流的比值，即"测量阻抗"等。

第二步，通过比较，保护装置按一定的逻辑关系判定故障的类型和范围，最后确定是否应该使断路器跳闸、发出信号或不动作，并将对应的指令传给执行输出部分。

第三步，执行输出元件根据逻辑判断部分传来的指令，发出跳开断路器的跳闸脉冲及相应的动作信息、发出警报或不动作。

如图3-13所示，电流互感器TA将一次电流变换为二次电流5 A或1 A，送入电流继电器KA（测量比较元件），当流过电流继电器的电流大于其预定的动作值（整定值，可调整）时其输出启动时间继电器KT（逻辑部分），经预定（可调整）的延时（逻辑运算）后，时间继电器的输出启动中间继电器KM（执行输出）并使其接点闭合，接通断路器的跳闸回路，同时使信号继电器KS发出动作信号。

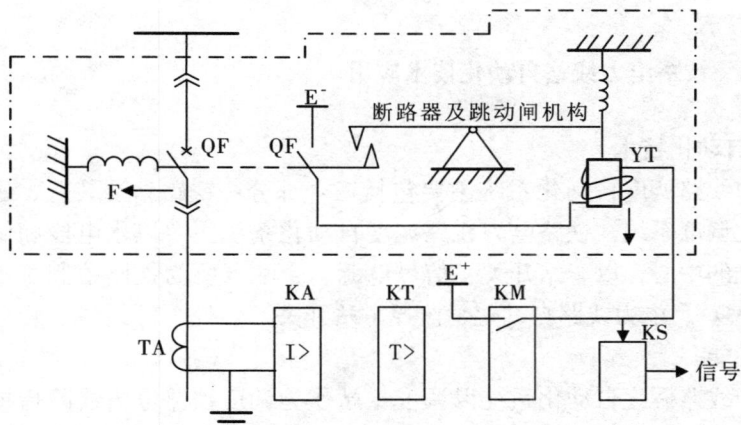

图 3 – 13　过电流保护工作原理图

3. 综合自动化系统

变电所综合自动化系统是将变电所的二次设备（包括测量仪表、信号系统、继电保护、自动装置和远动装置等）经过功能的组合和优化设计，利用先进的计算机技术、现代电子技术、通信技术和信号处理技术，实现对全所设备的自动监视、自动测量、自动控制和保护，以及调度通信等综合性的自动化功能。图 3 – 14 所示为牵引供电变电所综合自动化结构图。

图 3 – 14　牵引供电变电所综合自动化结构图

综合自动化系统的主要功能如下：

（1）监控子系统。监控系统取代常规的测量系统，取代指针式仪表；改变常规的操作机构和模拟盘，取代常规的报警、中央信号、光字牌以及 RTU 装置等。

（2）继电保护子系统。继电保护子系统应满足快速性、选择性、灵敏性和可靠性的要求，其工作不受监控子系统和其他子系统的影响。

（3）通信子系统。通信子系统包括系统内部现场级的通信和系统与上级调度的通信两部分。

3.2.3 铁路电力线路自动化技术应用

1. 调度自动化技术

铁路电力线路调度自动化系统主要包括三个部分：铁路站端装置、通信通道和铁路主站自动化调度系统。铁路电力线路调度自动化系统主要以水电段和供电段为整个铁路电力系统的中心，以车站开关、信号电源、变配电所为铁路控制基本节点，系统可以实现 SCADA、电力线路自动化、监控车站开关、监控电源线号、管理和监控变配电所等多种功能。

铁路电力线路调度自动化系统以调度主站作为调度铁路电力线路指挥中心和数据处理中心，系统可以收集和处理多种铁路站端系统和设备传输的数据信息，提供多种交互型的人机接口和监控管理功能，并且向铁路电力线路中其他系统发送多种控制调度命令，实现整个铁路电力线路系统的远程调度、故障处理和运行监控。铁路站端系统和设备主要是指 FTU、STU、RTU、综合自动化系统和配电所微机保护系统以及铁路系统中其他自动化设备。铁路电力线路调度自动化系统采用了 Unix – Windows 2000 混合平台，通过两台铁路电力交换机组成双以太网的网络结构，实现了系统冗余设置、GPS 时钟、在线 UPS、扩展接口、交互型视频子网等结构设计。

2. 配电所的综合自动化在铁路电力系统中的应用

铁路电力系统中配电所综合自动化技术主要运用计算机技术、计算机网络技术数字和光纤通信技术、多媒体技术、GPS、防雷技术等一些自动化技术实现铁路电力系统的数据采集、微机保护、监控以及电力系统的备用电源自动投入、接地电流选线，从而可以有效保证铁路电力系统的安全性和可靠性。配电所自动化系统的微机保护可以进行模拟式的保护并作出相应的逻辑判断之后输出信号这一重要的功能，还可以完成传统模拟式保护不能完成的故障点的判断和复杂电力系统的保护，输出的动作信号更加准确、迅速。

3. 监控技术的应用

监控技术主要采用先进的控制技术、通信技术以及计算机技术等。监控系统是由前端的设备、调度主站以及通信网络等部分系统组成。监控系统的功能主要有视频录像功能、实时监控功能、环境监控功能、视频调度等，其中前端的设备主要由数字硬盘、摄像机、录像机以及环境监控等一些设备组成，通信网络主要是运用点对点的专盘专线的方式实现通信以及监控功能。监控系统主要对铁路办公地、车站、动车段、隧道等地方的通风系统、变配电系统、EPS 系统和直流电源系统以及照明系统、给排水系统等各种设备在运行期间实现监控、启停控制、故障报警以及相关的节能控制等，监控系统在铁路电力系统的应用，不仅可以节省铁路部门的人力资源和大量的能源，对创造安全、稳定、舒适的铁路运输环境具有积极的作用。

随着高铁技术的发展，电力自动化系统先后开始在一些高铁电力系统中应用，且技术在不断发展，对铁路沿线 10 kV 配电所、车站 10/0.4 变电所及贯通电力线路实现综合自动化监控的系统，能够对高、低电压、电流、有功功率、无功功率及功率因数等参数进行实时监测，实现电力网络运行状况的动态显示和远程控制，对线路故障性质可以进行自动判断、切除等功能。

随着社会的进步、科学技术的不断发展，铁路电力自动化技术正朝着综合自动化、智能化、网络化以及多媒体技术的方向发展，从而保证铁路电力系统安全、可靠、经济的运行。

3.3 铁路电力贯通线路的远动系统

3.3.1 铁路电力贯通线路的远动工作模式

铁路电力贯通线路沿铁路狭长分布，供电距离长，环境恶劣，事故多发，特别是遇到山区、丛林及河网地带，交通十分不便。一旦线路发生故障，故障点查找和维修都十分困难，劳动强度大，恢复供电时间长，严重影响供电可靠性。改变这种状况的主要途径就是在改善一次设备产品质量的基础上，提高现有电力系统的自动化水平，特别是采用电力远动技术和自闭/贯通线路自动化技术，正常情况下，实现电力系统及线路的自动监视和控制；故障时，能够自动检测故障和自动确定故障位置，通过线路分段实现故障线段自动隔离，非故障线段快速恢复供电，缩小停电范围，减少停电时间，提高供电可靠性，以满足列车安全、可靠、高效运行的需要。

电力贯通/自闭线是用来直接为铁路各车站电气集中设备及区间自闭信号点提供可靠、不间断电源的线路。

自闭线只供自动闭塞信号负荷，为一级负荷；贯通线所供负荷对象比较广泛，即铁路沿线各相关部门的用电负荷，通常为二、三级负荷。通常贯通线作为自闭线的备用电源，即对自闭信号用电而言，自闭线为主供电源，贯通线为备供电源；但自闭线不能作为贯通线所供负荷的备用电源，否则会影响自闭供电的可靠性。

一般情况下，铁路 10 kV 自闭贯通电源电力线路的长度为 40 km 左右。同一个供电臂的自闭和贯通线路一般由两个配电所分别供电。比如说上行侧的配电所主供电自闭线路，则贯通线路应该由下行侧的配电所主供，两相邻的配电所对自闭贯通线路的供电是一个所主供，一个所热备供。

铁路电力贯通线路供电运行方式如图 3-15 所示。

甲、乙两个配电所分别供电，两所之间由若干车站开关作为线路分段开关。在正常情况下，甲所作为主供电源，乙所作为备用电源；自闭作为主供电源，贯通线为备用电源。

当线路 F 点发生短路故障时，甲所自闭线出线开关迅速断开，线路失电；乙所在监测到线路失电后自动投切，如果故障消失，则线路恢复正常供电，如果故障没有消失，乙所迅速跳闸，备投不成功；甲所经过重合闸时间后，再次合闸，如果故障消失，则线路恢复正常供电，如果故障没有消失，甲所再次跳闸，重合不成功，线路失电退出运行。这个过程称为"备投-重合过程"。

图3-15 铁路供电运行方式

此时，信号、通信设备由贯通线供电。这时应及时排除故障，恢复自闭线正常供电，否则如果贯通线路再发生永久故障，将导致信号、通信设备供电中断事故。有些情况下，铁路沿线没有自闭线，只有贯通线，当贯通线发生永久故障后，会立即中断供电。另外，铁路电力系统还经常使用"重合-备投"方式，工作过程与"备投-重合"方式类似。

由于区间线路一般达几十公里，而且多在荒郊野外，所以人工查找故障点非常困难。实现线路电力远动后，就可以迅速确定故障类型（相间短路故障还是单相接点故障）和故障位置（精度为两个分段开关的距离），立即安排技术人员进行抢修；而且可以实施远程控制隔离故障线段，恢复非故障线路供电，缩小停电范围。

3.3.2 铁路电力贯通线路的远动实现方式

目前，电力贯通线路自动化控制主要有两种实现方式：当地控制方式和远方控制方式，其中当地控制方式又分为电压-时间（V-T）方式和电流控制（I-T）方式。

1. 当地控制方式

1）电压-时间方式

电压-时间方式也称V-T方式，是利用配电所出线开关和线路重合器的时间配合，实现故障自动定位和隔离。如图3-16所示，线路上安装自动重合器或带有重合器控制器的开关作为线路分段开关，一般以车站为分段点。重合器检测线路两侧的电压，以确定线路是否带电。

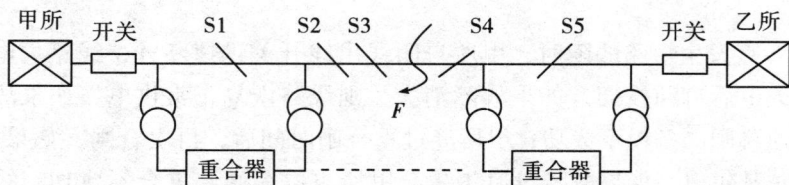

图3-16 V-T方式

在线路上 F 点发生永久故障后，经过"备投-重合"过程，甲所出线开关迅速断开，分段开关 S1~S5 失压跳开。甲所出线开关二次重合，S1 检测到一侧有压一侧无压，延时一段时间后合闸，S1~S2 段恢复供电，然后是 S2 经过一段时间的延时后合闸，S2~S3 段恢复供电，以此类推。当 S3 合闸时，重合到故障上，甲所出线开关跳开，分段开关失压，S3 跳闸。于是在合闸后立即造成故障，出线开关失压跳闸，S3 将自动闭锁于分闸位置，不会再一次重合。当出线开关再次重合时，S1~S2 依次成功重合，故障点左侧线段恢复正常供电。

乙所在备投失败后经过一定时间延时，重复类似过程从另一个方向将故障点隔离。这样仅故障线段失电，其他线段可以继续正常工作，缩小了故障停电范围。

电压-时间方式有以下特点：

（1）能够自动隔离故障点，缩小故障范围，并能够根据开关动作时间估计故障位置，为快速检修提供依据。

（2）无需通信通道，即可实现线路自动化的主要功能，投资小，见效快。

（3）重合器重合时间整定困难，特别是线路较长时，故障隔离过程更复杂，很难做到精确配合，可能会给故障定位带来误差。

（4）故障隔离、定位过程需要多次重合，对变配电所设备、线路冲击，容易造成设备损害。

（5）本身不具有远动和实时监控功能，故障分析和管理功能有限。

2）电流控制方式

电流控制方式也称 I-T 方式，是由重合器或断路器与线路分段器或带有自动控制器的负荷开关配合，实现线路远动功能。分段器是一种有智能化的负荷开关，分段器和控制器能够记忆断路器或重合器的分合次数，并进行计数，在达到预先整定的次数后自动分闸，并闭锁于分闸状态

如图 3-17 所示，在线路上 F 点发生故障后，甲所出线开关迅速跳闸，分段开关 S1 感受到故障电流并计过电流一次，由于未达到整定次数（如 2 次），因此不动作而保持在合闸状态。出线开关经重合闸时间闭合，如果是暂时性故障，则线路恢复正常供电，S1 过电流计数值延时自动清除；如果是永久性故障，则出线开关再次跳闸，此时，S1 过流脉冲计数值达到两次，因此分段器 S1 在出线开关再次跳闸后的无电流时期分闸并闭锁。甲所出线开关二次重合，S1 保持分闸状态，从而隔离了故障区段，恢复了健全区段的正常供电。

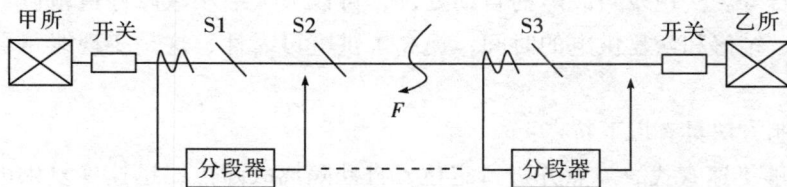

图 3-17 I-T 方式

乙所在备投失败后经过一定时间延时，重复类似过程从另一个方向将故障点隔离。这样仅仅故障线段失电，其他线段还可以继续正常工作，缩小了故障停电范围。

I - T 方式系统构成比 V - T 方式要简单一些，分段器动作次数少，但出线开关仍然要进行三次重合操作。如果线路上有两个以上分段器，它们之间动作电流的整定配合比较复杂。

2. 远动控制方式

铁路电力贯通线路的远动就是将较长的电力供电线路用开关进行分段（一般以车站为单位），然后每台分段开关安装开关监控器（Feeder Terminal Unit，FTU），由 FTU 对开关设备进行自动化监控，与调度主站配合完成线路故障检测、故障定位、故障线段自动隔离以及非故障线段的快速恢复供电等功能。

如图 3 - 18 所示，线路分段开关处均安装 FTU 进行实时监控，与控制中心或主站通信完成 SCADA 监控和故障管理功能。一般以车站分段开关为监控点。

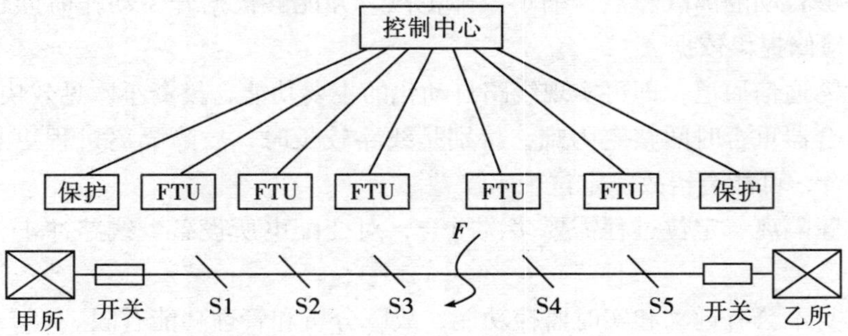

图 3 - 18　远动控制方式

在线路上 F 点发生永久故障后，经过"备投 - 重合"过程，甲所出线开关跳闸，该过程由 FTU 监视，并将故障检测结果送往车站。在此例中，FTU 处于 S1、S2、S3 检测到故障电流。主站根据 FTU 上报的故障检测结果，确定出故障点 F，人工或自动下发遥控命令将故障点两侧开关跳开，隔离故障区间，然后下发遥控命令依次将配电所出线开关、分段开关闭合，恢复非故障线段供电。

以车站开关监控为基础的铁路电力贯通线路远动系统的主要功能有车站开关的日常运动监控，即通常所说的遥信、遥测、遥控"三遥"等远动功能。通过远方遥控，可以做到线路的分段停送电，当进行线路维护和开关检修时，可以缩小正常检修造成的停电范围，提高供电可靠性。除此之外还有故障管理功能，主要指线路故障监测、故障自动定位、快速隔离故障点和恢复非故障区段的供电，以及输出故障处理报告、故障分析报告等。实现线路故障的自动处理，可以大大缩小故障停电范围，缩短了线路故障查找、维修和恢复供电的时间，提高了供电可靠性，这是实现线路自动化的主要意义所在。

远动控制方法具有以下特点：

（1）能够迅速查找故障点并进行定位，自动隔离故障点，迅速恢复供电，故障管理功能强大。该过程与线路长短无关，整个过程一般只需几分钟时间，极大地提高了供电可靠性，缩短了故障位置查找和修复时间，提高了管理水平。

（2）能够进行实时监控，具有日常 SCADA 功能。

（3）能够处理的故障类型多，功能强。由于 FTU 与主站配合后自动化功能要强得多，FTU 负责故障检测，主站负责计算和判断，不仅能处理相间断路故障，还能处理高阻故障、断相故障等；故障时的变位信息和测量值可以全过程记录，为故障分析和管理功能提供了极大的方便。

（4）可以监视开关工作状态，进一步增加设备管理功能，为设备的周期性检修向状态检修过程提供依据。

（5）线路开关要具备电动执行机构，满足遥控条件。

（6）需要通信信道支持。

铁路电力贯通线路远动系统的实施，大大地提高了铁路供电的可靠性，减少了电力管理维护工作量，极大地推进了铁路供电管理的现代化进程，发展前景十分广阔，是铁路系统向着高速化、安全化和自动化发展的必然趋势。目前，该系统已应用于多条铁路线上，取得了显著的经济效益和社会效益。

3.4 铁路变配电所自动化

3.4.1 铁路电力系统变配电所的设计模式

针对铁路电力系统变配电所的实际情况，自动化系统的模式可以简单地概括为集中式和分层分布式两种。

1. 集中式

集中式就是目前国内应用比较普遍的远方终端装置（RTU）加上当地监控系统（又称当地功能），再配上变送器、遥信转接、遥控执行、UPS 等屏柜，如图 3－19 所示。

集中式以变配电所为对象，面向功能设计，即各系统功能都以整个变配电所为一个对象相对集中设计，而不是以变配电所内部的某元件或间隔为对象独立配置的方式。该模式主要适用于现有的传统变配电所技术改造。由 RTU 集中完成所内数据采集功能，上级调度主站或当地监控系统通过 RTU 完成对变配电所的控制，继电保护仍沿用原有的装置，但要能在故障情况下向 RTU、上级主站报告动作信息。

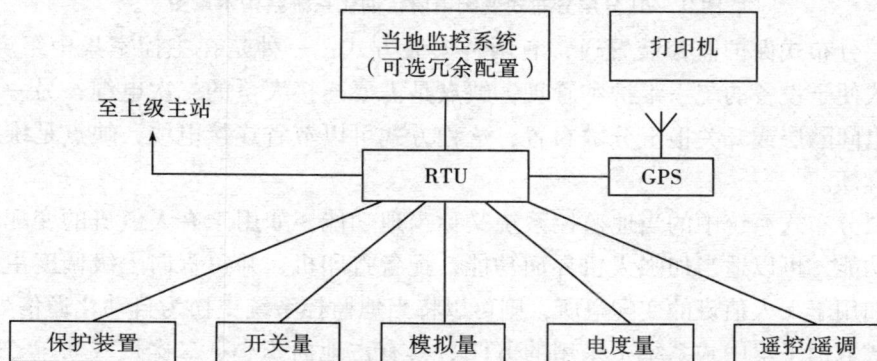

图 3－19　集中式自动化系统模式图

2. 分层分布式

分层分布式系统以变配电所内的电气间隔和元件（变压器、断路器、电容器等）为对象进行开发、生产和应用。分层分布式变配电所自动化系统可分为三层结构，即站控层、间隔层和过程层，每层由不同的设备或子系统组成，完成相应的功能。所谓分层，是指一种将元素按不同级别组织起来的方式，其上下级元素具有控制和被控制关系。对于变配电所综合自动化系统的设置和配置，按分层的原则可分为站控层和间隔层的物理层次。

分层分布式变配电所自动化系统的主要特点就是采用面向间隔层的一体化保护监控器，这种一体化装置集间隔层单元的保护、监控、远动及通信等功能于一体。各间隔层保护监控器之间及间隔层与站级微机之间经所内通信网互联。

所内常用的通信方式有现场总线或工业以太网，常用的现场总线有CANBus、LON – Work、RS – 485 等。通信网有星形、总线形和环形，通信介质可以是双绞线或电缆，也可以是光纤。这种结构最为简明、清晰，网络信息交换更为合理、可靠性高，但对保护及监控装置的通信接口规范化、标准化要求更高。

分布式变配电所自动化系统结构示意图如图 3 – 20 所示。随着计算机、网络及通信技术的飞速发展，这种变配电所层、通信层和设备间隔层二层分布式、开放式变配电所自动化系统结构已成为铁路变配电所的主要发展趋势。

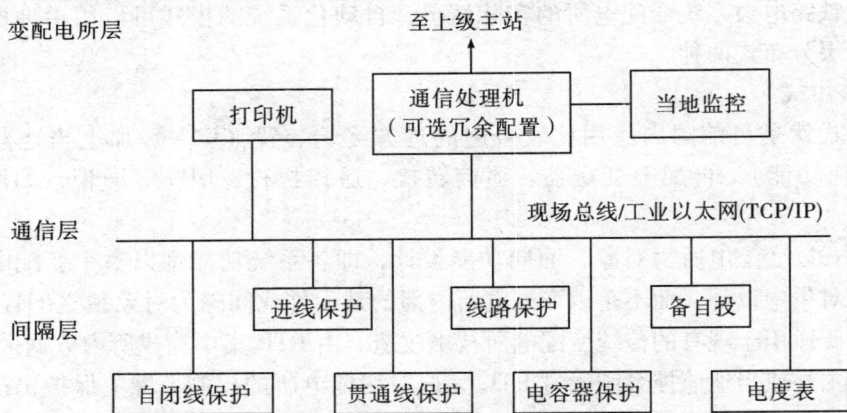

图 3 – 20 分层分布式变配电所自动化系统结构示意图

分层分布式保护监控装置通常有两种安装方式：一种是在主控室集中组屏安装，这种方式便于设备的统一维护和管理，缺点是需要连接大量的二次电缆；另一种是直接在配电间隔层或开关柜上分散布置，这种方式可以节省连接电缆，缺点是维护和管理比较麻烦。

分层分布式系统中的当地监控系统又称当地功能，如用于有人值班的变配电所作为当地功能，可以适当加强人机界面功能，配备打印机，并负责向上级调度主站转发数据；如用于无人值班的变配电所，则可以将当地监控系统更换为自动化通信处理机。这种模式取消了集中式系统中采用的RTU，具有占地面积小、二次接线简单、技术先进、维护和施工方便等优点，适用于新建变配电所。

3.4.2　铁路电力系统变配电所的主要功能

　　铁路变配电所自动化的功能主要包括：电气量采集和电气设备（如断路器）的状态监视、控制和调节，实现变配电所的正常运行和操作，保证变配电所的正常运行和安全；在发生事故时，瞬态电气量的采集、监视和控制（由继电保护、故障录波等完成），迅速切除故障，完成事故后的变配电所恢复正常运行；从长远观点来看，还应包括高压电气设备本身的监视信息（如断路器、变压器、避雷器等的绝缘和状态监视等），为电气设备的监视和制定维修计划而收集原始数据提供先进的手段。

　　变配电所自动化功能具体可以分为以下几种类型。

1. 保护功能

　　保护的类型有线路保护、出线保护、自闭/贯通线路保护、电容器保护、变压器保护、备自投等。常用的保护内容有：过流保护、过压保护、重合闸、备用电源自投切、同期检查、零序保护、低频减载等。

2. SCADA（远动）功能

　　变配电所实时监视和控制（SCADA），即远动功能，包括遥测、遥控、遥信和遥调，以及故障报警、SoE、数据统计和计算、图形、生产报表、曲线等。

3. 管理功能

　　管理功能包括变配电所运行管理功能、保护管理功能、操作管理功能、设备管理功能等。

　　变配电所运行管理功能包括运行状态、信息、变量、事件的监视、记录、存档、打印等。保护管理功能包括保护方式和运行参数读取、修改、存储、下载等。操作管理功能包括操作闭锁、操作记录、操作票管理、“五防”功能等。设备管理功能包括变配电所一、二次设备台账管理，设备运行状态监视和统计及维修记录等。

4. 通信功能

　　通信功能包括所内通信，与上级站的通信，实现遥控、遥信、遥调、SoE 事项或故障录波数据上报等。另外，还可以用为调度自动化系统的数据转发节点，向调度主站转发就近其他自动化装置的数据，上通下达。

5. 其他功能

　　其他功能包括变配电所电量抄表计费、负荷管理及用户电能采集计费，以及所内电源管理、远程诊断和维护等。

　　以上功能合在一起可以统称“变配电所综合自动化”。所谓“综合自动化”，主要指功能综合，就是利用计算机技术和通信技术将保护、远动、计量、录波、通信等功能集成为一体，实现信息共享和对变配电所的统一监控和调度。

3.4.3 远动终端（RTU）

1. 工作原理

远动装置（RTU）是电力自动化系统的重要组成单元，主要安装在铁路沿线变配电所内，主要负责与各数据采集单元及当地监控之间的信息交互，接收并处理数据采集单元送来的信息，并转发至当地监控主机和远方调度。同时，将当地监控主机和远方调度的命令下达给数据采集单元。

我国 RTU 的研制工作是从 20 世纪 60 年代开始的，历经几十年的发展，技术日臻成熟，种类和生产厂家众多。从体系结构上，RTU 可以分为集中式和分布式，分布式 RTU 又可分为功能分布式 RTU 和结构分布式 RTU。从采样方式上，可以分为早期的直流采样 RTU 和目前主流的交流采样 RTU。从组屏方式上，分为集中式 RTU 和分散分布式 RTU。

RTU 主要由主控 CPU、遥信、遥测、遥控、遥调、脉冲、数字、人机交互、远方通信等组成。目前国内 RTU 多采用多 CPU 结构，除了主控 CPU 外，遥信、遥测、遥控等各个部分均有自己的 CPU。主控 CPU 负责管理各个子系统，并与调度中心通信以及人机联系；各子 CPU 负责子系统范围内的数据采集、处理或执行命令，并与主控 CPU 通信，通信方式多采用 I/O 总线方式。采用多个 CPU 构成 RTU，有利于提高 RTU 采集和处理远动信息的能力。

1）单 CPU 结构的 RTU

单 CPU 结构的 RTU 原理图如图 3－21 所示。

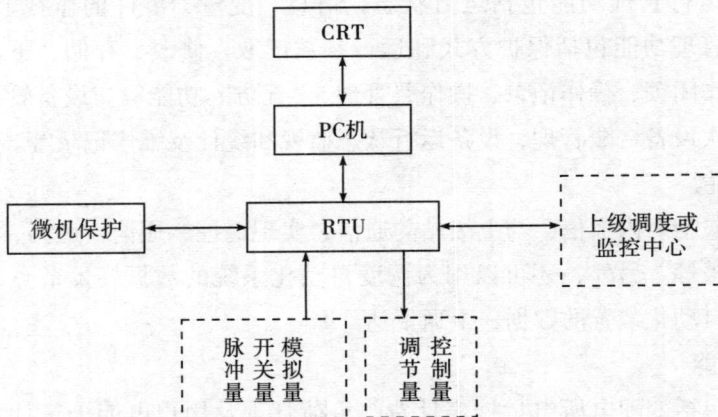

图 3－21 单 CPU 结构的 RTU 原理图

在图 3－21 中，RTU 的硬件组成包括：

（1）系统部分：CPU、总线、RAM、EPROM、计数器/计时器、中断控制器、串行通信接口。

（2）人机联系：打印机、显示器、键盘。

（3）输入/输出电路（可编程接口芯片）；输入 YC、YX，输出 YT、YK。

（4）通过总线连接。

RTU 的软件组成包括：

（1）主程序：系统初始化、人机联系等。

（2）终端服务程序：完成 RTU 输入输出（时钟、A/D 服务程序、通信发送接收终端等）。

2）多 CPU 结构的 RTU

多 CPU 结构的 RTU 原理图如图 3−22 所示。

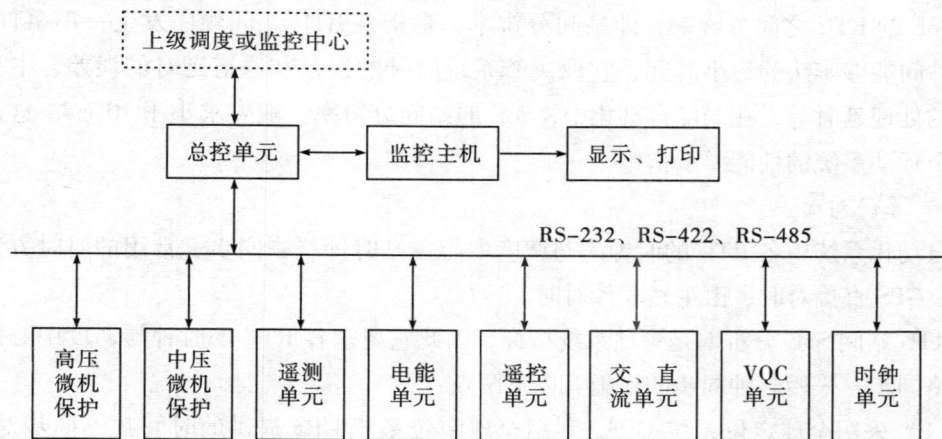

图 3−22 多 CPU 结构的 RTU 原理图

RTU 的硬件组成包括：

（1）主控系统：管理各子系统、人机联系、系统通信。

（2）若干子系统：每个系统使用单独 CPU，包括 YC、YX、YT、YK、VQC 等。

（3）I/O 总线连接主控系统和各子系统。

RTU 的软件组成包括：

（1）主控程序：与子系统的通信程序、调度通信程序、数据处理、人机联系等程序。

（2）子系统程序：与主系统通信发送/接收、输入输出程序等。

2. RTU 主要功能

1）远动功能

远动功能，即遥信、遥测、遥控和遥调，一般采用无触点方式，遥控和遥调的正确率不小于 99.99%。

2）事件顺序记录（SoE）

SoE 包括两项内容：发生的事件，如开关变位、故障、重要遥测越限等，以及事件发生的准确时间。SoE 的技术指标是时间分辨率，分辨率分为站内（RTU 内）和站间（RTU 之间），一般站内分辨率要求小于 5 ms，站间分辨率要求小于 10 ms。

当某个开关状态发生变位后，记录下开关号、变位后的状态，以及变位的时刻。事件顺序记录有助调度人员及时掌握被控对象发生事故时各开关和保护动作状况及动作时间，以区分事件顺序，作出运行对策和事故分析。时间分辨率是事件顺序记录的重要指标，分为 RTU 内与 RTU 之间两种。

（1）SoE 的 RTU 内分辨率。

在同一 RTU 内，顺序发生一串事件后，两事件间能够辨认的最小时间称为 SoE 的站内分辨率。在调度自动化中，SoE 的站内分辨率一般要求小于 5 ms，其大小由 RTU 的时钟精度及获取事件的方法决定。

（2）SoE 的 RTU 之间分辨率。

SoE 的 RTU 之间分辨率，即站间分辨率，是指各 RTU 之间顺序发生一串事件后，两事件间能够辨认的最小时间，它取决于系统时钟的误差和通道延时的误差、中央处理机的处理延时等，在调度自动化中，SoE 的站间分辨率一般要求小于 10 ms，这是一项整个远动系统的性能要求指标。

3）系统对时

自动化系统中各 RTU 的时钟应与调度中心主站时钟严格同步。常用的对时方法有两种：GPS 直接对时、由主站软件对时。

RTU 站间 SoE 分辨率是一项系统指标，因此它要求各 RTU 的时钟与调度中心的时钟严格同步。采用时钟同步的措施有以下两点：

（1）采用全球定位系统 GPS。利用全球定位系统 GPS 提供的时间频率同步对时，可确保 SoE 站间分辨率指标。该方法需要在各站点安装 GPS 接收机、天线、放大器，并通过标准 RS－232 口和 RTU 相连。

（2）采用软件对时。CDT、DNP、Modbus 等规约提供了软件对时手段，可采用软件对时。但由于受到通信速率的影响，需要采取修正措施。这种方法的优点是不需要增加硬件设备。

4）电能采集

采集变配电所进线和出线以及主变两侧的电度值，传统做法是通过记录脉冲电度表的脉冲数来实现，较为先进的做法是通过和智能电表通信获取电度值。

5）通信

RTU 应具有多个通信口，以便与上级调度主站、其他自动化系统或装置之间通信：通信规约一般应支持 Polling、CDT、IEC 870－5－101 等，通信速率通常为 600 b/s、1200 b/s、2400 b/s、4800 b/s，RTU 应具有通信速率选择功能或自适应功能，支持光缆、电缆、无线等多种通信方式，把采集到的各种数据组成一帧一帧的报文送往调度端，并接收调度端送来的命令报文。通信规约一般有应答式（polling）、循环式（CDT）、对等式（DNP）等十余种，RTU 应具备其中的一种。RTU 应具备通信速率的选择功能，还应有支持光端机、微波、载波、无线电台等信道通信转换功能。通信中有一个重要的工作，即对发送的数据进行抗干扰编码。对接收到的数据要进行抗干扰译码，如果发现有误则不执行命令。

6）当地显示和整定

在 RTU 上安装键盘和显示器（LED、LCD 等），使得 RTU 的采集量在当地就可以显示出来，也可通过当地键盘遥测转换系数、修改电度表基值和定义 SoE 点等。

7）自恢复和自检测功能

RTU 处于强电磁场干扰的环境中，有时会出现死机、部件损坏、瞬时掉电等故障。为了确保 RTU 永不停止地与 SCADA 系统通信，要求 RTU 具有自恢复和自诊断功能，以提高整体系统的可靠性。

RTU 的自检、自调功能反映了 RTU 的自身可维护能力，如插件损坏诊断，程序"走飞"时的自恢复能力、主备通道监视功能等。

3.4.4 微机保护装置

1. 工作原理

铁路变配电所常用微机保护装置有：线路保护、自闭/贯通线路保护、电容器保护、备用电源自动投入装置、微机测控装置（调压器、变压器、断路器等的监控）、变压器保护等。20 世纪 90 年代以来，分布式变电站自动化技术发展迅速，特别是在 35 kV 变电站、10 kV 变配电所中大量采用该技术，即将传统变电站自动化系统的全部功能或部分功能，如保护、监视、控制、计量及录波等集成为一体，构成一体化保护装置。

微机保护装置一般由 CPU、存储器、输入输出回路、保护逻辑电路及驱动、通信接口等组成，为了确保保护功能的独立性，提高保护装置的可靠性，保护装置 CPU 一般由保护 CPU、测控 CPU 双 CPU 组成。微机保护装置工作原理图如图 3-23 所示。

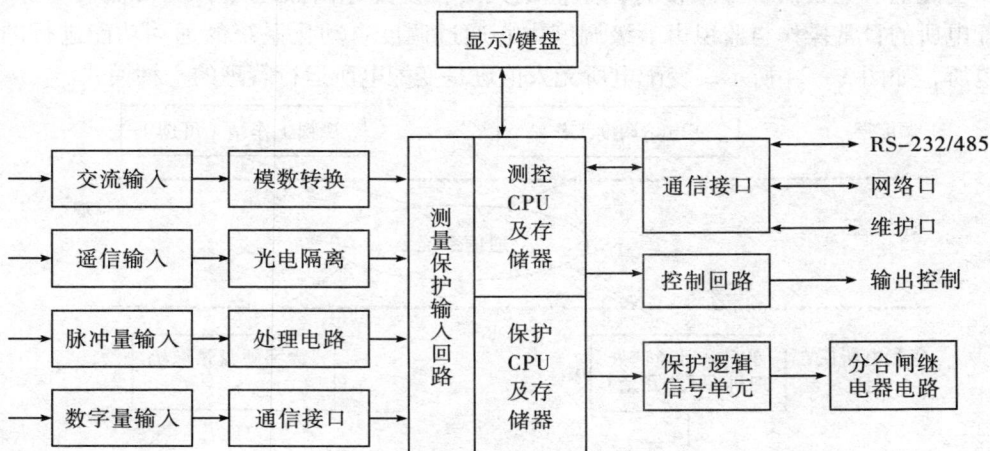

图 3-23　微机保护装置工作原理图

一体化保护装置采用双 CPU 结构，每个 CPU 有各自的存储器，将保护、远动、计量、通信等功能集成为一体，完全取代 RTU 的功能。这样既节省了 RTU 的投资，又节省了变配电所的占地空间，有利于安装、调试、维护工作简单化。

2. 主要特点

（1）保护装置采用一体化设计思路，各保护装置集保护、监控、远动、通信甚至录波等功能于一体，除具有多种保护，如电流保护、电压保护、三相一次重合闸、低周减载、方向保护、备用电源自投切等功能外，还可实现遥信、遥测、遥控、遥调等远动功能，具备完善的数据通信和功能再配置能力，可以扩展单故障录波等功能。

（2）一体化保护装置一般采用多 CPU 设计，保护 CPU、监测 CPU 分开设置。保护功能相对独立，可以避免保护、监控功能的相互干扰，提高保护功能的可靠性和实时性。

（3）多数保护产品还采用数字信号处理器（DSP）技术，大大减轻了主 CPU 的负载，提高了装置的数据处理能力，可以比较容易地实现交流采样。

（4）充分利用软件资源，减少硬件的重复设置；通过软件完成保护和控制的各种条件判断、闭锁等功能。

（5）提供多路通信接口和一路维护口。通信接口可以是 RS-232/485 串口、现场总线接口，甚至以太网接口；维护口用于与便携机通信，进行现场维护、检查、修改程序等；支持 CDT、SCl801、IEC870-5-103、ModBus 等通信规约。

（6）装置配置液晶屏，信息详细直观，操作调试方便；可直接通过面板操作或接插便携机在当地保护定值，也可通过主站系统进行远方整定。

（7）一般采用工业机箱设计，插板式、模块化结构，配置灵活方便，适应性强，既可以集中组屏，也可以面向一次设备间隔分散安装。

3.4.5　变配电所无人值班

变配电所无人值班是指没有固定值班人员在变配电所就地进行日常监视与操作，变配电所的日常操作与监视由上级调度中心通过调度自动化系统的远动功能进行的变配电所，如图 3-24 所示。变配电所无人值班是变配电所运行管理的一种模式。

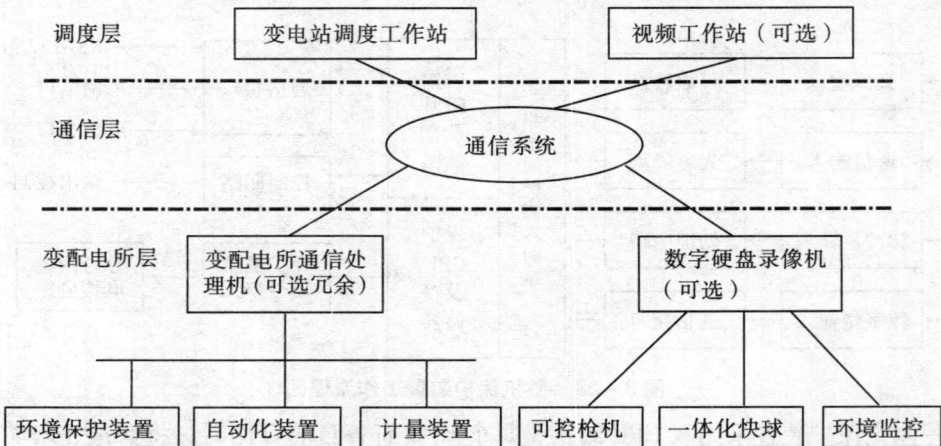

图 3-24　变配电所无人值班模式

变配电所无人值班一直是电力系统的热门话题。从国内、国外电网发展的情况来看，变电站或变配电所无人值班，不仅仅是为了减少生产人员及其开支，更是为了提高电网的科技发展水平和科学管理水平，加快电网发展。因此，在发达国家和地区的电网中，无人值班变电站已从 10 kV 扩大到 220 kV，甚至向更高电压的变电站方向发展。

对于铁路电力系统，从长远来看，变配电所的发展方向应该是实现"无人值班、无人值守"，这对铁路系统来说既具有重要的经济效益，又具有重要的社会效益。但是，鉴于铁路系统的实际情况，实现变配电所无人值班需要一个逐步积累和逐步过渡的过程。最好的解决办法是：具备条件能够实现无人值班的，可以积极开展试点工作，为变配电所无人值班全路推广和应用积累运行经验；不能实现无人值守的可以先按照无人值班的要求设计和建设，实现"无人值班、有人值守"，待条件成熟后，再过渡到真正的无人值守。

❈ 3.5　铁路信号电源监控

铁路电力系统中，与行车密切相关的电力负荷（多为一级负荷）要求采用双电源供电。为了进一步提高双电源的运行可靠性，应在双电源处设置自动化监控终端，将双电源运行状态纳入电力自动化系统的监控范围。信号电源及信号电源监控器（STU）就是其中的典型代表。

信号电源是铁路电力系统特有的设备，主要为行车信号供电，属于一级负荷。信号电源一般由自闭、贯通两路电源供电，在只有一路电源的情况下，则由地方电力系统再引一路电源构成双电源回路，所以习惯上又称为双电源系统。两路电源互为冗余，故障时相互切换，以提高供电可靠性。

铁路电力系统的供电模式是比较完备的，但由于自然环境、运行管理方式等原因，信号电源系统仍然存在诸多隐患。

（1）铁路电力系统沿铁路线分布，自然环境恶劣，故障多发，传统的管理模式是通过人工走线巡检查找故障隐患，往往只有当故障发生后才能发现故障，而且还需要层层逐级上报，信息传递十分缓慢，效率低下，供电可靠性没有保障。

（2）按照铁路系统的管理模式，信号电源系统绝大多数由两个专业分别管理。通常10 kV高压侧（含信号电源变压器）由电力专业（供电段或水电段）管理，380 V/220 V低压侧（含信号机控制箱、信号机）则由信号专业（电务段）管理。因此，当信号电源出现停电故障时，由于没有故障数据和信息作为依据，故障原因难以确定，容易出现责任不清的现象。

显然，这种传统的运行管理模式已远远不能适应列车提速和实现跨越式发展目标的需要。为此铁路主管部门从 1999 年就开始强调信号电源实施自动化监控的重要性，制定了信号电源监控装置的技术标准。国内多家企业相继推出了信号电源监控装置STU，为铁路部门大力推广该项技术积累了宝贵的经验。

2004 年铁道部［2004］91 号文件及相关会议中更是明确要求：

（1）沿线各站双电源故障停电时间小于 5 min，单电源故障停电时间小于 20 min。

（2）计划检修停电（沿线各站）每年不大于一次，范围不大于一个区间（两站之间），每次检修只能停用一个车站的一路电源。

（3）沿线各站信号电源的供电可靠性（年送电时间/年运行时间）达到 99.99% 以上。

要达到上述要求，信号电源实现自动化监控和信息化管理已成为必然。

3.5.1 信号电源监控系统的结构与功能

信号电源监控系统是整个铁路电力自动化系统的子系统，也是电力自动化的重要组成部分。它主要由调度监控主站、通信信道和信号电源终端装置 STU 三部分组成。理论上，主站可以单独设置在段调度中心内。但从节约投资、优化系统构成、便于管理等角度考虑，信号电源主站一般都与铁路电力远动系统的变配电所自动化、电力线路自动化等合并，使用一个电力远动主站平台，即将信号电源监控纳入电力远动的范畴，统一规划和实施。信号电源监控系统构成如图 3－25 所示。

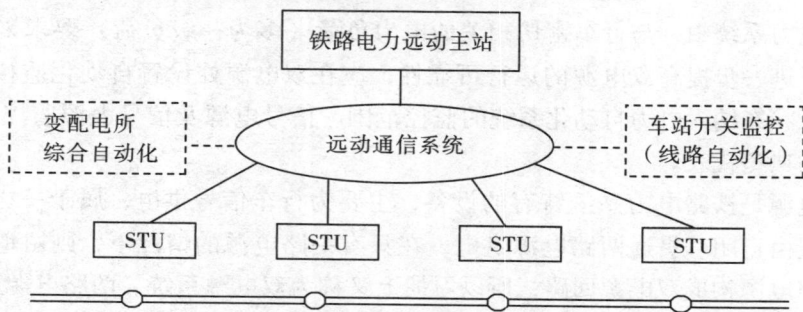

图 3－25 信号电源监控系统构成

STU 负责信号电源的监视和控制，主要完成远程控制（高、低压开关）、供电状态监测（图形方式显示）、网络复视三大功能。STU 具体包括以下几部分功能。

1）远动功能

远动功能主要指信号机电源运行状态监测及高低压开关控制，包括开关状态、电流、电压数据采集，以及顺序事件记录（SoE）、开关远程控制等。

2）遥测越限及故障管理

遥测越限分为一级过流、二级过流、三级过流以及一级过压、二级过压、欠压及失压告警等。其中一、二级过流作为告警事件，需要记录告警波形，告警波形为 40 个周波，共计 80 点有效值；三级过流作为过流故障，并进行故障录波信息的处理，录波波形为 40 个周波，每周波 8 点采样，共计 320 点瞬时值。遥测量还包括信号变压器二次侧电压。

3）图形管理

主站端提供信号电源图形管理功能，图形分为：一级图（布局图）、二级图（供电臂示意图）、三级图（车站图），各级图形可以逐级调出，所有调度、监控操作基于图形完成。

4）网络复视

通过远动主站与办公自动化或信息管理（MIS）系统连接，将信号电源监控信息实时发布出去，供相关部门和人员远方监视和调度。

STU 一般安装在信号机械室内信号电源旁边，由于在室内 STU 的运行环境相比 FTU 要好得多，因而其适应环境的技术指标不必像 FTU 那样苛刻。STU 监控原理图如图 3-26 所示。

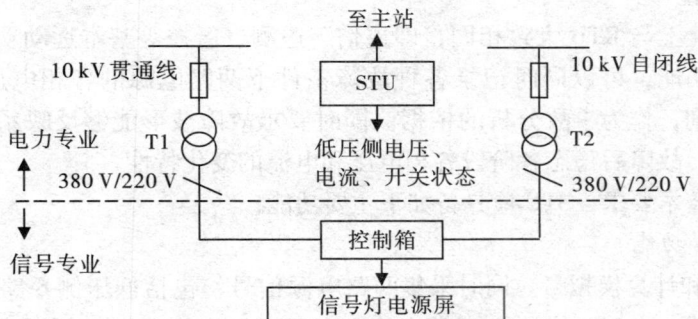

图 3-26　STU 监控原理图

STU 通常经过通信机械室通信接口与上级主站通信，完成电力远动功能。

3.5.2　信号电源监控装置 STU

1. 工作原理

信号电源监控装置 STU 与普通的 RTU 在工作原理上并没有太多区别，主要由 CPU 及外围支持电路、模拟量处理、开关量输入、开关量输出、通信等几部分组成，只是监控对象和用途不同。与 RTU 相比，STU 在远动功能的基础上更加强调故障检测、数据录波等功能。

一般来说，STU 由核心模块——远方终端控制器，以及智能电源、箱体等组成，其工作原理图如图 3-27 所示。

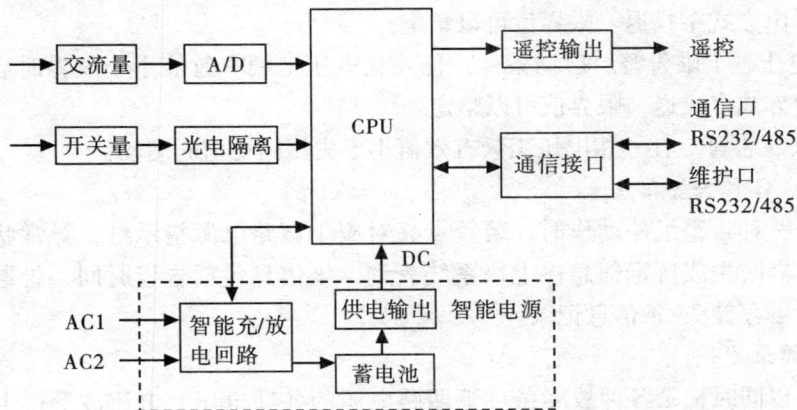

图 3-27　信号电源监控装置 STU 工作原理图

核心模块——远方终端控制器需要完成 STU 的主要功能，包括遥测、遥信、遥控以及故障检测、数据录波（包括主动录波、故障录波等）等功能，还要提供与上级主站的通信接口和自身的维护接口。

智能电源由充放电回路、蓄电池、AC/DC 转换等部分组成，主要为 STU 提供不间断电源，类似 UPS 的功能。为了确保 STU 在断电情况下还能可靠供电，智能电源还要与核心模块通信，监视蓄电池状态、充放电回路工作状态，控制蓄电池放电，以便对蓄电池进行活化，延长蓄电池的使用寿命。

2. 主要功能

STU 在功能上与 RTU 大致相同，即遥信、遥测、遥控等基本远动功能，不同的是 STU 具有录波功能，可以同时记录各种故障条件下两路电源的各相电压、电流波形，供上级系统查询，作为事故分析的依据。同时要求故障波形能够反映系统从故障前稳态、故障暂态、故障后稳态各阶段各相电压和电流的变化特性。

按照相关技术要求，STU 应具备如下主要功能：

1）SCADA 功能

（1）采集和计算模拟量。同时采集两路电源信号，包括低压侧 6 路电压（直接从信号电源变压器二次侧取信号）、6 路电流，高压侧 3 路电流，并计算每路电源的功率、功率因数、相角等参数。

（2）采集开关量。采集信号电源的开关位置信号，并可将开关变位形成 SoE；还采集蓄电池状态等。

（3）远方操作。可以控制 2 路高压开关、2 路低压开关，以及蓄电池远方活化。

（4）采集脉冲电度量。可采集 4 路脉冲电度量。

2）越限告警

（1）电流越限告警。STU 装置具有三级电流界限值，当出现二级电流越限时，装置发出过负荷告警信息；当出现第三级电流越限时，装置发出故障告警信息。

启动条件：任一相电流工频有效值大于限界值时启动。该报警功能可由方式字投退，限界值可以整定。

（2）电压向上越限告警。启动条件：任一相工频电压有效值大于限界时启动。该报警功能可由方式字投退，限界值可以整定。

（3）电压越下限告警。启动条件：任一相电压工频有效值小于限界时启动。该报警功能可由方式字投退，限界值可以整定。

（4）失压告警。任一相电压工频有效值小于失压门槛值时启动。

3）生成各种告警信息

以上任一种告警组件动作时，装置点亮对应于该路电源指示灯，异常状态消失后自动恢复。同时生成特定信息供上级系统查询，该信息包括告警时间、告警类型和告警值。装置可存储 24 条信息记录。

4）故障录波

装置可以同时记录各种故障条件下两路电源的各项电压、电流波形供上级系统查询，作为事故分析的依据。故障波形能够反映系统故障前稳态、故障暂态、故障后稳态各阶段各项电压和电流的变化特性。故障发生前后各录 5 个周波数据（每周波 16 个点）。装置中可存储 24 次故障录波数据，供当地/远方查询。

5）通信

（1）主站通信。与上一级系统通信，完成常规的 SCADA 功能以及动作（告警）信息、故障录波数据的传输等。

（2）当地维护口。当地提取存储的动作信息、故障录波数据；进行方式字整定。

（3）数据转发接口。与车站开关监控器（FTU）、客户检测终端等连接，转发它们的数据至变配电所自动化系统或供电段调度主站，完成电力自动化功能。

（4）通信信道。既适用于专用通信信道（专线），又适用于电话拨号通信信道。

（5）通信规约。支持 1801、DNP3.0、IEC – 870、5 – 10l 等规约。

6）**掉电保护**

掉电保护主要是在装置完全失电情况下，保存重要数据不丢失。STU 需要配置充电电路和免维护蓄电池组，在两路电源失电的情况下，故障信息能够及时上传到供电段调度，并存储记忆故障数据 4 h 以上。

▼ 3.5.3　STU 与 FTU 的通信连接方式

STU 安装于沿线车站信号楼内，通常直接连至车站通信机械室的通信接口，完成与上级主站的通信。车站内的主要电力运行设备还包括车站开关和相应的自动监控装置 FTU。为了节约通道投资，在实施电力远动时 STU 与 FTU 应作为一个整体来考虑，共享通信信道。

STU 与 FTU 的连接一般有以下几种模式：

（1）基于数据转发；

（2）基于现场总线；

（3）基于工业以太网；

（4）基于通信管理机。

下面分别介绍以上四种模式的工作原理。

1. 基于数据转发方式

STU、FTU 等自动化装置都配置多个通信接口（一般为 RS – 232/485 接口），两台装置之间可以通过 RS – 232 连接起来，STU 安装在信号机械室，靠近通信机械室的通信接口，可以作为通信处理主单元，除完成自身通信外，还负责转发 FTU 与主站之间的远动数据，如图 3 – 28 所示。

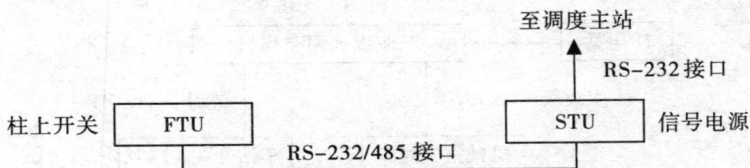

图 3 – 28　STU、FTU 数据转发方式示意图

RS-232 接口通信距离只有几十米，当 FTU 距离 STU 比较远时，可以采用长线收发器延长通信距离，也可以直接采用 RS-485 总线，或采用光纤通信。

这种通信方式最大的缺点是，如果 STU 发生故障会直接影响 FTU 与主站之间的正常通信，可靠性较低；另外，STU 还需要转发别的数据，CPU 负担较重，性能也会下降。一般不推荐使用。

2. 现场总线连接

另外一种方式是采用现场总线将 STU、FTU 连接起来，共享与主站的通信信道。现场总线可以选择 RS-485、CAN、LON 等，如图 3-29 所示。

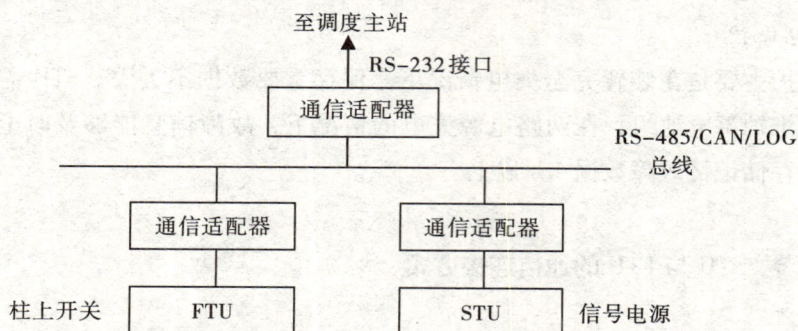

图 3-29 现场总线示意图

图中 STU、FTU 处于与主站平等"对话"的地位，互相不干扰，可靠性和性能都有所提高，因而适应性强。

实施方案时要注意以下几个问题：

（1）如果采用 RS-485 总线通信，只能采用主-从方式，通信规约只能采用 101 或 1801 等查询式规约。

（2）STU、FTU 允许采用不同厂家的产品，二者所用的通信规约可能不尽一致，因此，主站系统的通信处理必须具备"一对多的功能"，即"一个串口对应不同的规约"。

（3）为了提高抗干扰能力，通信介质宜选用屏蔽双绞线、光纤等。

3. 工业以太网连接

随着通信技术的迅速发展，现在许多新建线路通信专业大多能提供以太网接口或可以转换为以太网接口的 E1 接口，如果通信专业能够提供 IEEE802.3 标准（TCP/IP）的接口，STU、FTU 就可以基于工业以太网技术与主站连接，如图 3-30 所示。

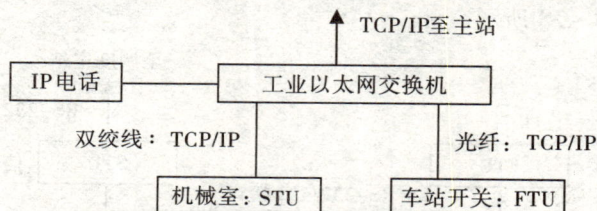

图 3-30 基于工业以太网示意图

采用工业以太网连接车站自动化终端是一种技术先进、性能良好的解决方案。该方案具有如下特点：

（1）STU 和 FTU 用工业以太网交换机连接，与其他自动化设备联系非常方便，可以实现多个自动化终端或系统共享单一宽带通道。例如，可以将车站变配电所综合自动化系统的数据也一并接入，还可以增加 IP 调度电话，实现监控数据－语音数据的综合传输。

（2）FTU、STU 需要采用必要的转换设备将 RS－232/485 信号转换为遵循 TCP/IP 协议的以太网接口，再接入交换机。

（3）STU 一般安装在室内，可以采用非屏蔽双绞线与交换机连接；FTU 运行在户外，而且通信距离较远，可以考虑采用光纤连接，以提高抗干扰能力。

4. 车站机电设备综合监控

大型车站包含自动化终端的种类和数量可能较多，如车站 STU、区间 STU、FTU、给排水监控装置、低压变配电监控装置等，这时可以在车站内装一台通信管理机集中管理所有的自动化装置，完成与上级主站的数据通信；还可以根据具体情况，由通信处理机执行部分当地监控功能，实现车站机电设备的综合监控功能。

3.5.4 智能箱变

1. 概述

智能箱变是将变压器、铠装母线、高低压开关设备以及微机保护装置、STU、FTU 等集中安装在箱体内的设备。由于它具有远动和通信功能，又称远动智能箱变。

智能箱变，即箱式变电站，又称户外成套变电站，是发展于 20 世纪 60 年代至 70 年代欧美等西方发达国家的一种户外成套变电所的新型变电设备。由于它具有组合灵活，便于运输、迁移、安装方便、施工周期短、运行费用低、无污染、免维护等优点，受到世界各国电力工作者的重视。进入 20 世纪 90 年代，我国开始在公用电网 10～110 kV 中小型变电站中广泛采用。2000 年以后，出现了专门针对铁路系统的产品，按电压等来分有 35 kV 等级和 10 kV 等级，按用途来分有车站智能箱变、信号智能箱变、普通智能箱变。以车站智能箱变为例，智能箱变的结构如图 3－31 所示。

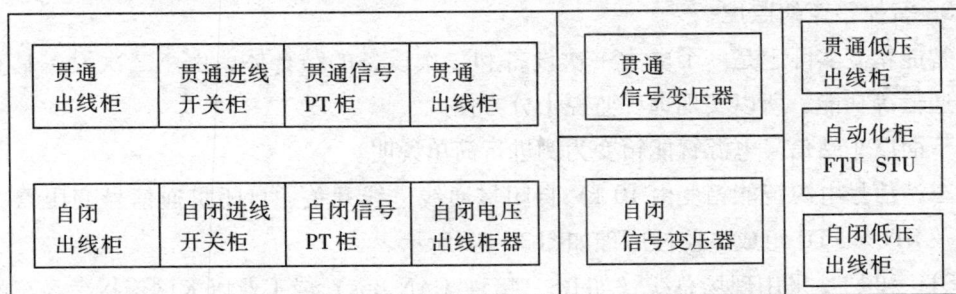

贯通 出线柜	贯通进线 开关柜	贯通信号 PT柜	贯通 出线柜		贯通 信号变压器	贯通低压 出线柜
						自动化柜 FTU STU
自闭 出线柜	自闭进线 开关柜	自闭信号 PT柜	自闭电压 出线柜器		自闭 信号变压器	自闭低压 出线柜

图 3－31　智能箱变的结构

2. 主要特点

智能箱变主要由多回路高压开关系统、铠装母线、微机保护、远动、计量、电容补偿及直流电源等电气单元组合而成，安装在一个防潮、防锈、防尘、防鼠、防火、防盗、隔热、全封闭、可移动的钢结构箱体内，机电一体化，全封闭运行，它主要有以下特点：

（1）技术先进，安全可靠。一般箱体不受自然气候环境及外界污染影响，可保证在 $-40 \sim +40$ ℃的恶劣环境下正常运行。箱体内一次设备采用全封闭高压开关柜、干式变压器、干式互感器、真空断路器，弹簧操作机构、旋转隔离开关等先进技术，产品无裸露带电部分，为全封闭、全绝缘结构，完全能达到零触电事故，全站可实现无油运行，安全性高，二次采用微机保护、STU、FTU 等智能化装置，可实现无人值守。

（2）自动化程度高。整台装置全智能化设计，车站箱变安装开关监控器 FTU，信号电源箱变安装信号电源监控器 STU；需要完成保护功能时，可以选择微机保护装置，各种智能装置可以同时选用，独立运行；能够完成遥测、遥信、遥控、遥调，以及线路故障检测、信号电源监控和微机保护功能，还可以完成箱体内湿度、温度等检测和报警。

（3）工厂预制化。设计时，只要设计人员根据现场实际要求，做出一次主接线图和箱外设备的设计，就可以选择由厂家提供的箱变规格和型号，所有设备在工厂一次安装、调试合格，真正实现变电站建设工厂化，缩短了设计制造周期；现场安装仅需箱体定位、箱体间电缆联络、出线电缆连接、保护定值校验、传动试验及其他需调试的工作，整个变电站从安装到投入运行只需 5~8 天的时间，大大缩短了建设工期。

（4）组合方式灵活。智能箱变没有固定的组合模式，使用单位可根据实际情况自由组合一些模式，以满足安全运行的需要。

（5）投资省见效快。智能箱变安装施工简单，节省占地面积，符合国家节约土地的发展政策，运行可靠，免维护或少维护，整体经济效益十分可观。

（6）外形美观，易与环境协调。箱体外壳采用镀锌钢板及集装箱制造技术，外形设计美观，在保证供电可靠性的前提下，通过选择箱式变电站的外壳颜色，从而极易与周围环境协调一致。

3. 智能箱变的监控

智能箱变实际上是一个电力一次设备和二次设备的结合体，由于二次设备具有远动和通信等功能，所以实现远程监控十分方便。

下面以车站信号电源智能箱变为例进行简单说明。

车站信号电源智能箱变由 10 kV 自闭贯通线进线开关、自闭贯通信号变压器、PT 柜以及 STU、FTU 组成，监控原理如图 3 - 32 所示。

STU 和 FTU 采用现场总线（如 RS - 485、CAN Bus）或工业以太网连接，经车站远动通道，与远方主站通信。FTU 最好能同时监控两条线路，这样可以只安装 1 台 FTU。

由于 FTU 安装在封闭的箱体内，运行环境得到极大改善，因此，高低温特性、防腐、防雨水等技术要求可以适当放宽。

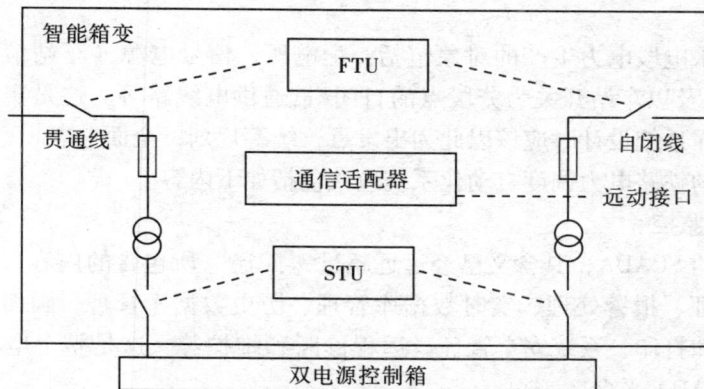

图 3-32 智能箱变的监控原理图

3.6 铁路电力调度自动化主站

铁路电力调度自动化系统主要由调度自动化主站（也称 SCADA 主站，或远动主站）、通信信道、站端系统及装置三部分组成。

调度主站是调度自动化系统的数据中心和调度指挥中心，它负责收集和处理各种站端系统及装置采集的各类信息，提供人机交互接口以及许多管理功能，并下发各种控制调节命令，从而实现电力系统的运行监控、故障处理和远程调度。随着计算机软件硬件技术的迅速发展和用户需求的不断提高，利用 SCADA 系统实时数据和历史数据，结合地理信息系统（GIS）功能，进一步实现 AM/FM/GIS、电力生产管理等功能，从而完成铁路电力系统的管控一体化。

主站系统主要由计算机硬件和软件系统、计算机网络、通信设备、模拟屏或投影系统、UPS 及打印机等附件组成，一般安装在段或铁路公司电力调度中心。它是整个铁路电力调度自动化的核心，也是调度人员与自动化系统交互的接口。主站系统性能的好坏，直接关系到整个电力自动化系统运行的效果。

随着高速铁路的快速发展，研制以行车指挥调度为中心的综合调度自动化系统成为铁路行业的趋势。借鉴国外调度综合自动化系统的开发经验，综合调度应该以铁路线为单位，涵盖信号、电力、牵引电力、车辆等调度内容，设计时应该遵循"分散控制、各负其责、资源共享、协调工作"的基本原则。在综合自动化系统中，电力调度系统作为一个子系统纳入其中。以电力调度自动化为例，在综合自动化系统中一般要单独设置电力调度操作台，在独立完成电力调度自动化功能的基础上，提供数据接口与其他自动化系统交换信息，并实现报警联动、协调工作等功能，为列车运行服务。

3.6.1 基本功能

供电段或水电段电力生产的对象包括：配电所、信号电源（车站信号电源和区间信号电源），以及以车站开关为分段点的自闭/贯通供电线路等。这是实施电力自动化的基本内容，在系统设计时应该以此为出发点，统筹规划，全面考虑。

一个完整的铁路电力调度自动化系统应该包括如下内容。

1. SCADA 监控

现今提到的 SCADA，其含义已经远远超过"四遥"所包含的内容，具体包括实时数据采集和处理、报警处理、实时数据库管理、历史数据库管理、画面制作，以及显示、报警管理和打印、系统安全管理、远程诊断和维护等。这是整个电力自动化的基础，也称为 SCADA 平台。

2. 变配电所自动化监控和管理

变配电所自动化监控和管理分为配电 RTU 监控和配电所保护装置监视、控制和管理。配电所自动化系统的发展趋势是通过与调度主站配合，实现"无人值班"或"无人值班，有人值守"，达到减人增效的目的。

3. 信号电源监控

信号电源监控包括车站信号电源和区间信号电源监控。通常为了节省信道，前者可以作为后者与上级主站的数据转发节点。信号电源能否正常可靠地运行，直接关系到列车能否正常可靠地运行，这是实现铁路电力自动化和提高现代化管理水平的重要内容。

4. 车站开关监控

车站开关监控也称为自闭/贯通线路自动化，即以供电区间为单位，以车站开关为基本监控点，在正常情况下完成 SCADA 功能，在线路故障时完成故障监测和故障点的自动定位，以及实现快速隔离故障和快速恢复供电等线路自动化功能。

信号电源和车站开关都安装于车站，在实施自动化监控时，为了节约信道资源，通常作为一个整体来考虑。信号电源监控和车站开关监控又可以统称为铁路线路自动化。

5. WEB 服务

调度自动化系统作为 MIS 系统的一个子系统，应该预留与 MIS 或远方复视终端的接口，实现自动化信息共享。

3.6.2 硬件系统

由于我国地域环境和经济基础的差异，各铁路局、铁路公司、段及其电力系统千差万别，相应的电力自动化系统的建设与改造不一定套用一种特定模式，而应根据系统规模、经济基础、地理环境等不同情况，充分考虑投资效益比，在达到实用化要求的基础上，结合不同的发展水平适当预留发展空间，恰当地按不同模式进行建设和扩充。

下面是三种常用的系统配置模式。

1. 典型配置

系统采用两台专作通信之用的前置机、两台监控工作站、两台或一台服务器，以及外围设备、UPS 等，这是电力自动化主站的典型配置，如图 3 – 33 所示，能够适用于大中型铁路电力系统的调度自动化主站。

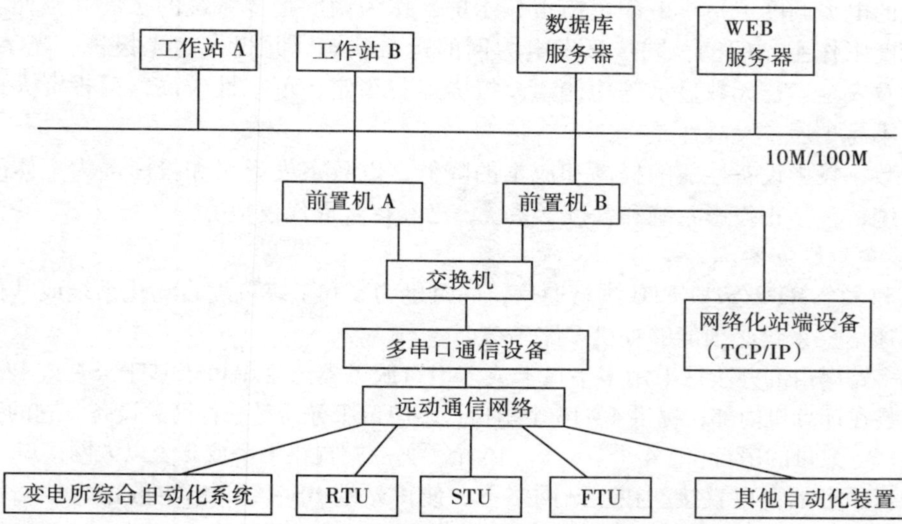

图 3 – 33　电力自动化主站的典型配置图

1）前置机

前置机又称通信处理机，负责主站系统的数据采集、规约转换和数据预处理。前置机是一个逻辑上的概念，理论上可以由主站系统的任何一台工作站或服务器担任，实际应用中为了确保系统的可靠性，一般单独设置。

前置机通过交换机与多串口服务器连接构成数采子网，由多串口服务器经通信网络与远方的变配电所自动化系统、RTU 以及 STU、FTU 等连接，负责采集、处理来自被控站的数据，并下达指令完成控制任务。

前置机一般为双冗余设置，两台前置机互为热备用，这样，可以大大提高系统的通信可靠性。

2）电力调度自动化工作站

调度自动化工作站完成调度员人机交互功能，它为调度员执行运行操作提供了所有入口，显示各种监控画面、变配电所接线图、系统配置图、地理信息图、实时数据和信息、生产报表管理、报警信息、各种曲线、数据查询等；自动化系统的各种功能，如 SCADA（远动）、变配电所监控和管理、信号电源监控、线路自动化等，也是通过工作站的人机交互完成的。调度工作站还可以兼作打印机、数字投影系统或模拟屏的驱动主机。

3）数据库、WEB 服务器

数据库服务器负责保存和管理 SCADA 系统的历史数据和管理信息系统的数据。保证系统数据的唯一性；系统中的其他节点可作为客户（Client）访问服务器所保存的数据。

WEB 服务器以 WEB 发布的方式向 MIS 或办公自动化系统提供服务，用户端只需使用 IE 浏览器即可查询自动化系统的实时数据和信息、各种监控画面、管理报表、历史数据和曲线等。数据库服务器和 WEB 服务器可以单独设置，也可以由数据库服务器兼作 Web 服务器。

4）模拟屏或数字投影

传统的电力调度主站一般配置模拟显示屏，作为调度指挥系统的扩展和延伸。模拟屏由调度工作主站驱动，同步显示电力网的运行状态，并提供声光报警、光字牌、时钟显示及安全运行天数显示等功能。模拟屏运行稳定，可靠性较高，但投资大，施工复杂，不易扩展，灵活性差。

随着数字投影设备性能的提高和成本的降低，以数字投影仪和投影屏为主体的数字投影系统，包括正投影系统和背投影系统，已经逐步取代模拟屏。

5）多串口服务器

为了和多个 RTU/STU/FTU 进行通信，同时也为了和上级调度自动化系统或其他自动化系统通信，系统必须能够提供多路串口。

扩充多路串口的办法是采用多串口卡或多串口服务器。多串口卡基于 ISA 或 PCI 总线方式安装在计算机内部，提供 4～16 个串口；多串口服务器是一种网关设备，它的一端可以提供一定数量的串行口，4 个、8 个、16 个，另一端提供 1 个或 2 个以太网接口。

多串口服务器可以直接挂在主站网络上，使得站端 RS－232 串口数据直接传输到 10M/100M 速率的以太网，消除了串口通信瓶颈、提高了通信效率，通过串口服务器可以实现前置机双机"软切换"，避免了传统调度系统使用硬件切换装置进行双机切换存在的可靠性问题。

因此，多串口服务器已经逐渐代替多串口卡成为调度自动化主站系统的首选。

6）网络化站端设备的接入

目前，越来越多的站端设备（如 RTU、FTU、STU、变配电所综合自动化系统等）支持网络化通信：这类站端设备不再需要多串口设备，而是通过光纤等宽带通信网络基于 TCP/IP 协议直接接入调度主站网络交换机。这种情况下，为了避免主站后台网络负载过重，可以考虑增设数采子网，即由前置机、交换机、多串口服务器等组成一个独立的逻辑子网，专门负责 RTU 和前置机之间的数据通信，以分割网络流量，提高网络性能。

另外，系统应配置容量适宜的 UPS 设备，以保证主站系统的供电可靠性。UPS 应具有智能通信接口，将 UPS 工作状态、蓄电池状态等上报主站，纳入主站监控范围。

2. 最小配置

最小配置系统由一台或两台互为备用的计算机组成，其系统图如图 3-34 所示。

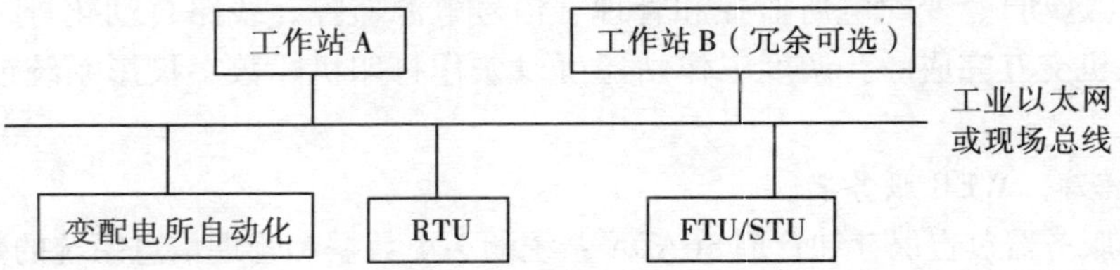

图 3-34 最小配置系统图

主站最小可采用一台计算机，承担前置机、服务器、工作站的所有功能，完成数据采集、规约转换、SCADA 功能、数据管理等任务，同时还可以兼作 WEB 服务器，对外发布数据和信息。为了改善系统的可靠性，也可以增加一台计算机作为热备用，构成有冗余的监控主站。该模式的特点是结构简单，设备较少，成本低，适用于小型系统或变配电所、车站的当地监控，还可以兼作通信处理机向上一级主站转发数据。

3. 大型配置

1）系统结构

大型配置的系统应该满足以下条件：

（1）系统功能不仅可以满足企业当前的需求，而且可以满足企业成长的需要。对于铁路电力系统，系统功能应该包括电力 SCADA、变配电所监控和管理、信号电源监控、车站开关监控（线路自动化功能），可以扩展 AM/FM/GIS、管理功能、自动抄表计费等功能。

（2）系统应该具有优异的稳定性和可靠性，关键设备均采用冗余配置，确保系统能够长期可靠地运行。

大型配置的系统结构图如图 3 - 35 所示。

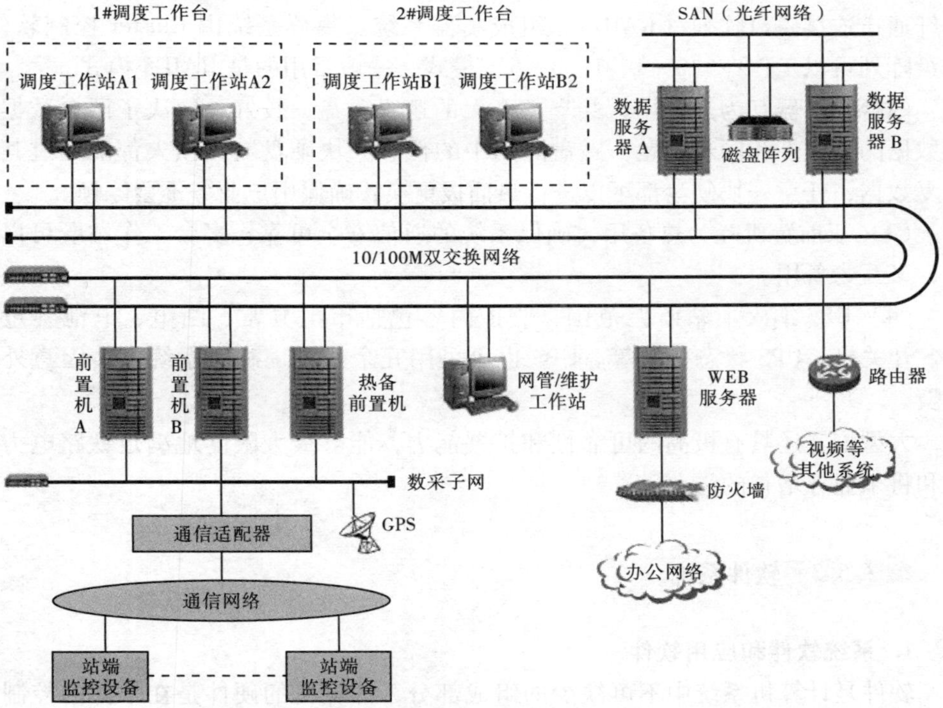

图 3 - 35 大型配置的系统结构图

2）提高系统的可靠性和容错能力

提高系统的可靠性通常采用计算机容错技术。所谓容错，是用冗余的资源使计算机具有容忍故障的能力，当系统中硬件或软件出现故障时，仍能完成处理和运算，不中断甚至不降低系统性能。

容错主要通过软件和硬件来实现。

（1）软件容错。软件容错通常采用多处理器和具有容错功能的操作系统来实现的。Unix、WindowsNT/2000操作系统支持对称多处理器技术（SMP）、具有良好的稳定性和容错能力，是最常用的企业级操作系统平台；电力自动化应用软件系统应采用多进程多线程设计、面向对象和组件编程以及"Watch Dog"等软件技术，有效地保证系统软件的可靠性；另外，还可以通过专门的进程（process）管理软件，对软件系统的关键进程进行状态监视、自动重启（进程自举）等管理，提高软件的可靠性。

（2）硬件容错。由于硬件成本不断下降，而软件成本不断升高，因此硬件容错技术的应用越来越普遍。硬件容错一般采用计算机关键部件冗余配置或整机冗余配置。关键部件冗余配置，如计算机服务器的CPU、内存、硬盘、电源、风扇都可以根据需要进行双冗余或多冗余配置；整机冗余配置，如双以太网结构、双前置机、双服务器、多工作站、双UPS等。通过采用这些措施最大限度地保证系统的可靠性。

3）大型配置的系统特点

（1）双以太网结构，正常情况下均衡分配网络负载，故障时又相互备用，提高了网络的可靠性和传输性能。

（2）数据服务器采用Cluster（集群）解决方案，两台服务器通过SCSI电缆通道或光纤通道连接磁盘阵列（RAID），组成集群系统。集群系统由Cluster控制软件管理，磁盘阵列可以工作在"0+1、1、3、5"模式，一般常用的是RAID5模式。

两台服务器互为热备用，共享一个大的逻辑磁盘，较好地解决了两台数据库服务器数据的一致性和同步问题；磁盘阵列中的任意一块硬盘数据损失都能通过其他磁盘恢复数据，任意一块硬盘都可以进行热插拔更换，确保用户业务不会停顿。

（3）双前置机互为热备用，确保系统的通信安全可靠；多台工作站既可以分工协作，又互为备用。

（4）UPS纳入主站监控范围，监控内容包括市电异常、断电、电池容量、遥控UPS开关机、UPS状态指示等。UPS也可采用冗余配置，确保系统不会因意外掉电而瘫痪。

大型配置还具有极高的可靠性和扩展能力，能够最大限度地满足铁路电力用户当前和将来业务增长的需要。

3.6.3 软件系统

1. 系统软件和应用软件

软件是计算机系统中不可缺少的组成部分，计算机的硬件是在软件的控制之下发挥作用的，离开软件的支持，硬件将会失去作用。软件按各自功能可以分为系统软件和应用软件两大类。

1）系统软件

系统软件是指控制和协调计算机及外部设备，支持应用软件开发和运行的系统，是无需用户干预的各种程序的集合。主要功能是调度、监控和维护计算机系统，负责管理计算机系统中各种独立的硬件，使得它们可以协调工作。系统软件使得计算机使用者和其他软件将计算机当作一个整体，而不需要顾及到底层每个硬件是如何工作的。

虽然各种应用软件完成的工作各不相同，但它们都需要一些共同的基础操作。例如，都要从输入设备取得数据，向输出设备送出数据，向外存写数据，从外存读数据，对数据的常规管理，等等。这些基础工作也要由一系列指令来完成。人们把这些指令集中组织在一起，形成专门的软件，用来支持应用软件的运行，这种软件称为系统软件。一般来讲，系统软件包括操作系统和一系列基本的工具（比如编译器、数据库管理、存储器格式化、文件系统管理、用户身份验证、驱动管理、网络连接等方面的工具），是支持计算机系统正常运行并实现用户操作的那部分软件。计算机的操作系统通过各种不同应用的软件管理外部设备，使这些设备软件能方便、高效地被使用。微机上的常见操作系统有：DOS、WINDOWS、UNIX、OS/2 等。

在计算机软件中最重要且最基本的就是操作系统（OS）。它是最底层的软件，能控制所有计算机运行的程序并管理整个计算机的资源，是计算机裸机与应用程序及用户之间的桥梁。没有它，用户也就无法使用某种软件或程序。

操作系统是计算机系统的控制和管理中心，从资源角度来看，它具有处理机、存储器管理、设备管理、文件管理等四项功能。

常用的系统有 DOS 操作系统、Windows 操作系统、Unix 操作系统和 Linux、Netware 等操作系统。

（1）Win 32 系列。Windows9X/Me 操作系统主要面向个人用户办公或娱乐使用，一般不适用于执行严格的企业任务。

WindowsNT/2000 操作系统专门为部门用户和企业用户设计，具有良好的系统稳定性和运行能力，能够承担复杂、繁重和严格的企业任务，而且建立在该平台的各种软件工具如开发、编译工具等非常丰富，使用方便。因此，WindowsNT/2000 操作系统，尤其是 Windows2000 是目前国内使用最为广泛的操作系统，但是系统的易操作性和普及性也决定厂 Windows 操作系统容易受到病毒（尤其是网络病毒）的攻击。另外，Windows 操作系统本身也存在一定的缺陷，这就很容易造成系统死机或瘫痪。

（2）Unix。Unix 操作系统是世界上性能最稳定、最可靠、扩展最方便的操作系统，而且不易受到计算机界病毒的干扰，这也是 Unix 操作系统历久不衰的重要原因。但是由于其使用复杂、支持开发的工具少、各厂家提供的版本不统一等弊端，限制了大规模推广使用，一般适用于重要用户或要求特别严格的大企业用户。

（3）Linux。Linux 操作系统是近几年兴起的自由共享软件，它除具有性能稳定、安全性高、扩展方便等特点外。还具有源码公开、免费使用、允许自由修改的特点，因此，受到了专业人士、计算机爱好者，特别是政府机构和涉及国计民生的关键行业的推崇。但 Linux 系统平台上的软件极为贫乏，特别是没有统一的规范，后续服务很难保证，限制了它在自动化领域的推广和使用。

Unix、Linux 和 Windows 各有其优缺点，目前有一种构造 Unix、Linux 和 WindowsNT/2000 混合平台的发展趋势，服务器选用 Unix 或 Linux，而客户端工作站选用 Windows。

2）应用软件

应用软件是专门为某一应用目的而编制的软件，建立在系统软件之上，用以解决各种实际问题的程序。它包括支撑软件和应用功能软件。

（1）支撑软件。支撑软件建立在计算机操作系统之上，并为应用功能软件提供支撑，主要包括前置机软件、网络通信及管理系统、数据库管理系统、图形管理系统、报表管理系统等部分。需要注意的是，由于实际系统规模不同和用户要求不同，构建系统时有时选择 Win 32 平台，有时选择 Unix 平台或 Linux 平台；还可以选择构建混合平台系统，以发挥各种平台的优势，扬长避短。这就要求应用软件能够跨平台运行。跨平台运行有许多种解决方案，采用支持跨平台运行的软件虚拟机（Virtual Machine, VM）是一种比较理想的方案。因此，在 SW-2000 的支撑平台中包括虚拟机。

（2）应用功能软件。应用功能软件也称功能软件，包括电力监控软件（SCADA），变配电所自动化监控和管理、信号电源监控，自闭/贯通电力线路自动化，WEB 服务软件等。应用功能软件通过支撑软件、网络报文间接地和操作系统、数据库管理系统打交道，处于系统的最外层，从这个意义上说可以称之为外挂程序，可以根据需要，方便地进行扩充和修改。

2. 支撑软件的概念

支撑软件是支撑各种软件的开发与维护的软件，又称为软件开发环境。它主要包括环境数据库、各种接口软件和工具组。著名的软件开发环境有 IBM 公司的 WEB Sphere、微软公司的 Studio. NET 等。

支撑软件是介于计算机操作系统和应用系统之间的桥梁，它屏蔽了各种操作系统之间的差异，使得一套软件可以运行在各种系统平台之上；也丰富和扩充了操作系统的服务和功能，为应用系统提供了更友好、更方便、更灵活、更强有力的数据存储、数据处理、数据操作、数据交换的综合服务机制。

支撑软件是 SCADA 软件系统的核心。早期的 SCADA 系统没有支撑软件的概念、SCADA 系统中引进支撑软件的概念，首先是系统开放性的要求，包括跨平台要求、系统互联性要求、数据共享的要求、安全性的要求、用户进行二次开发增加新功能的要求等。如虚拟机的引入，可以保证主站系统能够跨多个操作系统平台运行；数据库管理系统的引入，用户可以通过标准的 SQL 语言访问 SCADA 历史数据库；实时数据库的引入，用户可以通过实时数据库管理系统（RTDBMS），甚至通过 SQL 语言访问实时数据库。

其次，SCADA 系统采用支撑软件反映了软件技术的发展趋势：模块化、组件化、平台化以及设计模式的广泛应用。正是这些技术的运用才使得软件产品的可靠性、可维护性和易扩展性得到了很大的提高和保证。

1）虚拟机

所谓虚拟机，就是一套可以运行于各种操作系统之上的软件系统，它是为应用软件提供统一的面向对象和跨平台的框架、接口和工具包，使应用程序不依赖任何操作系统而运行在虚拟机上，并通过虚拟机与操作系统交互。虚拟机支持 Windows9X/NT/

2000/XP、Unix 或 Linux 等商用操作系统，以及 VxWorks、PSoS 等实时多任务操作系统（RTOS），支持 PC 工作站/服务器和各种 RISC 工作站/服务器，从而保证应用程序能够实现跨平台运行。

软件虚拟机技术具有如下主要特点：

（1）可移植性。虚拟机本身是跨平台的。在虚拟机的帮助下，SW－2000 可以跨操作系统平台运行，虚拟机支持的操作系统有 Win32、Unix、Linux 等，还可以根据实际需要进行扩充或改进，具有良好的可移植性。

（2）良好的系统架构。采用虚拟机以后，应用软件与操作系统彻底分开，当需要增加新的操作系统平台支持或操作系统版本升级以后，只需要扩展或改进虚拟机即可，而无需对应用功能软件作出任何变更。

虚拟机的应用使得软件系统具有更好的层次结构，系统跨平台特性的实现和软件功能的实现可以彻底分离，解除应用软件和操作系统之间的紧密耦合，从而可以大幅度地提高软件系统的质量和开发效率。

（3）更好的软件质量。虚拟机的设计使用了许多可以提高软件质量的新技术，如设计模式、框架、中间件、组件等，通过采用这些新技术，使得虚拟机具有更好的结构和更稳定的性能，从而提高了整个软件产品的质量。

2）前置机软件

前置机是一个逻辑上的概念，前置机软件既可运行在单独设置的"前置机"上，也可以运行在其他工作站或服务器上。考虑到主站系统中的前置机是数据上通下达的"咽喉要道"，为了保证系统的可靠性，前置机一般单独设置，而且多数双机冗余配置。

前置机中设有各类规约，它将底层智能设备的数据进行分析、采集，再转发到数据库服务器记录，同时在数据库服务器中取得需要的各类数据进行显示、统计、分析。

前置机软件主要完成数据采集、数据预处理（解规约）、与后台系统的数据交换、通道状态监视、GPS 对时等功能，支持一台、两台或多台计算机。双机或多机情况下，能够完成故障自动切换和人工切换，保证数据不丢失。

前置机软件的主要功能就是完成来自站端系统和设备的数据预处理功能，同时将来自后台的命令打包下发，这个过程通常称为"解规约"。由于站端设备类型比较多，不同的设备类型有不同的规约；再加上供货厂商也比较多，不同的厂家对同一个规约的理解不尽相同。因此，要求前置机软件提供一个尽可能丰富的规约库，以便能够接入各种各样的设备。通常规约库中应该有如下规约：CTD、1801、IEC 870－5－101/102/103/104、ModBus 等。另外，规约库应该可以根据用户要求增加新的规约或修改旧的规约。增加或修改某一种规约时，可以在线完成，不影响前置系统的正常运行。

前置机软件支持 WindowsNT/2000、Unix、Linux 操作系统，也可选用嵌入式实时多性能操作系统，如 Linux、VxWorks 等，进一步提高前置系统的可靠性。

3）网络通信及管理系统

网络通信及管理系统由服务器端网络服务程序、客户机端网络服务程序以及网络管理系统组成。

服务端的网络服务程序运行在系统服务器上，负责接受客户机的登录，并对客户提出的数据库访问请求作出响应，将访问结果返送给客户机。

客户机端网络服务程序运行在系统的客户机上，客户机上的各应用程序对系统数据库的访问均通过客户端的网络服务程序进行。

客户机网络服务程序和服务器网络服务程序之间，以及各客户机之间的网络通信程序，可以用命名管道或者套接字来实现，通信协议采用 TCP/IP。

网络管理系统负责监视系统中的网络通信线程。当采用双网结构时，还负责均衡网络上的负载，当一段网络发生故障时，负责通信自动切换到另一段网络上。

4）数据库管理系统

数据库是支撑软件中最重要的部分，与应用软件联系最为紧密。

数据库存放来自各个 RTU（远方终端单元）的数据，包括遥信、遥测、电度以及故障信息等。每个系统有许多 RTU，每个 RTU 有许多开关量、模拟量和累加量。理论上，整个数据库结构应该与这种结构相对应，即面向 RTU 对象建立数据库。但这样安排就产生了一个问题，RTU 数据放在一起时，由于这些数据分别代表开关量、模拟量、累加量等，而这些数据的性质、长短和占用的存储单元都不一样，排放在一起既不整齐也不方便。因此，较好的方式是将各 RTU 的遥信量、遥测量、累加量按数据类型分别存放在一起管理。这是目前国内电力调度自动化主站数据库应用最为普遍的一种组织方式。

为了满足电力 SCADA 监控系统的实时性要求，以及对大量历史数据或电力管理信息进行分析、再处理的要求，电力调度自动化主站系统的数据库一般由实时数据库及历史数据库组成。实时数据库和历史数据库之间的关系如下：

（1）实时数据库。传统的定时数据处理方法是：数据缓冲区 + 指针，应用程序与数据紧密结合在一起，给数据访问以及系统的扩展、维护和管理带来很多不方便。

基于数据库的思想管理实时数据的做法是在数据与应用程序之间加一个 DBMS 中间管理层（数据库管理系统），代理应用程序对实时数据（内存数据）的有效访问，也拦截各种非法访问，使实时数据管理变得更方便、更稳定。

实时数据库一般采用基于关系模型和分布式设计技术，由"内存数据库和实时数据库管理系统"组成，具有如下主要特点：

①基于内存共享技术，实时数据常驻内存，以满足数据的实时性要求。

②借鉴关系型数据库设计原理，采用"应用、厂站、记录、域"的四层结构形式组织数据，便于描述参数和管理实时数据，易于增加和扩充。

③由实时数据管理系统提供统一的数据访问接口，如 API 或 SQL，供其他应用程序使用，在此基础上，用户可以作相应的二次开发。

④实时数据库一般分布在网络上的各个计算机节点，通过网络通信模块，同步分散在各节点上的数据库，以保持全网数据的一致和同步，保证逻辑上的数据库只有一个。

⑤提供在线保存机制（数据压缩机），周期性（30 min）定时将数据保存至离线环境，供系统恢复和查询使用。

⑥具有灵活的数据库编辑器、浏览器和其他管理工具，对交互式的用户和程序提供多种灵活的接口和服务。

常见的实时数据库实例有模拟量数据库、数字量数据库、电度量数据库、计算量数据库、系统运行参数数据库等。

（2）历史数据库。历史数据库是定期（如 5 min）从实时数据库读取实时数据，按同样的结构顺序存入商用关系数据库中。

选用商用数据库，如 Oracle、SQL、Server、Sybase 等，可以直接使用 SQL 结构化查询语言或开放式数据库互联（ODBC）技术访问数据，给数据的管理和应用带来诸多方便，利用商用数据库的强大功能，可以对历史数据进行再分析、再处理；通过商用数据库的开放接口，可将这些数据提供给其他系统分析使用。

5）图形管理系统

图形管理系统由图元编辑器、图形编辑器、画面实时显示软件、网络拓扑软件、颜色管理软件、设备管理软件等组成，下面主要介绍前四个。

（1）图元编辑器。将电力系统的各种设备抽象成图形符号，即图元，供生成画面使用，从而能够提高画面的一致性和图形更改的方便性；当所有画面中的某一类图元需要改动时，只需修改该图元，而无需逐一去修改每一幅画面中的每一个图元。利用图元编辑器，用户也可以根据现场需要方便地自行扩充新图元，新建图元在导入图元库后即可使用，非常方便。

（2）图形编辑器。利用系统提供的各种图元和绘图工具绘制接线图、配置图、潮流图、曲线等。画面可多平面、多层次显示，允许在画面上嵌入地理信息图、数字照片等多种格式的其他图形，还可以嵌入报表、文档等。

（3）画面实时显示软件。画面实时显示软件为使用者提供实时监视和控制的各种画面，如地理信息图、系统配置图、监控目录图、自闭贯通图、变配电所一次接线图、车站接线图、实时曲线等，可实现画面的无级缩放、叠放、消隐、漫游、链接等。并提供多种画面调看手段，操作方便自然。

有视频监控功能的系统，最好能在实时画面上实时显示电视图像，实现 SCADA 视频一体化监控。

（4）网络拓扑软件。图形系统不是单纯的图形显示和数字显示，系统能够根据用户生成的接线图，自动生成该画面的拓扑结构。利用网络拓扑功能，可以确定设备之间的连接关系，并完成如下功能：

①全局动态着色。根据所提供的系统电源点，以及厂站间的联络线等条件，自动由系统的实际运行状态确定设备的各种状态，如：失电、接地、冷备用、检修、事故及其他特殊状态等，并根据用户定义，以不同的颜色显示出不同的状态。

②操作合理性校验。当用户要对某些开关或刀闸进行遥控、挂接地线、挂牌等操作时，系统能够自动根据系统的有关状态，判断这些操作的合理性。若违反操作规程，则禁止操作，并给出相应提示；可定义子图，以利于不同画面共享。

6）报表管理系统

报表管理系统由报表制作与管理软件、报表显示及打印软件组成。

报表制作与管理软件提供友好的数据定义方式，可制作日报、周报、月报、季报、年报及事故追忆报表。报表中可进行各种复杂的数据统计和计算，报表可嵌入多种图形、文字、曲线等内容，形象地显示统计数据。

报表显示及打印软件为使用者提供直接查看或召唤打印各种报表的手段，并可直接修改报表数据。报表打印软件可自动或定时打印各类报表。

报表管理系统产生的数据文件应能与 Excel 文件或 html 文件格式兼容，以便广泛地被其他软件系统访问利用。

3.6.4　同构平台系统和混合平台系统

构造 WindowsNT/2000、Unix、Linux 混合平台系统正在成为一种发展趋势。系统服务器强调的是网络支持和系统的安全性、稳定性，宜选用 Unix 或 Linux 操作系统；而提供人机界面的系统工作站需要的是操作和维护的简单易用，宜选用 Windows 操作系统。混合平台系统集两种操作系统的优点于一体，扬长避短，具有很强的生命力。

1. 同构平台系统

相同平台的计算机组合而成的系统，称为同构平台系统。这也是电力调度自动化主站常用的工作模式，主要有以下几种：

（1）采用 Windows 平台，即硬件选用 PC 机和 PC 服务器，操作系统选用 Windows 操作系统。

（2）采用 RISC – Unix 平台，计算机选用 RISC 工作站和服务器。

（3）采用 X86 计算机或 RISC 计算机，操作系统选用 Linux。

以上三种模式中，模式（1）具有系统简单、造价低、用户群普及等优点，适合一般铁路用户使用；模式（2）系统复杂，造价高，对操作、管理人员的要求高，但可靠性、稳定性、系统处理能力以及扩展能力都十分优秀，适合大型企业或要求比较严格的企业使用；模式（3）中，Linux 操作系统是自由软件，可以免费获得，因而系统成本相对较低，但其技术支持、售后服务以及应用软件的支持都比较欠缺。

2. 混合平台系统

不同平台的计算机组合而成的系统，称为混合平台系统。这里的混合，可以是硬件平台的混合，如 PC 机和 RISC 计算机组成系统，PC 机可以作为工作站，Unix 工作站或服务器作为系统服务器；也可以是操作系统软件的混合，如 Win32 与 Unix 或 Linux 组成一个系统，Win32 作为工作平台，Unix 或 Linux 作为服务器材平台。

第二篇

轨道交通电力监控系统技术基础

本篇为电力远程监控系统技术的基础知识。第 4 章主要讲述 PLC 技术在电力监控系统中的主要应用，尤其是其间隔层设备在数据传递及命令执行中的作用。在第 5 章和第 6 章中，主要介绍电力监控系统中网络通信技术的基础知识，即数据通信与计算机网络技术。第 7 章对工业自动化系统应用中的工业总线技术进行了全面介绍。

第4章

PLC 技术

4.1 PLC 概述

可编程控制器（PLC）是一种数字运算操作的电子系统，专为在工业环境中应用而设计的。它采用一类可编程的存储器，用于其内部存储程序，执行逻辑运算、顺序控制、定时、计数与算术操作等面向用户的指令，并通过数字或模拟式输入/输出控制各种类型的机械或生产过程。

4.1.1 PLC 发展历史

20 世纪 60 年代末期，美国汽车制造工业竞争激烈，汽车生产流水线的自动控制系统基本上都是由继电器控制装置构成的。当时汽车的每一次改型都直接导致继电器控制装置的重新设计和安装。随着生产的发展，汽车型号更新的周期愈来愈短，这样，继电器控制装置就需要经常地重新设计和安装，十分费时、费工、费料，甚至阻碍了更新周期的缩短。为了适应生产工艺不断更新的需要，美国通用汽车公司在 1968 年公开招标，要求用新的控制装置取代继电器控制装置，并提出了以下 10 项招标指标：

（1）编程方便，现场可修改程序。

（2）维修方便，采用模块化结构。

（3）可靠性高于继电器控制装置。

（4）体积小于继电器控制装置。

（5）数据可直接送入管理计算机。

（6）成本可与继电器控制装置竞争。

（7）输入可以是交流 115 V。

（8）输出为交流 115 V、2 A 以上，能直接驱动电磁阀、接触器等。

（9）在扩展时，原系统只要很小变更。

（10）用户程序存储器容量至少能扩展到 4 KB。

将以上 10 项归纳后得出的核心如下：

（1）用计算机代替继电器控制装置。

（2）用程序代替硬件连线。

（3）输入/输出电平可与外部装置直接相连。

（4）结构易于扩展。

1969 年美国数字设备公司（DEC）根据上述要求，研制出了第一台可编程逻辑控制器 PDP - 14 ，在美国通用汽车公司的生产线上试用成功，首次采用程序化的手段应用于电气控制，这是第一代可编程逻辑控制器，全称 Programmable Logic Controller，简称 PLC，是世界上公认的第一台 PLC。

其后日本、德国等相继引入，可编程序控制器迅速发展起来。1971 年，日本研制出第一台 DCS - 8；1973 年，德国西门子公司（SIEMENS）研制出欧洲第一台 PLC，型号为 SIMATIC S4；1974 年，中国研制出第一台 PLC，1977 年开始投入工业应用。

起初，PLC 的目的是用来取代继电器，以执行逻辑判断、计时、计数等顺序控制功能。PLC 的基本设计思想是把计算机功能完善、灵活、通用等优点和继电器控制系统的简单易懂、操作方便、价格便宜等优点结合起来，控制器的硬件是标准的、通用的。根据实际应用对象，将控制内容编成软件写入控制器的用户程序存储器内。控制器和被控对象连接方便。

20 世纪 70 年代初出现了微处理器。人们很快将其引入可编程逻辑控制器，使可编程逻辑控制器增加了运算、数据传送及处理等功能，完成了真正具有计算机特征的工业控制装置。此时的可编程逻辑控制器为微机技术和继电器常规控制概念相结合的产物。

20 世纪 70 年代中末期，可编程逻辑控制器进入实用化发展阶段，计算机技术已全面引入可编程控制器中，使其功能发生了飞跃。更高的运算速度、超小型体积、更可靠的工业抗干扰设计、模拟量运算、PID 功能及极高的性价比奠定了它在现代工业中的地位。

20 世纪 80 年代初，可编程逻辑控制器在先进工业国家中已获得广泛应用。世界上生产可编程控制器的国家日益增多，产量日益上升。这标志着可编程控制器已步入成熟阶段。

20 世纪 80 年代至 90 年代中期，是可编程逻辑控制器发展最快的时期，年增长率一直保持为 30% ~ 40% 。在这时期，PLC 在处理模拟量能力、数字运算能力、人机接口能力和网络能力上得到大幅度提高，可编程逻辑控制器逐渐进入过程控制领域，在某些应用上取代了在过程控制领域处于统治地位的 DCS 系统。

20 世纪末期，可编程逻辑控制器的发展特点是更加适应于现代工业的需要。这个时期发展了大型机和超小型机，诞生了各种各样的特殊功能单元，生产了各种人机界面单元、通信单元，使应用可编程逻辑控制器的工业控制设备的配套更加容易。

可编程控制器是一种数字运算操作的电子系统，专为在工业环境下应用而设计。它采用了可编程序的存储器，用来在其内部存储执行逻辑运算、顺序控制、定时、计算和算术运算等操作的指令，并通过数字式和模拟式的输入输出，控制各种类型的机械或生产过程。PLC 是微机技术与传统的继电接触控制技术相结合的产物，它克服了继电接触控制系统中机械触点的接线复杂、可靠性低、功耗高、通用性和灵活性差的缺点，而充分利用了微处理器的优点。

可编程控制器对用户来说，是一种无触点设备，改变程序即可改变生产工艺，因此可在初步设计阶段选用可编程控制器，在实施阶段再确定工艺过程。另一方面，从制造生产可编程控制器的厂商角度看，在制造阶段不需要根据用户的订货要求专门设计控制器，适合批量生产。由于这些特点，可编程控制器问世以后很快受到工业控制界的欢迎，并得到迅速的发展。目前，可编程控制器已成为工厂自动化的强有力工具，得到了广泛的应用。

4.1.2 PLC 的特点

可编程逻辑控制器具有以下鲜明的特点：

（1）使用方便，编程简单。采用简明的梯形图、逻辑图或语句表等编程语言，而无需计算机知识，因此系统开发周期短，现场调试容易。另外，可在线修改程序，改变控制方案而不拆动硬件。

（2）功能强，性能价格比高。一台小型 PLC 内有成百上千个可供用户使用的编程元件，有很强的功能，可以实现非常复杂的控制功能。它与相同功能的继电器系统相比，具有很高的性能价格比。PLC 可以通过通信连网，实现分散控制，集中管理。

（3）硬件配套齐全，用户使用方便，适应性强。PLC 产品已经标准化、系列化、模块化，配备有品种齐全的各种硬件装置供用户选用，用户能灵活方便地进行系统配置，组成不同功能、不同规模的系统。PLC 的安装接线也很方便，一般用接线端子连接外部接线。PLC 有较强的带负载能力，可以直接驱动一般的电磁阀和小型交流接触器。

硬件配置确定后，可以通过修改用户程序，方便快速地适应工艺条件的变化。

（4）可靠性高，抗干扰能力强。传统的继电器控制系统使用了大量的中间继电器、时间继电器，由于触点接触不良，容易出现故障。PLC 用软件代替大量的中间继电器和时间继电器，仅剩下与输入和输出有关的少量硬件元件，接线可减少到继电器控制系统的 $1/10 \sim 1/100$，因触点接触不良造成的故障大为减少。

PLC 采取了一系列硬件和软件抗干扰措施，具有很强的抗干扰能力，平均无故障时间达到数万小时以上，可以直接用于有强烈干扰的工业生产现场，PLC 已被广大用户公认为最可靠的工业控制设备之一。

（5）系统的设计、安装、调试工作量少。PLC 用软件功能取代了继电器控制系统中大量的中间继电器、时间继电器、计数器等器件，使控制柜的设计、安装、接线，工作量大大减少。

PLC 的梯形图程序一般采用顺序控制设计法来设计。这种编程方法很有规律，很容易掌握。对于复杂的控制系统，设计梯形图的时间比设计相同功能的继电器系统电路图的时间要少得多。

PLC 的用户程序可以在实验室模拟调试，输入信号用小开关来模拟，通过 PLC 上的发光二极管可观察输出信号的状态。完成了系统的安装和接线后，在现场的统调过程中发现的问题一般通过修改程序就可以解决，系统的调试时间比继电器系统少得多。

（6）维修工作量小，维修方便。PLC 的故障率很低，且有完善的自诊断和显示功能。PLC 或外部的输入装置和执行机构发生故障时，可以根据 PLC 上的发光二极管或编程器提供的信息迅速地查明故障的原因，用更换模块的方法可以迅速地排除故障。

4.1.3 PLC 的控制功能

PLC 源于继电控制装置，其初衷就是替代继电器，并增强其相应功能。所以它的特长就是处理逻辑量。使用它能够方便地对离散生产过程的顺序进行控制。但是，PLC 又基于电子计算机，实质上是一台工业现场用的微型计算机。它在处理逻辑量的同时，还可进行数字量、脉冲量处理与相当大容量的数据存贮，以及具有很强的连网通信能力。凡普通计算机在信息处理与控制方面能做到的，它几乎也都能做到。所以，当今的 PLC 不再是简单的继电控制的替代，不仅仅用于开关量的控制，仅局限在顺序控制领域派上用场。而且它已涉足到了过程控制、运动控制、信息处理及通讯联网领域，即用于模拟量、运动量控制，用于信息处理，用于连网通信。随着 PLC 技术的发展，PLC 的应用已有了长足的发展。

具体地讲，当今 PLC 有以下控制功能。

1. 顺序控制（开关量控制）

顺存控制是 PLC 最基本、最广泛的应用领域，它取代传统的继电器电路，实现逻辑控制、顺序控制，既可用于单台设备的控制，也可用于多机群控及自动化流水线。如注塑机、印刷机、订书机械、组合机床、磨床、包装生产线、电镀流水线等。

它的目的就是，根据有关开关量的当前与历史的输入状况，产生所要求的开关量输出，以使系统能按一定顺序工作。

学会用 PLC 去实现这个控制就得学会编写实现这个控制的程序。而这个控制程序设计方法基本上有两类：一是用逻辑处理方法，用组合或时序逻辑综合进行输入、输出变换；另一是用工程方法设计，按不同要求输出控制命令。

逻辑处理方法比较严密，可设计出简练、高效的程序，但较难把握，要有相应的逻辑设计知识。而工程设计方法比较简明，好把握，但效率不是太高。不过，当今 PLC 的资源已足够丰富，效率已不是什么问题了。

工程设计可使用集中、分散或混合的原则实现控制。

集中原则（发布命令原则）：其控制命令是由集中控制器发出的。集中控制器就是 PLC 程序产生的顺序输出的命令。集中原则控制比较简单，也好设计。但它没有反馈，前一个命令不被执行，后续的命令仍照发不误。这种原则的应用也很多，如音乐喷泉控制、十字路口红绿灯控制多是使用这个原则。

则分散原则（反馈控制原则）：其控制命令是由分散信号提供的。如果把控制输出比喻为发命令，分散控制发出命令的内容及时刻，由分散动作完成反馈信号决定。分散原则控制的优点是它有反馈，若收不到反馈信号，后续的命令不会出现，可使所控制的系统能安全、可靠地工作。

混合原则（发布命令与反馈控制原则）：分散与集中均有之。它发什么命令是集中控制的，而什么时候发命令，则是分散控制的，由反馈的条件满足与否确定。PLC 的步进指令、移位指令为用这个原则进行设计提供了方便。混合原则兼有分散与集中原则的优点。但程序要复杂一些，使用的指令多些。

2. 过程控制（模拟量控制）

在工业生产过程当中，有许多连续变化的量，如温度、压力、流量、液位和速度等都是模拟量。一般来讲，过程控制要用到模拟量。而这个模拟量要能被 PLC 处理，必须离散化、数字化。PLC 处理后，还要锁存并转换为模拟输出。为此，要配置 A/D 模块，使模拟量离散化、数字化；还要配置 D/A 模块，使数字量锁存并模拟化。PLC 厂家都生产配套有 A/D 和 D/A 转换模块，以使可编程控制器用于模拟量控制。

PLC 进行过程控制的目的是根据有关模拟量的输入状况，产生所要求的模拟量输出，以使系统能按照要求工作。

过程控制的类型很多，主要有两类：闭环控制和开环控制。

闭环控制：传感器监测调节量，并传送给 A/D 模块。后者使其离散化、数字化。PLC 程序再参考要求值，对其进行处理，进而经 D/A 模块、执行器作用到被控对象上。其目的是使调节量按要求变化。过程控制是指对温度、压力、流量等模拟量的闭环控制。作为工业控制计算机，PLC 能编制各种各样的控制算法程序，完成闭环控制。PID 调节是一般闭环控制系统中用得较多的调节方法。大中型 PLC 都有 PID 模块，目前许多小型 PLC 也具有此功能模块。PID 处理一般是运行专用的 PID 子程序。过程控制在冶金、化工、热处理、锅炉控制等场合有非常广泛的应用。闭环控制对种种扰动无需检测及处理，即可达到控制的目的。这是它的最大优点。

开环控制：传感器监测扰动量，PLC 程序依扰动量与调节量间的关系产生控制量，进而再通过输出模块、执行器作用到被控对象上。其目的是在干扰量作用于系统的同时，使这个控制量也作用于该系统，以克服干扰对系统的不利影响。如果能弄清干扰对系统的影响规律，就可使系统的误差缩至最小甚至为零。但系统的干扰因素往往较多，要弄清是很不易的。这也是它用得不多的原因。

在生产中，有时要求若干变量间保持一定的比例关系，如煤气加热炉，就要求煤气与空气要有合适的比例，即空燃比。比例调节器就是要保证在煤气变化的同时，空气也要有相应的变化。比值控制有开环、闭环及多变量比值等。

过程控制中还有均匀控制，其目的是保证前后设备间的物料流动能得以平衡，从而达到均匀生产；若将分程控制用于具有不同工况的生产过程中，则可使各个工况下，都能实现合适的控制。此外，还有一些高级控制，如模糊控制、专家控制、最优控制、自适应控制、自学习控制、预测控制及复合控制等。

由于 PLC 已经具有较强的计算能力，所以一般只要有合适的算法，以上讲的多数控制总是可以实现的。可以这么说，过程控制的程序设计，与其说是取决于设计者对 PLC 的了解，不如说是取决于设计者对自控知识的掌握。

PLC 用于过程控制，已是一个趋势。因为用 PLC 实现这个控制，其价格比用别的要低，而且，用它在进行模拟量控制的同时，还可很方便地进行其他控制。再加上各种过程控制模块的开发与应用，以及相关软件的推出及使用，用 PLC 进行种种过程控制已变得很容易，其编程也很简便。所以，目前有的厂家 PLC 用于模拟量控制的份额，已超过用于顺序控制。有的还开发了专门用于过程控制的 PLC，即 PC（Programmable Process Controller，可编程过程控制器），为 PLC 用于规模较大过程控制提供了可能。

3. 运动控制（脉冲量控制）

运动控制主要指对工作对象的位置、速度及加速度所进行的控制。它可以是单坐标的，即控制对象作直线运动；也可是多坐标的，即控制对象的作平面、立体以及角度变换等运动。有时，运动控制还可控制多个对象，而这些对象间的运动可能还要有协调。

凡机械总是要运动的，所以，运动控制是任何机械所不可缺少的。简单的运动可使用开关量处理。如部件运动的起、停控制，方向控制等。但复杂、精确的运动则要使用脉冲量控制。脉冲量也是开关量，只是它的取值总是在 0（低电平）、1（高电平）之间不断地交替变化着。脉冲量可把对象的位移与脉冲数对应，如每脉冲控制的位移量很小，其控制的运动精度将很高。

20 世纪 50 年代诞生于美国的数控技术，简称数控（NC），就是基于电子计算机及这个脉冲量的应用而不断发展与完善的运动控制技术。而今，已发展到非常完善的境地，成为当今自动化技术的一个重要支柱。

PLC 也已具备处理脉冲量的能力。PLC 有脉冲信号输入点或模块，可接收脉冲量输入（PI）。PLC 有脉冲信号输出点或模块，可输出脉冲量（PO）。有了处理 PI／PO 这两种功能，加上 PLC 已有数据处理及运算能力，完全可以依 NC 的原理进行运动控制。

PLC 运动控制可用于闭环控制，也可用于开环控制。

闭环控制：不断地得知反映控制对象状态的脉冲量，并按要求确定控制输出。这输出可能是开关量出（DO）、模拟量出（AO）或脉冲量出（PO）。用这些输出，可使控制对象始终保持所希望的状态。

开环控制：按控制要求有步骤地在相应的输出口，输出一定频率、一定数量的脉冲，这也称为（数字）程序控制。开环控制有一个坐标（一个输出点）的，也有多个坐标（多个输出点）的。在多个坐标中，有坐标控制不相关的，也有坐标控制相关的。后者可使两个坐标的运动协调，以做到按一定轨迹运动。

开环控制较简单，而且，还能对运动实现协调与精确的控制。数控（NC）技术用的控制机部分多是这个控制。

但是，用 PLC 实现这个控制，其价格比用 NC 要低得多。而且，它在进行运动控制的同时，还可进行其他控制。再加上 PLC 各种运动控制模块的开发与应用，以及相关软件的推出及使用，用 PLC 进行种种运动控制已变得很容易，其编程也可使用 NC 语言，很简便。

近年来，还出现了专门用于运动控制的 PLC，即 PMC（Programmable Motion Controller，可编程运动控制器），又为 PLC 用于精度更高、运动行程更大、控制的坐标更多、操作更方便的运动控制提供了很好的平台。所以，用 PLC 进行运动控制，在相当程度上，可以代替价格比其昂贵的数控系统。

PLC 可以用于圆周运动或直线运动的控制。从控制机构配置来说，早期直接用于开关量 I/O 模块连接位置传感器和执行机构，现在一般使用专用的运动控制模块。如可驱动步进电机或伺服电机的单轴或多轴位置控制模块。世界上各主要 PLC 厂家的产品几乎都有运动控制功能，广泛用于各种机械、机床、机器人、电梯等场合。

4. 信息控制

现代 PLC 具有数学运算（含矩阵运算、函数运算、逻辑运算）、数据传送、数据转换、排序、查表、位操作等功能，可以完成数据的采集、分析及处理。这些数据可以与存储在存储器中的参考值比较，完成一定的控制操作，也可以利用通信功能传送到别的智能装置，或将它们打印制表。数据处理一般用于大型控制系统，如无人控制的柔性制造系统；也可用于过程控制系统，如造纸、冶金、食品工业中的一些大型控制系统。

PLC 用于信息控制时可分为两种类型：专用和兼用。

专用：PLC 只用作采集、处理、存贮及传送数据。

兼用：在 PLC 实施控制的同时，也可实施信息控制。

PLC 用作信息控制，或兼作信息控制，既是 PLC 应用的一个重要方面，又是信息化的基础。

5. 远程控制

远程控制是指对系统的远程部分的行为及其效果实施检测与控制。PLC 有多种通信接口，有很强的联网、通信能力，并不断有新的连网的模块与结构推出。所以，PLC 远程控制是很方便的。

PLC 与 PLC 可组成控制网，完成通信、交换数据、相互操作等功能。参与通信的 PLC 可多达几十、几百个。网与网还可互联。这样，参与通信的 PLC 则更多，以至于不受限制。

PLC 与智能传感器、智能执行装置（如变频器）可连成设备网，完成通信、交换数据、相互操作等功能，还可连接成远程控制系统，系统范围面可大到几十、几百公里或更大。这种远程控制，既提高了控制能力，又简化了硬件接线及维护。

PLC 与可编程终端也可连网、通信。PLC 的数据可在它上面显示，也可通过它向 PLC 写数据，使它成为人们操作 PLC 的界面。

PLC 可与计算机通信，加进信息网。利用计算机具有强大的信息处理及信息显示功能，可实现计算机对控制系统的监控与数据采集 SCADA（Supervisory Control and Data Acquisition）。同时，还可用计算机进行 PLC 编程、监控及管理。

PLC 还有以太网模块，可用其使 PLC 加入互联网。也可设置自己的网址与网页。有这样 PLC 控制的工厂，有的称之为透明工厂（Transparent Factory）。在地球上任何可上网的计算机，只要权限允许，就可直接对其进行访问。

远程控制在城市轨道交通领域的应用也非常广泛。在轨道交通变电站综合自动化系统中，监控系统至关重要，是确保整个系统可靠运行的关键。在地铁变电站自动化系统中采用 PLC 设备，能完全满足地铁监控的要求。如在苏州地铁 1 号线的电力调度系统中，间隔层设备的数据是通过西门子 S7－200PLC 设备采集后，转成数字量由串口线接至交流屏后侧端子排再转接进 35VWTS－65C 网络通信模块串口的。

总之，远程控制也已是 PLC 应用的重要方面。

以上介绍的五大控制，前三个是为了使不同的系统都能实现自动化。信息控制是为了实现信息化，其目的是使自动化能建立在信息化的基础上，实现管理与控制结合，进而做到供、产、销无缝连接，确保自动化效益。远程控制则是使在信息化基础上的自动化能实现远程化，即：既可实现各个角落信息汇总，保证信息完整，为信息的全面使用提供方便；又为自动化的扩展，能从局部的设备级，发展到全局的生产线级、车间级，以至于工厂级、地域级，建立自动化工厂、数字化城市提供可能。显然，这种大规模、大范围的自动化、信息化，将具有更大威力及得到更大的效益。

然而，随着自动化、信息化及远程化的推进，系统将越来越复杂。为此，还必须对这些控制进行控制。否则，一旦情况变化，或出现故障，而又不能及时应对，所有这些控制带来的效益将化为乌有。

恰恰是PLC，具有对这些控制进行控制的能力。PLC靠处理信息实施控制，又有很多自诊断功能。充分利用PLC这两个优势，使PLC在实施上述控制时，具有一定的自适应、自诊断的能力，在实现自动化、信息化及远程化之后，再实现智能化，是可能的。这也是这些控制发展的必然趋势。

当然，可完成这么多控制功能不仅是PLC，但是，PLC成为其中的主角已是公认的事实。

4.2 PLC 的硬件组成

可编程序控制器实施控制，其实质就是按一定算法进行输入输出变换，并将这个变换以物理实现。输入输出变换、物理实现可以说是PLC实施控制的两个基本点，同时物理实现也是PLC与普通微机相区别之处，其需要考虑实际控制的需要，应能排除干扰信号适应于工业现场，输出应放大到工业控制的水平，方便为实际控制系统所使用，所以PLC采用了典型的计算机结构，主要是由中央处理单元（CPU）、存储器（RAM/ROM）、输入输出接口（I/O）电路、电源及编程器或其他设备组成。PLC的基本结构如图4-1所示。

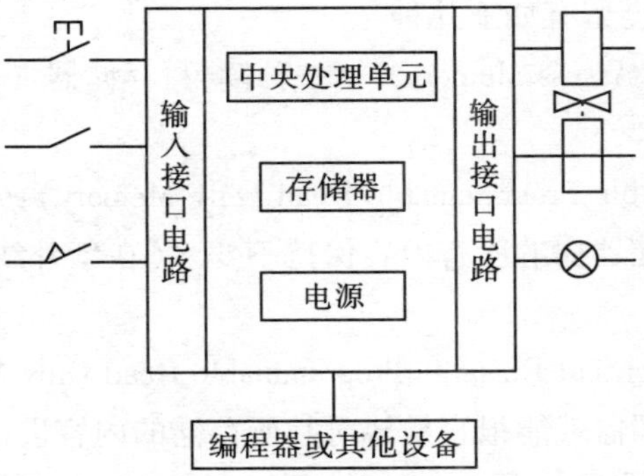

图 4-1　PLC 的基本结构

4.2.1 中央处理单元

中央处理单元（CPU）作为整个PLC的核心，起着总指挥的作用。CPU一般由控制电路、运算器和寄存器组成。这些电路通常都被封装在一个集成电路的芯片上。CPU通过地址总线、数据总线、控制总线与存储单元、输入输出接口电路连接。CPU 具有以下功能：从存储器中读取指令，执行指令，取下一条指令，处理中断。

CPU 按照 PLC 系统程序赋予的功能接收并存储从编程器键入的用户程序和数据；检查电源、存储器、I/O 以及警戒定时器的状态，并能诊断用户程序中的语法错误。当PLC 投入运行时，首先它以扫描的方式采集现场各输入装置的状态和数据，并分别存入 I/O 映像寄存区，然后从用户程序存储器中逐条读取用户程序，经过命令解释后按指令的规定执行逻辑或算数运算并将结果送入 I/O 映像寄存区或数据寄存器内。等所有的用户程序执行完毕之后，最后将 I/O 映像寄存区的各输出状态或输出寄存器内的数据传送到相应的输出装置，如此循环直到停止运行。

为了进一步提高 PLC 的可靠性，近年来对大型 PLC 还采用双 CPU 构成冗余系统，或采用三 CPU 的表决式系统。这样，即使某个 CPU 出现故障，整个系统仍能正常运行。可编程控制器中常用的 CPU 主要采用其中通用微处理器、单片机和双极型位片式微处理器三种类型。其中，通用微处理器有 8080、8086、80286、80386 等；单片机有8031、8096 等；位片式微处理器的 AM2900、AM2903 等。FX2 可编程控制器使用的微处理器是 16 位的 8096 单片机。

4.2.2 存储器

PLC 的存储器分为系统程序存储器和用户程序存储器。存放系统软件（包括监控程序、模块化应用功能子程序、命令解释程序、故障诊断程序及其各种管理程序）的存储器称为系统程序存储器；存放用户程序（用户程序和数据）的存储器称为用户程序存储器。

1. PLC 存储器的类型

常用的 PLC 存储器类型有如下几种：

（1）RAM（Random Assess Memory）：一种读/写存储器（随机存储器），其存取速度最快，由锂电池支持。

（2）EPROM（Erasable Programmable Read Only Memory）：一种可擦除的只读存储器。在断电情况下，存储器内的所有内容保持不变。（在紫外线连续照射下可擦除存储器内容）。

（3）EEPROM（Electrical Erasable Programmable Read Only Memory）：一种电可擦除的只读存储器。使用编程器就能很容易地对其所存储的内容进行修改。

2. PLC 存储空间的分配

虽然各种 PLC 的 CPU 的最大寻址空间各不相同，但是根据 PLC 的工作原理，其存储空间一般包括以下三个区域。

（1）系统程序存储区：在系统程序存储区中存放着相当于计算机操作系统的系统程序。包括监控程序、管理程序、命令解释程序、功能子程序、系统诊断子程序等。

由制造厂商将其固化在 EPROM 中，用户不能直接存取。它和硬件一起决定了该 PLC 的性能。

（2）系统 RAM 存储区：系统 RAM 存储区包括 I/O 映像寄存区以及各类软元件，如：逻辑线圈、数据寄存器、计时器、计数器、变址寄存器、累加器等存储器。

①I/O 映像寄存区：由于 PLC 投入运行后，只是在输入采样阶段才依次读入各输入状态和数据，在输出刷新阶段才将输出的状态和数据送至相应的外设。因此，它需要一定数量的存储单元（RAM）以存放 I/O 的状态和数据，这些单元称作 I/O 映像寄存区。一个开关量 I/O 占用存储单元中的一个位，一个模拟量 I/O 占用存储单元中的一个字。因此整个 I/O 映像寄存区可看作两个部分组成：开关量 I/O 映像寄存区和模拟量 I/O 映像寄存区。

②系统软元件存储区：除了 I/O 映像寄存区以外，系统 RAM 存储区还包括 PLC 内部各类软元件（逻辑线圈、计时器、计数器、数据寄存器和累加器等）的存储区。该存储区又分为具有失电保持的存储区域和失电不保持的存储区域，前者在 PLC 断电时，由内部的锂电池供电，数据不会丢失；后者当 PLC 断电时，数据被清零。

（3）用户程序存储区：用户程序存储区存放用户编制的用户程序。不同类型的 PLC，其存储容量各不相同。

4.2.3 输入接口电路

PLC 通过输入单元可实现将不同输入电路的电平进行转换，转换成 PLC 所需的标准电平供 PLC 进行处理。

接到 PLC 输入接口的输入器件是：各种开关、按钮、传感器等。各种 PLC 的输入电路大都相同，PLC 输入电路中有光耦合器隔离，并设有 RC 滤波器，用以消除输入触点的抖动和外部噪声干扰。PLC 输入电路通常有三种类型：直流（12～24）V 输入、交流（100～120）V 输入与交流（200～240）V 输入和交直流（12～24）V 输入，如图 4－2、图 4－3 和图 4－4 所示。

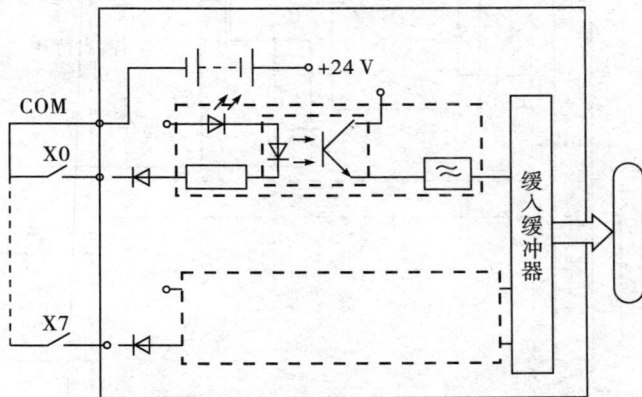

图 4－2 直流输入模块

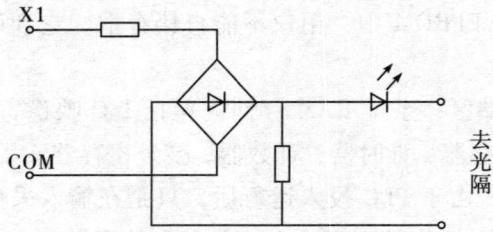

图 4-3　交、直流输入模块

图 4-4　交流输入模块

4.2.4　输出接口电路

　　PLC 的各输出控制器件往往是电磁阀、接触器、继电器，而继电器有交流和直流型、高电压型和低电压型、电压型和电流型。PLC 的输出有三种形式，即继电器输出、晶体管输出、晶闸管输出。图 4-5、图 4-6 和图 4-7 所示分别为场效应晶体管输出方式、可控硅输出方式、继电器输出方式。

图 4-5　场效应晶体管输出方式（直流输出）

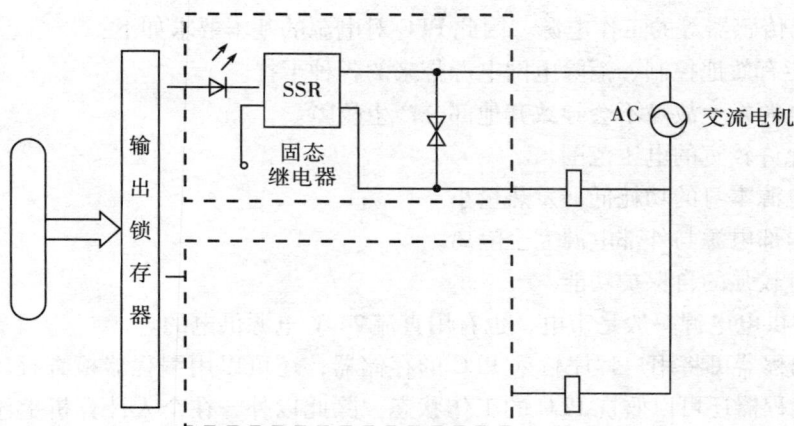

图 4-6 可控制硅输出方式（交流输出）

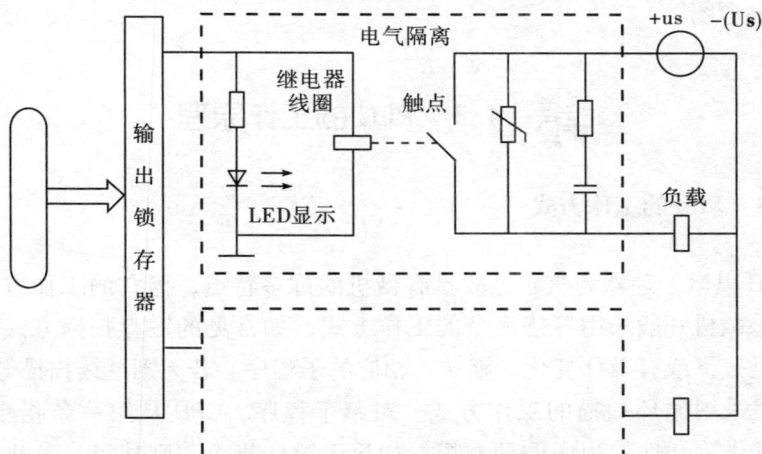

图 4-7 继电器输出方式（交直流输出）

输出端子有两种接法：一种是输出各自独立，无公共点，即各输出端子各自形成独立回路。一种为每 4~8 个输出点构成一组，共有一个公共点，即在输出共用一个公共端子时，必须用同一电压类型和同一电压等级，但不同的公共点组可使用不同电压类型和等级的负载，且各输出公共点之间是相互隔离的。

4.2.5 电源及编程器

PLC 电源单元包括系统的电源及备用电池，电源单元的作用是把外部电源转换成内部工作电压。PLC 内有一个稳压电源用于对 PLC 的 CPU 单元和 I/O 单元供电。

PLC 的电源在整个系统中起着十分重要的作用。如果没有一个良好的、可靠的电源系统是无法正常工作的，因此 PLC 的制造商对电源的设计和制造也十分重视。一般交流电压波动在 +10%（+15%）范围内，可以不采取其他措施而将 PLC 直接连接到交流电网上去。

一般小型 PLC 的电源输出分为两部分：一部分供 PLC 内部电路工作；一部分向外

提供给现场传感器等的工作电源。因此 PLC 对电源的基本要求如下：

（1）能有效地控制、消除电网电源带来的各种干扰。

（2）电源发生故障不会导致其他部分产生故障。

（3）允许较宽的电压范围。

（4）电源本身的功耗低，发热量小。

（6）内部电源与外部电源完全隔离。

（7）有较强的自保护功能。

PLC 的供电电源一般是市电，也有用直流 24 V 电源供电的。

利用编程器可将用户程序输入 PLC 的存储器，还可以用编程器检查程序、修改程序；利用编程器还可以监视 PLC 的工作状态。除此以外，在个人计算机上添加适当的硬件接口和软件包，即可用个人计算机对 PLC 编程。利用微机作为编程器，可以直接编制并显示梯形图。

4.3　PLC 的工作原理

4.3.1　PLC 的工作方式

由于 PLC 以微处理器为核心，故具有微机的许多特点，但它的工作方式却与微机有很大不同。微机一般采用等待命令的工作方式，如常见的键盘扫描方式或 I/O 扫描方式，若有键按下或有 I/O 变化，则转入相应的子程序，若无则继续扫描等待。

PLC 则是采用循环扫描的工作方式。对每个程序，CPU 从第一条指令开始执行，按指令步序号做周期性的程序循环扫描，如果无跳转指令，则从第一条指令开始逐条执行用户程序，直至遇到结束符后又返回第一条指令，如此周而复始不断循环，每一个循环称为一个扫描周期。扫描周期的长短主要取决于以下几个因素：一是 CPU 执行指令的速度；二是执行每条指令占用的时间；三是程序中指令条数的多少。一个扫描周期主要可分为 3 个阶段。

1. 输入采样阶段

在输入采样阶段，CPU 以扫描方式依次地读入所有输入状态和数据，并将它们存入 I/O 映像区中相应的单元内。输入采样结束后，转入用户程序执行和输出刷新阶段。在这两个阶段中，即使输入状态和数据发生变化，I/O 映像区中的相应单元的状态和数据也不会改变，而这些变化必须等到下一工作周期的输入刷新阶段才能被读入。因此，如果输入是脉冲信号，则该脉冲信号的宽度必须大于一个扫描周期，才能保证在任何情况下，该输入均能被读入。

2. 程序执行阶段

在程序执行阶段，根据用户输入的控制程序，从第一条开始逐步执行，并将相应的逻辑运算结果存入对应的内部辅助寄存器和输出状态寄存器。当最后一条控制程序执行完毕后，即转入输入刷新阶段。

　　具体地说，在用户程序执行阶段，PLC 总是按由上而下的顺序依次地扫描用户程序（梯形图）。在扫描每一条梯形图时，又总是先扫描梯形图左边的由各触点构成的控制线路，并按先左后右、先上后下的顺序对由触点构成的控制线路进行逻辑运算，然后根据逻辑运算的结果，刷新该逻辑线圈在系统 RAM 存储区中对应位的状态；或者刷新该输出线圈在 I/O 映像区中对应位的状态；或者确定是否要执行该梯形图所规定的特殊功能指令。

　　也就是说，在用户程序执行过程中，只有输入点在 I/O 映像区内的状态和数据不会发生变化，而其他输出点和软设备在 I/O 映像区或系统 RAM 存储区内的状态和数据都有可能发生变化，而且排在上面的梯形图，其程序执行结果会对排在下面的凡是用到这些线圈或数据的梯形图起作用；相反，排在下面的梯形图，其被刷新的逻辑线圈的状态或数据只能到下一个扫描周期才能对排在其上面的程序起作用。

　　在程序执行的过程中如果立即使用 I/O 指令则可以直接存取 I/O 点。即使用 I/O 指令的话，输入过程影像寄存器的值不会被更新，程序直接从 I/O 模块取值，输出过程影像寄存器会被立即更新，这跟立即输入有些区别。

3. 输出刷新阶段

　　当扫描用户程序结束后，PLC 就进入输出刷新阶段。在此期间，CPU 按照 I/O 映像区内对应的状态和数据刷新所有的输出锁存电路，再经输出电路驱动相应的外设，这才形成 PLC 的实际输出。

　　由此可见，输入刷新、程序执行和输出刷新三个阶段构成 PLC 一个工作周期，由此循环往复，因此称为循环扫描工作方式。由于输入刷新阶段是紧接输出刷新阶段后马上进行的，所以亦将这两个阶段统称为 I/O 刷新阶段。综上所述，PLC 的扫描工作过程如图 4-8 所示。

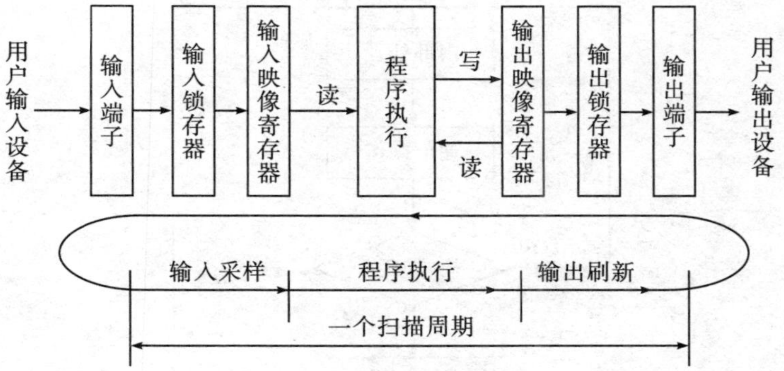

图 4-8　PLC 的扫描工作过程

　　显然扫描周期的长短主要取决于程序的长短。扫描周期越长，响应速度越慢。由于每个扫描周期只进行一次 I/O 刷新，即每一个扫描周期 PLC 只对输入、输出状态寄存器更新一次，所以系统存在输入输出滞后现象，这在一定程度上降低了系统的响应速度。但是由于其对 I/O 的变化每个周期只输出刷新一次，并且只对有变化的进行刷新，这对一般的开关量控制系统来说是完全允许的，不但不会造成影响，还会提高抗干扰能力。这是因为输入采样阶段仅在输入刷新阶段进行，PLC 在一个工作周期的大部分时间是与外设隔离的，而工业现场的干扰常常是脉冲、短时间的，误动作将大大减小。但是在快速响应系统中就会造成响应滞后现象，这个一般 PLC 都会采取高速模块。

总之，PLC 采用扫描的工作方式，是区别于其他设备的最大特点之一，在学习和使用 PLC 当中都应加强注意。

实际上，除了执行程序和 I/O 刷新外，PLC 还要进行各种错误检测（自诊断功能）并与编程工具通信，这些操作包括"内部处理"和"通信服务"，一般在程序执行之后进行。

在内部处理阶段，PLC 检查 CPU 模块的硬件是否正常，复位监视定时器，以及完成一些其他内部工作。

监视循环时间的目的是避免用户程序"死循环"，保证 PLC 能正常工作。为避免用户程序"死循环"的办法是用"看门狗"（Watching dog），即设一个定时器，监测用户程序的运行时间。只要循环超时，即报警，或作相应处理。

外设服务是让 PLC 可接受编程器对它的操作，或向编程器输出数据。

在通信服务阶段，PLC 与一些智能模块通信、响应编程器键入的命令，更新编程器的显示内容等，当 PLC 处于停止状态时，只进行内部处理和通信操作等内容。通信处理是实现与计算机，或与其他 PLC，或与智能操作器、传感器进行信息交换的。这也是增强 PLC 控制能力的需要。

也就是说，实际的 PLC 工作过程总是不停地重复着公共处理—I/O 刷新—运行用户程序—再公共处理这个过程。图 4-9 所示为 PLC 的工作过程。

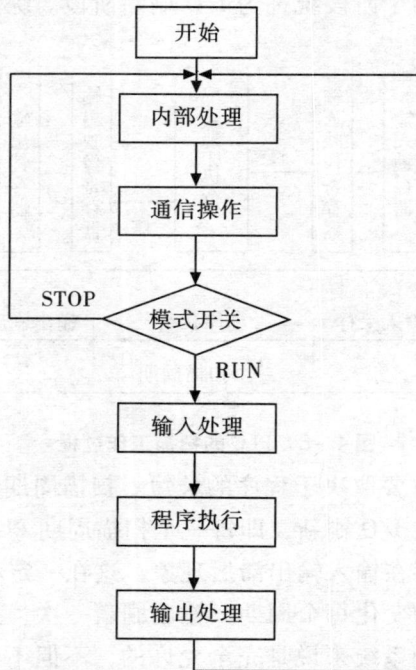

图 4-9 PLC 的工作过程

4.3.2 PLC 的运行方式

1. 运行工作模式

当处于运行工作模式时，PLC 要进行内部处理、通信服务、输入处理、程序处理、输出处理，然后按上述过程循环扫描工作。

在运行模式下，PLC 通过反复执行反映控制要求的用户程序来实现控制功能，为了使 PLC 的输出及时地响应随时可能变化的输入信号，用户程序不是只执行一次，而是不断地重复执行，直至 PLC 停机或切换到 STOP 工作模式。PLC 的这种周而复始的循环工作方式称为扫描工作方式。

2. 停止模式

当处于停止工作模式时，PLC 只进行内部处理和通信服务等内容。

此外，PLC 上电后，也要进行系统自检及内存的初始化工作，为 PLC 的正常运行做好准备。

为了应对紧急任务，PLC 还有中断工作方式。在中断方式下，需处理的任务先申请中断，被响应后停止正运行的程序，转而去处理中断工作（运行有关中断的服务程序）。待处理完中断，又返回运行原来程序。

PLC 的中断方式的任务或称事件是分等级的。同时出现两个或多个中断事件，则优先级高的先处理，继而处理低的。直到全部处理完中断任务，再转为执行扫描程序。

PLC 对大量控制都用扫描方式工作，而对个别急需的处理，则用中断方式。这样，既可做到所有的控制都能照顾到，而个别应急的任务也能及时进行处理。

注意： 由于 PLC 是扫描工作过程，在程序执行阶段即使输入发生了变化，输入状态映像寄存器的内容也不会变化，要等到下一周期的输入处理阶段才能改变。

4.4 PLC 软件系统及常用编程语言

4.4.1 PLC 软件系统

PLC 软件系统由系统程序和用户程序两部分组成。系统程序包括监控程序、编译程序、诊断程序等，主要用于管理全机、将程序语言翻译成机器语言，诊断机器故障。系统软件由 PLC 厂家提供并已固化在 EPROM 中，不能直接存取和干预。用户程序是用户根据现场控制要求，用 PLC 的程序语言编制的应用程序（也就是逻辑控制）用来实现各种控制。STEP7 是用于 SIMATIC 可编程逻辑控制器组态和编程的标准软件包，也就是用户程序，下面就以使用 STEP7 来进行硬件组态和逻辑程序编制，以及逻辑程序执行结果的在线监视。

4.4.2 PLC 的编程语言

PLC 的用户程序是设计人员根据控制系统的工艺控制要求，通过 PLC 编程语言的编制设计的。根据国际电工委员会制定的工业控制编程语言标准（IEC1131 - 3）。PLC

的编程语言包括以下五种：梯形图语言（LD）、指令表语言（IL）、功能模块图语言（FBD）、顺序功能流程图语言（SFC）及结构化文本语言（ST）。

1. 梯形图语言（LD）

梯形图语言是 PLC 程序设计中最常用的编程语言。它是与继电器线路类似的一种编程语言，具有直观性和对应性。由于电气设计人员对继电器控制较为熟悉，因此，梯形图编程语言是目前用得最多的一种 PLC 编程语言。

梯形图编程语言的特点如下：

（1）它是一种图形语言，沿用传统控制图中的继电器触点、线圈、串联等术语和一些图形符号构成，左右的竖线称为左右母线。

（2）梯形图中接点（触点）只有常开和常闭，接点可以是 PLC 输入点接的开关也可以是 PLC 内部继电器的接点或内部寄存器、计数器等的状态。

（3）梯形图中的接点可以任意串、并联，但线圈只能并联不能串联。

（4）内部继电器、计数器、寄存器等均不能直接控制外部负载，只能作中间结果供 CPU 内部使用。

（5）PLC 按循环扫描事件，沿梯形图先后顺序执行，在同一扫描周期中的结果留在输出状态暂存器中，所以输出点的值在用户程序中可以当作条件使用。

梯形图编程语言与原有的继电器控制的不同点是，梯形图中的能流不是实际意义的电流，内部的继电器也不是实际存在的继电器，应用时，需要与原有继电器控制的概念区别对待。

图 4－10 所示为典型的交流异步电动机直接启动控制电路图。图 4－11 所示为采用 PLC 控制的程序梯形图。

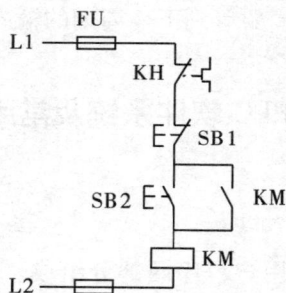

图 4－10　交流异步电动机直接启动控制电路图

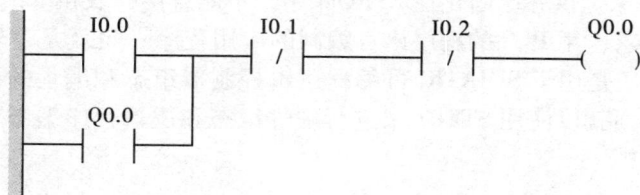

图 4－11　采用 PLC 控制的程序梯形图

2. 指令表语言（IL）

指令表语言是与汇编语言类似的一种助记符编程语言，和汇编语言一样由操作码和操作数组成。在无计算机的情况下，适合采用 PLC 手持编程器对用户程序进行编制。

同时，指令表编程语言与梯形图编程语言图一一对应，在 PLC 编程软件下可以相互转换。图 4-12 所示就是与图 4-11 PLC 梯形图对应的指令表。

LD	I0.0
O	Q0.0
AN	I0.1
AN	I0.2
=	Q0.0

图 4-12 指令表

指令表编程语言的特点是：采用助记符来表示操作功能，容易记忆，便于掌握；在手持编程器的键盘上采用助记符表示，便于操作，可在无计算机的场合进行编程设计；与梯形图有一一对应关系。其特点与梯形图语言基本一致。

3. 功能模块图语言（FBD）

功能模块图语言是与数字逻辑电路类似的一种 PLC 编程语言。它基本上沿用了数字电路中的逻辑门和逻辑框图来表达。一般用一个运算框图表示一种功能，左边画输入、右边画输出。控制逻辑常用"与""或""非"三种功能来完成。采用功能模块图的形式来表示模块所具有的功能，不同的功能模块有不同的功能。图 4-13 所示是图 4-10 对应的交流异步电动机直接启动的功能模块图。

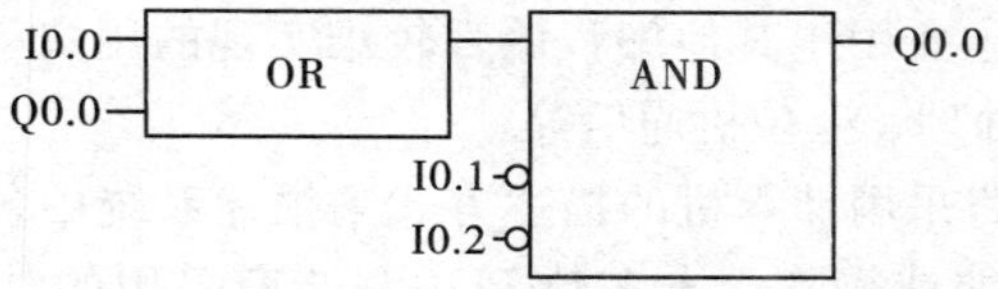

图 4-13 功能模块图

功能模块图编程语言的特点：以功能模块为单位，分析理解控制方案简单容易；功能模块是用图形的形式表达功能，直观性强，对于具有数字逻辑电路基础的设计人员来说很容易掌握其编程；对规模大、控制逻辑关系复杂的控制系统，由于功能模块图能够清楚表达功能关系，从而使编程调试时间大大减少。

4. 顺序功能流程图语言（SFC）

顺序功能流程图语言是为了满足顺序逻辑控制而设计的编程语言。编程时将顺序流程动作的过程分成步和转换条件，根据转移条件对控制系统的功能流程顺序进行分配，一步一步地按照顺序动作。每一步代表一个控制功能任务，用方框表示。在方框内含有用于完成相应控制功能任务的梯形图逻辑。这种编程语言使程序结构清晰，易于阅读及维护，大大减轻了编程的工作量，缩短了编程和调试的时间。该语言主要用于系统的规模校大，程序关系较复杂的场合。图 4-14 所示是一个简单的功能流程编程语言示意图。

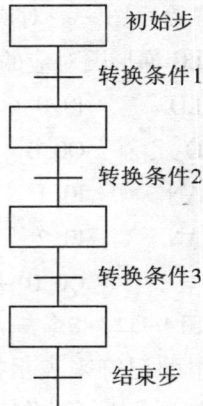

图4-14 功能流程编程语言示意图

顺序功能流程图编程语言的特点：以功能为主线，按照功能流程的顺序分配，条理清楚，便于对用户程序理解；避免梯形图或其他语言不能顺序动作的缺陷，同时也避免了用梯形图语言对顺序动作编程时，由于机械互锁造成用户程序结构复杂、难以理解的缺陷；用户程序扫描时间也大大缩短。

5. 结构化文本语言（ST）

结构化文本语言是用结构化的描述文本来描述程序的一种编程语言。它是类似于高级语言的一种编程语言。在大中型的 PLC 系统中，常采用结构化文本来描述控制系统中各个变量的关系。主要用于其他编程语言较难实现的用户程序编制，如可以进行PID 调节、数据采集和处理、上位机通信等。

结构化文本编程语言采用计算机的描述方式来描述系统中各种变量之间的各种运算关系，完成所需的功能或操作。大多数 PLC 制造商采用的结构化文本编程语言与BASIC 语言、PASCAL 语言或 C 语言等高级语言相类似，但为了应用方便，在语句的表达方法及语句的种类等方面都进行了简化。

结构化文本编程语言的特点：采用高级语言进行编程，可以完成较复杂的控制运算；需要有一定的计算机高级语言的知识和编程技巧，对工程设计人员要求较高；直观性和操作性较差。

不同型号的 PLC 编程软件对以上五种编程语言的支持种类是不同的，早期的 PLC仅仅支持梯形图编程语言和指令表编程语言。目前的 PLC 对梯形图（LD）、指令表（STL）、功能模块图（FBD）编程语言都可以支持。

在 PLC 控制系统设计中，要求设计人员不但对 PLC 的硬件性能了解，也要了解PLC 对编程语言支持的种类。

4.4.3　PLC 梯形图编程的一般步骤

PLC 梯形图编程的一般步骤如下：

（1）决定系统所需的动作及次序。当使用可编程控制器时，最重要的一环是决定系统所需的输入及输出。对输入及输出有如下要求：

①第一步是设定系统输入及输出数目。

②第二步是决定控制先后、各器件相应关系以及作出何种反应。

（2）对输入及输出器件编号。每一输入和输出，包括定时器、计数器、内置寄存器等都有一个唯一的对应编号，不能混用。

（3）画出梯形图。根据控制系统的动作要求，画出梯形图。

梯形图设计一般规则如下：

①触点应画在水平线上，并且根据自左至右、自上而下的原则和对输出线圈的控制路径来画。

②不包含触点的分支应放在垂直方向，以便于识别触点的组合和对输出线圈的控制路径。

③在有几个串联回路相并联时，应将触头多的那个串联回路放在梯形图的最上面。在有几个并联回路相串联时，应将触点最多的并联回路放在梯形图的最左面。这种安排，所编制的程序简洁明了，语句较少。

④不能将触点画在线圈的右边。

（4）将梯形图转化为程序。把继电器梯形图转变为可编程控制器的编码，当完成梯形图以后，下一步是把它的编码编译成可编程控制器能识别的程序。

这种程序语言由序号（即地址）、指令（控制语句）、器件号（即数据）组成。地址是控制语句及数据所存储或摆放的位置，指令告诉可编程控制器怎样利用器件作出相应的动作。

（5）在编程方式下用键盘输入程序。

（6）编程及设计控制程序。

（7）测试控制程序的错误并修改。

（8）保存完整的控制程序。

4.5 PLC 机型的选择

PLC 产品的种类繁多。PLC 的型号不同，对应的结构形式、性能、容量、指令系统、编程方式、价格等均各不相同，适用的场合也各有侧重。因此，合理选用 PLC，对于提高 PLC 控制系统的技术经济指标有着重要意义。

PLC 的选择主要应从 PLC 的机型、容量、I/O 模块、电源模块、特殊功能模块、通信联网能力等方面加以综合考虑。PLC 机型选择的基本原则是在满足功能要求及保证可靠、维护方便的前提下，力争最佳的性能价格比。选择时应主要考虑到合理的结构形式、安装方式的选择、相应的功能要求、响应速度要求、系统可靠性的要求、机型尽量统一等因素。

4.5.1 PLC 的类型

PLC 主要有整体式和模块式两种结构形式。整体式 PLC 的每一个 I/O 点的平均价格都比模块式的便宜，且体积相对较小，一般用于系统工艺过程较为固定的小型控制系统中。而模块式 PLC 的功能扩展灵活方便，在 I/O 点数、输入点数与输出点数的比例、I/O 模块的种类等方面选择余地大，且维修方便，一般用于大中型控制系统。

4.5.2 输入输出模块的选择

输入输出模块的选择应考虑与应用要求的统一。例如对输入模块，应考虑信号电平、信号传输距离、信号隔离、信号供电方式等应用要求。对输出模块，应考虑选用的输出模块类型，通常继电器输出模块具有价格低、使用电压范围广、寿命短、响应时间较长等特点；可控硅输出模块适用于开关频繁，电感性低功率因数负荷场合，但价格较贵，过载能力较差。输出模块还有直流输出、交流输出和模拟量输出等，与应用要求应一致。可根据应用要求，合理选用智能型输入输出模块，以便提高控制水平和降低应用成本。同时，还应考虑是否需要扩展机架或远程 I/O 机架等。

I/O 点数估算时应考虑适当的余量，通常根据统计的输入输出点数，再增加 10%~20% 的可扩展余量后，作为输入输出点数估算数据。实际订货时，还需根据制造厂商可编程逻辑控制器的产品特点，对输入输出点数进行调整。

4.5.3 存储器容量的估算

存储器容量是 PLC 本身能提供的硬件存储单元大小，程序容量是存储器中用户应用项目使用的存储单元的大小，因此程序容量小于存储器容量。设计阶段，由于用户应用程序还未编制，因此，程序容量在设计阶段是未知的，需在程序调试之后才知道。为了设计选型时能对程序容量有一定估算，通常采用存储器容量的估算来替代。为保证应用项目的正常投运，一般要求 PLC 的存储器容量，按 256 个 I/O 点至少选 8K 存储器选择。需要复杂控制功能时，应选择容量更大，档次更高的存储器。

存储器内存容量的估算没有固定的公式，许多文献资料中给出了不同公式，大体上都是按数字量 I/O 点数的 10~15 倍，加上模拟 I/O 点数的 100 倍，以此数为内存的总字数（16 位为一个字），另外再按此数的 25% 考虑余量。

4.5.4 控制功能的选择

控制功能的选择包括运算与控制功能、通信功能、编程功能、诊断功能和处理速度等特性的选择。

1. 运算与控制功能

一般小型（低档）PLC 具有逻辑运算、定时、计数等功能，对于只需要开关量控制的设备都可满足。

对于以开关量控制为主，带少量模拟量控制的系统，可选用能带 A/D 和 D/A 转换单元，具有加减算术运算、数据传送功能的增强型低档 PLC。对于控制较复杂，要求实现 PID 运算、闭环控制、通信连网等功能的，可视控制规模大小及复杂程度，选用中档或高档 PLC。但是中、高档 PLC 价格较贵，一般用于大规模过程控制和集散控制系统等场合。

2. 通信功能

大中型 PLC 系统应支持多种现场总线和标准通信协议（如 TCP/IP），需要时应能与工厂管理网（TCP/IP）相连接。通信协议应符合 ISO/IEEE 通信标准，应是开放的通信网络。

PLC 系统的通信接口应包括串行和并行通信接口、RIO 通信口、常用 DCS 接口等；大中型 PLC 通信总线（含接口设备和电缆）应按 1:1 冗余配置，通信总线应符合国际标准，通信距离应满足装置实际要求。

PLC 系统的通信网络中，上级的网络通信速率应大于 1 Mb/s，通信负荷不大于 60%。PLC 系统的通信网络主要形式有下列几种形式：

（1）PC 为主站，多台同型号 PLC 为从站，组成简易 PLC 网络。

（2）1 台 PLC 为主站，其他同型号 PLC 为从站，构成主从式 PLC 网络。

（3）PLC 网络通过特定网络接口连接到大型 DCS 中作为 DCS 的子网。

（4）专用 PLC 网络（各厂商的专用 PLC 通信网络）。

为减轻 CPU 通信任务，根据网络组成的实际需要，应选择具有不同通信功能的（如点对点、现场总线）通信处理器。

3. 编程功能

离线编程方式：PLC 和编程器共用一个 CPU，编程器在编程模式时，CPU 只为编程器提供服务，不对现场设备进行控制。完成编程后，编程器切换到运行模式，CPU 对现场设备进行控制，不能进行编程。离线编程方式可降低系统成本，但使用和调试不方便。

在线编程方式：CPU 和编程器有各自的 CPU，主机 CPU 负责现场控制，并在一个扫描周期内与编程器进行数据交换，编程器把在线编制的程序或数据发送到主机，下一扫描周期，主机就根据新收到的程序运行。这种方式成本较高，但系统调试和操作方便，在大中型可编程逻辑控制器中常采用。

五种标准化编程语言：顺序功能图（SFC）、梯形图（LD）、功能模块图（FBD）三种图形化语言和语句表（IL）、结构文本（ST）两种文本语言。选用的编程语言应遵守其标准（IEC6113123），同时，还应支持多种语言编程形式，如 C、Basic 等，以满足特殊控制场合的控制要求。

4. 诊断功能

PLC 的诊断功能包括硬件和软件的诊断。硬件诊断通过硬件的逻辑判断确定硬件的故障位置，软件诊断分内诊断和外诊断。通过软件对 PLC 内部的性能和功能进行诊断是内诊断，通过软件对可编程逻辑控制器的 CPU 与外部输入输出等部件信息交换功能进行诊断是外诊断。

PLC 的诊断功能的强弱，直接影响对操作和维护人员技术能力的要求，并影响平均维修时间。

5. 处理速度

PLC 采用扫描方式工作。从实时性要求来看，处理速度应越快越好，如果信号持续时间小于扫描时间，则 PLC 将扫描不到该信号，造成信号数据的丢失。

PLC 是为工业自动化设计的通用控制器，不同档次 PLC 的响应速度一般都能满足其应用范围内的需要。处理速度与用户程序的长度、CPU 处理速度、软件质量等有关。如果要跨范围使用 PLC，或者某些功能或信号有特殊的速度要求时，则应该慎重考虑 PLC 的响应速度，可选用具有高速 I/O 处理功能的 PLC，或选用具有快速响应模块和中断输入模块的 PLC 等。

4.5.5 其他

1. 安装方式的选择

PLC 系统的安装方式分为集中式、远程 I/O 式以及多台 PLC 连网的分布式。

集中式不需要设置驱动远程 I/O 硬件，系统反应快、成本低。远程 I/O 式适用于大型系统，系统的装置分布范围很广，远程 I/O 可以分散安装在现场装置附近，连线短，但需要增设驱动器和远程 I/O 电源。多台 PLC 连网的分布式适用于多台设备分别独立控制，又要相互联系的场合，可以选用小型 PLC，但必须要附加通信模块。

2. 系统可靠性的要求

对于一般系统 PLC 的可靠性均能满足。对可靠性要求很高的系统，应考虑是否采用冗余系统或热备用系统。

3. 机型尽量统一

一个企业，应尽量做到 PLC 的机型统一。这主要考虑到以下三方面问题：

（1）机型统一，其模块可互为备用，便于备品备件的采购和管理。

（2）机型统一，其功能和使用方法类似，有利于技术力量的培训和技术水平的提高。

（3）机型统一，其外部设备通用，资源可共享，易于连网通信，配上位计算机后易于形成一个多级分布式控制系统。

4. 经济性的考虑

选择 PLC 时，应考虑性能价格比。考虑经济性时，应同时考虑应用的可扩展性、可操作性、投入产出比等因素，进行比较和兼顾，最终选出较满意的产品。

输入输出点数对价格有直接影响。每增加一块输入输出卡件就需增加一定的费用。当点数增加到某一数值后，相应的存储器容量、机架、母板等也要相应增加，因此，点数的增加对 CPU 选用、存储器容量、控制功能范围等选择都有影响，在估算和选用时应充分考虑，使整个控制系统有较合理的性能价格比。

5. 电源的选择

PLC 的供电电源，应根据产品说明书要求设计和选用，一般 PLC 的供电电源应设计选用 220 VAC 电源，与国内电网电压一致。重要的应用场合，应采用不间断电源或稳压电源供电。如果 PLC 本身带有可使用电源时，应核对提供的电流是否满足应用要求，否则应设计外接供电电源。为防止外部高压电源因误操作而引入 PLC，对输入和输出信号的隔离是必要的，有时也可采用简单的二极管或熔丝管隔离。

4.6 国内常用的 PLC

目前世界上生产 PLC 的厂家有数十家，知名的专业自动化设备生产企业几乎都具有各自品牌的系列化 PLC 产品。近几年，国内自主知识产权及品牌的 PLC 产品已经进入市场（如和利时公司的 LM 和 LK 系列 PLC 等）。

国内常用的 PLC 主要包括西门子、施耐德、三菱电机、罗克韦尔以及国产品牌和利时等。

4.6.1 德国西门子公司——Siemens

西门子公司生产的可编程序控制器（PLC）在我国应用相当广泛，在冶金、化工、印刷生产线等领域都有应用。西门子公司的 PLC 产品最早是 1975 年投放市场的 SIMATICS3，它实际上是带有简单操作接口的二进制控制器。1979 年，S3 系统被 SIMATICS5 所取代，该系统广泛地使用了微处理器。到了 20 世纪 80 年代初，S5 系统进一步升级成 U 系列 PLC。1994 年 4 月，S7 系列诞生，S7 系列 PLC 产品可分为微型 PLC（如 S7 - 200），小规模性能要求的 PLC（如 S7 - 300）和中、高性能要求的 PLC（如 S7 - 400）等。

如图 4 - 15 所示，S7 - 200 是针对低性能要求的模块化小控制系统，它最多可有 7 个模块的扩展能力，在模块中集成背板总线，它的网络连接有 RS - 485 通信接口和 Profibus 两种，可通过编程器 PG 访问所有模块，带有电源、SIMATIC ST - 200 CPU 和 I/O 的一体化单元设备。

图 4 - 15 SIMATIC S7 - 200

相比较 S7 - 200，S7 - 300 针对的是中小系统，其模块可以扩展多达 32 个模块，背板总线也在模块内集成，它的网络连接已比较成熟和流行，有 MPI（多点接口）、Profibus 和工业以太网，使通信和编程变得简单和多选性，并可以借助于 HWConfig 工具进行组态和设置参数。

SIMATIC S7 - 400PLC 的主要特色为：具有极高的处理速度、强大的通信性能和卓越的 CPU 资源裕量。模块化及无风扇的设计，坚固耐用，容易扩展和广泛的通信能力，容易实现的分布式结构以及用户友好的操作使 SIMATIC S7 - 400 成为中、高档性能控制领域中首选的理想解决方案。

目前西门子公司的 PLC 产品包括 LOGO、S7 - 200、S7 - 300、S7 - 400、工业网络、HMI 人机界面、工业软件等。西门子 S7 系列 PLC 体积小、速度快、标准化，具有网络通信能力，功能更强，可靠性更高。

4.6.2 施耐德公司——Schneider

施耐德 PLC 主要有原 Modicon 旗下的 Quantum、Compact（已停产）、Momentum 等系列，编程软件是 Concept；而 TE 旗下的 Premium、Micro 系列则使用 PL7Pro。施耐德在整合了 Modicon 和 TE 品牌的自动化产品后，将 UnityPro 软件作为未来中高端 PLC 的统一平台，并支持 Quantum、Premium 和 M340 三个系列。图 4 - 16 所示为施耐德 PLC。

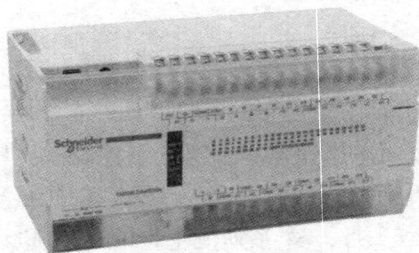

图 4 - 16　施耐德 PLC

至于 Momentum 和 Micro 作为成熟产品未来不会再有多大的改进，所以会继续沿用原来的软件平台。小型的 Twido 系列使用 TwidoSoft 软件（有中文版本，国外已经开始使用 TwidoSuit，不过估计短时间内还不会引入中国进行汉化翻译），至于逻辑控制器 ZelioLogic 的编程软件 ZelioSoft 已经推出中文版了。

4.6.3 日本三菱公司——Mitsubish Electric

三菱 PLC 是三菱电机在大连生产的主力产品。它采用一类可编程的存储器，用于其内部存储程序，执行逻辑运算、顺序控制、定时、计数与算术操作等面向用户的指令，并通过数字或模拟式输入/输出控制各种类型的机械或生产过程。三菱 PLC 在中国市场常见的型号有：FR - FX1N、FR - FX1S、FR - FX2N、FR - FX3U、FR - FX2NC、FR - A、FR - Q，如图 4 - 17 所示。

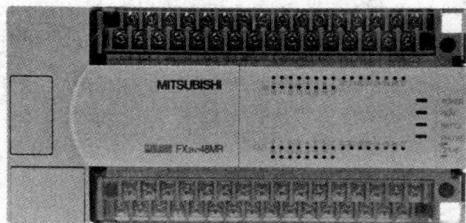

图 4 – 17　三菱的 PLC

三菱的 PLC 主要分类如下：

（1）FX1S 系列。这是三菱 PLC 中一种集成型小型单元式 PLC，且具有完整的性能和通信功能等扩展性。当考虑安装空间和成本时，这会是一种理想的选择。

（2）FX1N 系列。这是三菱电机推出的一款功能强大的普及型 PLC。它具有扩展输入输出，模拟量控制和通信、链接功能等扩展性，是一款广泛应用于一般场合的顺序控制三菱 PLC。

（3）FX2N 系列。这是三菱 PLC 在 FX 家族中最先进的系列，具有高速处理及可扩展大量满足单个需要的特殊功能模块等特点，为工厂自动化应用提供最大的灵活性和控制能力。

（4）FX3U。这是三菱电机公司新近推出的新型第三代三菱 PLC，是一种小型产品。其基本性能大幅提升，晶体管输出型的基本单元内置了 3 轴独立最高 100 kHz 的定位功能，并且增加了新的定位指令，从而使得定位控制功能更加强大，使用更为方便。

（5）FX1NCFX2NCFX3UC 三菱 PLC。它在保持了原有强大功能的基础上实现了极为可观的规模缩小 I/O 型接线接口，降低了接线成本，并大大节省了时间。

（6）Q 系列三菱 PLC。这是三菱电机公司推出的大型 PLC，其 CPU 类型有基本型 CPU、高性能型 CPU、过程控制 CPU、运动控制 CPU、冗余 CPU 等，可以满足各种复杂的控制需求。为了更好地满足国内用户对三菱 PLC Q 系列产品高性能、低成本的要求，三菱电机自动化特推出经济型 QUTESET 型三菱 PLC，即一款以自带 64 点高密度混合单元的 5 槽 Q00JCOUSET；另一款自带 2 块 16 点开关量输入及 2 块 16 点开关量输出的 8 槽 Q00JCPU – S8SET，其性能指标与 Q00J 完全兼容，也完全支持 GX – Developer 等软件，故具有极佳的性价比。

（7）A 系列三菱 PLC。该系列使用三菱专用顺控芯片（MSP），速度/指令可媲美大型三菱 PLC；A2ASCPU 支持 32 个 PID 回路。而 QnASCPU 的回路数目无限制，可随内存容量的大小而改变；程序容量由 8 KB 至 124 KB，如使用存储器卡，QnASCPU 则内存量可扩充到 2MB；有多种特殊模块可选择，包括网络，定位控制、高速计数、温度控制等模块。

4.6.4　罗克韦尔自动化公司——Rockwell Automation

Allen – Bradley（AB）公司最早由 Dr. Stanton Allen 和 Lynde Bradley 创建于 1903 年，早期的产品主要有自动启动器、开关设备、电流断路器、继电器。1985 年，Allen – Bradley 被 Rockwell International 罗克韦尔国际集团收购，成为罗克韦尔自动化旗下重要的品牌。随后，Allen-Bradley 软件业务部门与 ICOM 合并，成立了 RockwellSoftware 罗克韦尔软件公司。公司通过 16 亿美金收购 Reliance Electric 瑞恩电器，Rockwell 增加了电机、机械传动系列产品。2001 年，罗克韦尔将 Collins 航空电子及通信业务分离，变成了独立的罗克韦尔自动化公司。罗克韦尔 PLC 如图 4-18 所示。

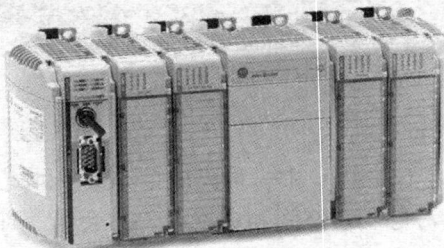

图 4-18　罗克韦尔 PLC

AB 的 PLC 主要分为以下五类：

（1）ControlLogix 系列。这是 AB 最具有实力的大型 PLC 系统，为模块化结构，支持热插拔、冗余、无限 I/O，支持 EtherNet/IP、ControlNet、DeviceNet 等网络通信，支持顺序控制、运动控制、传动控制和过程控制，功能十分强大，应用也十分广泛，如果是大型项目，推荐使用此系列。

（2）CompactLogix 系列。这是 AB 的中型 PLC 系统，为模块化无机架式结构，不支持热插拔，支持 EtherNet/IP、ControlNet、DeviceNet 等网络通信，支持顺序控制、运动控制、传动控制和过程控制。

（3）FlexLogix 系列。该系列为分布式系统，支持热插拔，用于设备现场的分布式应用。可以选择处理器作为独立的分布式控制器使用，也可以选择通信适配器带 I/O 作为分布式 I/O 站使用。使用 FlexI/O 分布式站，可以降低项目成本。

（4）C500。C500 是小型控制系统，为模块化机架式结构，不支持热插拔，应用十分广泛。

（5）Micro Logix。Micro Logix 是微型控制系统，可分为 MicroLogix1000、1100、1200、1500 四个系列，其中 1100 集成了以太网通信口。

罗克韦尔可编程控制器主要包括大型控制系统、中型控制系统、Micro & Nano 控制系统、安全可编程控制器。罗克韦尔 PLC 编程软件主要型号包括 Rslogix、Rslogix5（PLC5）、Rslogix500（SLC500、Micro Logix 系列）、Rslogix5000（Control Logix 系统、Flex Logix、Soft Logix、Compact Logix、Drive Logix）。

4.6.5　日本欧姆龙公司——OMRON

欧姆龙 PLC 是一种功能完善的紧凑型 PLC，能为业界领先的输送分散控制等提供高附加值机器控制；它还具有通过各种高级内装板进行升级的能力、大程序容量和存储器单元，以及 Windows 环境下高效的软件开发能力。欧姆龙 PLC 也能用于包装系统，并支持 HACCP（寄生脉冲分析关键控制点）过程处理标准。

如图 4 – 19 所示，欧姆龙（OMRON）公司的 PLC 产品，大、中、小、微型规格齐全。微型机以 SP 系列为代表，其体积极小，速度极快。小型机有 CQM1H、CP1H、CP1L、CP1E 等；中型机有 C200H、C200HS、C200HX、C200HG、C200HE、CS1 系列。C200H 是高性能中型机，配置齐全的 I/O 模块和高功能模块，具有较强的通信和网络功能。C200HS 是 C200H 的升级产品，指令系统更丰富、网络功能更强。C200HX/HG/HE 是 C200HS 的升级产品。CS1 系列具有中型机的规模和大型机的功能，是一种极具推广价值的新机型。大型机有 C1000H、C2000H、CV（CV500/CV1000/CV2000/CVM1）等。C1000H、C2000H 可单机或双机热备运行，安装带电插拔模块，C2000H 可在线更换 I/O 模块。CV 系列中除 CVM1 外，均可采用结构化编程，易读、易调试，且具有更强大的通信功能。

图 4 – 19　欧姆 PLC 示意图

4.6.6　和利时公司——HollySys

和利时 PLC 是国内做 PLC 比较早的一家，和利时公司于 2000 年开始拓展 PLC 业务，前期主要是做一些技术积累和前期调研，公司于 2004 年成功开发出了国内具有自主知识产权的 LM 系列小型一体化 PLC 产品，其主要应用在纺织、包装、空调等行业。2006 年底，又开发出了国内首款大型 PLC 产品——LK 系列 PLC。其主要应用在电力、冶金、市政、交通、化工等行业。2011 年和利时又推出高性能 LE 系列中小型 PLC，集小型 PLC 产品灵活的结构和中型 PLC 产品强大的功能优势于一体，无论是带点能力、通信性能、运算速度、运动控制能力等都大大增强。其拥有自主的编程软件 LE 编程软件 Auto Think，支持 LD、CFC、ST 三种编程语言，是目前国内有名的PLC 提供商。图 4 – 20 所示为和利时 PLC。

图 4 – 20　和利时 PLC

和利时 PLC 产品包括 LK 大型 PLC、LE 中小型 PLC 和 LM 小型 PLC。

LK 是和利时公司推出的适用于中、高性能控制领域的可编程控制器（PLC）产品。充分融合了 DCS 和 PLC 的优点，采用高性能的模拟量处理技术、小型化的结构设计、开放的工业标准、通用的系统平台，使产品不仅具有强大的功能，而且具有更高的可靠性，更佳的开放性和易用性，产品已通过 CE、UL 认证。

LK 广泛应用于轨道交通、能源、水处理、水利水电、供热、建材、电力、纺织、造纸、印刷、制药、化工、冶金、智能楼宇等领域。

LE 系列可编程控制器（PLC）是和利时公司新推出的高性能 PLC 产品。LE 系列 PLC 产品集小型 PLC 产品灵活的结构和中型 PLC 产品强大的功能优势于一体，可以广泛应用于恒压供水、暖通空调、纺织机械、包装机械、印刷机械、塑料机械、食品加工机械等行业以及中小规模过程控制领域。

LE 包括 CPU 模块和种类丰富的扩展模块、功能扩展板、附件。CPU 模块可以独立运行，也可以在 CPU 模块 I/O 点不满足系统需求时，连接 I/O 扩展模块运行。对于特殊的组网需求，可以连接专用的通信扩展模块运行。

LM 系列小型 PLC 是和利时于 2004 年向市场推出的一款小型 PLC，具有强大的功能和极高的性价比，是单机控制和小型控制系统的首选产品。其不仅可以实现简单的逻辑控制，也可以实现复杂的自动化控制。

作为小型 PLC 产品，LM 系列 PLC 无论是独立运行，还是相互连接构成网络，均可以实现强大而复杂的控制功能。应用领域包括空调、包装、印刷、纺织、机床、建材、塑料、电梯、环保、交通、物流、运输及各类生产流水线等。LM 系列 PLC 由 CPU、开关量扩展模块、模拟量扩展模块、专用扩展模块组成。可以实现多种通信方式，包括串口、以太网、Profibus – DP 等。

第5章

数据通信技术

数据通信技术是计算机网络技术发展的基础。本章从数据通信系统模型入手，介绍信号编码和数据传输技术、数据交换技术以及差错控制技术等内容。

5.1 数据通信系统

5.1.1 数据、信息和信号

计算机所能处理的数字、文字、图形等信息都是以数据的形式在计算机、外围设备和计算机网络中产生、存储、传输和处理的。一般情况下，数据和信息这两个术语常常被互通使用，但它们之间是有差别的。

数据是指用来描述客观事物的数字、字母和符号以及所有能输入计算机并被程序加工处理的符号集合。信息则是对数据加工处理或赋予含义后的一种数据形式。

数据与信息有着密不可分的关系，可以简单地认为数据是还没有加工的原料，而信息是加工处理过的成品，更确切地说信息是数据的内容和解释，而数据是信息的抽象表示或信息的载体。例如：电话号码 010 - 88886666。这串数字本身就是一个数据，它所包含的信息为：010 表示北京，88886666 则表示某用户的电话号码。可见，信息是有含义的数据，由于计算机所处理的数据总是有某种意义的数据，所以通常在不混淆的情况下，很少对信息和数据这两个概念加以区分。

信号与数据和信息有所不同，信号是数据的具体物理表现，具有确定的物理描述形式，如电压、磁场强度等。数据通常需要用某种信号进行传递和处理。信号可分为模拟信号和数字信号，模拟信号是指取值随时间连续变化的信号，数字信号是指时间和数值上都不连续的信号。模拟信号和数字信号之间有着明显的差异，但两者在一定的条件下是可以相互转换的。模拟信号和数字信号的表示如图 5-1 所示。

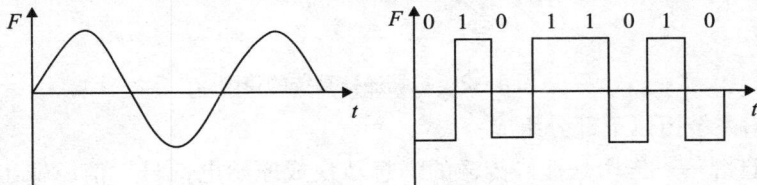

图 5-1　模拟信号和数字信号的表示

模拟信号可以通过采样、量化、编码等步骤变成数字信号，这个过程通常称为模数（A/D）转换。而数字信号也可通过解码、平滑等步骤恢复为模拟信号，这个过程通常称为数模（D/A）转换。

5.1.2　模拟通信、数字通信和数据通信

模拟信号是一种连续变换的电信号，它的取值可以是无限个，比如话音信号，而数字信号是一种离散信号，它的取值是有限的。在数据通信系统中，传输模拟信号的系统称为模拟通信系统，而传输数字信号的系统称为数字通信系统。

能传输模拟信号的信道称为模拟通信。模拟信号的电平随时间连续变化，语音信号是典型的模拟信号。如果利用模拟信道传送数字信号，则必须经过数字与模拟信号之间的变换（A/D 变换器）。调制解调器就是完成这种变换的。

能传输离散数字信号的信道称为数字通信。离散的数字信号在计算机中指由"0"和"1"的二进制代码组成的数字序列。当利用数字信道传输数字信号时不需要进行变换，通常需要进行数字编码。

模拟信号在传输一定距离后都会衰减，克服的办法是用放大器来增强信号的能量，但噪音分量也会增强，以至会引起信号畸变。数字信号长距离传输也会衰减，克服的办法是使用中继器，把数字信号恢复为"0""1"的标准电平后再继续传输。

数据通信是指专门用来传递数据类消息的通信方式，传送数据信息既可以用模拟通信系统，也可以用数字通信系统。

5.1.3　数据通信系统模型

数据通信系统的模型如图 5－2 所示。

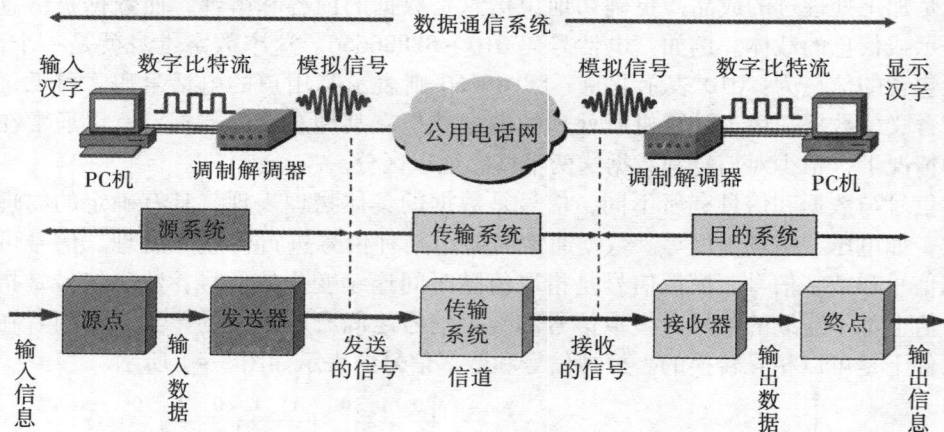

图 5－2　数据通信系统的模型

数据通信系统由以下部分组成：

（1）信息源——作用是把待传输的消息转换成原始电信号。信源输出的信号称为基带信号。

（2）发送设备——对基带信号进行某种变换或处理，使之适应信道的传输特性要求。

（3）信道——信号传输的通路，信道中自然会叠加上噪声。信道是信号传输的通道，包括传输媒体和通信设备。其传输媒体可以是有形媒体，如电缆、光纤等，也可

以是无形媒体，如传输电磁波的空间。信道可以按不同的方法分为：①有线信道与无线信道；②模拟信道与数字信道；③专用信道和公用信道。

（4）接收设备——其功能正好相反于发送设备，它将从收到的信号中恢复出相应的原始信号。

（5）信宿（受信者）——将复原的原始信号转换成相应的消息。

数据通信系统的基本通信模型：产生和发送信息的一端叫信源，接收信息的一端叫信宿。信源与信宿通过通信线路进行通信，在数据通信系统中，也将通信线路称为信道。

在数据通信系统中，传输模拟信号的系统称为模拟通信系统，而传输数字信号的系统称为数字通信系统，如图5-3所示。

（a）理想状态

（b）实际环境下

图5-3 数据通信系统的基本通信模型

1. 模拟通信系统

如图5-4所示，模拟通信系统通常由信源、调制器、信道、解调器、信宿以及噪声源组成。信源所产生的原始模拟信号一般都要经过调制再通过信道传输，等到达信宿后，再通过解调器将信号解调出来。普通的电话、广播、电视等都属于模拟通信系统。

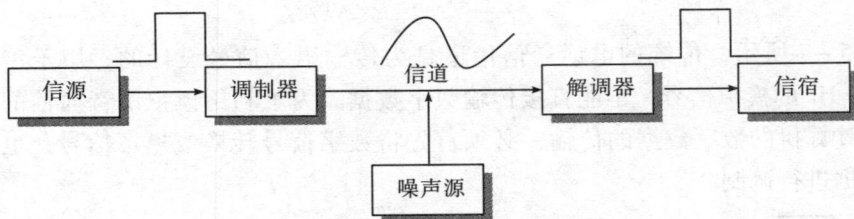

图5-4 模拟通信系统

2. 数字通信系统

如图5-5所示，数字通信系统由信源、信源编码器、信道编码器、调制器、信道、解调器、信道译码器、信源译码器、信宿、噪声源以及发送端和接收端时钟同步组成。

计算机通信、数字电话以及数字电视都属于数字通信系统。

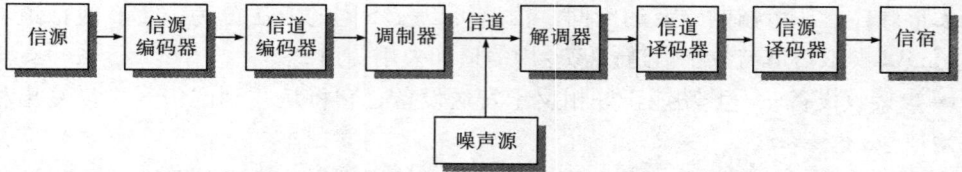

图 5-5 数字通信系统

5.2 信号编码技术

在计算机中，数据是以离散的二进制"0""1"比特序列方式表示的。计算机数据在传输过程中的数据编码类型主要取决于它采用的通信信道所支持的数据通信类型。

如图 5-6 所示，通信信道分为模拟信道和数字信道，而依赖于信道传输的数据也分为模拟数据与数字数据。因此，数据的编码方法包括数字数据的编码与调制和模拟数据的编码与调制。

图 5-6 数据的编码方法

5.2.1 数字数据的调制——用模拟信号表示数字信息

如图 5-7 所示，传统的电话通信信道是为传输语音信号设计的，用于传输音频 300~3400 Hz 的模拟信号，不能直接传输数字数据。为了利用模拟语音通信的电话交换网实现计算机的数字数据的传输，必须首先将数字信号转换成模拟信号，也就是要对数字数据进行调制。

图 5-7 数字数据的调制

数字数据调制就是将数字信号转换成模拟信号。

对数字数据调制的基本方法有三种：幅移键控、频移键控和相移键控。

（1）幅移键控 ASK（Amplitude Shift Keying）。ASK 是通过改变载波信号的幅度值表示数字信号"1""0"，以幅度 A1 表示数字信号的"1"，用载波幅度 A2 表示数字信号的"0"（通常 A1 取 1，A2 取 0），而载波信号的参数 f 和 φ 恒定。

（2）频移键控 FSK（Frequency Shift Keying）。FSK 是通过改变载波信号频率的方法表示数字信号"1""0"，用 f1 表示数字信号"1"，用 f2 表示数字信号"0"，而载波信号的 A 和 φ 不变。

（3）相移键控 PSK（Phase Shift Keying）。PSK 是通过改变载波信号的相位值表示数字信号"1""0"，而载波信号的 A 和 f 不变。PSK 包括以下两种类型：

①绝对调相。绝对调相使用相位的绝对值，φ 为 0 表示数字信号"1"，φ 为 π 时表示数字信号"0"。

②相对调相。相对调相使用相位的相对偏移值，当数字数据为 0 时，相位不变化，而数字数据为 1 时，相位要偏移 π。

幅移键控、频移键控和相移键控示意图如图 5 - 8 所示。

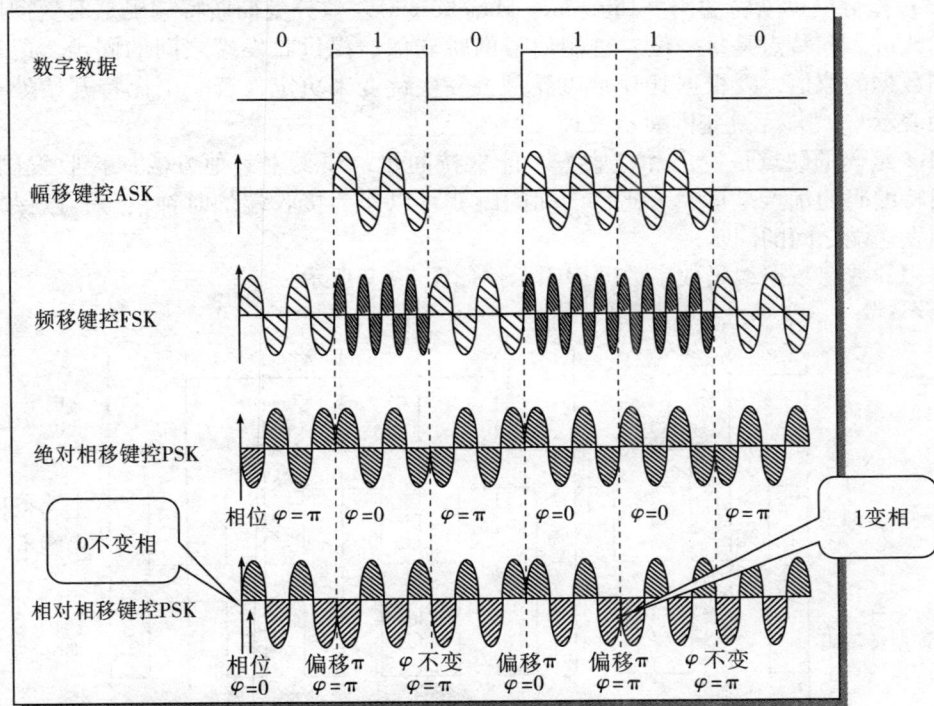

图 5 - 8　幅移键控、频移键控和相移键控示意图

5.2.2　数字基带信号编码

数字基带信号都是用携带信息的电脉冲来表示的。表示单个数字信息或码元的电脉冲形状称为波形，如矩形波、三角波、升余弦波等。表示数字信息序列或码元序列的电脉冲格式称为码型，如单极性归零码、双极性非归零码等。在有线信道中传输的基带信号又称为线路传输码型，即传输码。

为了适应信道传输特性和恢复数字信号的需要，数字基带信号应具有下列主要特性：

（1）能从其相应的基带信号中获取定时信息。

（2）相应的基带信号无直流成分，并只有很小的低频成分。

（3）不受信息源统计特性的影响，即能够适应信息源的变化。

（4）尽可能地提高传输码型的传输效率。

（5）具有内在的检错能力，等等。

利用数字通信信道直接传输数字数据信号的方法称作数字信号的基带传输，而数字数据在传输之前，需要进行数字编码。数字数据的编码方式有三种：不归零编码、曼彻斯特编码和差分曼彻斯特编码。

（1）不归零编码（Non – Return to Zero，NRZ）。NRZ 编码规定可用负电平表示逻辑"1"，用正电平表示逻辑"0"，反之亦然。

（2）曼彻斯特编码（Manchester）。曼彻斯特编码是目前应用最广泛的编码方法之一，其特点是每一位二进制信号的中间都有跳变，若从低电平跳变到高电平，就表示数字信号"1"；若从高电平跳变到低电平，就表示数字信号"0"。

（3）差分曼彻斯特编码（Difference Manchester）。差分曼彻斯特编码是对曼彻斯特编码的改进。其特点是每一位二进制信号的跳变依然提供收发端之间的同步，但每位二进制数据的取值，要根据其开始边界是否发生跳变来决定，若一个比特开始处存在跳变则表示"0"，无跳变则表示"1"。

NRZ 编码的缺点是发送和接收方不能保持同步，须采用其他方法保持收发同步；曼彻斯特编码的优点是每一个比特中间的跳变可以作为接收端的时钟信号，以保持接收端和发送端之间的同步。

常用的数字数据编码数字数据编码示例如图 5 – 9 所示。

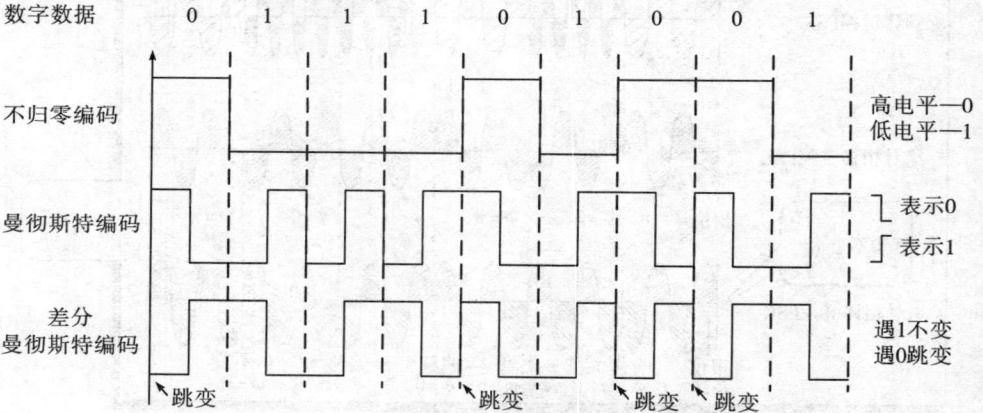

图 5 – 9 常用的数字数据编码数字数据编码示例

模拟通信系统信道传输的是模拟信号，其占有频带一般都比较窄，因此其频带利用率较高。缺点是抗干扰能力差，不易保密，设备不易大规模集成，不能适应飞速发展的计算机通信的要求。

数字通信与模拟通信相比，有如下优点：

（1）抗干扰能力强。

（2）可采用再生中继，实现高质量的远距离通信。

（3）灵活性高，能适应各种通信业务的要求。

（4）可以很方便地与现代数字计算机相连接。

（5）数字信号易于加密。

（6）便于集成化。

数字通信的最大缺点就是占用频带较宽，为了保证数字通信的质量，需要严格的同步系统，使设备的体积增大。

然而，随着卫星通信、光纤通信等宽频带通信系统的日益发展和成熟，为数字通信提供了宽阔的频道，使数字通信迅猛发展，应用越来越广泛，已成为现代通信的主要传输方式，有逐渐取代模拟通信之趋势。

5.2.3 模拟数据的编码 ——PCM 编码

脉冲编码调制 PCM（Pulse Code Modulation）是模拟数据数字化的主要方法。由于数字信号传输失真小、误码率低、数据传输速率高，因此在网络中除计算机直接产生的数字信号外，语音、图像信息必须数字化才能经计算机处理。

PCM 技术的典型应用是语音数字化。在发送端通过 PCM 编码器将语音数据变换为数字化的语音信号，然后通过通信信道传送到接收方，接收方再通过 PCM 解码器还原成模拟语音信号。

数字化语音数据传输速率高、失真小，可以存储在计算机中进行必要的处理。因此在网络与通信的发展中，语音数字化成为其重要的部分。

PCM 用于数字化语音系统时，将声音分为 128 个量化级，采用 7 位二进制编码表示，再使用 1 个比特进行差错控制，采样速率8000 次/秒。因此，一路话音的数据传输速率为 $8 \times 8000 = 64 \ kb/s$。

PCM 编码的典型应用如图 5 – 10 所示。

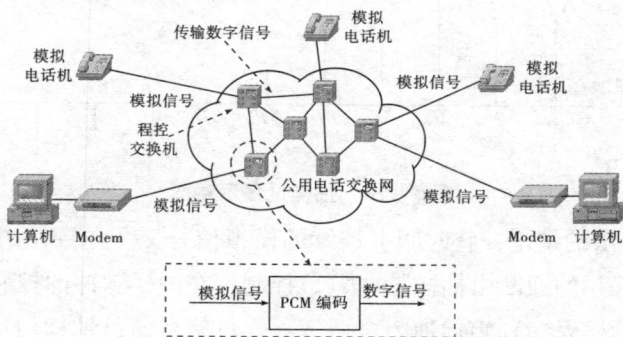

图 5 – 10 PCM 编码的典型应用

脉冲编码调制通信系统主要由抽样电路、量化电路、编码电路、信道、解码电路和滤波电路组成，如图 5 – 11 所示。

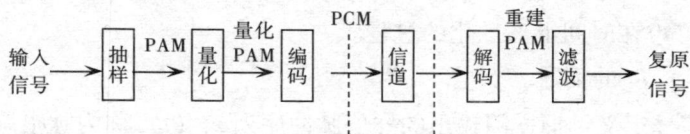

图 5 – 11 脉冲编码调制通信系统

1. 抽样

抽样又称为取样，是指每隔一定的时间间隔抽取模拟信号的一个瞬时幅度值（称为抽样值或样值）。

样值信号定义：由抽样得出的一串在时间上离散的抽样值称为样值信号。

样值信号特点：脉幅调制（PAM，Pulse Amplitude Modulation）信号，其幅度取值仍然是连续的，而且脉幅信号仅为有限个数值。

对样值信号的要求：能够由样值信号不失真地重建原来的模拟信号，即样值信号内含原信号信息。

抽样过程示意图如图 5-12 所示。

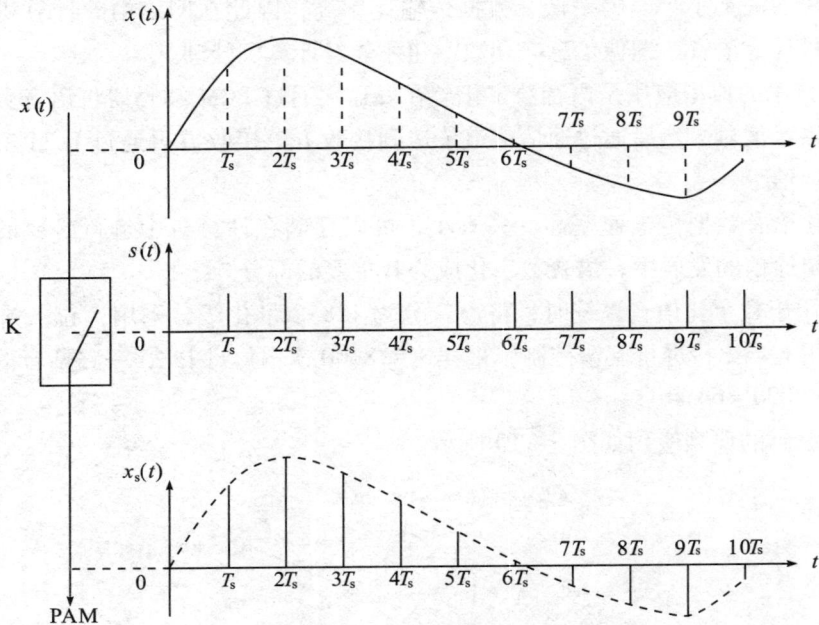

图 5-12 抽样过程示意图

由图 5-12 得出的结论：将时间上连续的模拟信号 $x(t)$ 接到由电子开关构成的抽样门 K 上，抽样门 K 的通断由抽样脉冲 $s(t)$ 控制。在抽样脉冲的控制下，抽样门 K 每隔时间 T_S（称为抽样周期）短促地闭合一下，$x(t)$ 信号通过抽样门后输出变为一个个的样值脉冲。而在抽样脉冲的间隔期内，抽样门断开，无信号输出。由于每隔时间 T_S 就对模拟信号抽取一个样值，且其幅度对应模拟信号在抽样时刻的瞬时幅值，在抽样门输出端就得到一个包络随 $x(t)$ 变化、样值脉冲间隔为 T_S 的脉冲序列 $x_S(t)$，从而完成使模拟信号 $x(t)$ 在时间上离散化的过程。

抽样频率 f_S：T_S 的倒数。

脉幅调制信号定义：抽样门输出的样值脉冲序列 $x_S(t)$ 称为脉幅调制信号 PAM。

脉幅调制信号特点：只要抽样频率足够高，PAM 信号包络就能反映出输入信号的变化规律，经滤波器滤除谐波分量后，可以重建输入信号，而无明显失真。

2. 量化

PAM 信号特点：只在时间上实现了离散化，而幅度取值仍是连续的。

量化定义：量化是指将经过抽样得到的一系列瞬时抽样值进行幅度离散，也就是用一组规定的电平中最接近的电平值来表示瞬时抽样值。

量化级：量化时，在信号幅值的取值范围内，按一定规则将其分成若干层，称为量化级（或量化阶梯）。

量化电平：用来表示每个量化级的量化值。PAM 信号落到哪个量化级中，其幅值就变换成代表该级的量化电平。

量化实质：量化过程就是把一层内的信号幅值都取成同一量化电平的过程。

量化方法：四舍五入法、舍去法和补足法。

量化方法的说明：例如，幅度为 1.28 V 和 2.85 V 的抽样值，若以整数 0 V、1 V、2 V、3 V 为单位，采用四舍五入法量化后分别得到 1 V 和 3 V；采用舍去法量化后分别得到 1 V 和 2 V；采用补足法量化后分别得到 2 V 和 3 V。采用舍去法量化的过程和波形如图 5 - 13 所示。

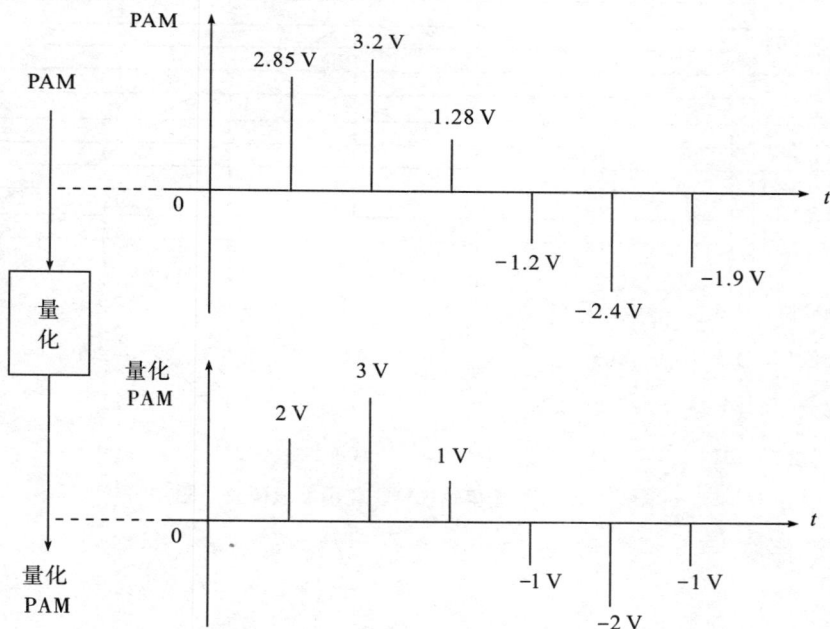

图 5 - 13　采用舍去法量化的过程和波形

量化级差：相邻两个量化电平之间的差称作量化级差或量阶，用 ■ 表示。例如，量化电平为 0 V、1 V、2 V、3 V 的情况下的量化级差为 1 V。

量化误差：量化电平与抽样值之间的差称为量化误差，用 δ 表示。例如，利用四舍五入法对 1.28 V 和 2.85 V 的两个样值信号量化时的量化误差分别为 - 0.28 V 和 0.15 V。

量化噪声：量化误差在传输过程中会产生噪声，称为量化噪声。

量化噪声与量化级、量化级差关系：显然，增加量化级数，可以减小量化级差，量化误差变小，量化噪声就越小。

3．编码

编码原因：PAM 信号的幅值虽已量化，但并不适用于直接传输。

编码定义：要把每个样值所取的量化电平变换成一组二进制代码来传送，即编码。

码组与码元：每一组二进制代码称为码组或码字，码组中的每一位称为码元或码位。

码长：图 5-14 所示为 PCM 单路抽样、量化、编码波形图。图中，二进制代码 101、111、110、100、011、001、000 分别与其量化电平对应。码组中的总码元数称为码长或字长。例如，上述码组是由三个码元组成的，故码长为 3。

PCM 的工作过程如图 5-15 所示。

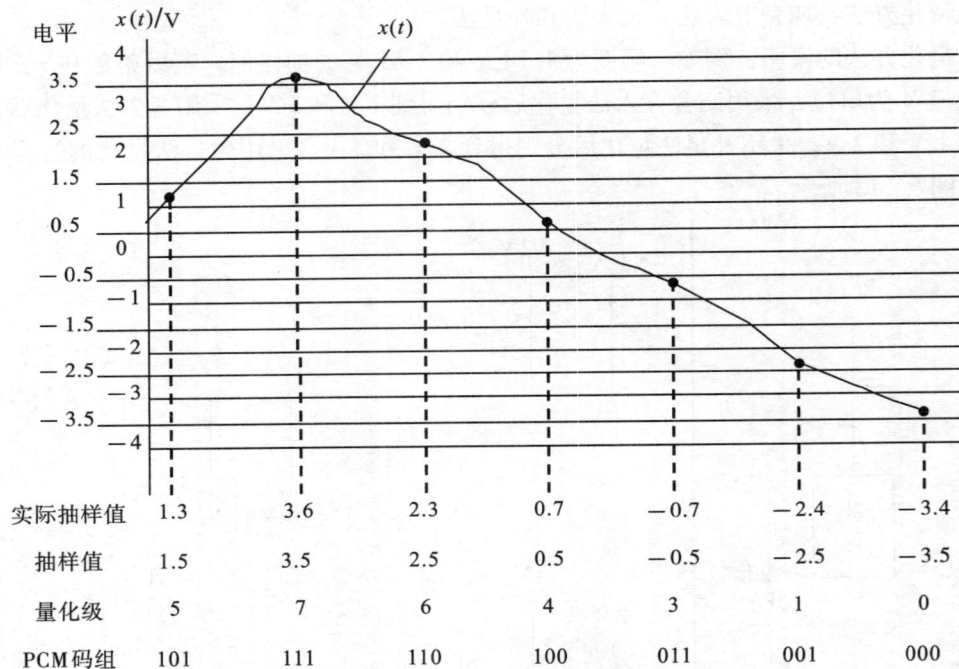

实际抽样值	1.3	3.6	2.3	0.7	−0.7	−2.4	−3.4
抽样值	1.5	3.5	2.5	0.5	−0.5	−2.5	−3.5
量化级	5	7	6	4	3	1	0
PCM 码组	101	111	110	100	011	001	000

图 5-14　PCM 单路抽样、化量、编码波形图

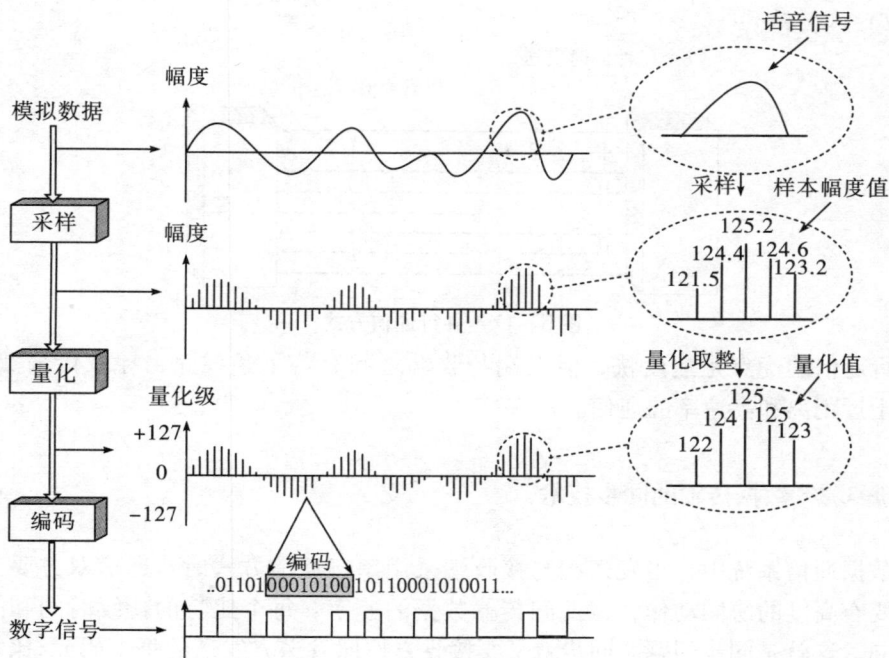

图 5-15　PCM 的工作过程

5.3　数据的传输方式

5.3.1　数据的串行传输和并行传输

串行通信方式是指按时间先后将数据依次在一条信道上一位一位地传送，图 5-16 显示了二进制代码 01100010 如何以串行方式从发送端传输到接收端，它需要 8 个时钟脉冲周期（$8T$）来传送。由于计算机内部都采用并行通信，因此，数据在发送之前，要将计算机中的字符进行并/串变换，在接收端再通过串/并变换，还原成计算机的字符结构，才能实现串行通信。串行通信的特点是收、发双方只需要一条传输信道，易于实现，成本低，但传输速度比较低，常用于远距离通信。

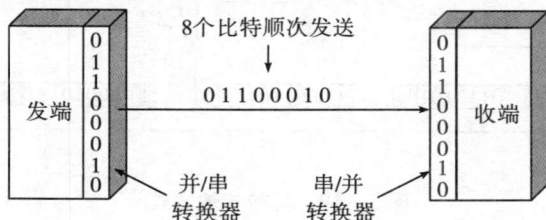

图 5-16　串行通信方式

并行通信方式是指将数据以成组的方式在两条以上的并行信道上同时传输，还可附加一位数据校检位。图 5-17 显示了二进制代码 01100101 如何以并行方式从发送端传输到接收端，其中每位都有自己的传输线路，因此，每位均可同时在一个时钟脉冲周期（T）内传输。

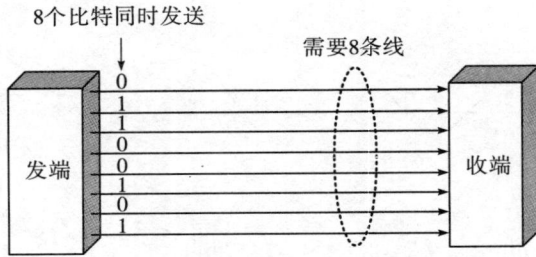

图5-17　并行通信方式

并行通信的优点是速度快，但发端与收端之间有若干条线路，导致传输费用高，仅适合于近距离和高速率的通信。

5.3.2　数据传输的同步技术

在数据通信系统中，当发送端与接收端采用串行通信方式时，通信双方要交换数据，需要有高度的协同动作，彼此间传输数据的速率、每个比特的持续时间和间隔都必须相同，这就是同步问题。同步就是要接收方按照发送方发送的每个码元/比特起止时刻和速率来接收数据，否则，收发之间会产生误差，即使是很小的误差，但随着时间增加的逐步累积，也会造成传输的数据出错。

实现收发之间的同步技术是数据传输中的关键技术之一，通常使用的同步技术有两种：异步传输方式和同步传输方式。

1. 异步传输方式

如图5-18所示，在异步传输方式中，每传送1个字符（7位或8位）都要在每个字符码前加1个起始位，以表示字符代码的开始，在字符代码和校验码后面加1或2个停止位，以表示字符的结束。接收方根据起始位和停止位来判断一个新字符的开始。从而起到通信双方的同步作用。

异步方式的实现比较容易，但每传输一个字符都需要多使用2~3位，所以适合于低速通信。

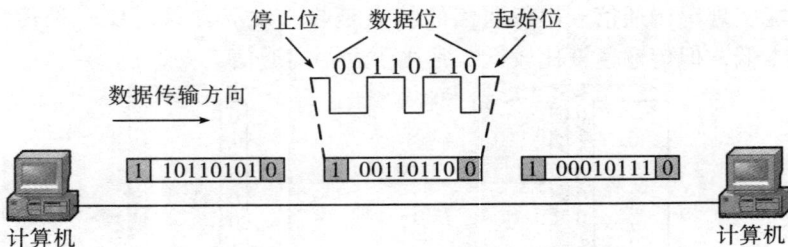

图5-18　异步传输方式

2. 同步传输方式

同步传输方式的信息格式是一组字符或一个二进制位组成的数据块（帧）。如图5-19所示，对这些数据，不需要附加起始位和停止位，而是在发送一组字符或数据块之前先发送一个同步字符SYN（以01101000表示）或一个同步字节（01111110），用于接收方进行同步检测，从而使收发双方进入同步状态。在同步字符或字节之后，可以连续发送任意多个字符或数据块，发送数据完毕后，再使用同步字符或字节来标识整个发送过程的结束。

在同步传送时，由于发送方和接收方将整个字符组作为一个单位传送，且附加位又非常少，从而提高了数据传输的效率。所以这种方法一般用在高速传输数据的系统中，比如计算机之间的数据通信。

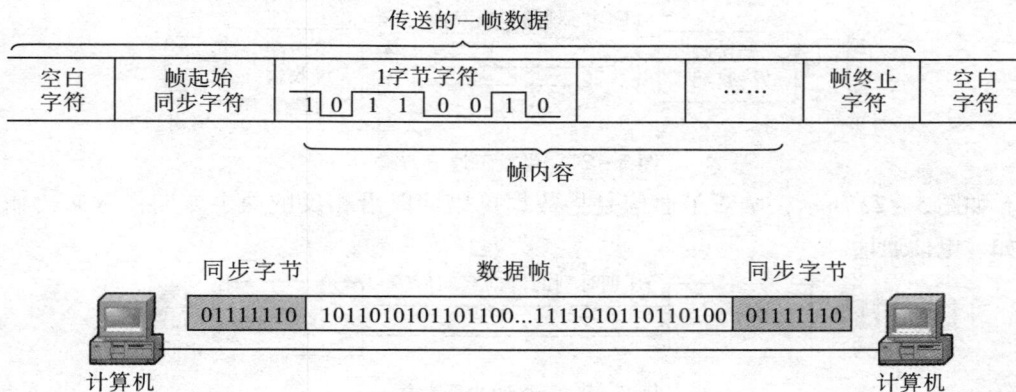

图5-19 同步传输方式

3. 同步传输中的位同步

在同步通信中，要求收发双方之间的时钟严格同步，而使用同步字符或同步字节，只是用于同步接收数据帧，只有保证了接收端接收的每一个比特都与发送端保持一致，接收方才能正确的接收数据，这时就要使用位同步的方法。对于位同步，可以使用一个额外的专用信道发送同步时钟以保持双方同步，也可以使用编码技术将时钟编码到数据中，接收端接收数据的同时就能获取到同步时钟。两种方法相比，后者的效率更高，使用的更为广泛。

（1）位同步：要求传输数据的收发双方的时钟频率严格保持一致，即称收发双方的时钟是同步的。

（2）帧同步："帧"是数据链路层传输的数据单元，其长度并没有硬性规定。

5.3.3 信道的通信方式

信道的通信方式分为单工通信、半双工通信和双工通信。

单工方式指通信信道是单向信道，数据信号仅沿一个方向传输，发送方只能发送不能接收，接收方只能接收而不能发送，任何时候都不能改变信号传送方向，如图5-20所示。

无线电广播和电视都属于单工通信。

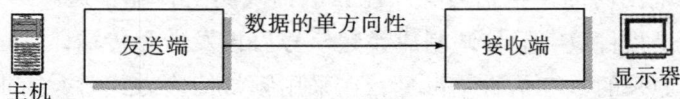

图5-20 单工通信方式

如图 5 – 21 所示，半双工通信是指信号可以沿两个方向传送，但同一时刻一个信道只允许单方向传送，即两个方向的传输只能交替进行，而不能同时进行。当改变传输方向时，要通过开关装置进行切换。

半双工信道适合于会话式通信，比如公安系统使用的"对讲机"和军队使用的"步话机"。

半双工方式在计算机网络系统中适用于终端与终端之间的会话式通信。

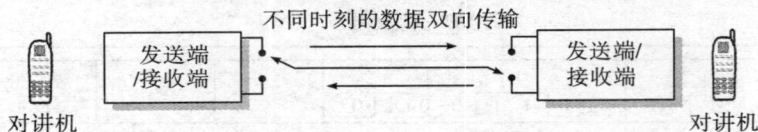

图 5 – 21　半双工通信方式

如图 5 – 22 所示，全双工通信是指数据可以同时沿相反的两个方向作双向传输。比如，电话通话。

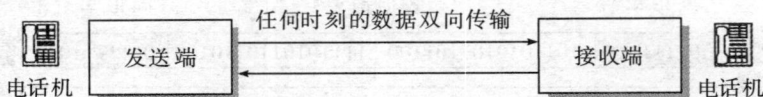

图 5 – 22　全双工通信方式

5.3.4　信号的传输方式

信号的传输方式分为基带传输、频带传输和宽带传输。

1. 基带传输

在数据通信中，由计算机或终端产生的数字信号，其频谱从零开始，包括直流、低频和高频等多种成分，这种原始的脉冲电信号所固有的频率范围叫基本频带，简称基带（Base Band）。在信道中直接传输这种基带信号就称为基带传输，也称数字传输。简单地说，基带传输是指把要传输的数据转换为数字信号，然后使用固定的频率在信道上直接传输。目前大部分计算机局域网都采用基带传输方式。由于基带传输是把数字信号按照原样进行传输，不需要经过任何调制或解调，因此所需附属设备少、价格低。双绞线、同轴电缆和光纤都可作为基带传输的传输介质。基带传输适合于短距离的数据传输。

2. 频带传输

在基带传输中，基带信号可通过双绞线、同轴电缆等传输介质直接传输，但由于基带信号含有直流和大量的低频成分，往往不能直接通过电话线路这类介质进行传输（话音通路频带范围一般为 300 ~ 3400 Hz），因此需要采取措施把数字信号转换成线路允许传输的频带范围内的模拟信号，才能在电话线路上传输，这就形成了频带传输。所谓频带传输，是指将数字信号调制成音频信号后再发送和传输，到达接收端时再把音频信号解调成原来的数字信号。可见，在采用频带传输方式时，要求发送端和接收端都要安装调制器和解调器。

在实现远距离通信时，经常借助于电话线路，此时就需要利用频带传输方式。利用频带传输，不仅能解决利用电话系统传输数字信号时的问题，还可以实现多路复用，以提高传输信道的利用率。

3. 宽带传输

宽带传输采用 75 Ω 的 CATV 电视同轴电缆或光纤作为传输媒体，带宽为 300 MHz。使用时通常将整个带宽划分为若干个子频带，分别用这些子频带来传送音频信号、视频信号以及数字信号。宽带同轴电缆原本是用来传输电视信号的，当用它来传输数字信号时，需要利用电缆调制解调器（Cable Modem）把数字信号变换成频率为几十兆赫兹到几百兆赫兹的模拟信号。

还可利用宽带传输系统来实现声音、文字和图像的一体化传输，这也是通常所说的"三网合一"，即语音网、数据网和电视网三网合一。另外，使用 Cable Modem 上网就是基于宽带传输系统实现的。

5.4　数据通信的技术指标

5.4.1　信道与误码率

信道是通信双方之间以传输介质为基础传递信号的通路，由传输介质及其两端的信道设备共同组成。任何信道都具有有限带宽，所以从抽象的角度看，信道实质上是指定的一段频带，它允许信号通过，但又给信号限制和损害。

在计算机网络中，一般要求误码率低于 10^{-6}，误码率公式为

$$Pe = (Ne/N) \times 100\% \qquad\qquad (5-1)$$

在理解误码率定义时应注意：对于一个实际的数据传输系统，不能笼统地要求误码率越低越好，要根据实际传输要求提出误码率要求；在数据传输速率确定后，误码率越低，数据传输系统设备越复杂，造价就越高。

在实际的数据传输系统中，电话线路在 300~2400 b/s 传输速率时，平均误码率为 10^{-2}~10^{-6}，在 4800~9600 b/s 传输速率时，平均误码率为 10^{-2}~10^{-4}。而计算机通信的平均误码率要求低于 10^{-9}。因此，普通通信信道如不采取差错控制技术是不能满足计算机通信要求的。

5.4.2　数据传输速率

为了衡量数据在传输时的速度高低，采用了两个不同的单位来度量，这就是波特率和比特率。

（1）比特率。

比特率是指数字信号的传输速率，又称为信息速率，它反映了一个数据通信系统

每秒传输二进制信息的位数，单位为位/秒，记作 bps 或 b/s。一个波形所携带的信息量等效于该波形所代表的二进制码元数，N 为一个波形代表的有效状态数。比特率 S 可按下式计算：

$$S = 1/T \times \log_2 N \tag{5-2}$$

式中，T 为信号码元的宽度，单位为秒。

由式（5-1）和式（5-2）可以得出：

$$S = B \times \log_2 N \tag{5-4}$$

$$B = S/ \log_2 N \ （\text{Baud}） \tag{5-5}$$

（2）波特率。

波特率是指在信道上传输信号的波形速率，反映单位时间内通过信道传输的码元数，单位为波特，记作 Baud。

$$B = 1/T \ （\text{Baud}） \tag{5-3}$$

对于一个用二进制表示的信号（两级电平），每个码元包含 1 个比特信息，其信息速率与码元速率相等；对于一个用四进制表示的信号（四级电平），每个码元包含了 2 个比特信息，因此，它的信息速率应该是码元速率的 2 倍。

5.4.3 信道带宽与信道容量

信道带宽是指信道中传输的信号在不失真的情况下所占用的频率范围，通常称为信道的通频带，单位用赫兹（Hz）表示。信道带宽是由信道的物理特性所决定的，例如，电话线路的频率范围在 300～3400 Hz，则它的带宽就为 300～3400 Hz。

信道容量是衡量一个信道传输数字信号的重要参数。信道容量是指单位时间内信道上所能传输的最大比特数，用每秒比特数（b/s）表示。当传输的信号速率超过信道的最大信号速率时，就会产生失真。

通常，信道容量和信道带宽具有正比的关系，带宽越大，容量越高，所以要提高信号的传输率，信道就要有足够的带宽。从理论上看，增加信道带宽是可以增加信道容量的，但在实际上，信道带宽的无限增加并不能使信道容量无限增加，其原因是在一些实际情况下，信道中存在噪声或干扰，制约了带宽的增加。

5.5 多路复用技术

多路复用（Multiplexing）技术是将传输信道在频率域或时间域上进行分割，形成若干个相互独立的子信道，每一个子信道单独传输一路数据信号。从电信角度看，相当于多路数据被复合在一起共同使用一条共享信道进行传输，所以称为"复用"。复用技术包括复合、传输和分离 3 个过程，由于复合与分离是互逆过程，通常把复合与分离的装置放在一起，做成所谓的"复用器"（一般用 MUX 表示），多路信号在一对MUX 之间的一条复用线上传输，如图 5 – 23 所示。

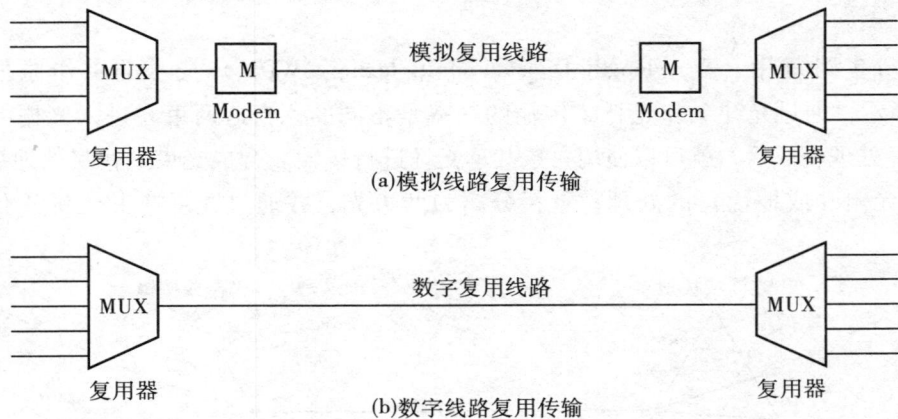

(a)模拟线路复用传输

(b)数字线路复用传输

图 5 –23　信道的多路复用模型

5.5.1　频分多路复用

如图 5 – 24 所示，频分多路复用（Freauency Division Multiplexing FDM）是一种模拟复用方案，输入 FDM 系统的信息是模拟的且在整个传输过程中保持为模拟信号。在物理信道的可用带宽超过单个原始信号所需带宽情况下，可将该物理信道的总带宽分割成若干个与传输单个信号带宽相同（或略宽）的子信道，每个子信道传输一路信号。

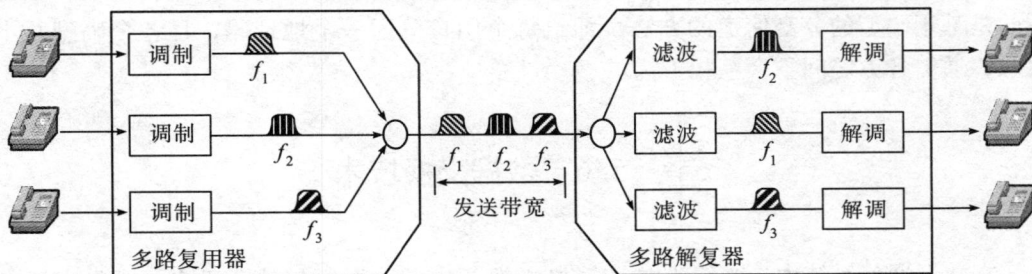

图 5 –24　频分多路复用技术的工作原理

5.5.2　时分多路复用

由抽样理论可知，抽样是将时间上连续的信号变成离散信号，其在信道上占用时间的有限性为多路信号在同一信道上的传输提供了条件。若信道能达到的位传输速率超过传输数据所需的数据传输速率，则可采用时分多路复用技术，即将一条物理信道按时间分成若干个时间片轮流地分配给多个信号使用，

5.5.3 波分多路复用

波分多路复用（Wavelength Division Multiplexing，WDM）技术的工作原理如图 5-25所示，通过光纤 1 和光纤 2 传输的频率是不同的，当这两束光进入光栅（或棱镜），经处理合成后，就可以使用一条共享光纤进行传输。合成光束到达目的地后，经过接收光栅（或棱镜）的处理，重新分离为两束光，并通过光纤 3 和光纤 4 传送给用户。

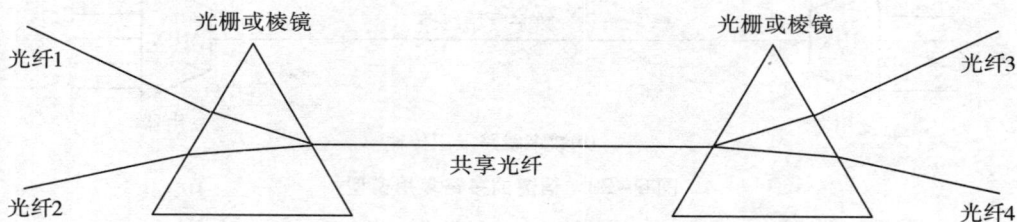

图 5-25　波分多路复用技术的工作原理

5.5.4 码分多路复用

码分多路复用也是一种共享信道的技术，它对不同用户传输信息所用的信号不是靠频率不同或时隙不同来区分的，而是用各自不同的编码序列来区分的，或者说，是靠信号的不同波形来区分的。每个用户可在同一时间使用同样的频带进行通信，但使用的是基于码型的分割信道的方法，即给每个用户分配一个地址码，且各个码型互不重叠，通信各方之间不会互相干扰。

5.6 数据交换技术

在数据通信系统中，当终端与计算机之间，或者计算机与计算机之间不是直通专线连接，而是要经过通信网的接续过程来建立连接时，两端系统之间的传输通路就是通过通信网络中若干节点转接而成的所谓"交换线路"。

在一种任意拓扑的数据通信网络中，通过网络节点的某种转接方式来实现从任一端系统到另一端系统之间接通数据通路的技术，就称为数据交换技术。

数据交换技术主要包括电路交换、分组交换和报文交换。

5.6.1 电路交换

1. 电路交换的原理

电路交换是源于传统的电话交换原理发展而成的一种交换方式，该方式在收发网络站点之间建立一条临时的物理电路，这条电路一直保持到通信结束才拆除。它的基本处理过程包括呼叫建立、通话（信息传送）、连接释放三个阶段，如图 5－26 所示。

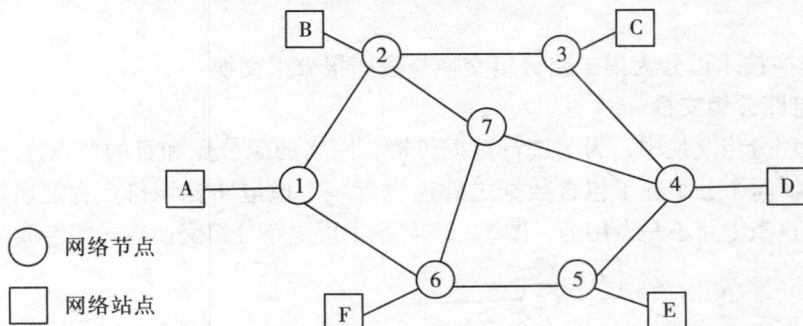

图 5－26　电路交换

2. 电路交换的主要特点

电路交换的特点如下：

（1）数据的传输时延短且时延固定不变，适用于实时大批量连续的数据传输。

（2）数据传输迅速可靠，并且保持原来的顺序。

（3）电路连通后提供给用户的是"透明通路"。

（4）电路（信道）利用率低。

5.6.2　报文交换

1. 报文交换的原理

报文交换采用存储—转发方式，它是源于传统的电报传输方式而发展起来的一种交换技术，不像电路交换那样需要通过呼叫建立起物理连接的通路，而是以接力方式，数据报文在沿途各节点进行接收—存储—转发，逐段传送直到目的站点的系统。传输过程中一个时刻仅占用一段通道，即每个节点在收到整个报文并检查无误后，就暂存这个报文，然后利用路由信息找出下一个节点的地址，再把整个报文传送给下一个节点。节点与节点之间无需先通过呼叫建立连接，在交换节点中需要缓冲存储，报文需要排队，故报文交换不能满足实时通信的要求。

2. 报文交换的主要特点

报文交换的特点如下：

（1）信道利用率高。

（2）可以把一个报文发送到多个目的地。

（3）可以实现报文的差错控制和纠错处理，还可以进行速度和代码的转换。

（4）不能满足实时或交互式的通信要求。

（5）有时节点收到过多的数据而无空间存储或不能及时转发时，就不得不丢弃报文，而且发出的报文不按顺序到达目的地。

5.6.3 分组交换

分组交换技术可分为虚电路分组交换与数据报分组交换。

1. 虚电路分组交换

在虚电路分组交换中，为了进行数据传输，网络的源节点和目的节点之间要先建一条逻辑通路。每个分组除了包含数据之外还包含一个虚电路标识符。它之所以是"虚"的，是因为这条电路不是专用的。图5-27显示了虚电路分组交换方式的传输过程。

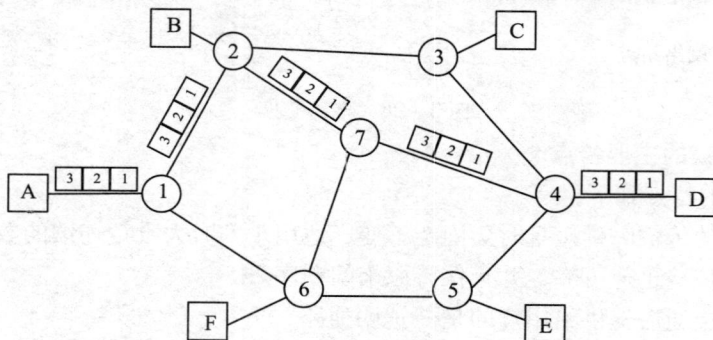

图5-27　虚电路分组交换

2. 数据报分组交换

如图5-28所示，在数据报分组交换中，每个分组的传送是被单独处理的。每个分组称为一个数据报，数据报自身携带足够的地址信息。

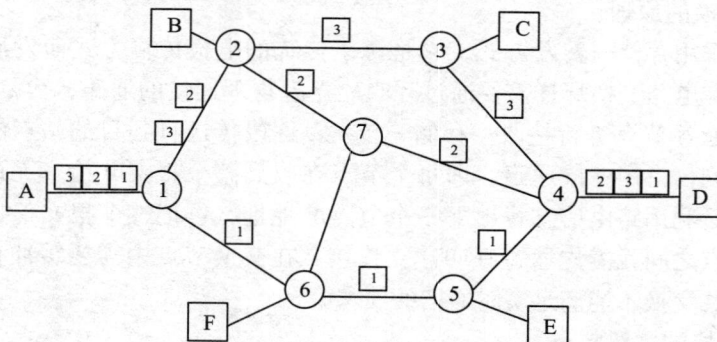

图5-28　数据报分组交换

电路交换、报文交换、分组交换三种交换方式各有优缺点，因而各有适用场合，并且可以互相补充。与电路交换相比，分组交换电路利用率高，可实现变速、变码、差错控制和流量控制等功能。与报文交换相比，分组交换时延小，具备实时通信特点。分组交换还具有多逻辑信道通信的能力。但分组交换在传输过程中把报文划分成若干个分组，每个分组前要加一个有关控制与监督信息的分组头，因此会增加网路开销。所以，分组交换适用于报文不是很长的数据通信，电路交换适用于报文长且通信量大的数据通信。

5.7 差错控制技术（选）

5.7.1 差错控制

差错是指在数据通信中，接收端接收的数据与发送端发出的数据不一致的现象。

差错的产生原因很多，从差错的物理形成分析，有热噪声和冲击噪声差错。从差错发生的位置分析，有通信链路差错、路由差错和通信节点差错。从差错发生的层次分析，有物理层和数据链路层差错、网络层和传输层差错。

如何实现无差错的数据传输是一个非常重要的问题。差错控制技术是实现数据可靠传输的主要手段。差错控制的主要途径有：①选用高可靠性的设备和传输介质，并辅以相应的保护和屏蔽措施。②通过通信协议实现差错控制。③采用差错控制编码。因为差错控制的核心是差错控制编码。

差错检测是差错控制的基础。能纠错的码首先应具有差错检测能力，只有在能够判定接收到的信号是否出错后才谈得上是否要求对方重发出错消息。具有差错检测能力的码不一定具有差错纠正能力。由于差错检测并不能提高信道利用率，所以主要应用于传输条件较好的信道上，作为误码统计和质量控制的手段。

自动请示重发 ARQ 和前向纠错 FEC 是进行差错控制的两种方法。

在自动请示重发方式中，接收端检测出有差错时，就设法通知发送端重发，直到正确的码字收到为止。自动请示重发方式使用检错码，但必须有双向信道才可能将差错信息反馈到发送端。同时，发送方要设置数据缓冲区，用以存放已发出的数据以便于重发出错的数据。

在前向纠错方式中，接收端不但能发现差错，而且能确定二进制码元发生错误的位置，从而加以纠正。前向纠错方式使用纠错码，不需要反向信道来传递请示重发的信息，发送端也不需要存放以备重发的数据缓冲区。但该方式编码效率低，纠错设备也比较复杂。

在实际通信网中，往往在不同的应用场合采用不同的差错控制技术。前向纠错主要用于信道质量较差、对传输时延要求较严格的有线和无线传输当中；自动请求重发则多用于像计算机通信等对时延要求不高但对数据可靠性要求非常高的文件传输之中。

5.7.2 差错控制编码

差错控制编码的基本思想是在被传输信息中增加一些冗余码，利用附加的冗余码元和信息码元之间的约束关系加以校验，以检测和纠正错误。

差错控制编码又可分为检错码和纠错码。

检错码只能检查出传输中出现的差错，发送方只有重传数据才能纠正差错；而纠错码不仅能检查出差错而且能自动纠正差错，避免了重传。

常用的检错码有：奇偶校验码、循环冗余码。

1. 奇偶校验码

奇偶校验是最常用的差错检测方法，也是其他差错检测方法的基础。

原理：在 7 位 ASCII 代码的最后一位增加一位校验位，组成的 8 位代码中"1"的个数为奇数（奇校验）或偶数（偶校验）。

特点：检查出其中一位出错。

奇偶校验分为水平奇偶校验、垂直奇偶校验和水平垂直奇偶校验三种，如表 5 – 1 所示。

（1）水平奇偶校验：以字符组为单位，对一组字符中的相同位在水平方向进行编码校验。

（2）垂直奇偶校验：以字符为单位，对字符在垂直方向加校验位构成校验单元。

（3）水平垂直奇偶校验：将前面两种校验方式结合而成。在水平方向和垂直方向同时进行校验。

表 5 – 1 奇偶校验表

字\符	字符 1	字符 2	字符 3	字符 4	字符 5	字符 6	校验位（奇）
位 1	1	1	0	1	1	1	0
位 2	0	0	0	0	1	0	0
位 3	0	1	1	1	1	0	1
位 4	1	1	1	0	0	1	1
位 5	1	0	0	0	0	1	1
位 6	0	1	0	1	1	0	1
位 7	1	0	1	0	1	0	0
校验位	0	0	1	1	1	1	1

2. 循环冗余码

循环冗余码（Cyclic Redundancy Code，CRC）是使用较广泛并且检错能力较强的一种检验码。

CRC 的工作过程：

在发送端按一定的算法产生一个循环冗余码，附加在信息数据帧后面一起发送到接收端。接收端将收到的信息按同样算法进行除法运算，若余数为"0"，表示接收的数据正确；若余数不为"0"，表示数据在传输的过程中出错，请求发送端重传数据。

例：假设准备发送的数据信息码是 1101011011，生成多项式为 $G(x) = x^4 + x + 1$，求该信息码的 CRC 冗余位及相应的码字。

解：① 计算信息编码多项式 $T(x)$。

$M(x) = 1101011011$ $G(x) = 10011$

生成多项式的最高次幂 $r = 4$，信息码附加 4 个 0 后形成新的多项式：

$M'(x) = 11010110110000$

② 用模 2 除法求 $M'(x)/G(x)$ 的余数。

```
                        1 1 0 0 0 0 1 0 1 0
        1 0 0 1 1 | 1 1 0 1 0 1 1 0 1 1 0 0 0 0
                    1 0 0 1 1
                    ‾‾‾‾‾‾‾‾‾
                      1 0 0 1 1
                      1 0 0 1 1
                      ‾‾‾‾‾‾‾‾‾
                        0 0 0 0 1
                        0 0 0 0 0
                        ‾‾‾‾‾‾‾‾‾
                          0 0 0 1 0
                          0 0 0 0 0
                          ‾‾‾‾‾‾‾‾‾
                            0 0 1 0 1
                            0 0 0 0 0
                            ‾‾‾‾‾‾‾‾‾
                              0 1 0 1 1
                              0 0 0 0 0
                              ‾‾‾‾‾‾‾‾‾
                                1 0 1 1 0
                                1 0 0 1 1
                                ‾‾‾‾‾‾‾‾‾
                                  0 1 0 1 0
                                  0 0 0 0 0
                                  ‾‾‾‾‾‾‾‾‾
                                    1 0 1 0 0
                                    1 0 0 1 1
                                    ‾‾‾‾‾‾‾‾‾
                                      0 1 1 1 0
                                      0 0 0 0 0
                                      ‾‾‾‾‾‾‾‾‾
                                        1 1 1 0  ←
```

帧：1101011011
除数：10011
附加4个零后形成的串：11010110000
传输的帧：11010110111110

③ 得出要传输的循环冗余校验码多项式 $T(x)$。

将余数 1110 直接附加在 $M(x)$ 的后面得

$$T(x) = 11010110111110$$

④ 接收端对接收到的 $T(x)$ 进行校验。

设接收端接收到的数据为多项式 $T'(x)$，将 $T'(x)$ 除以 $G(x)$，若余数为 0，即 $T'(x) = T(x)$，则认为没有错误。若余数不为 0，即 $T'(x) \neq T(x)$，则认为有错。

$$T'(x)/G(x) = (Q(x) \times G(x) + R(x) + R(x))/G(x)$$
$$= (Q(x) \times G(x))/G(x) = Q(x)$$

5.8 通信传输介质

通信传输介质是指在两个通信设备之间实现的物理连接部分，它能将信号从一方传输到另一方。按照传输介质的不同可以分为有线传输和无线传输两类。常用的无线传输介质有无线电波、微波和红外线；有线传输介质主要有双绞线、同轴电缆和光纤。其中，双绞线和同轴电缆传输电信号，光纤传输光信号。

5.8.1 双绞线

双绞线是由一对或多对绝缘铜导线组成的，为了减少信号传输中串扰及电磁干扰影响的程度，通常将这些线按一定的密度互相缠绕在一起。

双绞线是模拟和数字数据通信较常用的传输媒体，它的主要应用范围是电话系统中的模拟话音传输，最适合于较短距离的信息传输。当超过几千米时信号因衰减可能会产生畸变，这时就要使用中继器来放大信号和再生波形。

双绞线的价格在传输媒体中是最便宜的，并且安装简单，因此得到广泛的使用。

在局域网中一般也采用双绞线作为传输媒体。双绞线可分为非屏蔽双绞线（Unshielded Twisted Pair，UTP）和屏蔽双绞线（Shielded Twisted Pair，STP），如图 5-29 所示。

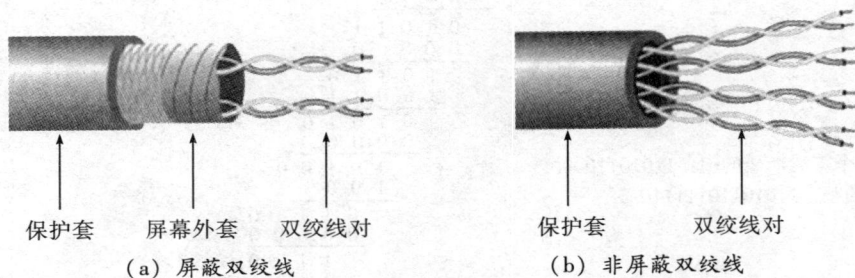

| 保护套　　屏幕外套　　双绞线对 | 保护套　　双绞线对 |
| （a）屏蔽双绞线 | （b）非屏蔽双绞线 |

图 5-29　屏蔽双绞线与非屏蔽双绞线

双绞线既可以用于音频传输，也可以用于数据传输。由于 UTP 的成本低于 STP，所以使用的更广泛。UTP 可以分为如下六类：

①1 类 UTP：主要用于电话连接，通常不用于数据传输。

②2 类 UTP：通常用在程控交换机和报警系统。ISDN 和 T1/E1 数据传输也可以采用 2 类电缆，2 类线的最高带宽为 1 MHz。

③3 类 UTP：又称为声音级电缆，是一类已广泛安装的双绞线。3 类 UTP 的阻抗为 100 Ω，最高带宽为 16 MHz，适合于 10 Mb/s 双绞线以太网和 4 Mb/s 令牌环网的安装，也能运行 16 Mb/s 的令牌环网。

④4 类 UTP：最大带宽为 20MHz，其他特性与 3 类 UTP 完全一样，能更稳定地运行 16 Mb/s 令牌环网。

⑤5 类 UTP：又称为数据级电缆，质量最好。它的带宽为 100 MHz，能够运行 100 Mb/s 以太网和 FDDI，5 类 UTP 的阻抗为 100 Ω。5 类 UTP 目前已被广泛应用。

⑥6 类 UTP：一种新型的电缆，最大带宽可以达到 1000 MHz，适用于低成本的高速以太网的骨干线路。

5.8.2 同轴电缆

如图 5-30 所示，同轴电缆是由绕同一轴线的两个导体所组成，即内导体（铜芯导线）和外导体（屏蔽层）。外导体的作用是屏蔽电磁干扰和辐射，两导体之间用绝缘材料隔离。同轴电缆具有较高的带宽和极好的抗干扰特性。

图 5 – 30　同轴电缆的结构

同轴电缆的规格是指电缆粗细程度的度量，按射频级测量单位（RG）来度量，RG 越高，铜芯导线越细，RG 越低，铜芯导线越粗。

常用同轴电缆的型号和应用如下：

①阻抗为 50 Ω 的粗缆 RG – 8 或 RG – 11，用于粗缆以太网。

②阻抗为 50 Ω 的细缆 RG – 58A/U 或 C/U，用于细缆以太网。

③阻抗为 75 Ω 的电缆 RG – 59，用于有线电视 CATV。

5.8.3　光纤

光纤是一种由石英玻璃或塑料制成的纤维，直径很小，能传导光信号。光纤由一束玻璃芯组成，它的外面包了一层折射率较低的反光材料，称为覆层。由于覆层的作用，在玻璃芯中传输的光信号几乎不会从覆层中折射出去。这样当光束进入光纤中的芯线后，可以减少光通过光缆时的损耗，并且在芯线边缘产生全反射，使光束曲折前进，如图 5 – 31 所示。

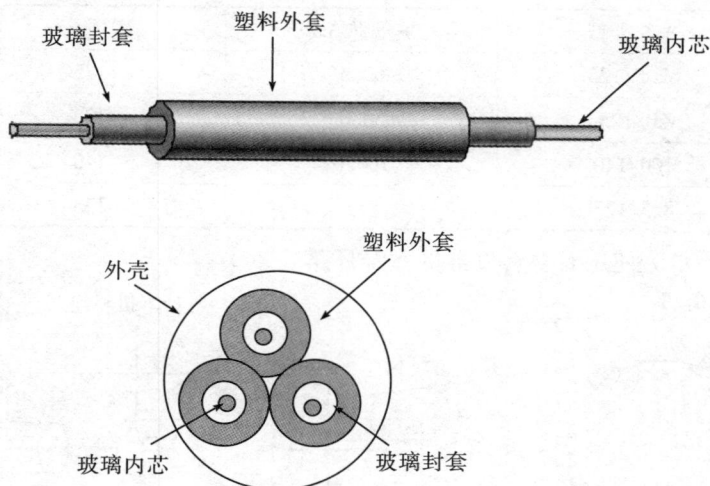

图 5 – 31　光纤的结构

光纤中的光源可以是发光二极管 LED 或注入式激光二极管 ILD，当光通过这些器件时发出光脉冲，光脉冲通过玻璃芯从而传递信息。在光缆的两端都要有一个装置来完成光信号和电信号的转换。

光纤的优点是信号的损耗小、频带宽、传输率高，可以从 100 Mb/s 到 1000Mb/s，甚至更高，且不受外界电磁干扰。另外，由于它本身没有电磁辐射，所以它传输的信号不易被窃听，保密性能好。但是光纤的成本高并且连接技术比较复杂。

光纤主要用于长距离的数据传输和网络的主干线。

根据使用的光源和传输模式，光纤可分为多模光纤和单模光纤。

多模光纤采用发光二极管产生可见光作为光源，定向性较差。当光纤芯线的直径比光波波长大很多时，由于光束进入芯线中的角度不同传播路径也不同，这时光束是以多种模式在芯线内不断反射而向前传播的。多模光纤的传输距离一般在 2 km 以内。

单模光纤采用注入式激光二极管作为光源，激光的定向性强。单模光纤的芯线直径一般为几个光波的波长，当激光束进入玻璃芯中的角度差别很小时，能以单一的模式无反射地沿轴向传播，如图 5 - 32 所示。

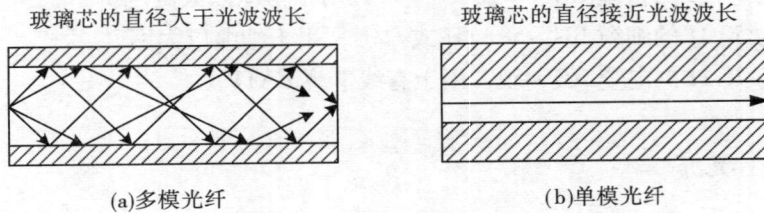

(a)多模光纤　　　　　　　　　　(b)单模光纤

图 5 - 32　多模光纤和单模光纤

光纤的规格通常用玻璃芯与覆层的直径比值来表示，其中 8.3/125 的光纤只用于单模光纤，如表 5 - 2 所示。

单模光纤的传输率较高，但比多模光纤更难制造，价格更高。

表 5 - 2　光纤的规格

光纤类型	玻璃芯/υm	覆层/υm
62.5/125	62.5	125
50/125	50.0	125
100/140	100.0	140
8.3/125	8.3	125

图 5 - 33 所示为使用有源转发器的光纤环路。

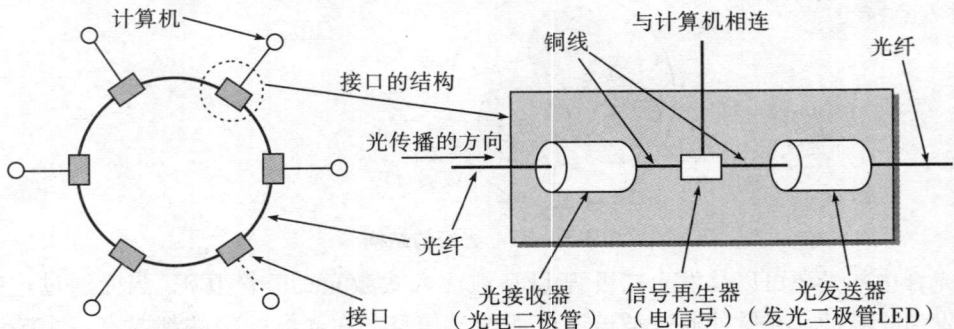

图 5 - 33　使用有源转发器的光纤环路

5.8.4 无线电传输

在实际应用中，根据传输距离的远近和对通信速率的要求，可以选用不同的有线介质。但是，若通信线路要通过一些高山、岛屿或河流时，铺设线路就非常困难，而且成本非常高，这时候就可以考虑使用无线电波在自由空间的传播实现多种通信。

无线电微波通信在数据通信中占有重要地位。微波的频率范围为 300 MHz ~ 300 GHz，但主要是使用 2 ~ 40 GHz 的频率范围。微波在空间主要是直线传播，由于微波会穿透电离层而进入宇宙空间，因此它不像短波通信可以经电离层反射传播到地面上很远的地方。微波通信有两种主要的方式：地面微波接力通信和卫星通信。

1. 地面微波接力通信

地面微波接力通信方式一般在物理线路昂贵或地理条件不允许的情况下适用。微波通过地球表面的大气传播，如图 5 - 34 所示，易受到建筑物或天气的影响，两个地面站之间传送距离为 50 ~ 100 km。

微波接力通信的特点如下：微波波段频率很高，其频段范围也很宽，因此其通信信道的容量很大。微波通信受外界干扰比较小，传输质量较高。与相同容量和长度的电缆载波通信比较，微波接力通信建设投资少、见效快。

微波接力通信也存在如下的一些缺点：相邻站之间必须直视，不能有障碍物（"视距通信"）。有时一个天线发射出的信号也会分成几条略有差别的路径到达接收天线，因而造成失真。微波的传播有时也会受到恶劣气候的影响。与电缆通信系统比较，微波通信的隐蔽性和保密性较差。对大量中继站的使用和维护要耗费一定的人力和物力。

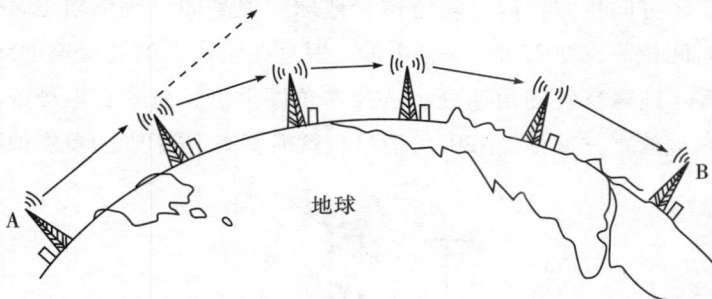

图 5 - 34 微波中继通信的中继示意图

2. 卫星通信

卫星通信，简单地说就是地球上（包括地面、水面和底层大气中）的无线电通信站之间利用人造卫星作为中继站转发或反射无线电波，如图 5 - 35 所示，以此来实现两个或多个地球站之间通信的一种通信方式。它是一种无线通信方式，可以承载多种通信业务，是当今社会重要的通信手段之一。

图 5 - 35   卫星通信示意图

卫星通信的主要优点是：通信距离远，在卫星发射的波束覆盖范围内，任何一处都可以通信，且通信费用与通信距离无关；受陆地灾害影响小，可靠性高；易于实现广播通信和多址通信。

卫星通信的主要缺点是：通信费用高，延时较大；10 GHz 以上雨衰较大；易受太阳噪声的干扰。

卫星通信常用频段的上行链路和下行链路为：

C 波段 4/6 GHz：上行 5.925 ~ 6.425 GHz；下行 3.7 ~ 4.2 GHz。

KU 波段 11/14 GHz：上行 14 ~ 14.5 GHz；下行 11.7 ~ 12.2 GHz。

地球同步卫星即地球同步轨道卫星，又称对地静止卫星，是运行在地球同步轨道上的人造卫星，如图 5 - 36 所示。同步卫星距离地球的高度约为 36 000 km，卫星的运行方向与地球自转方向相同，运行轨道位于地球赤道平面上圆形轨道，运行周期与地球自转一周的时间相等，即 23 时 56 分 4 秒。卫星在轨道上的绕行速度约为 3.1 km/s，其运行角速度等于地球自转的角速度。从技术角度上讲，只要在地球赤道上空的同步轨道上，等距离地放置三颗相隔 120° 的卫星，就能基本上实现全球的通信。

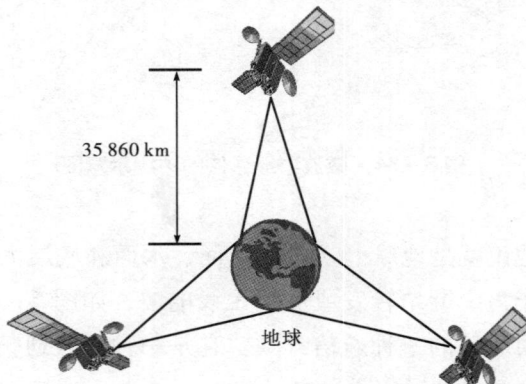

35 860 km

地球

图 5 - 36   同步卫星通信示意图

为了避免产生干扰，卫星之间的相隔不能小于 2°，因此，整个赤道上空只能放置

180 个同步卫星。一个典型的卫星通常拥有 12～20 个转发器，每个转发器的频带宽度为 36 MHz 或 72 MHz。

常用传输媒介的比较如表 5－3 所示。

表 5－3 常用传输媒介的比较

传输媒介	速 率	传输距离	抗干扰性	价 格	应 用	示 例
双绞线	模拟 300～3400 Hz；10～100 Mb/s	几十千米	较好	低	模拟传输 数字传输	用户环线 LAN
50 Ω 同轴电缆	10M	1 千米内	较好	略高于 TP	基带数字信号	LAN
75 Ω 同轴电缆	300～450 MHz	100 千米	较好	较高	模拟传输，可分多信道混合传输电视、数据及 CD 音频	CATV
光纤	100～几千 Mb/s	30 千米	很好	较高	远距离传输	长话线路，主网
短波	几十～几百 b/s	全球	一般，通信质量差	较低	远程低速通信	广播
地面微波接力	4～6 GHz	几百千米	很好	低于同容量和长度的电缆	远程通信	电视
卫星	4～14 GHz	三万六千多千米	很好	费用与距离无关	远程通信	电视、电话、数据

第6章

计算机网络技术

6.1 计算机网络的发展与分类

6.1.1 计算机网络的发展

计算机网络诞生于 20 世纪 60 年代，是计算机技术、通信技术相互渗透、相互促进的产物。它的发展过程经历了一个从简单到复杂、从单机到多机的演变过程，即从最初为了解决远程计算、信息的收集和处理而出现的单机多终端远程联机系统开始，逐步形成了将多台具有自主处理能力的中心计算机相互连接起来，实现以资源共享为目的的计算机通信网络，最后发展到现代具有统一网络体系结构并遵循国际标准的开放式、标准化的计算机网络。

人们从计算机网络的这几个发展阶段中，把计算机网络的概念归纳为：用通信手段将空间上分散的、具有独立处理能力的多台计算机系统互联起来，按照网络协议进行数据通信，以进行信息交换、实现资源共享和协同工作的计算机系统的集合。由此可见，计算机网络的概念主要包含了以下几个方面的含义：

（1）计算机网络必须是两台或两台以上的具有独立功能的计算机系统的集合。其中具有独立处理能力的计算机系统是指每个计算机系统能独立工作，能够自我处理数据，无需其他系统的帮助，它们之间不存在主从关系。

（2）网络中的计算机系统在空间是分散的，既有可能在同一张桌子上，一栋楼宇中，也有可能处于不同的城市、不同的大陆。

（3）网络中的多台计算机必须通过物理介质连接起来。这些物理介质可以是铜线、光纤等"有线"介质，也可以是微波、红外线或卫星等"无线"介质。

（4）网络中的计算机系统之间要进行信息交换，必须遵守某种约定和规则，这些约定和规则被称为协议。协议可以由硬件或软件来完成。

（5）网络中多台计算机系统互联的结果是完成数据交换，目的是为了实现信息资源的共享以及不同计算机系统间的相互操作以完成工作协同和应用集成。

计算机网络的发展大致可划分为 4 个阶段：

（1）面向终端的计算机通信网。

由于远程终端数量的增加，为了解决一台计算机使用多个线路控制器的问题，在 20 世纪 60 年代初期，开发出了多重线路控制器。它相当于一台多口的线路控制器，可以同时和多个终端同时通信，这种最简单的通信网称为第一代计算机网络，如图6-1所示。

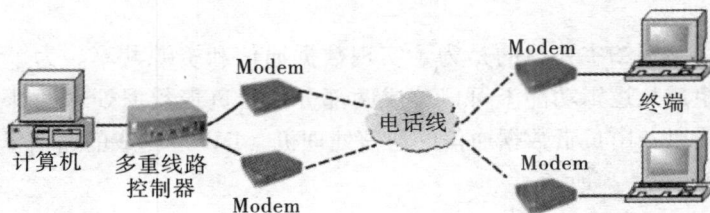

图6-1 第一代计算机网络

（2）多台计算机互联的计算机网络。

为了改善第一代计算机网络的缺点，提高网络的可靠性和可用性，人们开始研究将多台计算机相互连接的方法。

早期的面向终端的计算机网络是以单个主机为中心的星型网，各终端通过电话网共享主机的硬件和软件资源。但分组交换网则以通信子网为中心，主机和终端都处在网络的边缘，如图6-2所示。主机和终端构成了用户资源子网。用户不仅能共享通信子网的资源，而且还可以共享用户资源子网中丰富的硬件和软件资源。这种以通信子网为中心的计算机网络通常被称为第二代计算机网络。

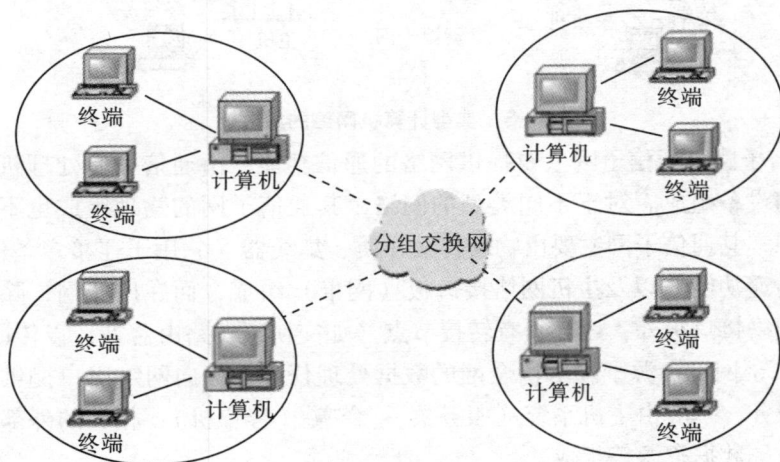

图6-2 分组交换网

（3）开放式标准化的计算机网络。

在 ISO/OSI 参考模型推出后，网络的发展一直走标准化道路，而网络标准化的最大体现就是互联网的飞速发展。现在互联网已成为世界上最大的国际性计算机网络。

（4）高速发展的计算机网络。

计算机网络的发展既受到计算机科学技术和通信科学技术的支持，又受到网络应用需求的推动。如今，计算机网络从体系结构到实用技术已逐步走向系统化、科学化和工程化。

6.1.2 计算机网络的组成

计算机网络出现的主要目的是为了实现数据通信和资源共享。为了实现这两大基本功能，它的组成从逻辑功能上可以分成两部分：由负责数据处理的计算机（HOST）构成的资源子网以及由负责数据通信的通信处理机（IMP）构成的通信子网。典型计算机网络的组成如图6－3所示。

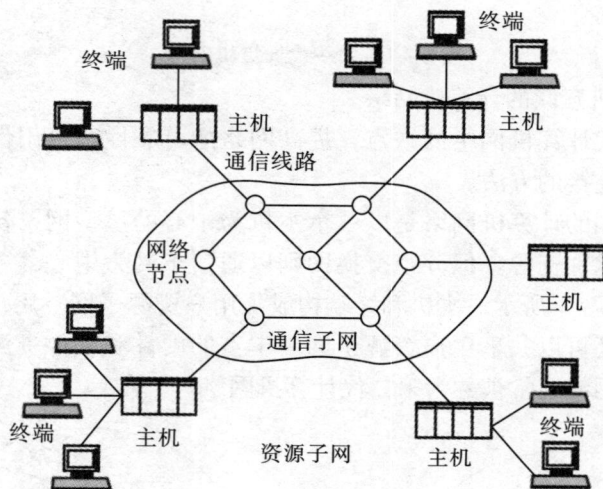

图6－3 典型计算机网络的组成

（1）通信子网：通信子网主要提供网络的通信功能，由通信控制处理机、通信线路和其他通信设备组成。对于不同类型的网络，其通信子网的物理组成也不相同。比如在局域网中，其通信子网主要由物理传输介质、集线器（它用于连接多条传输介质，不具有数据传递功能）以及主机网络接口板（网卡）组成，而在广域网，除物理传输介质和主机网络接口板外，还必须有转接节点（如交换机、路由器等）以传递信息。

（2）资源子网：资源子网承担全网的数据处理任务，并向网络用户提供各种网络资源与网络服务，一般由主机系统（服务器）、终端（客户机）、相关的外部设备和各种软硬件资源、数据资源等组成。

6.1.3 计算机网络的分类

一个网络可以小到由两台计算机组成，也可以大到由上亿台计算机组成。为了深入了解计算机网络，必须要先了解计算机网络的分类。

1. 按网络覆盖的地理范围分类

按网络覆盖的地理范围分类，可将计算机网络分为局域网、城域网、广域网。

（1）局域网（LAN，Local Area Network）。

局域网通常在有限范围内，如一个实验室内、一幢大楼内、一个校园内，等等。

地理覆盖范围一般从几十米到几千米。局域网的作用范围小，入网设备便宜，网络管理简单，再加上微机的日益普及，局域网成为发展最迅猛、应用最广泛的一种廉价网，是计算机网络中最活跃的领域之一。局域网有自己独特的一套网络标准和体系结构，比如著名的以太网和 IEEE 制定的 IEEE 802 系列标准。

（2）城域网（MAN，Metropolitan Area Network）。

城域网一般是指在一个城市范围内的计算机互联，以满足同一城市的政府、企业共享资源的需要。城域网是介于广域网与局域网之间的一种大范围的高速网络。城域网设计的主要目标是满足几十千米范围内的计算机联网需求，实现大量用户，多种信息（数据、声音、图像等）传输的综合性信息网络。目前城域网已经制定出了一些完备的网络标准和技术规范，如分布式队列总线、光纤分布式数据接口及交换多兆位数据服务。其中，光纤分布式数据接口已得到大量应用。

（3）广域网（WAN，Wide Area Network）。

广域网也称为远程网。它所覆盖的地理范围从几十千米到几千千米甚至上万千米。广域网可以覆盖一个地区、一个国家或横跨几个洲，形成国际性的计算机网络。广域网通常可以利用公用计算机网络（如电信网络）进行组建，将分布在不同国家和地区的计算机系统连接起来，构成更大范围的一个网络。

2. 按网络的传输介质分类

按网络的传输介质可以将计算机网络分为有线网络和无线网络两种。局域网通常采用单一的传输介质，而城域网和广域网采用多种传输介质。

（1）有线网络（Wired Network）。

有线网络指采用同轴电缆、双绞线、光纤等有线介质连接计算机的网络。双绞线是目前局域网最常见的传输介质。光纤通常用在企业、校园的主干网中。

（2）无线网络（Wireless Network）。

无线网络采用微波、红外线、可见光等电磁波作为传输介质。由于无线网络的联网方式灵活方便，因此是一种很有前途的组网方式。目前，许多企业和校园网已经在大量使用无线网络了。

3. 按传输技术分类

按传输技术可将计算机网络分为广播式网络和点到点网络。

（1）广播式网络（Broadcast Network）。

广播式网络的特点是，仅有一条通信信道，网络上的所有计算机都共享这个通信信道。若某个信息发出以后，网络上的每一台计算机都接收并处理它，则称这种方式为广播（Broadcast）。广播式网络总体效率较低。

（2）点到点网络（Point – to – Point Network）。

点到点网络的特点是，每两台计算机之间通过一条物理线路连接。若两台计算机之间没有直接连接的线路，分组可能要通过一个或多个中间节点的接收、存储和转发，才能将分组从信源发送到目的地。点到点网络总体效率较高。

6.2 计算机网络通信协议

网络互联是将分布在不同地理位置的网络、网络设备连接起来，构成更大规模的网络系统，以实现网络的数据资源共享。相互连接的网络可以是同种类型的网络，也可以是运行不同网络协议的异型系统。网络互联是计算机网络和通信技术迅速发展的结果，也是网络系统应用范围不断扩大的自然要求。网络互联要求在不改变原有子网内的网络协议、通信速率、硬件和软件配置等的条件下，通过网络互联技术使原先不能相互通信和共享资源的网络间有条件实现相互通信和信息共享。此外，还要求将因连接对原有网络的影响减至最小。

在相互连接的网络中，每个子网成为网络的一个组成部分，每个子网的网络资源都应该成为整个网络的共享资源，可以为网上任何一个节点所享用。同时，应该屏蔽各子网在网络协议、服务类型、网络管理等方面的差异。网络互联技术能实现更大规模、更大范围的网络连接，使网络、网络设备、网络资源、网络服务成为一个整体。

6.2.1 OSI 参考模型

在网络发展的早期，由于各个有实力的大公司和研究机构都投入了大量的人力、物力研究和发展各自的网络技术，从而促进了网络技术的快速发展，但同时导致计算机网络变得越来越复杂，也带来了兼容性的问题。由于采用不同技术的网络不能兼容，无法实现互联互通，极大地制约了网络的进一步发展与应用。

为了解决这些问题，国际标准化组织意识到需要建立一套统一的网络模型，来引导网络向规范方向发展，帮助厂商生产出可互操作的网络产品。

模型采用的方法是对网络进行层次划分，就是将计算机网络这个庞大、复杂的系统划分成若干较小的、简单的层次。通过"分而治之"，解决这些较小的、简单的问题，从而解决计算机网络这个大问题。

在网络互联的过程中，为了实现不同厂家生产的设备之间的互联操作与数据交换，国际标准化组织 ISO/TC97 于 1978 年建立了"开放系统互联"分技术委员会，起草了开放系统互联参考模型（Open System Interconnection，OSI）的建议草案，并于 1983 年成为正式的国际标准 ISO7498。1986 年对该标准进行了进一步的完善和补充，形成了为实现开放系统互联所建立的分层模型，简称 OSI 参考模型。

由 OSI 的名称可知，这个模型首先是一个计算机系统互联的规范，是指导生产厂家和用户共同遵循的中立的规范。其次这个规范是开放的，任何人均可免费使用。再次这个规范是为开放系统设计的，使用这个规范的系统必须向其他使用这个规范的系统开放。最后，这个规范仅供参考，可在一定的范围内根据需要进行适当调整。

OSI 参考模型从本质上来讲是一种通信协议的模型，它一方面集成了之前各种网络的长处，另一方面它也框定了其后各种网络的构架，使得跨平台、跨机种的系统互联得以实现，极大地促进了计算机网络技术的应用和发展。

OSI 参考模型将开放系统的通信功能划分为 7 个层次，从连接物理介质的层次开始，分别赋予 1，2，…，7 层的顺序编号，相应地称为物理层、数据链路层、网络层、传输层、会话层、表示层和应用层。OSI 参考模型如图 6-4 所示。各层的协议细节由各层独立制定。这样一旦引入新技术或提出新的业务要求，就可以把因功能扩充、变更所带来的影响限制在直接有关的层内，而不必改动全部的协议。OSI 参考模型分层的原则是将相似的功能集中在同一层内，功能差别较大时分层处理，每层只对相邻的上、下层定义接口。

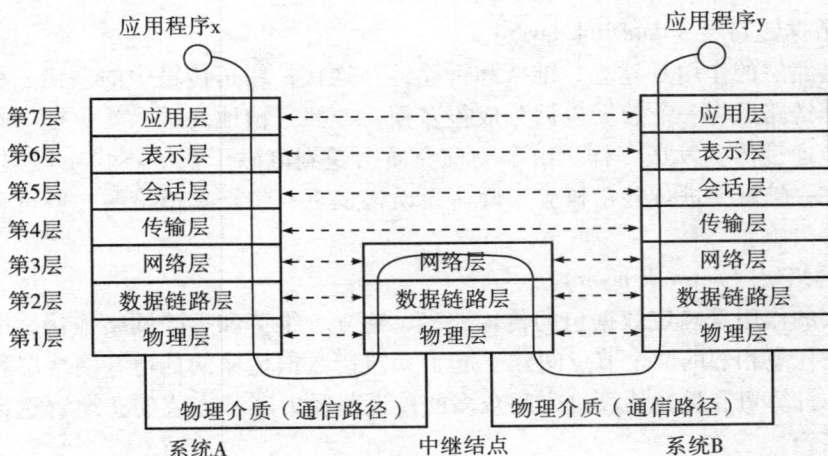

图 6-4　OSI 参考模型

为了便于理解各层的功能和系统的组合，下面将各层的情况简要归纳如表 6-1 所示。

表 6-1　OSI 模型分层简况

层　号	层　名	英文名	工作任务	接口要求	操作内容
第7层	应用层	application layer	管理、协同	应用操作	信息交换
第6层	表示层	presentation layer	编译	数据表达	数据构造
第5层	会话层	session layer	同步	对话结构	会话管理
第4层	传输层	transport layer	收发	数据传输	端口确认
第3层	网络层	network layer	选路、寻址	路由器选择	选定路径
第2层	数据链路层	data link layer	成帧、纠错	介质访问方案	访问控制
第1层	物理层	physical layer	比特流传输	物理接口定义	数据收发

6.2.2 OSI 各层的主要功能

OSI 各层的主要功能如下：

（1）物理层（physical layer）。

物理层的作用是通过物理介质正确地传送比特信息，要保证发送"0"或"1"的脉冲信号能够被对方正确地检测和接收到。需要解决的问题是：多少伏电压表示"1"和多少伏电压表示"0"，一位信息占多少时间，是否可以同时发送和接收，初始连接如何建立，通信完毕后又如何拆除连接以让出信道，接头的插件有多少条针及每条针的功能是什么等，这些问题的解决方案就是物理层接口的定义。其典型的协议有 EIA - 232 等。

（2）数据链路层（data link layer）。

数据链路层的作用是建立、维持和拆除链路连接，纠正传输中的差错。在传送数据时，数据链路层将一个数据包拆分成很多帧，一帧一帧地发送，就像把一本书拆成一页一页地通过传真发送一样。由于物理介质会受到电磁干扰等不稳定因素的影响，因此每发完一帧就要进行差错校验，确认无误再发下一帧。差错检测一般可采用循环冗余校验等措施。

（3）网络层（network layer）。

网络层的作用是确定数据包的传输路径，建立、维持和拆除网络连接。由于数据连接已经在任意相邻的两个节点间建立起了无差错数据传输的信道，网络层就利用这些信道在源计算机和目标计算机之间众多的传送路径中（静态或动态地）选择最佳方案并加以实施。

（4）传输层（transport layer）。

传输层的作用是控制开放系统之间的数据传送。传输层以下 3 层建立了具体网络连接，从传输层开始，源计算机和目标计算机之间建立起了直接对话。除了对收发数据的确认外，传输层还负责根据通信的需要调整网络的吞吐量并进一步提高网络通信的可靠性。

（5）会话层（session layer）。

会话层是依靠传输层以下的通信功能使数据传送功能在开放系统间有效地进行。它按照应用进程之间的约定，按照正确的顺序收、发数据，进行各种形式的对话。

会话层一方面要实现接收处理和发送处理的逐次交替变换；另一方面要在单方向传送大量数据的情况下，给数据打上标记。如果出现通信意外，可以由打标记处重发。例如可以将长文件分页标记，逐页发送。

（6）表示层（presentation layer）。

表示层的主要功能是把应用层提供的信息内容变换为能够共同理解的形式，提供字符代码、数据格式、控制信息格式、加密等的统一表示。表示层仅对应用层的信息内容进行形式上的变换，而不改变其内容本身。

（7）应用层（application layer）。

应用层的功能是实现各种应用程序之间的信息交换、协调应用进程和管理系统资源。应用层是 OSI 参考模型的最高层，直接面向用户，除了系统管理应用进程具有独立性外，其他用户应用进程则需要用户的参与，通过与用户的指令交互来完成。

6.2.3 数据的封装与传递

一般将物理层、数据链路层和网络层称为通信子网，将其他四层称为资源子网。

对等层之间经常需要交换信息单元，对等层协议之间需要交换的信息单元叫作协议数据单元（Protocol Data Unit，PDU）。节点对等层之间的通信并不是直接通信（例如两个节点的传输层之间的通信），它们需要借助于下层提供的服务来完成，所以通常说对等层之间的通信是虚拟通信，如图 6-5 所示。

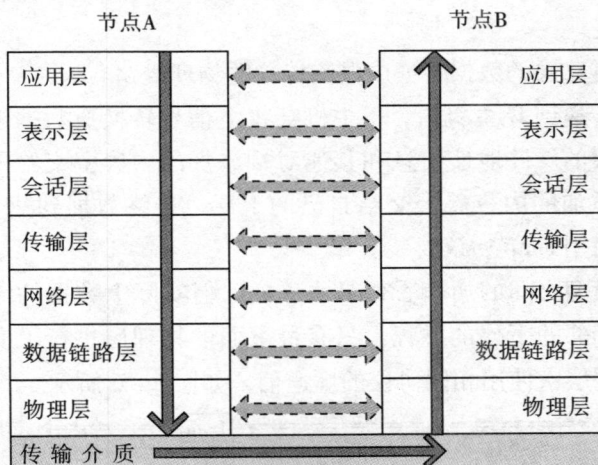

图 6-5 OSI 中数据的传递与流动

OSI 中数据的传递与流动（信封信纸类比）：

主机 A 向主机 B 发送数据，该数据的产生肯定是一个应用层的程序产生的，如 IE 浏览器或者 E-mail 的客户端，等等。这些程序在应用层需要有不同的接口，IE 是浏览网页的，应使用 HTTP 协议，那么 HTTP 就是应用层为浏览网页的软件留下的网络接口。E-mail 客户端使用 smtp 和 pop3 协议来收发电子邮件，所以 smtp 和 pop3 就是应用层为电子邮件的软件留下的接口。假设 A 向 B 发送了一封电子邮件，因此主机 A 会使用 smtp 协议来处理该数据，即在数据前加上 SMTP 的标记，以便使对端在收到后知道使用什么软件来处理该数据。

应用层将数据处理完成后会交给下面的表示层，表示层会进行必要的格式转换，使用一种通信双方都能识别的编码来处理该数据。同时将处理数据的方法添加在数据中，以便对端知道怎样处理数据。

表示层处理完成后，将数据交给下一层会话层，会话层会在 A 主机和 B 主机之间建立一条只用于传输该数据的会话通道，并监视它的连接状态，直到数据同步完成后断开该会话。注意：A 和 B 之间可以同时有多条会话通道出现，但每一条都和其他的不能混淆。会话层的作用就是用来区别不同的会话通道。

会话通道建立后，为了保证数据传输中的可靠性，就需要在数据传输的构成当中对数据进行必要的处理，如分段、编号、差错校验、确认、重传，等等。这些方法的实现必须依赖通信双方的控制，传输层的作用就是在通信双方之间利用上层的会话通道传输控制信息，完成数据的可靠传输。

网络层是实际传输数据的层次，在网络层中必须要将传输层中处理完成的数据再次封装，添加上自己的地址信息和对端接受者的地址信息，并且要在网络中找到一条由自己到接收者最好的路径。然后按照最佳路径发送到网络中。

数据链路层将网络层的数据再次进行封装，该层会添加能唯一标识每台设备的地址信息（MAC 地址），使这个数据在相邻的两个设备之间一段一段地传输，最终到达目的地。

物理层将数据链路层的数据转换成电流传输的物理线路。

通过物理线路传递到 B 主机后，B 主机会将电信号转换成数据链路层的数据，数据链路层再去掉本层的硬件地址信息和其他对端添加的内容上交给网络层，网络层同样去掉对端网络层添加的内容后上交给自己的上层。最终数据到达 B 主机的应用层，应用层看到数据后使用 smtp 协议封装。

两个 OSI 参考模型之间的通信看似是水平的，但实际上数据的流动过程是由最高层垂直地向下交给相邻的下层的过程。只有最下面的物理层进行了实际的通信，而其他层次只是一种相同层次使用相同协议的虚通信，如图 6-6 所示。

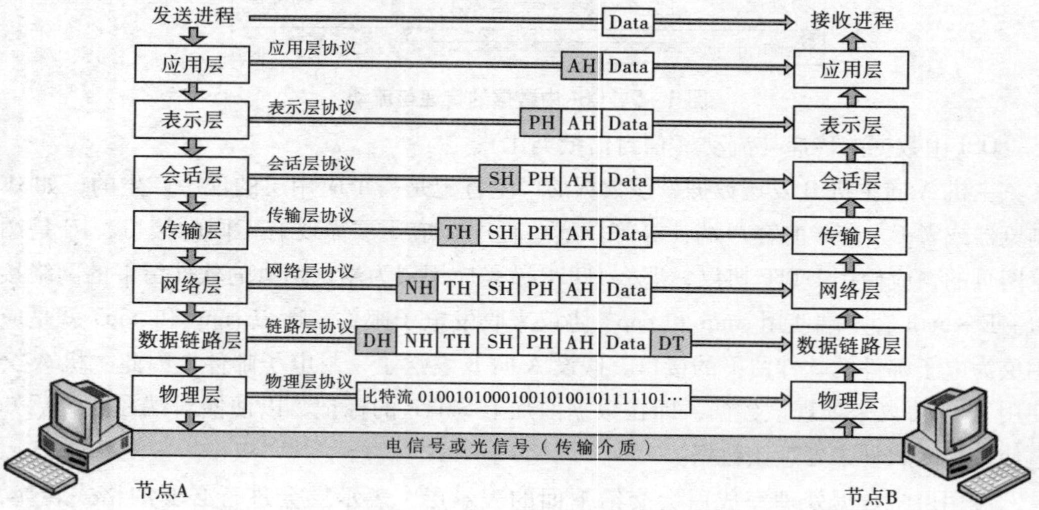

图 6-6 OSI 中数据的封装与传递

6.2.4 Internet 与 TCP/IP

1. Internet 的起源

1969 年，美国国防部创建了第一个分组交换网 ARPANET。到 1972 年公开展示时，由于学术研究机构及政府机构的加入，该系统已经连接了 50 所大学和研究机构的主机。同时，ARPANET 对社会影响很大，人们开始频繁使用电子邮件进行交流。

1982 年 ARPANET 又实现了与其他多个网络的互联，从而形成了以 ARPANET 为主干网的互联网。1983 年，ARPANET 宣布 TCP/IP 作为主要协议，也标志着 Internet 的诞生。网络把计算机连接在一起，而 Internet 则把许多网络连接在一起。

TCP/IP 是 20 世纪 70 年代中期为美国国防部高级研究计划局的 ARPANET 设计的，其目的在于能使各种各样的计算机都能在一个共同的网络环境中运行。由于 TCP/IP 协议是先于 OSI 参考模型开发的，故并不符合 OSI 标准。

与 OSI 参考模型不同，TCP/IP 体系结构将网络划分为 4 层：应用层（Application Layer）、传输层（Transport Layer）、互联层（Internet Layer）、网络接口层（Network Interface Layer）。TCP/IP 参考模型与 OSI 参考模型的对应关系如图 6－7 所示。

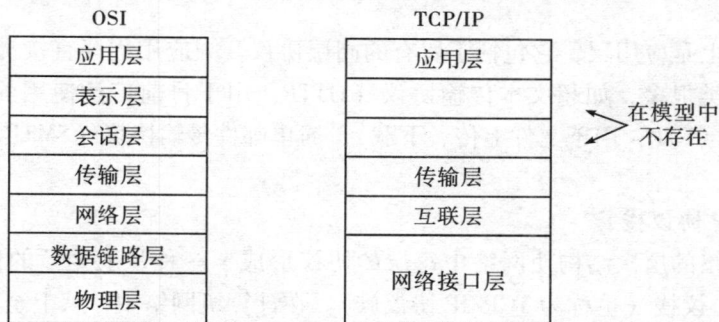

图 6－7　TCP/IP 参考模型与 OSI 参考模型的对比

2. TCP/IP 体系结构中各层的功能

1）网络接口层

网络接口层对应 OSI 的物理层和数据链路层两层。TCP/IP 体系结构并未对网络接口层的使用做出具体规定。这也是 TCP/IP 协议的生命力所在，它可以兼容几乎所有类型的物理网络。

2）互联层

互联层相当于 OSI 参考模型的网络层。在 TCP/IP 中互联层主要使用的是 IP 协议。

互联层是 TCP/IP 协议模型中的关键部分。它的功能是使主机可以把分组发往任何网络并使分组独立地传向目标（可能经由不同的网络）。这些分组到达的顺序和发送的顺序可能不同，因此如果需要按顺序发送及接收时，高层必须对分组排序。

为了理解互联层的作用，这里将其与邮政系统作个对比。比如，某个国家的一个人把一些国际邮件投入邮箱，一般情况下，这些邮件大都会被投递到正确的地址。这些邮件可能会经过几个国际邮件通道，这些对于用户都是透明的。而每个国家（每个网络）都有自己的邮戳，要求的信封大小也不同，但用户是不需要知道这些投递规则的。

互联层定义了正式的分组格式和协议，即 IP 协议（Internet Protocol）。互联层的功能就是把 IP 分组发送到应该去的地方。分组路由和避免阻塞是这里主要的设计问题。

3）传输层

在 TCP/IP 模型中，位于互联层之上的一层是传输层。它的功能和 OSI 的传输层一样是使源端和目标端主机上的对等实体可以进行会话。TCP/IP 模型在这层中主要定义了两个端到端协议：传输控制协议（Transmission Control Protocol，TCP）和用户数据报协议（User Datagram Protocol，UDP）。

TCP 协议是一个面向连接的协议，允许从一台机器发出的字节流无差错地发往互联网上的其他机器。它把输入的字节流分成报文段并传给互联层。在接收端，TCP 接收进程并把收到的报文再组装成输出流。TCP 还要处理流量控制，以避免快速发送方向低速接收方发送过多报文而使接收方无法处理。

UDP 协议则是一个不可靠、无连接的协议，用于不需要 TCP 的排序和流量控制能力而是自己完成这些功能的应用程序。它也被广泛应用于只有一次的、客户—服务器模式的请求—应答查询，以及快速递交比准确递交更重要的应用程序，如传输语音或影像。

4）应用层

传输层之上是应用层，它包括了所有的高层协议，为应用程序直接提供网络服务。应用层协议种类很多，如超文本传输协议（HTTP，用于目前广泛使用的 Web 服务），文件传输协议（FTP，用于文件上传、下载），简单邮件传输协议（SMTP，用于电子邮件发送）等。

3. TCP/IP 协议栈

计算机网络的层次结构使网络中每层的协议形成了一种从上至下的依赖关系，称之为 TCP/IP 协议栈（也称为 TCP/IP 协议族）。在计算机网络中，从上至下相互依赖的各协议形成了网络中的协议。

TCP/IP 协议栈中包含多个协议，其中最著名和最重要的就是 TCP 和 IP 两个协议，用它们来"代表"整个协议族。现在人们经常提到的 TCP/IP 并不一定是单指 TCP 和 IP 这两个具体的协议，而是表示因特网所使用的整个 TCP/IP 协议族。

TCP/IP 协议栈表示方法 1：

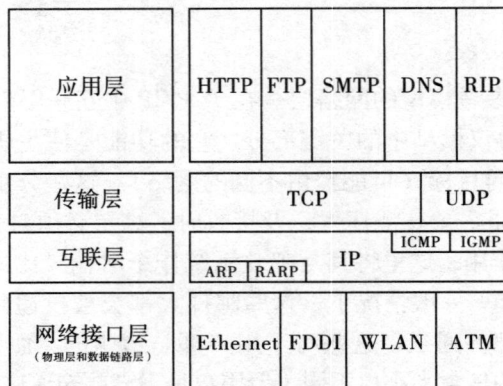

应用层	HTTP	FTP	SMTP	DNS	RIP
传输层	TCP			UDP	
互联层	ARP / RARP	IP		ICMP	IGMP
网络接口层 （物理层和数据链路层）	Ethernet	FDDI	WLAN	ATM	

TCP/IP 协议栈表示方法2：

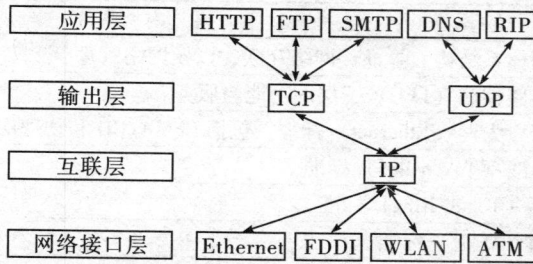

尽管 TCP/IP 体系结构与 OSI 参考模型在层次划分及使用的协议上有较大区别，但它们在设计中都采用了层次结构的思想。

无论是 OSI 参考模型还是 TCP/IP 体系结构都不是完美的，它们都在不断的改进中。

人们普遍希望网络标准化，对 OSI 寄予厚望，然而 OSI 迟迟没有成熟的网络产品推出。而 TCP/IP 体系结构与协议在 Internet 中经受了几十年的风风雨雨，得到了 IBM、Microsoft、Intel、Novell 等大型 IT 公司的支持。市场需求的优势客观上促使众多的用户选择了 TCP/IP，并使其成为"既成事实"的国际标准，成为计算机网络中的主要标准体系。

6.3 局域网技术

6.3.1 局域网基础知识

1. 局域网的发展历史

以太网（Ethernet）由美国施乐（Xerox）公司发明，并以曾经在历史上表示传播电磁波的以太（Ether，实际上不存在这种物质）来命名，1980 年由 DEC、Intel 和 Xerox 三家公司联合开发为一个局域网标准。以太网属于众多类型的局域网中的一种，因此也工作在 OSI 体系结构的物理层和数据链路层，也即 TCP/IP 体系结构的网络接口层。

由于以太网的数据传输率已提升到每秒百兆比特、吉比特甚至 10 吉比特，因此通常就用"早期以太网"或"传统以太网"来表示最早流行的 10 Mb/s 速率的以太网。

电气与电子工程师协会（Institute of Electrical and Electronics Engineers，IEEE）总部设在美国，主要开发数据通信标准及其他标准。IEEE 802 委员会成立于 1980 年初，专门从事局域网及城域网标准的制定工作。IEEE 802 标准包含多个子标准，并且根据发展需要不断地制订新标准。第一个以太网标准 IEEE 802.3 是 1983 年制定的，后来根据市场需要又陆续制定了其他以太网标准。

在 OSI 模型标准化之前，IEEE 已开发了这些标准，但 IEEE 802 标准仍被作为 OSI 模型的物理层和数据链路层的具体规范。表 6－2 所示为 IEEE 802 标准。

表6-2　IEEE 802 标准

标　准	主　要　内　容
IEEE 802.1a/b	局域网体系结构、寻址、网络互联，以及网络管理
IEEE 802.2	逻辑链路控制（LLC）子层的功能与服务
IEEE 802.3	定义了以太网（Ethernet）标准，包括 CSMA/CD 和物理层规范
IEEE 802.4	令牌总线（Token Bus）标准
IEEE 802.5	令牌环（Token Ring）标准
IEEE 802.6	城域网（MAN）标准
IEEE 802.7	宽带网络技术
IEEE 802.8	FDDI 光纤传输技术
IEEE 802.9	综合语音与数据局域网（IVD LAN）技术
IEEE 802.10	局域网安全规范（SILS）
IEEE 802.11	无线局域网标准
IEEE 802.12	100VG - AnyLAN 快速局域网
IEEE 802.13	未使用
IEEE 802.14	有线电视网（Cable Modem）网络接入技术
IEEE 802.15	无线个人局域网（WPAN），包括蓝牙（Bluetooth）、紫蜂（Zigbee）
IEEE 802.16	宽带无线接入

IEEE 802.3 定义了多种以太网标准，表6-3列举了常见的以太网标准。

以太网从 10 Mb/s 到 10 Gb/s 不断地演变进化，并且保持与以前网络的兼容性，其价格相对低廉、组网灵活、可扩展性强、易于安装、稳定性好使得市场占有率逐年提高，成为当今局域网的主流技术。

表6-3 以太网的常见标准

IEEE 规范	以太网标准	批准时间/年	速　率	拓扑结构	网段长度/m	传输介质
802.3	10Base5	1983	10 Mb/s	总线型	500	50 Ω 粗同轴电缆
802.3a	10Base2	988	10 Mb/s	总线型	185	50 Ω 细同轴电缆
802.3i	10Base - T	1990	10 Mb/s	星型	100	3 类及以上非屏蔽双绞线
802.3u	100Base - TX	1995	100 Mb/s	星型	100	5 类非屏蔽双绞线
802.3u	100Base - FX	1995	100 Mb/s	星型	2000	多模/单模光纤
802.3ab	1000Base - T	1998	1000 Mb/s	星型	100	5 类（4 对）非屏蔽双绞线
802.3z	1000Base - X (SX/LX/CX)	1998	1000 Mb/s	星型	550 5000 25	多模/单模光纤，屏蔽双绞线
802.3ae	10GBaseR/W/X	2002	10 Gb/s	星型	65 ~ 40000	多模/单模光纤
802.3ba	10GBaseR/W/X	2002	40/100 Gb/s	星型	65 ~ 40000	多模/单模光纤

局域网工作在 OSI 体系结构的物理层和数据链路层，也即 TCP/IP 体系结构的网络接口层，如图 6-8 所示。

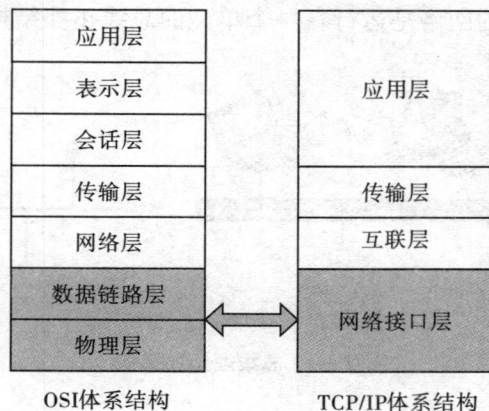

OSI体系结构
应用层
表示层
会话层
传输层
网络层
数据链路层
物理层

TCP/IP体系结构
应用层
传输层
互联层
网络接口层

图 6-8　局域网工作的网络层次

局域网的主要特点有：

①局域网覆盖有限的地理范围，一般不超过几千米。

②局域网传输速率高（10 Mb/s ~ 100 Gb/s）、误码率低（通常低于 10 ~ 11）。

③通信延迟时间短，可靠性较高。

④局域网价格便宜，组建容易，易于管理和维护。

决定局域网特性的技术要素有 3 个方面：拓扑结构、传输介质和介质访问控制方法。

2. 局域网拓扑结构

网络拓扑结构是指用传输介质互联各种设备的物理布局。网络中的计算机等设备要实现互联，需要以一定的结构方式进行连接，这种连接方式就叫作"拓扑结构"，简单地讲就是这些网络设备是如何连接在一起的。

把网络中各个节点以及节点之间的通信线路的几何关系画成拓扑图，可反映局域网中各个实体的组成关系及通信特性。局域网的拓扑结构主要有总线型结构、环型结构和星型结构三种基本类型，这三种基本类型还可以组成混合型拓扑结构。

1）总线型拓扑结构

在总线型拓扑结构的局域网中，所有的节点都通过自己的网络接口卡（简称网卡）连接到一条作为公共传输介质的总线上，因此每次只能由一个节点传输数据。数据的传输通常以"共享介质"方式进行，也就是数据在总线上以"广播"的方式传播，其他节点都会收到发送节点传输的数据，但只有真正的接收者才会收下数据。如图 6-9 所示，这种模式类似于生活中的广播找人。

总线型拓扑结构的特点在于其结构相对简单、联网成本低、灵活、网络中增加或减少节点都比较方便，并且在小规模网络环境中能够提供较高的传输速度。然而，由于单信道的限制，一个总线型网络上的节点越多，网络发送和接收数据的速度就越慢，网络性能下降得就越剧烈。

总线型拓扑结构的局域网中所有设备共享一条通信线路，一次只允许一个节点发送数据，需要采取某种存取控制方式，以确定可以发送数据的节点。另外，总线型网络具有较差的容错能力，这是因为总线上的某个中断或缺陷将影响整个网络。因此，几乎没有一个规模较大的网络是运行在一个单纯的总线拓扑结构上的，它基本上已被星型网所取代。

图6-9　总线型拓扑结构

2）环型拓扑结构

环型拓扑结构（如图6-10所示）局域网的特点是每个节点都与两个相邻的节点相连，节点之间采用点到点的链路，网络中的所有节点构成一个闭合的环，环中的数据沿着一个方向绕环逐站传输。

环型拓扑结构中可使用光缆等高速传输介质，其传输速率高，很适合于对实时性要求较高的工业环境中。但这种结构在网络设备数量、数据类型、可靠性方面存在某些局限。

在单环结构中，断开环中的一个节点，意味着整个网络的通信终止，这是环型拓扑结构的一个主要缺点。后来发展的双环结构（FDDI）可弥补此缺点。

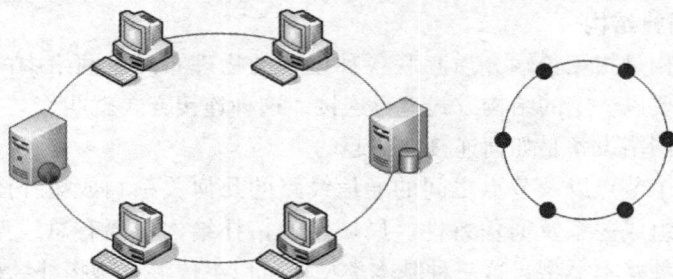

图6-10　环型拓扑结构

3）星型拓扑结构

星型拓扑结构是由中央节点通过"点到点"通信链路连接到其他节点组成的，如图6-11所示。中央节点执行集中式通信控制。在星型拓扑结构中，当一台计算机要和另外一台计算机通信的时候，必须先把信息传递给中央节点，然后由中央节点转发给目的计算机。中心节点通常是交换机。

星型拓扑结构的特点是管理维护简单，外围节点的故障不会影响整个系统的工作，是目前商业、民用计算机网络和工业控制网络中最主要的结构形式。但由于每个站点都通过一条专线连接到中心节点，所需连线较多，同时全网的控制集中于一个中心节点上，使得该节点负担重，如果它有故障会直接造成整个网络的瘫痪，故其全网可靠性由中心节点决定。

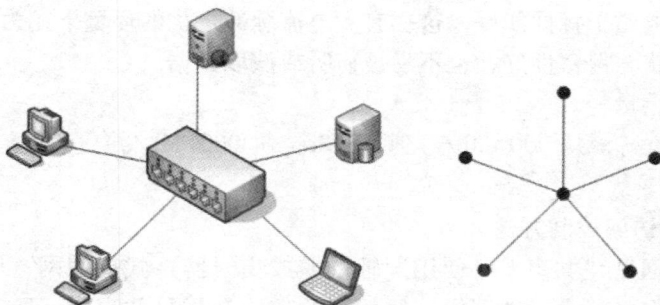

图 6 - 11   星型拓扑结构

4）混合型拓扑结构

局域网的总线型结构、环型结构和星型结构这三种基本拓扑结构类型，在理论上可以任意组合，成为混合型拓扑结构，如图 6 - 12 所示。但目前最常见的组合是多个星型结构组成的树型结构。树型结构非常适合于分主次、分等级的层次型管理系统。

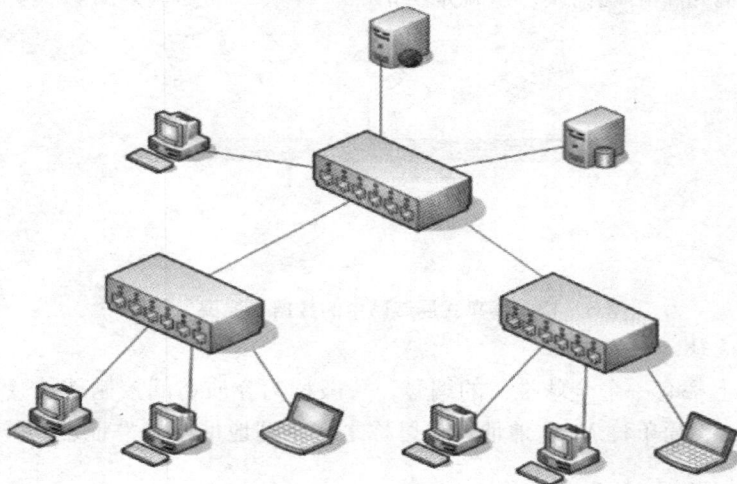

图 6 - 12   混合型拓扑结构

3. 局域网传输介质

（1）同轴电缆。

同轴电缆由中心铜线、绝缘层、金属屏蔽网以及塑料外套所组成。由于金属屏蔽网的作用，同轴电缆具有良好的抗干扰特性，被广泛用于较高速率数据的传输。在局域网发展早期曾广泛地使用同轴电缆作为传输介质。

（2）双绞线。

双绞线特别适合于短距离的信息高速传输，传输距离一般为 100 米左右。由于非屏蔽双绞线成本低于屏蔽双绞线，所以非屏蔽双绞线使用更广泛。双绞线电缆主要用于星型拓扑结构的网络，需要通过 RJ - 45 接头（俗称水晶头）与网卡、交换机、集线器、路由器等设备相连。

（3）光缆。

光缆的主要优点有：

①传输损耗小，中继距离长，对远距离传输特别经济。

②抗雷电和电磁干扰性能好。这在有大电流脉冲干扰的环境下尤为重要。

③无串音干扰，保密性好，也不易被窃听或截取数据。

④体积小，重量轻。

⑤传输速率高，从 l00 Mb/s 到 1 Gb/s（l000 Mb/s），甚至可达到 1 Tb/s（1000 Gb/s）。

4. 传输介质访问控制方法

早期的局域网是"共享"（使用同轴电缆或集线器）式局域网，也就是一对多的广播通信方式。在共享式局域网中，局域网的传输介质是共享的，所有节点都可以通过共享介质发送和接收数据。但不允许两个或多个节点在同一时刻同时发送数据。也就是说，数据传输是以"半双工"（即通信的双方都可以发送和接收，但是不能双方同时发送和接收，即在一个时刻一方只能发送，另一方只能接收）方式进行的。但是，不加控制也有可能出现两个或多个节点同时发送、相互干扰的情况。这时，接收节点收到的信息就有可能出现错误，这就是所谓的"冲突"问题，如图 6 - 13 所示。

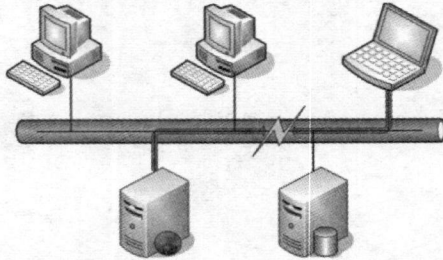

图 6 - 13　共享式局域网中的数据"冲突"问题

1）MAC 地址

每个网卡上都有一个全球唯一的编号，一般称为介质访问控制地址（Media Access Control address），简单称 MAC 地址，也可称之为物理地址或硬件地址。MAC 地址属于数据链路层的内容。

MAC 地址是一个 48 位的二进制数，一般用 12 个十六进制数表示，如：00 - E0 - 4C - C1 - 61 - 31。MAC 地址分为两个部分，前 24 位表示网卡制造商的识别码，由 IEEE 统一分配；后 24 位是网卡的编号，由网卡制造商自行分配，如图 6 - 14 所示。

规定	前24位：制造商识别码	后24位：制造商自定的编号
例子	00-E0-4C	C1-61-31

图 6 - 14　MAC 地址

当源主机向网络发送数据时，数据带有目的主机的 MAC 地址。网络中的节点接收到该数据后，它们开始检查数据中的目的主机 MAC 地址是否与自己 MAC 地址相符，如果相符，网卡就保留该数据；如果不符，网卡就丢弃该数据。

2）MAC 帧

局域网的主机通信时所发送的数据必须遵循一定的格式，这个格式称为"帧"。帧属于数据链路层的内容。以太网的标准帧格式如图 6 - 15 所示。

在以太网上传送数据是以帧为单位传送的，一个帧的长度至少是 64 字节（才能检测到冲突），最长不超过 1518 字节（帧太大，碰撞冲突的几率也大，在检测到有错误的情况下需重发，影响了效率）。

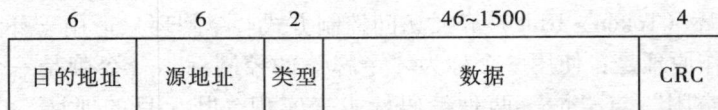

6	6	2	46~1500	4
目的地址	源地址	类型	数据	CRC

图 6-15 以太网的标准帧格式

一个帧就相当于现实生活中的一封信，数据部分相当于信纸，其他部分相当于信封。如果把帧比作一辆卡车，数据部分相当于货物，其他部分相当于车头。

根据帧的接收者不同把局域网通信帧分为：

（1）单播（Unicast）帧（一对一），即发送给本局域网上某一台主机。帧目的 MAC 地址为接收主机的 MAC 地址。

（2）广播（Broadcast）帧（一对全体），即发送给本局域网上所有主机。帧的目的 MAC 地址为二进制的全 1（0xFFFFFFFFFFFF）。

（3）多播（Multicast）帧（一对多），即发送给本局域网上一部分站点的帧。帧的目的 MAC 地址为多播地址。

3）传输介质访问控制方法

因为早期局域网所采用的传输介质是共享的，所以必须解决多个主机对传输介质的"争用"问题。不同类型的局域网采用不同的介质访问方法解决"争用"问题，主要有带冲突检测的载波侦听多路访问（CSMA/CD）方法、令牌总线（Token Bus）方法以及令牌环（Token Ring）方法。

（1）载波侦听多路访问/冲突检测（CSMA/CD）。这种方式适用于总线型和树型拓扑结构，主要解决如何共享一条公用广播传输介质。其工作原理是：在网络中，任何一个工作站在发送信息前，要侦听一下网络中有无其他工作站在发送信号，如无则立即发送，如有，即信道被占用，此工作站要等一段时间再争取发送权。等待时间可由两种方法确定，一种是某工作站检测到信道被占用后，继续检测，直到信道出现空闲。另一种是检测到信道被占用后，等待一个随机时间进行检测，直到信道出现空闲后再发送。

CSMA/CD 要解决的另一主要问题是如何检测冲突。当网络处于空闲的某一瞬间，有两个或两个以上工作站要同时发送信息，这时，同时发送的信号就会引起冲突。目前在 IEEE 802.3 标准中确定的 CSMA/CD 检测冲突的方法是：当一个工作站开始占用信道进行发送信息时，再用碰撞检测器继续对网络检测一段时间，即一边发送，一边监听，把发送的信息与监听的信息进行比较，如结果一致，则说明发送正常，抢占总线成功，可继续发送。如结果不一致，则说明有冲突，应立即停止发送。等待一段随机时间后，再重复上述过程进行发送。

CSMA/CD 控制方式的优点是：原理比较简单，技术上易实现，网络中各工作站处于平等地位，不需集中控制，不提供优先级控制。但在网络负载增大时，发送时间增长，发送效率下降。

因为早期以太网工作在半双工模式，存在冲突问题，所以必须使用 CSMA/CD 协议来协调各台主机的数据发送问题；如果有办法解决冲突，让以太网中的每一台主机工作在全双工模式，将会大大提高工作效率。这时虽然 CSMA/CD 协议仍然存在，但实际上不会用到它。采用交换机联网的以太网就属于后一种情况。

（2）令牌环（Token-Ring）介质访问控制方式。令牌环只适用于环型拓扑结构的局域网。其工作原理是：使用一个称为"令牌"的控制标志（令牌是一个二进制数的字节，它由"空闲"与"忙"两种编码标志来实现，既无目的地址，也无源地址），当无信息在环上传送时，令牌处于"空闲"状态，它沿环从一个工作站到另一个工作站不停地进行传递。

当某一工作站准备发送信息时，就必须等待，直到检测并捕获到经过该站的令牌为止，然后，将令牌的控制标志从"空闲"状态改变为"忙"状态，并发送出一帧信息。其他的工作站随时检测经过本站的帧，当发送的帧目的地址与本站地址相符时，就接收该帧，待复制完毕再转发此帧，直到该帧沿环一周返回发送站，并收到接收站指向发送站的肯定应答信息时，才将发送的帧信息进行清除，并使令牌标志又处于"空闲"状态，继续插入环中。

当另一个新的工作站需要发送数据时，按前述过程，检测到令牌，修改状态，把信息装配成帧，进行新一轮的发送。其传输方式如图 6-16（a）所示。

令牌环介质访问控制方式的优点是它能提供优先权服务，有很强的实时性，在重负载环路中，"令牌"以循环方式工作，效率较高。其缺点是控制电路较复杂，令牌容易丢失。但 IBM 在 1985 年已解决了实用问题，近年来采用令牌环方式的令牌环网实用性已大大增强。

（3）令牌总线（Token Bus）介质访问控制方式。令牌总线主要用于总线型或树型网络结构中。它的访问控制方式类似于令牌环，但它把总线型或树型网络中的各个工作站按一定顺序（如按接口地址大小）排列形成一个逻辑环。只有令牌持有者才能控制总线，才有发送信息的权力。信息是双向传送，每个站都可检测到其他站点发出的信息。在令牌传递时，都要加上目的地址，所以只有检测到并得到令牌的工作站，才能发送信息。令牌总线是现场总线中很常见的一种介质访问控制方式，如图 6-16（b）所示。

令牌总线介质访问控制方式的优点是：各工作站对介质的共享权力是均等的，可以设置优先级，也可以不设；有较好的吞吐能力，吞吐量随数据传输速率增高而加大，联网距离较 CSMA/CD 方式大。缺点是控制电路较复杂、成本高，轻载时，线路传输效率低。

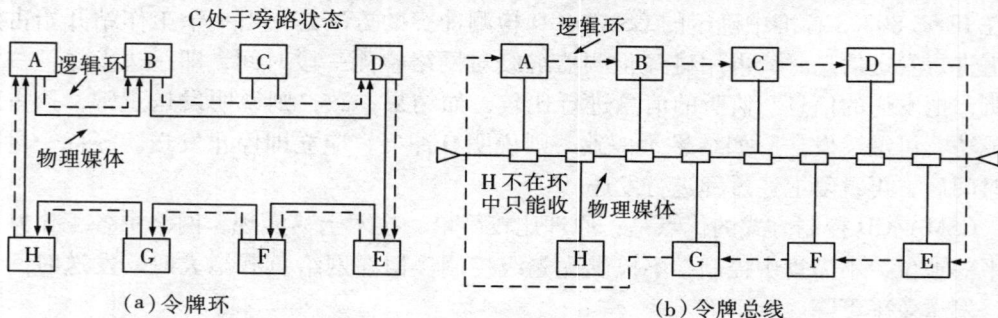

图 6-16　令牌访问控制方式

5. 以太网的网络组件

1）集线器和交换机

星型拓扑结构的以太网需要专用的通信设备，主要是集线器和交换机两种。

（1）集线器。集线器（HUB）又称为多端口中继器，是一个工作在物理层的网络通信设备，用于构建星型拓扑结构的以太网。由于其性能差、功能单一的原因，现在使用集线器的时候越来越少。目前组建以太网时一般都使用交换机。

（2）交换机。交换机（Switch）又称为多端口网桥，是一个工作在数据链路层的网络通信设备，用于构建星型拓扑结构的以太网。

交换机能识别数据帧，并能根据收到的帧中的 MAC 地址决定数据帧应发送至交换机的哪个端口，不会干扰其他主机通信，因此各个端口独享带宽。

交换机外观与集线器相似，联网方法也类似，最重要的区别在于使用交换机的以太网是全双工的以太网，效率更高，限制更少，功能更多。

2）网络接口卡

网络接口卡（Network Interface Card，NIC）又称网络适配器，简称网卡，是计算机与网络的接口。

目前的计算机都在主板上集成了一个网卡，也可另外购买独立的网卡。计算机通过网卡将计算机与网络的通信介质相连，从而达到将计算机接入网络的目的。

3）非屏蔽双绞线

非屏蔽双绞线（UTP）主要用于星型拓扑结构的网络，需要通过 RJ-45 接头与网卡、交换机或集线器等设备相连。在制作接头时，线序必须符合国际标准，EIA/TIA 国际协会制定的双绞线线序标准有 568A 和 568B 两种，其具体标准如表 6-4 所示。

表 6-4 EIA/TIA 双绞线线序标准

标准	1	2	3	4	5	6	7	8
568A	白绿	绿	白橙	蓝	白蓝	橙	白棕	棕
568B	白橙	橙	白绿	蓝	白蓝	绿	白棕	棕

UTP 包含 8 根导线，每两根线绞合在一起，形成 4 对，使用了 8 种不同的颜色标记，其中橙和白橙形成一对，绿和白绿形成一对，蓝和白蓝形成一对，棕和白棕形成一对。注意：事实上，568A 标准就是将 568B 标准的 1 号线和 3 号线对调、2 号线和 6 号线对调而形成的，如图 6-17 所示。

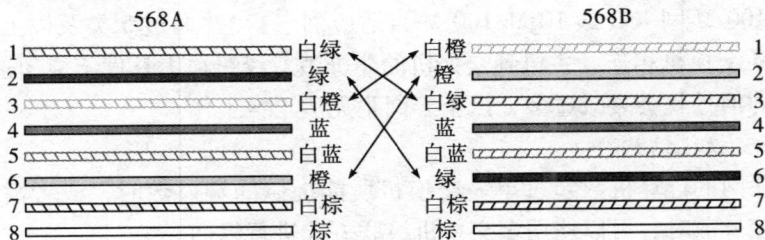

图 6-17 568A 与 568B 标准

做 RJ-45 接头时，如果只是保证线两端的顺序一一对应，却并未按照标准去做，虽然能连通网络，但这种线的抗干扰性很差，会降低实际传输速率。

10BASE－T 和 100BASE－TX 规定，将 1、2 线作发送线，3、6 线作接收线，其他导线未用（新标准可作电源供电线路），如图 6－18 所示。

图 6－18　10BASE－T 和 100BASE－TX 规定

为了将 UTP 电缆与计算机网卡、集线器、交换机等设备相连接，每条 UTP 的两端需要安装 RJ－45 接头（俗称水晶头），而网卡、集线器、交换机等设备上都配有 RJ－45 接口。图 6－19 显示了一条带有 RJ－45 接头的 UTP 电缆插入 RJ－45 接口的示意图。

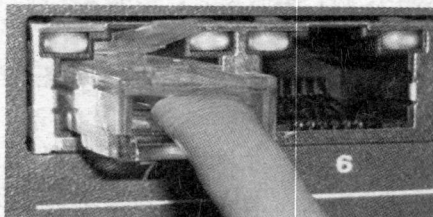

图 6－19　带有 RJ－45 接头的 UTP 电缆插入 RJ－45 接口的示意图

带有 RJ－45 接头的 UTP 电缆可以使用专用的压线钳制作。根据 UTP 两端所连接网络设备的不同，要求制作过程中线的排列顺序也不同，常见的以太网 UTP 电缆分为直通线、交叉线和反转线三种。

制作 UTP 电缆的基本原则是自己的发送线要与对方的接收线相连；自己的接收线要与对方的发送线相连。

不管什么网络设备使用 UTP 相连，都要保证自己的发送线要与对方的接收线相连，因此，可得出结论：UTP 线两端所连接的是相同的 RJ－45 接口时，要使用交叉线；UTP 线两端所连接的是不同的 RJ－45 接口时，要使用直通线。

6. 交换机或集线器的组网结构

1）单一交换机结构

单一交换机结构如图 6－20 所示。如果组建单一结构的 100 M 以太局域网，计算机中必须有 100 M 网卡（或 10 M/100 M 自适应网卡），并通过 5 类及以上的非屏蔽双绞线与 100 M 交换机相连。主机到交换机的非屏蔽双绞线最大长度不能超过 100 m，否则主机发送的信号就会衰减过多，以至于网络无法正常工作。

2）级联交换机结构

当需要联网的计算机数超过单一交换机所能提供的端口数时，或者需要联网的计算机位置比较分散时，可以使用多交换机级联方式进行组网。

通常，交换机都提供一个级联（uplink）端口，专门用来同其他交换机进行连接。利用级联端口，可以使用直通 UTP 电缆与另一台交换机的普通端口进行级联。当交换机无级联端口或在级联端口被占用的情况下，则需要使用两个交换机上的普通端口进行级联。利用一个交换机的普通端口与另一交换机的普通端口级联必须使用交叉 UTP 电缆。

图6-20 单一交换机结构

多交换机进行级联时，一般可采用平行级联和树形级联两种方式。

平行级联如图6-21所示。

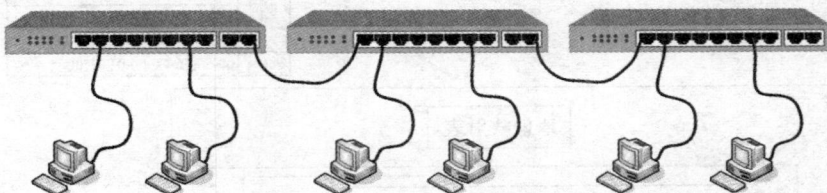

图6-21 平行级联

树形级联如图6-22所示。

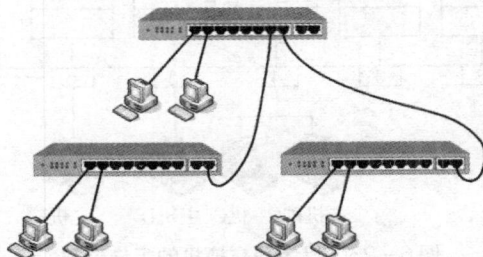

图6-22 树形级联

6.3.2 交换机与虚拟局域网

共享式以太网的缺点主要有：共享带宽；不能支持多种速率；不支持高级的网络功能。

为了提高局域网的效率和性能，必须采用交换技术来解决这个问题。

共享式以太网的问题的根源来自于主机"共享介质"所引发的"冲突"，导致任意时刻只有一台主机能发送信息。如果所有主机都能同时发送信息，则可以大大提高网络的性能。

交换式局域网可从根本上改变共享介质的方式，可通过交换机支持端口主机之间的多个并发连接，实现多主机之间数据的并发传输，因此可以增加局域网带宽，改善局域网性能和服务质量。

以太网交换机实质上就是一个多端口的网桥，与工作在物理层的中继器和集线器有很大的差别。因为普通交换机工作在数据链路层（第二层），也称之为第二层交换机。

1. 以太网交换机的工作过程

交换机对数据的转发是以主机网卡的 MAC 地址为基础的。交换机监测发送到每个端口的数据帧，通过数据帧中的源主机 MAC 地址信息，就会得到与每个端口所连接的主机 MAC 地址（一般情况下一个 MAC 地址就代表一台计算机），并在交换机的内部建立一个"端口 – MAC 地址映射表"。建立地址映射表后，当某个端口接收到数据帧后，交换机会查看该帧中的目的主机 MAC 地址，并通过查找地址映射表，将数据帧转发到相应的端口。以太网交换机的工作过程如图 6 – 23 所示。

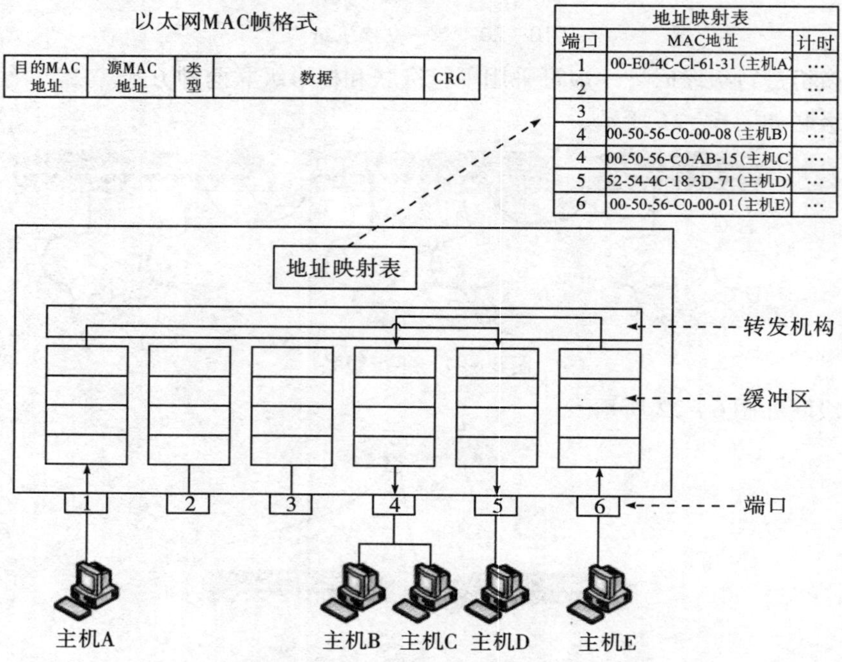

图 6 – 23　以太网交换机的工作过程

1）数据转发方式

（1）直接交换（Cut – Through）。在直接交换方式中，不用接收完整个数据帧，只要收到数据帧帧头的源 MAC 地址和目的 MAC 的地址，然后根据数据帧目的 MAC 地址查找地址映射表，找到对应端口马上将该据帧转发出去，而不管这一数据帧是否有错。

这种交换方式的优点是速率高、延时小；缺点是在转发帧时不进行错误校验，可靠性相对降低，不能对不同速率的端口转发。如从 100 Mb/s 到 10 Mb/s 的端口不能直接转发。

（2）存储转发交换（Store – and – Forward）。在存储转发交换方式下，交换机先将收到的数据帧放入缓冲存储器，然后进行 CRC 校验，滤掉不正确的帧（一旦发现错误就通知源主机重新发送帧），确认数据帧正确后，取出目的地址，通过地址映射表找到相应的输出端口，然后把数据帧转发出去。

这种交换方式的优点是具有帧差错检测能力，并且能够支持不同速率端口之间的数据帧转发；缺点是交换的时间延迟长（因为要接收并校验整个数据帧后才能转发出去）。

（3）改进的直接交换。改进的直接交换方式是介于直通交换方式和存储转发交换方式之间的一种解决方案。它检查数据帧的长度是否达到 64 B，如果小于 64 B，说明该帧是碎片（即在数据发送过程中由于冲突而产生的残缺不全的帧），则丢弃该帧；如果大于 64B，则转发该帧。该方式的特点是：对于短帧，交换延迟时间与直接交换方式相同；对于长帧，交换延迟时间减少。总的来说比存储转发交换方式快，但比直接交换方式慢。

2）地址学习

以太网交换机利用"端口 – MAC 地址映射表"进行信息的交换。因此，地址映射表的建立和维护显得相当重要。一旦地址映射表出现问题，就可能造成信息转发错误或导致通信中断、网络瘫痪。

以太网交换机从一个端口收到数据帧后，查看帧的源 MAC 地址并记住该帧进入的端口号（也就是知道了哪一台计算机连接在哪一个端口上），交换机将检查地址映射表中是否已经存在该对应关系。如果不存在，交换机就将该对应信息添加到地址映射表；如果已经存在，交换机将更新该表项。因此，在以太网交换机中，地址是动态学习的。只要这个主机发送信息，交换机就能捕获到它的 MAC 地址与所在端口的对应关系。

在每次添加或更新地址映射表的表项时，添加或更改的表项被赋予一个计时器。这使得该端口与 MAC 地址的对应关系能够维持一段时间。如果在计时器计时结束之前没有再次捕获到该端口与 MAC 地址的对应关系，该表项将被删除。通过删除过时的表项（或定时更新），交换机维护了一个精确而有效的地址映射表。这样做的目的是保证在网络变化时，地址映射表能随变化更新。

3）通信过滤

交换机建立了地址映射表之后，它就可以实现信息过滤了。

假设主机 B 向主机 C 发送数据，因为主机 B 连接到交换机的端口 4，所以，交换机将从端口 4 接收数据帧，通过查询地址映射表，交换机发现主机 B 和主机 C 都连接到端口 4，即发送地址与目的地址处于同一端口。遇到这种情况时，交换机不再转发，简单地将帧抛弃，帧被限制在本地流动。

以太网交换机隔离了本地信息，从而避免了网络上不必要的数据流动。这是交换机通信的主要优点，也是它与集线器截然不同的地方。集线器会无条件地向其他所有端口转发信息，每个与集线器相连的主机都会收到该网段上的所有信息。而交换机所连的网段只会收到发给它们的信息，无关的信息都会被"挡"在外面，减少了局域网上总的通信负载，因此提供了更多的带宽。

如果主机 A 需要向主机 G（新接入交换机的主机）发送信息，交换机在端口 1 收到数据帧后查询地址映射表，结果发现主机 G 不在地址映射表中。在这种情况下，为了保证信息能够到达正确的目的，交换机将向除端口 1 之外的所有端口转发信息。当然，一旦主机 G 发送信息，交换机就会捕获到它与端口的对应关系，并将得到的结果存储到地址映射表中。当主机 A 再次向主机 G 发送信息的时候，就会直接转发到端口 4 了。

如果一个数据帧的目的 MAC 地址是全 1（二进制），表示它是一个广播帧，交换机将向所有的端口转发此帧，以便网络上的所有主机都能收到这个广播信息。但是过多的广播信息将会干扰其他主机通信，降低网络效率，甚至导致"广播风暴"。广播不能不用,只是要尽量少用。

2. 虚拟局域网 VLAN

交换式以太网不但提高了网络性能,还引入虚拟局域网(Virtual LAN, VLAN)技术。虚拟局域网只是交换式局域网提供给用户的一种服务,并不是一种新型局域网。

虚拟局域网建立在交换技术基础之上,将网络上的主机按工作需要划分成若干个"逻辑工作组"(无须考虑所处的物理位置),一个逻辑工作组就组成一个虚拟局域网。IEEE 802.1q 定义了 VLAN 的标准。

每一个虚拟局域网的主机不能直接向其他虚拟局域网的主机传送信息,包括广播信息。这样,虚拟局域网限制了接收广播信息的主机数量,使得网络不会因传播过多的广播信息(即所谓的"广播风暴")而引起性能恶化。由于虚拟局域网是用户和网络资源的逻辑组合,因此可按照需要将有关设备资源非常方便地重新组合,使局域网变得更加灵活。

如果使用传统的以太网帧格式,那就无法进行虚拟局域网划分。IEEE 802.1q 协议定义了扩展的帧格式:在传统以太网的帧格式中插入一个 4 字节的标识符,称为 TAG(VLAN 标签,含有 VLAN 成员的信息),用来指明发送该帧的计算机属于哪一个 VLAN。IEEE 802.1q 帧主要在交换机内部及交换机与交换机之间使用,普通计算机并不能识别该帧。因此,帧从 PC 发送到交换机的时候,将加入标签;帧从交换机发送到PC 的时候,将去掉标签,如图 6−24 所示。

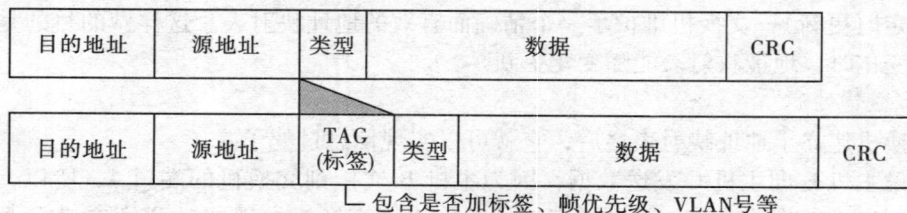

图 6−24　IEEE 802.1q 协议定义了扩展的帧格式

1)交换式以太网与 VLAN

传统工作组的主机物理位置如图 6−25 所示。

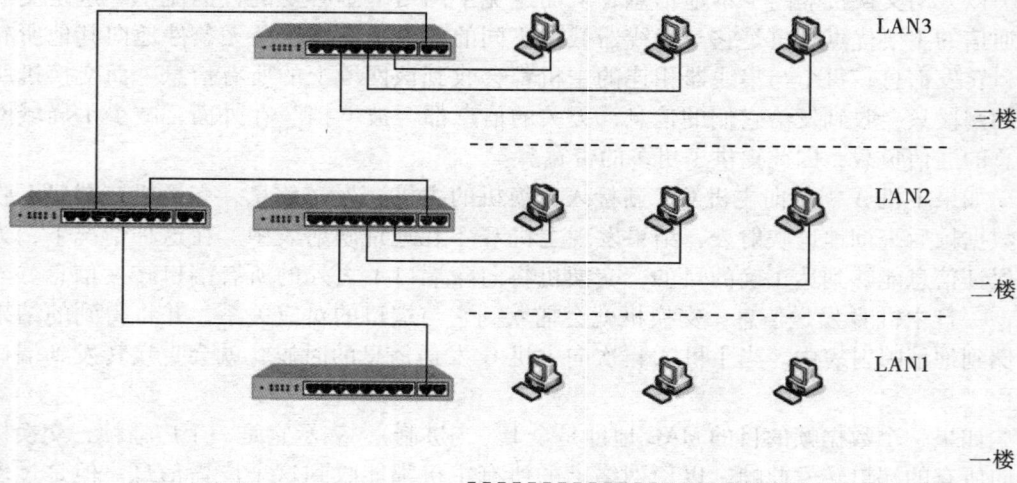

图 6−25　传统工作组的主机物理位置

虚拟局域网示意图如图 6 -26 所示。

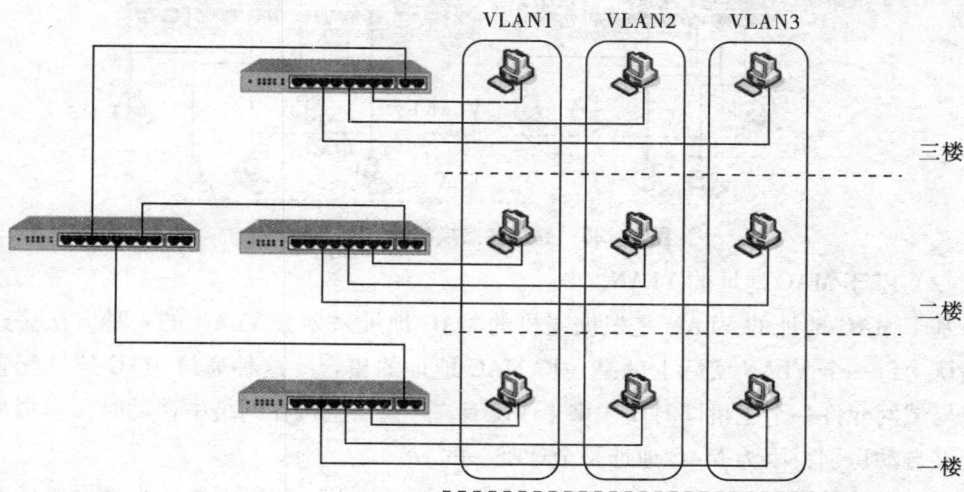

图 6 -26　虚拟局域网示意图

2）VLAN 的划分方法

不同 VLAN 划分方法的区别主要表现在对 VLAN 成员的定义方法上，也就是说，在一个 VLAN 中应包含哪些主机。划分 VLAN 之后，每一个 VLAN 就是一个广播域。在同一个 VLAN 中，主机之间可以任意通信，就像是在同一个局域网一样；不同的 VLAN 的主机相互隔离，不能直接通信，仿佛网络没有连通（在第二层即数据链路层上不能直接通信）。这样将隔离各个 VLAN 之间的通信，各个 VLAN 内的广播信息将被限制在本地，而不会广播到其他 VLAN。这将全面提高网络的性能。

（1）基于端口的 VLAN。

基于端口的 VLAN，也称为静态 VLAN，是实现虚拟局域网的最常用的方法。这种方法认为一个虚拟局域网实际上是一些交换机端口的集合，交换机可以是一个或多个。基于端口的虚拟局域网构造简单，一般每一个端口只能属于一个 VLAN，其形式如图6 -27 和图 6 -28 所示。

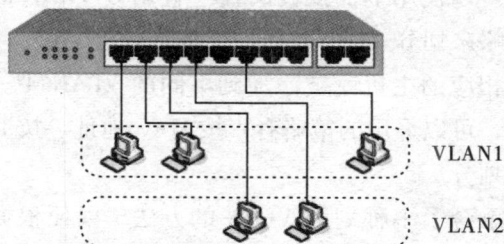

图 6 -27　在单交换机上配置 VLAN

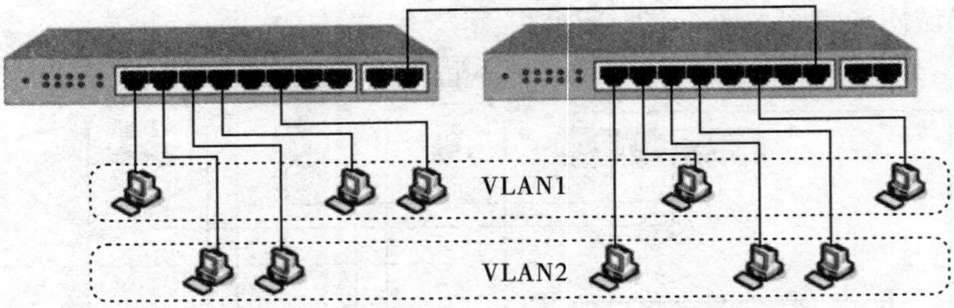

图6-28 跨越多交换机配置 VLAN

（2）基于 MAC 地址的 VLAN。

基于 MAC 地址的 VLAN 是根据主机的 MAC 地址来划分 VLAN 的一种方法。这种方法认为每一个 VLAN 实际上就是一群 MAC 地址的集合。这种通过 MAC 地址配置的虚拟局域网允许一个主机同时属于多个 VLAN，并且当主机在网络中移动时，虚拟局域网能够自动识别，因为 MAC 地址是全球唯一的。

通过 MAC 地址划分的 VLAN 可以解决基于端口的 VLAN 所不能解决的主机任意移动问题，基于 MAC 地址的 VLAN 可以看作是基于用户的 VLAN。

（3）基于 IP 地址的 VLAN。

基于 IP 地址的 VLAN 在 IP 子网来构造虚拟局域网，这是基于第三层的虚拟局域网。划分 VLAN 时，交换机将每一台主机的 MAC 地址和它的 IP 地址对应关联起来，使用主机的 IP 地址来配置 VLAN。

使用这种方法时，通常要求交换机能够处理 IP 数据，也就是说，要使用第三层交换机（有路由功能的交换机）。这种方法的优点有：用户可以随意移动节点而无需重新配置 IP 地址，一个 VLAN 可以扩展到多个交换机的端口上，甚至一个端口能对应于多个 VLAN。缺点是它与基于 MAC 地址的 VLAN 相比，检查网络层地址比检查 MAC 地址要花费更多的时间，会造成一定的延迟，从而影响了交换机的交换时间以及整个网络的性能，同时，地址表维护也增加了管理的负担。

（4）基于策略的 VLAN。

基于策略的 VLAN 可以使用上面提到的任一种划分 VLAN 的方法，并可以把不同方法组合成一种新的策略来划分 VLAN。当一个策略被指定到一个交换机时，该策略就在整个网络上应用，而相应的主机就被添加到不同的 VLAN 中。该方法的核心是采用何种的策略问题。目前，可以采用的策略有：按 MAC 地址、按 IP 地址、按以太网协议类型和按网络的应用等划分。

目前，在交换机中融合了多种划分 VLAN 的方法，以便根据实际情况选择最合适的方式。同时，随着管理软件的发展，VLAN 的划分逐渐趋向于动态化。

3）VLAN 的优点

VLAN 与普通局域网从原理上讲并没有什么不同，但从用户使用和网络管理的角度来讲，VLAN 与普通局域网最基本的差异体现在：VLAN 并不局限于某一物理网络，VLAN 用户可以位于网内的任何区域。

总体来说，VLAN 的优点有：简化网络管理、控制广播活动、提供较好的网络安全性。这些优点有效地提高了网络管理程序的可控性、灵活性，减少了管理的费用，增加了集中管理的功能。

6.3.3 无线局域网

1. 认识无线局域网

无线局域网（Wireless Local Area Network，WLAN）是利用无线通信技术在一定的局部范围内建立的网络，是计算机网络与无线通信技术相结合的产物。它以无线多址信道作为传输媒介，提供传统有线局域网（Local Area Network，LAN）的功能，能够使用户真正实现随时、随地、随意的宽带网络接入。

目前，无线局域网的使用非常广泛。无线局域网与以太网一样，只是众多局域网种类中的一种。由于与以太网使用了相似的介质访问控制方法（WLAN 使用 CSMA/CA 协议），几乎成了"无线以太网"，但注意，无线局域网其实并不是无线以太网。

WLAN 开始是作为有线局域网络的延伸而存在的，各团体、企事业单位广泛地采用了 WLAN 技术来构建其办公网络。但随着应用的进一步发展，WLAN 正逐渐从传统意义上的局域网技术发展成为"公共无线局域网"，成为国际互联网 INTERNET 宽带接入手段。WLAN 具有易安装、易扩展、易管理、易维护、高移动性、保密性强、抗干扰等特点。

2. 无线局域网的标准

1990 年 11 月，IEEE 802 标准化委员会成立 IEEE 802.11 无线局域网标准工作组。工作组于 1997 年公布了第一个 WLAN 标准 IEEE 802.11，其后在 IEEE 802.11 基础上相继推出了 IEEE 802.11a、IEEE 802.11b、IEEE 802.11g、IEEE 802.11n 和 IEEE 802.11ac 等标准。表 6-5 所示为常见的 4 种 WLAN 标准。

表 6-5 常见的 4 种 WLAN 标准

性能/标准	802.11a	802.11b	802.11g	802.11n	802.11ac
传输速率（最高）	54 Mb/s	11 Mb/s	54 Mb/s	600 Mb/s	1 Gb/s
工作频率	5 GHz	2.4 GHz	2.4 GHz	2.4 /5 GHz	5 GHz
兼容性	无	不兼容 802.11a	兼容 802.11b	兼容 802.11a/b/g	兼容所有标准
信道带宽	20 MHz	22 MHz	20 MHz	20/40 MHz	20/40/80/160 MHz
天线结构（最多）	1*1SISO	1*1SISO	1*1SISO	4*4MIMO	8*8MIMO
传输方式	OFDM	DSSS	OFDM/DSSS	MIMO – OFDM	MIMO – OFDM

自从实行 IEEE 802.11 标准以后，无线局域网取得了长足的进步，因此基于此技术的产品也逐渐增多，解决各厂商产品之间的兼容性问题就显得非常必要。由于 IEEE 本身并不负责测试无线产品的兼容性，所以这项工作就由厂商自发组成的无线局域网联盟（WLANA）来担任。而 Wi-Fi（Wireless Fidelity）是无线局域网联盟的一个商标，有此商标则说明无线产品互相兼容。因此在很多场合把 WLAN 与 Wi-Fi 不加区分，几乎成了同义词。

3. 组网模式

WLAN 通常采用两种不同的组网模式：点对点模式和基础架构模式。

1）点对点模式

点对点模式（Ad - Hoc），也称为对等模式，如图 6 - 29 所示，由无线工作站组成，用于一台无线工作站和另一台或多台其他无线工作站的直接通信。

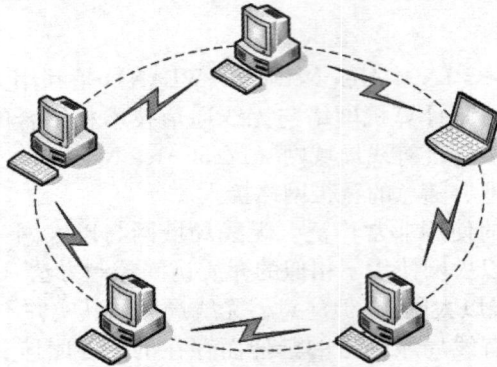

图 6 - 29　点对点模式

2）基础架构模式

如图 6 - 30 所示，基础架构模式（Infrastructure）也称为基础结构模式，由无线访问点（AP）、无线工作站（STA）以及分布式系统（DSS）构成，覆盖的区域为称基本服务区（BSS）。

无线 AP（Access Point）也称无线访问点，在无线通信部分相当于有线网络的集线器，在有线通信中相当于有线网络的交换机。无线 AP 既用于无线工作站之间通信，也用于和有线网络之间的连接。所有的无线通信都经过 AP 中转来完成。无线 AP 通常能够覆盖几十至几百用户，覆盖半径达上百米。

如果把无线工作站比喻成手机的话，AP 就相当于移动通信的基站。无线工作站通过无线 AP 可以连接其他有线的工作站、交换机和路由器。

基础架构模式是一种整合有线与无线局域网架构的应用模式，与点对点模式不同的是，配备无线网卡的计算机必须通过无线 AP 来进行中转通信。

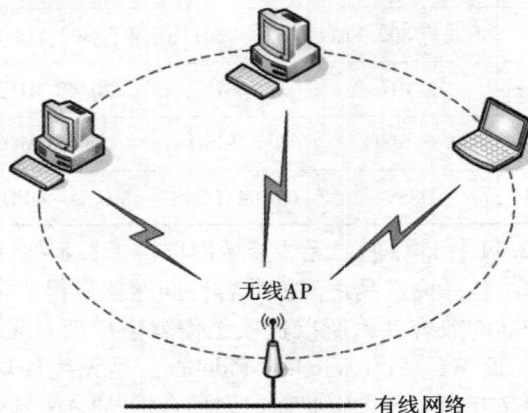

无线AP

有线网络

图 6 - 30　基础架构模式

4. 基本参数设置

1）SSID

SSID（Service Set Identifier，也称为服务区标识符）最多可以使用 32 个字符来表示，用来区分不同的无线网络区域。客户机无线网卡选择了不同的 SSID 就可以进入不同的网络。SSID 通常由 AP 广播出来，客户机通过操作系统或驱动程序自带的搜索功能可以查看当前区域内的 SSID。简单说，SSID 就是一个无线网络区域的名称，只有登录进名称相同的 SSID 计算机才能相互直接通信。

无线 AP 一般都会提供"允许 SSID 广播"功能，出于安全考虑可以不广播 SSID。如果不想让自己的无线网络被别人通过 SSID 名称搜索到，那么最好"禁止 SSID 广播"。此时无线网络仍然可以使用，只是不会出现在其他人所搜索到的可用网络列表中。此时用户就要手工填入 SSID 才能进入相应网络。

2）WEP 和 WPA

WEP（Wired Equivalent Protocol）和 WPA（Wi – Fi Protected Access）是无线局域网采用的加密技术。

WEP 已经被证明是一种不安全的加密技术。WPA 是继承了 WEP 基本原理而又解决了 WEP 缺点的一种新技术。WPA 包含两种加密方式：Pre – shared 密钥和 Radius 密钥。Pre – shared 密钥有两种密码方式：TKIP 和 AES；Radius 密钥利用 Radius 服务器认证并可以动态选择 TKIP、AES、WEP 方式。

WPA 有两种认证模式可供选择，一种是使用 802.1x 协议认证模式。802.1x 认证服务器会分发不同的钥匙给各个用户，用 802.1x 认证的版本叫做 WPA 企业版。另一种是预先共享密钥 PSK（Pre – shared Key）模式，该模式让每个用户都用同一个密钥，Wi – Fi 联盟把这个使用 Pre – shared Key 的版本叫作 WPA 个人版。

3）无线信道

无线信道（Channel）也就是常说的无线"频段"，是以无线信号作为传输媒体的数据信号传送通道，相当于有线局域网的网线。

常用的 IEEE 802.11b/g/n 工作在 2.4～2.4835 GHz 频段，这些频段被分为 11 或 13 个信道。

考虑到相邻的两个无线 AP 之间有信号重叠区域，会相互产生干扰，从而导致无线网络的整体性能下降。所以要保证这部分区域所使用的信号信道不能互相覆盖，即信号互相覆盖的无线 AP 必须使用不同的信道。因为每个信道都会干扰其两边的频道，计算下来也就只有三个有效频道（1、6、11），一定要注意在同区域使用不同的无线 AP 时要设置不同的频道。

6.4 网络互联与 IP 地址

6.4.1 网络互联

1. IP 层网络互联

随着信息技术的发展，单一的局域网络无法满足用户的各种需求。在日常生活中接触的计算机网络通常都是利用互联设备——路由器（Router），将两个或多个不同类型的物理网络相互连接而形成的，简称互联网（如图6-31所示）。

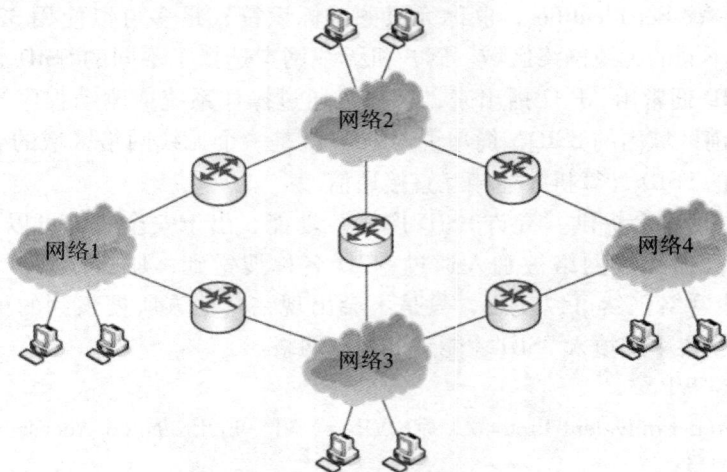

图6-31 互联网

互联网屏蔽了各个物理局域网络的差别（例如寻址机制的差别、帧最大长度的差别、差错恢复的差别等），隐藏了各个物理网络的实现细节，为用户提供通用服务。因此，用户常常把互联网看成一个虚拟网络系统，如图6-32所示。这个虚拟网络系统是对互联网结构的抽象，它提供通用的通信服务，能够将所有的主机都互联起来，实现全方位的通信。

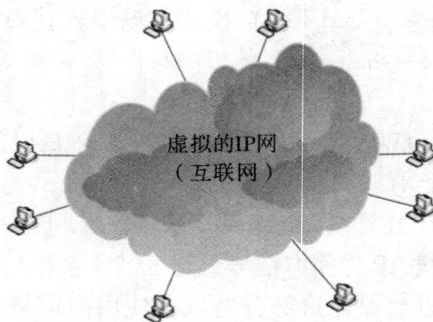

图6-32 虚拟网络系统

路由器是一个工作在网络层的设备，因此网络互联必须使用路由器。路由器的主要作用是在互联网中进行路由选择。由于历史的原因，有些地方把路由器叫做网关（如Windows系列操作系统的IP设置部分）。

需要特别指出的是，在IP层抽象的互联网上只能看到IP数据报（IP层传输的数据单元）；在局域网的数据链路层，只能看见MAC帧，IP数据报被封装在MAC帧中。

2. IP层与数据链路层

如果说IP数据报是IP互联网中行驶的车辆，那么IP协议就是IP互联网中的交通规则，连入互联网的每台计算机及处于十字路口的路由器都必须熟知和遵守该交通规则。发送数据的主机需要按IP协议装载数据，路由器需要按IP协议指挥交通，接收数据的主机需要按 IP 协议拆卸数据。满载着数据的 IP 数据包从源主机出发，在沿途各个路由器的指挥下，就可以顺利地到达目的主机。

IP 协议精确定义了 IP 数据报格式，并且对数据报寻址和路由、数据报分片和重组、差错控制和处理等做出了具体规定。

图 6-33 所示为 IP 互联网工作机理示意图。

图 6-33　IP 互联网工作机理示意图

如果只从网络层考虑问题，那么 IP 数据报就可以想象成是在网络层中传送。这样就不必考虑完整的协议栈，使问题变得更加简单。虚拟 IP 层直接传输示意图如图 6-34 所示。

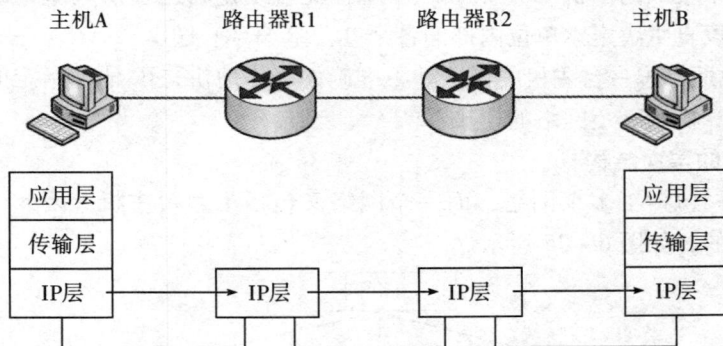

图 6-34　虚拟 IP 层直接传输示意图

3. IP 层的特点

互联网应该屏蔽低层网络的差异，为用户提供通用的服务。比如，运行 IP 协议的互联层可以为其高层用户提供的服务有如下 3 个特点：

（1）不可靠的数据投递服务。数据报的投递没有任何品质保证，数据报可能被正确投递，也可能被丢弃。

（2）面向无连接的传输服务。这种方式不管数据报的传输经过哪些节点，甚至可以不管数据报起始和终止的计算机，数据报的传输可能经过不同的传输路径，而且这些数据报在传输过程中有可能丢失，也有可能正确传输到目的节点。

（3）尽最大努力投递服务。IP 不会随意丢包，除非系统的资源耗尽、接收出现错误，或者网路出现故障的情况下，才不得不丢弃报文。

4. IP 互联网的特点

IP 互联网是一种面向非连接的互联网络，它屏蔽各个物理网络的差异、隐藏各个物理网络的实现细节，形成一个大的虚拟网络，为用户提供通用的服务。IP 互联网的主要特点包括：①隐藏了低层物理网络细节，向上为用户提供通用的、一致的网络服务。②不指定网络互联的拓扑结构，也不要求网络之间全互联。③所有计算机使用统一的、全局的地址描述法。④平等地对待互联网中的每一个网络。

6.4.2 IP 地址

1. IP 地址的作用

统一物理地址的表示方法是不现实的。因为物理地址表示方法是和每一种物理网络的具体特性联系在一起的，市场也需要不同的物理网络。因此，互联网对各种物理网络地址的"统一"必须在 IP 层完成。

Internet 使用 IP 协议，在全球范围内实现不同硬件结构、不同操作系统、不同网络系统的互联。在 Internet 上，每一个节点都依靠 IP 地址互相区分和相互联系。

IP 地址构成了整个 Internet 的基础。每一台联网的主机无权自行设定 IP 地址，而是由因特网名字与号码指派公司（Internet Corporation for Assigned Names and Numbers, ICANN）负责对申请的组织分配唯一的网络 ID，而该组织可以对自己的网络中的每一个主机分配一个唯一的主机 ID。正如一个单位无权决定自己在所属城市的街道名称和门牌号，但可以自主决定本单位内部的各个办公室编号一样。

一个 IP 地址标志一台主机的说法并不准确。严格地讲，IP 地址指定的不是一台计算机，而是计算机到一个网络的连接。

2. IP 地址的层次结构

一个互联网包括了多个网络，而一个网络又包括了多台主机。因此，互联网是具有层次、结构的，如图 6-35 所示。

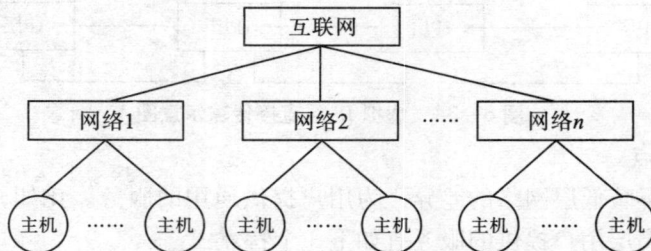

图 6-35 互联网的层次结构

为了适应这个层次结构，IP 编址必须划分为两部分：网络号和主机号，如图 6-36 所示。

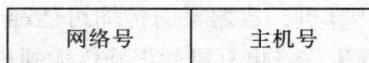

图 6-36 IP 编址划分

网络号用于标识在互联网中的一个网络区域编号，主机号用于表示在一个网络区域中主机的一个连接。整个互联网上的计算机都依靠各自唯一的 IP 地址来标识。如果给出一个具体的 IP 地址，马上就能知道它位于哪个网络，这给 IP 互联网的路由选择带来很大好处。

IP 地址与生活中的电话号码非常类似。IP 地址的网络号相当于区号，主机号相当于电话号码。处在同一个 IP 网络的通信相当于打市话，跨网通信相当于打长途。

同一个网络（网络号相同）的 IP 地址可以直接通信；不同网络（网络号不同）的 IP 地址不可以直接通信（即使处于同一个物理网络也不行），必须经过路由器转发才能通信。

3. IP 地址的编址及表示

IP 地址的编址方法有三种（三个历史阶段）：

（1）分类的 IP 地址。这是最早、最基本的编址方法。

（2）子网划分。这是对分类 IP 地址的改进。

（3）无分类编址。这是目前最新的编址方法。

根据 TCP/IP 协议规定，IP 地址是由 32 位二进制数组成，包含了网络号（Netid）和主机号（Hostid）两部分。为了表示方便，常常把它看作 4 个字节（每个字节 8 位）。

平时使用 IP 地址的时候，由于二进制表示不方便，因此可采用点分十进制表示法，即将 4 字节的二进制数值转换成 4 个十进制数（每个数在 0 ~ 255 之间），中间用"."号隔开，表示成 W. X. Y. Z 的形式，如图 6 - 37 所示。

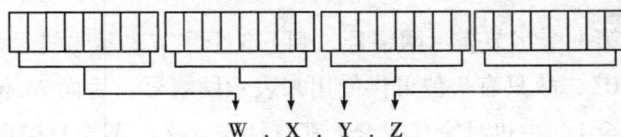

W . X . Y . Z

图 6 - 37　IP 地址的表示法

例如二进制 IP 地址：11001010　01011101　01111000　00101100 表示成点分十进制即为 202. 93. 120. 44。

注意：IP 地址的原始定义及表示都是二进制，所涉及的 IP 地址计算也都是按照二进制方式进行的。表示成十进制只是为了方便使用而已。

4. 分类的 IP 地址

在互联网中，网络数量有多少是难以确定的，每一个网络的规模也可能有大有小。有的网络具有成千上万台主机，而有的网络仅仅有几台主机。

为了适应各种不同的网络规模，将 IP 地址分成 A、B、C、D、E 共 5 类。它们分别使用 IP 地址的前几位加以区分，利用 IP 地址的前 4 位就可以判断出它的地址类型。

A、B、C 类地址是单播地址（一对一通信），D 类地址用于多播通信（一对多通信），E 类地址保留以后使用。D 类和 E 类使用较少。

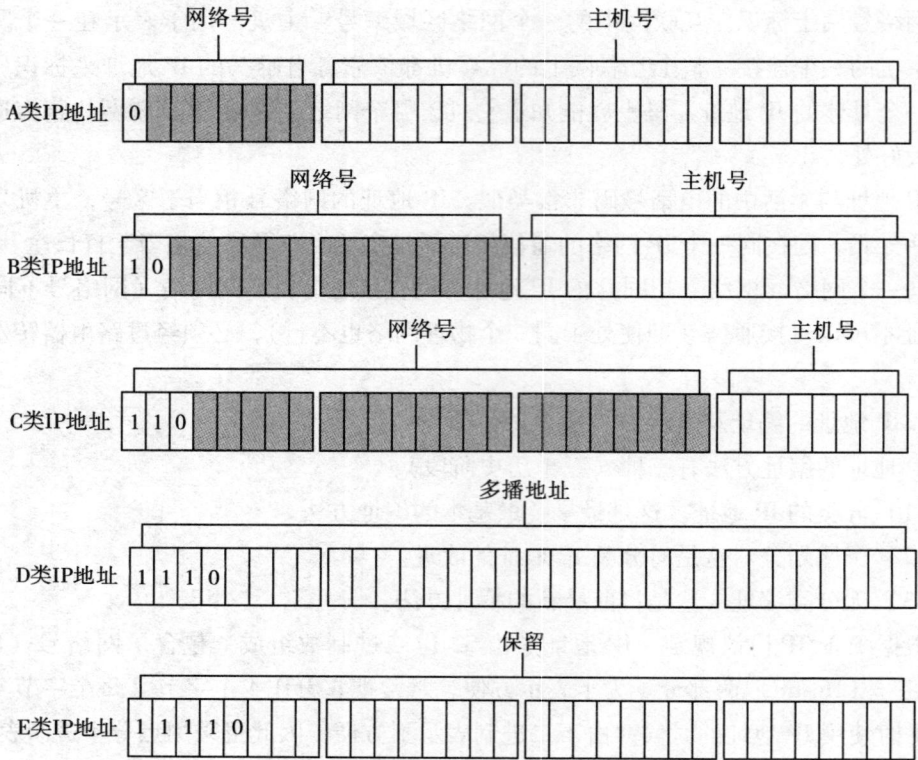

图 6 - 38 分类的 IP 地址

1）A 类地址

A 类地址使用第 1 个字节表示网络号，剩下 3 个字节表示主机号。由于第 1 个字节的最高位必须是"0"，故只有 7 位可供使用来表示网络号，后面 24 位表示主机号。

网络号全 0 或全 1、主机号全 0 或全 1 都有特殊含义，不能直接作为 IP 地址分配给主机。因此，在计算有多少个网络号、多少个主机号的时候，都要"掐头去尾"（减 2）。B 类和 C 类地址也是一样的。

因此，A 类地址可提供的网络号有 $2^7 - 2 = 126$ 个，每个网络里面的主机号有 $2^{24} - 2 = 16777214$ 个。

A 类地址提供的网络号较少，但每一个网络里面可容纳的主机数达 1600 多万，因此，它一般用于大型网络。A 类地址占整个 IP 地址总数的 50%。

2）B 类地址

B 类地址使用前 2 个字节表示网络号，剩下 2 个字节表示主机号。由于第 1 个字节的最高位必须是"10"，故只有 14 位可供使用来表示网络号，后面 16 位表示主机号。

因为网络号后 14 位无论怎样取值，也不可能出现使前 2 个字节的网络号成为全 0 或全 1 的情况，因此这里不存在网络总数减 2 的问题。

因此，B 类地址可提供的网络号有 $2^{14} = 16384$ 个，每个网络里面的主机号有 $2^{16} - 2 = 65534$ 个。

B 类地址提供的网络号有 1 万多个，但每一个网络里面可容纳的主机数有 6 万多，因此，它一般用于中等规模网络。B 类地址占整个 IP 地址总数的 25%。

3）C 类地址

C 类地址使用前 3 个字节表示网络号，剩下 1 个字节表示主机号。由于第 1 个字节的最高位必须是"110"，故只有 21 位可供使用来表示网络号，后面 8 位表示主机号。

同样，因为网络号后 21 位无论怎样取值，也不可能出现使前 3 个字节的网络号成为全 0 或全 1 的情况，因此这里也不存在网络总数减 2 的问题。

因此，C 类地址可提供的网络号有 $2^{21} = 2097152$ 个，每个网络里面的主机号有 $2^8 - 2 = 254$ 个。

C 类地址提供的网络号有 200 多万个，但每一个网络里面可容纳的主机数只有 254，因此，它一般用于小规模网络。C 类地址占整个 IP 地址总数的 12.5%。

在分类 IP 地址中，可通过第 1 字节的范围直接识别 IP 地址属于 A、B、C 哪一类，如表 6-6 所示。

表 6-6 IP 地址的识别

类别	第 1 字节范围	网络地址	主机地址	网络数	主机数	适用
A	1~126	1 字节	3 字节	126	16777214	大型网络
B	128~191	2 字节	2 字节	16384	65534	中型网络
C	192~223	3 字节	1 字节	2097152	254	小型网络

按照 TCP/IP 协议的观点，一个"网络"是指具有相同网络号的 IP 地址集合，是一个"逻辑"网络，与物理网络并不是一一对应的。一个物理网络可划分为多个 IP 网络，一个 IP 网络也可以包含多个物理网络。

5. 特殊 IP 地址

正如特别的电话号码表示特别的用途，也需要特殊的 IP 地址表示一些特殊的含义。

1）网络地址

在互联网中，经常需要使用"网络地址"表示一个网络。根据 IP 地址方案规定，网络地址是有效的网络号 + 全"0"的主机号。

例如，在 A 类网络中，地址 69.0.0.0 就表示网络号为 69 的网络地址。IP 地址为 201.53.203.67（C 类地址）的主机所处的网络为 201.53.203.0，它的主机号为 67。

2）广播地址

当一个主机向网络上所有的主机发送数据时，就产生了广播。IP 广播有如下两种形式。

（1）直接广播。根据 IP 地址方案规定，直接广播地址是有效的网络号 + 全"1"的主机号。

在 IP 互联网中，任意一台主机均可向其他网络进行直接广播。例如 C 类地址

201.53.203.255 就是一个直接广播地址。向这个地址发送信息时，会将信息同时发送到网络 201.53.203.0 里面的所有主机。

（2）本网广播。地址 255.255.255.255 表示本网广播地址，也称作有限广播地址。如果采用分类 IP 编址，那么广播将被限制在本网络之中；如果采用子网划分编址，那么广播将被限制在本子网之中。

本网广播不需要知道网络号。因此，在主机不知道本机所处的网络时（如主机的启动过程中），只能采用本网广播方式。

实际使用中，广播过多会导致"广播风暴"，网络甚至会中断，因此会采用各种技术来限制广播。广播不能不用，只是要尽量少用。

3）环回地址

环回地址（Loopback Address）也称为回送地址。网络号为 127.0.0.0 的地址是一个保留地址，代表"本机"，用于网络软件测试以及本机进程之间的网络通信。无论什么程序，一旦使用环回地址发送数据，系统中的 TCP/IP 协议软件则不进行任何网络传输，立即将之返回。因此，含有网络号 127 的数据报不可能出现在任何网络上。常常使用"ping 127.0.0.1"来测试本机 TCP/IP 协议软件是否正常工作。

4）内网地址

内网地址，也称专用地址。一台计算机要联入因特网，必须申请一个合法的 IP 地址。但是由于 IP 地址的紧缺（目前已经基本分完），一个单位能够申请到的 IP 地址数往往远小于单位机构所拥有的主机数。另外，考虑到因特网并不很安全，也并不需要把所有的主机都接入因特网。为此，专门保留了一些地址作为内网地址，这些地址只能用于一个单位的内部通信，不能用于和因特网上的主机直接通信。这样就可以大大节约 IP 地址资源。在因特网中的所有路由器，对目的地址是内网地址的数据报一律不进行转发。

应用时保留了三个地址区域作为内网地址，其地址范围如下：

A 类：10.0.0.0 ~ 10.255.255.255

B 类：172.16.0.0 ~ 172.31.255.255

C 类：192.168.0.0 ~ 192.168.255.255

如果使用的是内网地址，又想访问因特网，则必须通过路由器或服务器的 NAT（网络地址转换）功能，把内网地址转换为合法的 IP 地址，来"间接"上网，也就是常说的"共享上网"。

6. IP 编址实例

在为互联网上的主机和路由器分配具体 IP 地址时需要注意：

（1）连接到同一网络中所有主机的 IP 地址的网络号相同。

（2）路由器可以连接多个物理网络，每个连接都应该有不同的 IP 地址，而且该 IP 地址的网络号，应与所连接的网络的网络号相同。

（3）同一个网络的主机可以直接通信，不同网络的主机不能直接通信。

实例：一个单位建有 3 个物理网络，现需要通过路由器将这 3 个物理网络组成 IP 互联网，如图 6-39 所示。

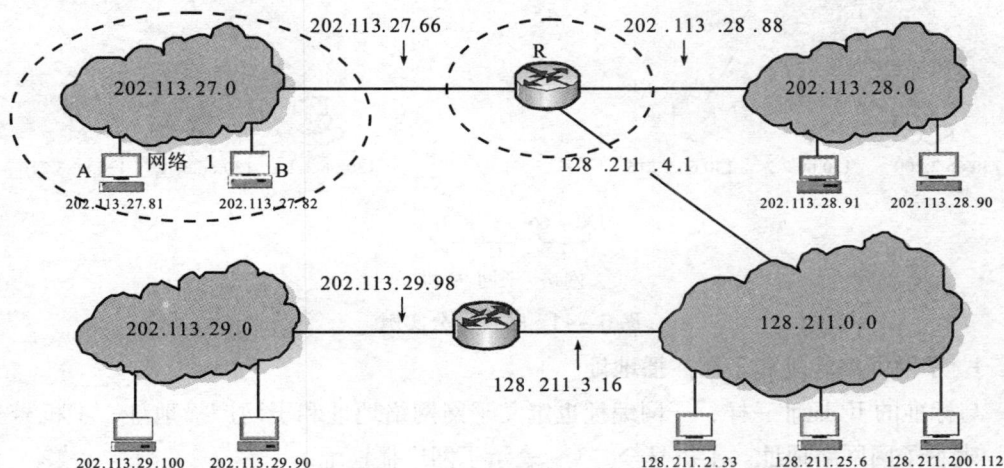

图 6-39　IP 编址实例

6.4.3　子网划分

Internet 组织机构在早期定义的 IP 地址，在今天看来存在着很多不合理的地方，如：

（1）IP 地址利用率较低。

（2）给每一个物理网络分配一个网络号会使路由表变得太大因而使网络性能变差。

（3）两级的 IP 地址不够灵活。

为了解决上述问题，子网编址将 IP 地址的主机号部分进一步划分成子网号部分和主机号部分，如图 6-40 所示。这样就使两级的 IP 地址就变成了三级 IP 地址。

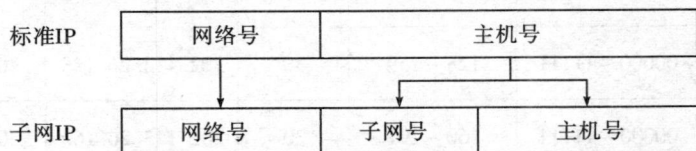

图 6-40　子网的划分

为了创建一个子网地址，从标准 IP 地址的主机号部分"借"位并把它们指定为子网号部分。子网号最少借用两位，而主机号至少保留两位。A 类网络的主机号部分有三个字节，最多只能借用 22 位去创建子网。B 类网络的主机号部分有两个字节，最多只能借用 14 位去创建子网。C 类网络的主机号部分只有一个字节，最多只能借用 6 位去创建子网。

130.66.0.0 是一个 B 类 IP 地址，它的主机号部分有两个字节。在图 6-41 中，借用了其中的一个字节分配子网。如：130.66.3.2。

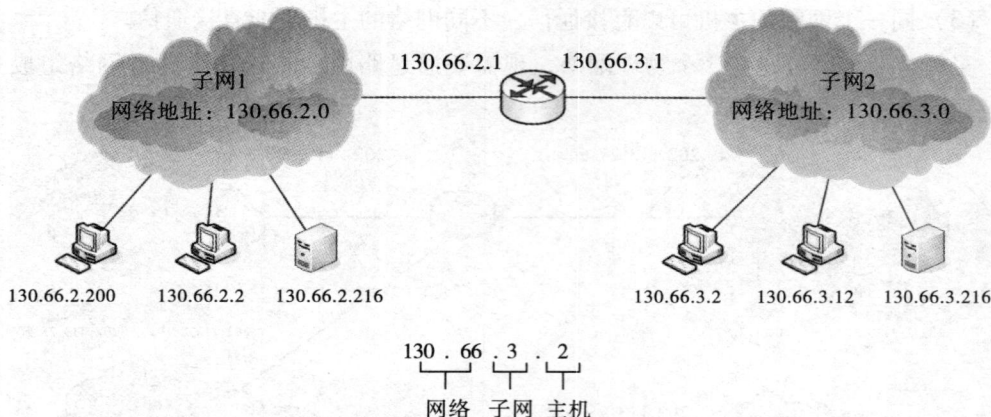

图 6-41 子网划分实例

1. 子网网络地址和子网广播地址

与标准的 IP 地址一样，子网编址也定义子网网络地址和子网广播地址。主机号全"0"表示子网网络地址，主机号全"1"表示子网广播地址。

如：有一个网络号为 202. 113. 26. 0 的 C 类网络地址，借用主机号部分的 3 位来划分子网。其子网号、主机号、可容纳的主机数、子网网络地址、子网广播地址如表6-7 所示。

表 6-7 划分子网

子网	子网号	主机号	第 4 字节 （10 进制）	主机数 容量	子网地址	广播地址
1	001	00000 ~ 11111	32 ~ 63	30	202. 113. 26. 32	202. 113. 26. 63
2	010	00000 ~ 11111	64 ~ 95	30	202. 113. 26. 64	202. 113. 26. 95
3	011	00000 ~ 11111	96 ~ 127	30	202. 113. 26. 96	202. 113. 26. 127
4	100	00000 ~ 11111	128 ~ 159	30	202. 113. 26. 128	202. 113. 26. 159
5	101	00000 ~ 11111	160 ~ 191	30	202. 113. 26. 160	202. 113. 26. 191
6	110	00000 ~ 11111	192 ~ 223	30	202. 113. 26. 192	202. 113. 26. 223

该子网的主机号只能用剩下的 5 位来表示。在这 5 位中，全部为"0"的表示该子网网络地址，全部为"1"的表示子网广播地址，其余的可以分配给子网中的主机。

为了与标准的 IP 编址保持一致，二进制全"0"或全"1"的子网号不能分配给实际的子网。在上面的例子中，除十进制的"0"和"7"外（二进制"000"和"111"），其他的子网号都可进行分配。

如果在子网中使用 255. 255. 255. 255 广播地址，该广播将被限制在本子网内。

2. 子网掩码

对于任意给出的一个 IP 地址，例如 128.22.25.6，是不可能知道它到底属于一个标准 IP 地址还是经过了子网划分以后的 IP 地址。为了解决这个问题，就必须有一个方法能够指出哪些部分是网络号、子网号，哪些部分是主机号。

子网掩码就能解决这个问题。IP 协议规定，子网掩码是一个 32 位的二进制数（与 IP 地址一样长），与 IP 地址的网络号和子网号部分相对应的位用"1"表示，与 IP 地址的主机号部分相对应的位用"0"表示。将 IP 地址和它的子网掩码按位相"与"操作（实际上就是把主机号部分置为 0），就可以判断出 IP 地址中哪些位表示网络号、子网号，哪些位表示主机号。

根据以上规定，A、B、C 三类标准 IP 地址的子网掩码如表 6-8 所示。

表 6-8　A、B、C 三类标准 IP 地址的子网掩码

地址类别	网络号位数	子网掩码（二进制）	子网掩码（十进制）
A 类	前 8 位	11111111 00000000 00000000 00000000	255.0.0.0
B 类	前 16 位	11111111 11111111 00000000 00000000	255.255.0.0
C 类	前 24 位	11111111 11111111 11111111 00000000	255.255.255.0

3. 子网掩码举例

如果给出一个 B 类 IP 地址：128.22.25.6 和子网掩码 255.255.255.0，转换成二进制，将它们按位相与后，网络号和子网号部分将被保留，而主机号部分被置为 0，通过与标准地址比较，可以看出：B 类地址 128.22.25.6 所在的网络，经过了子网划分，从主机号借用前 8 位来表示子网，并且该 IP 地址所处的子网号为 25，如图 6-42 所示。

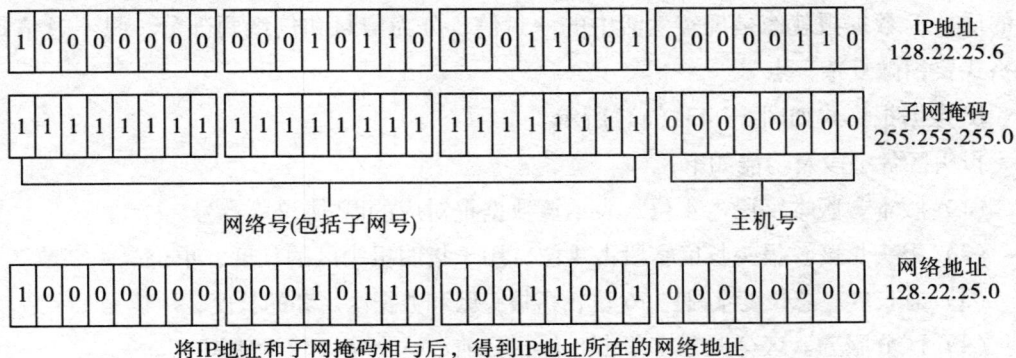

将IP地址和子网掩码相与后，得到IP地址所在的网络地址

图 6-42　子网掩码举例

因此，使用子网掩码的好处是：不管网络有没有划分子网，不管网络字段的长度是 1 字节、2 字节或 3 字节，只要将子网掩码和 IP 地址逐位进行"与"运算，就能得出网络地址来。表 6 - 9 给出了 B 类地址子网划分的子网掩码、子网数和主机数。

表 6 - 9　B 类地址子网划分

子网位数	子网掩码	子网数	主机数
2	255. 255. 192. 0	2	16382
3	255. 255. 224. 0	6	8190
4	255. 255. 240. 0	14	4094
5	255. 255. 248. 0	30	2046
6	255. 255. 252. 0	62	1022
7	255. 255. 254. 0	126	510
8	255. 255. 255. 0	254	254
9	255. 255. 255. 128	510	126
10	255. 255. 255. 192	1022	62
11	255. 255. 255. 224	2046	30
12	255. 255. 255. 240	4094	14
13	255. 255. 255. 248	8190	6
14	255. 255. 255. 252	16382	2

6.4.4　IP 数据报

1. IP 数据报的格式

在网络层，数据是以 IP 数据报的格式传输的。为了学习路由器的工作原理（包括防火墙），深入理解 TCP/IP 协议，必须掌握 IP 数据报的格式及实际传输过程。

IP 数据报又称 IP 分组、IP 数据包、IP 包，是 TCP/IP 模型的 IP 层（网络层）的数据传输的基本格式。IP 数据报的格式反映了 IP 协议具有什么样的功能。如果做一个比喻的话，IP 数据报就像是现实生活中的一封信，分为信封和信纸两部分，只不过信封的格式要稍微复杂一点。

IP 数据报格式如图 6 - 43 （a）所示。

报头区各字段及功能如下：

（1）版本。版本字段占 4 位，表示该数据报对应的 IP 协议版本号。

（2）报头长度。报头长度字段占 4 位，用于指明报头区的长度，单位是 4 字节。

（3）总长度。总长度字段占 16 位，指报头区和数据区之和的长度，单位是 1 字节。

（4）区分服务。区分服务字段占 8 位，目前，这个字段较少使用。

（5）生存时间。生存时间字段占 8 位，常用的英文缩写是 TTL（Time To Live）。

（6）协议。协议字段占 8 位，表示该数据报数据区的数据是来源于哪个上层的协议。常用协议字段值和相应协议对应关系如图 6－43（b）所示。

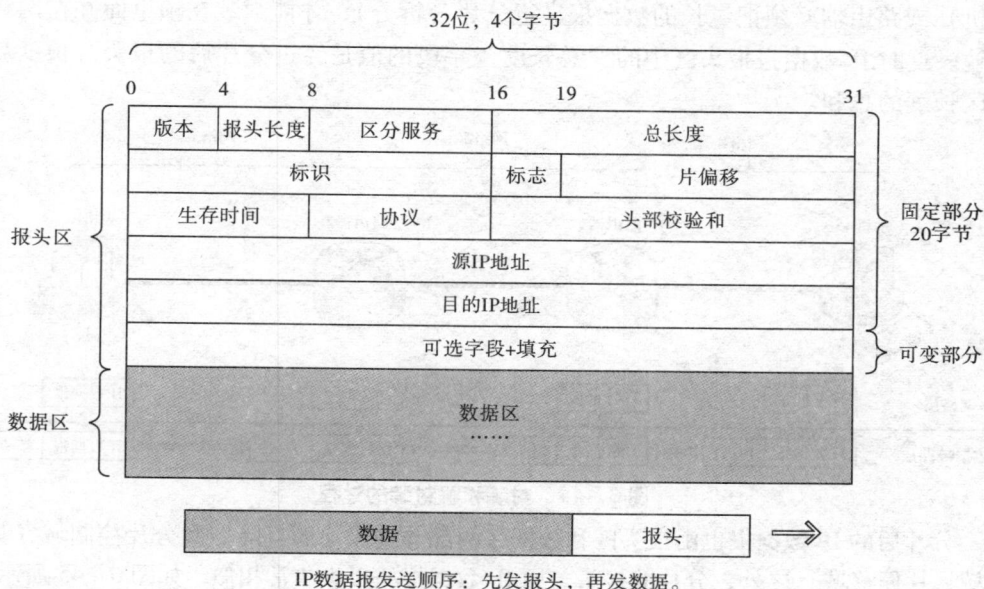

32位，4个字节

IP数据报发送顺序：先发报头，再发数据。

（a） IP 数据报格式

协议字段值	1	2	6	8	9	17	41	89
协议名称	ICMP	IGMP	TCP	EGP	GP	UDP	IPv6	OSPF

（b） 协议字段

图 6－43　IP 数据报格式与协议字段

（7）头部校验和。头部校验和字段占 16 位，用于验证 IP 报头的正确性。

（8）源 IP 地址和目的 IP 地址。源 IP 地址和目的 IP 地址字段各占 32 位，分别表示 IP 数据报发送者的地址和接收者的 IP 地址。

（9）可选字段和填充。可选字段又称为选项。选项主要用于控制和测试两大目的。作为选项，用户可以使用也可以不使用它们。实际上这些选项很少被使用。

2. IP 封装、分片与重组

每种物理网络都规定了一个帧最多能够容纳的数据量，这一限制称为最大传输单元（Maximum Transmission Unit，MTU）。一个 IP 数据报的长度只有小于或等于一个网络的 MTU，才能在这个网络中进行传输。一般以太网的 MTU 是 1500 字节。

另外，作为一种高层网络数据，IP 数据报最终也需要封装成帧进行传输。当一个 IP 数据报封装成链路层的帧时，此数据报的总长度（即报头区加上数据部分）一定不能超过下层的数据链路层的 MTU 值，否则无法传输。

图 6－44 显示了一个 IP 数据报从源主机至目的主机被多次封装和解封装的过程。

1）分片

如果 IP 数据报长度超过下层网络所容许的最大传输单元 MTU，那源主机（非目的主机）或路由器必须把过长的数据报进行分片（拆分），才能封装在帧里面并在网络上传输。这时 IP 数据报报头区中的"总长度"字段的值是经过分片后的报头区长度与数据区长度的总和。

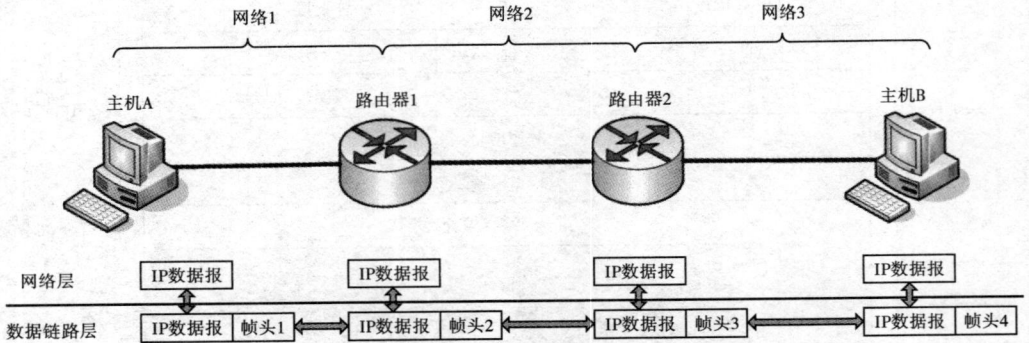

图 6-44　封装和解封装的过程

分片后的 IP 数据报也由报头区和数据区两部分构成，而且除一些分片控制域（如标志域、片偏移域）之外，分片的报头与原 IP 数据报的报头非常相似，如图 6-45 所示。

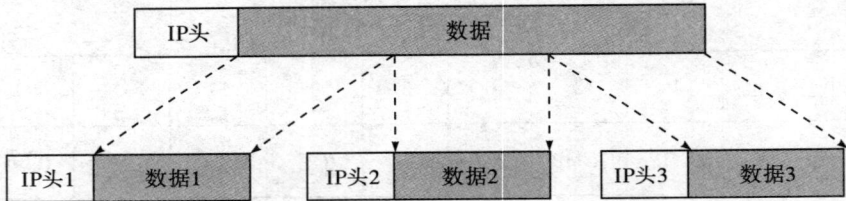

图 6-45　IP 数据报的分片

数据报一旦进行分片，则每片都可以像正常的 IP 数据报一样经过独立的路由选择等处理过程，最终到达目的主机。

2）重组

目的主机收到所有分片后，对分片进行重新组装还原的过程叫做 IP 数据报重组。IP 协议规定，只有最终的目的主机才可以对分片进行重组。

在 IP 数据报报头中，标识、标志和片偏移 3 个字段控制分片和重组过程。

（1）标识。标识字段占 16 位，每一个 IP 数据报都有一个标识编号。当数据报由于长度超过网络的 MTU 而必须分片时，这个标识字段的值就被复制到所有的数据报分片的标识字段中。相同的标识字段的值，使得分片后的各数据报片最后能正确地重装成为原来的数据报。

（2）标志。标志字段占 3 位，但目前只使用其中的两个位。

标志字段中的最低位记为 MF（More Fragment）。MF = 1 表示后面"还有分片"的数据报；MF = 0 表示这已是若干数据报片中的最后一个。

标志字段中间的一位记为 DF（Don't Fragment）。DF = 0 表示此数据报允许分片；DF = 1 表示此数据报不允许分片。

（3）片偏移。片偏移字段占 13 位，表示某分片在原数据报中的相对位置，即偏移量。也就是说，相对于用户数据字段的起点，该片从何处开始。片偏移以 8 个字节为偏移单位。这就是说，每个分片的长度一定是 8 字节（64 位）的整数倍。

6.5 路由器与路由选择

在 IP 互联网中，路由选择是指选择一条路径发送 IP 数据报的过程，而进行这种路由选择的通信设备就叫作路由器（router）。

Internet 就是由路由器将多个网络连接而成的。互联网中的每个路由器独立地处理 IP 数据报。IP 数据报到达路由器，路由器就要为这些数据报选择路由，将它们从源主机送往目的主机。

6.5.1 路由表

把 IP 数据报从一个网络传输到另一个网络的过程就叫 IP 数据报的转发。路由器根据 IP 数据报的目的 IP 地址确定转发路径，从而完成 IP 数据报的转发。路由器能转发数据报的秘密在于路由表。

每一台路由器都存储着一张关于路径信息的表格，称为路由表，如图 6-46 所示。在需要传送 IP 数据报时，它就查询该路由表，从而决定把数据报发往何处。

一个路由表至少包括 4 个部分：目的网络地址、子网掩码、下一跳地址、出站接口。

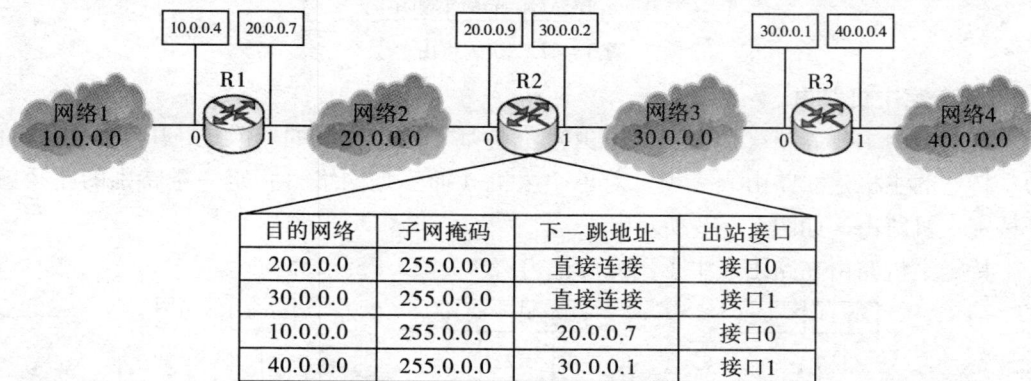

目的网络	子网掩码	下一跳地址	出站接口
20.0.0.0	255.0.0.0	直接连接	接口0
30.0.0.0	255.0.0.0	直接连接	接口1
10.0.0.0	255.0.0.0	20.0.0.7	接口0
40.0.0.0	255.0.0.0	30.0.0.1	接口1

图 6-46 路由表

路由表中各个字段的含义如下：

（1）目的网络地址：用于指出路由器可到达网络的网络号。

（2）子网掩码：目的地网络所使用的子网掩码。使用此子网掩码和待转发的 IP 数据包目的 IP 地址进行按位相与运算，即可计算出目的 IP 地址的网络号。

（3）下一跳地址：用于指出 IP 数据报要转发到下一个路由器的 IP 地址。

（4）出站接口：用于指出 IP 数据报从当前路由器的哪个物理接口转发出去。

在路由表中最重要、最基础的是目的网络地址和下一跳地址,理解了它们的关系也就理解了路由器的工作原理。

只要路由器的路由表正确、完整,无论哪个子网的主机都可以把 IP 数据报发送到另一个子网的主机。因此,路由表主要包含网络地址,一般不包含主机地址(除非是特殊路由)。

6.5.2 特殊路由

1. 默认路由

为了进一步隐藏网络网段细节,缩小路由表的长度,常常使用默认路由(Default Route,缺省路由)。

在路由选择过程中,如果路由表没有明确指明一条到达目的网络的路由信息,就可以把数据报转发到默认路由指定的路由器,如图 6-47 所示。

默认路由在路由表中目的网络和子网掩码都记为:0.0.0.0。

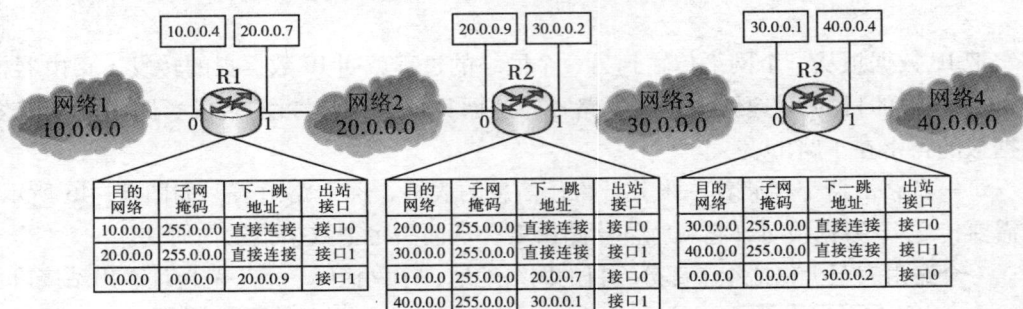

图 6-47 默认路由

2. 特定主机路由

路由表的主要表项(包括默认路由)都是基于网络地址的。但是,IP 协议也允许为一特定的主机建立路由表表项。对单个主机(而不是网络)指定一条特别的路径就是特定主机路由,如图 6-48 所示。

特定主机路由在路由表中子网掩码记为:255.255.255.255。

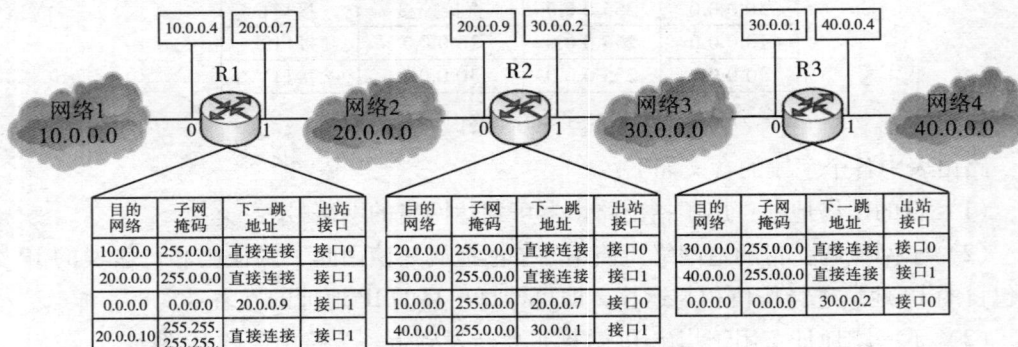

图 6-48 特定主机路由

6.5.3 IP 数据报的转发

当路由器需要转发一个 IP 数据报时，它遵循如下的转发步骤：

（1）从数据报的首部提取目的 IP 地址。

（2）先判断是否为直接交付。对路由器直接相连的网络逐个进行检查：用各网络的子网掩码和目的 IP 地址逐位相"与"（AND 操作），得出目的网络地址，看结果是否和相应的表项网络地址相匹配，若匹配，则把 IP 数据报进行直接交付，否则执行（3）。

（3）若路由表中有特定主机路由，并且与目的 IP 地址一致，则把数据报转发给表项所指明的下一跳路由，否则执行（4）。

（4）对路由表中的剩下的表项（目的网络地址、子网掩码、下一跳地址），用其中的子网掩码和目的 IP 地址逐位相"与"（AND 操作），得出目的网络地址。若得出目的网络地址与该行的目的网络地址匹配，则把数据报转发给该行指明的下一跳路由器，否则执行（5）。

（5）若路由表中有一个默认路由，则把数据报转发给默认路由器；若没有默认路由则执行（6）。

（6）如果没有任何匹配的路由表项，则丢弃此数据报，并向发送此数据报的源主机（源 IP 地址）发送一条 ICMP 不可达的消息。

需要注意的是，在进行 IP 数据报转发时，路由器转发依赖的不是整个目的 IP 地址，而是这个目的 IP 地址的网络号部分，因此表项中子网掩码的是不可或缺的。

6.5.4 路由表的建立

路由器转发数据报完全依赖于路由表，因此只要保证路由表正确、完整，路由器就能正常工作。如果路由表出现错误，IP 数据报就不可能按照正确的路径转发，甚至不能到达目的地，导致网络通信中断。

因为路由器的每个接口都连接了不同的网络，路由器在使用前必须配置这些接口（2 个或更多）的 IP 地址及子网掩码，所以路由器根据此信息即可建立最初的路由表，即路由器自动添加直接相连网络的路由，这种路由称为直连路由，如图 6 - 49 所示。

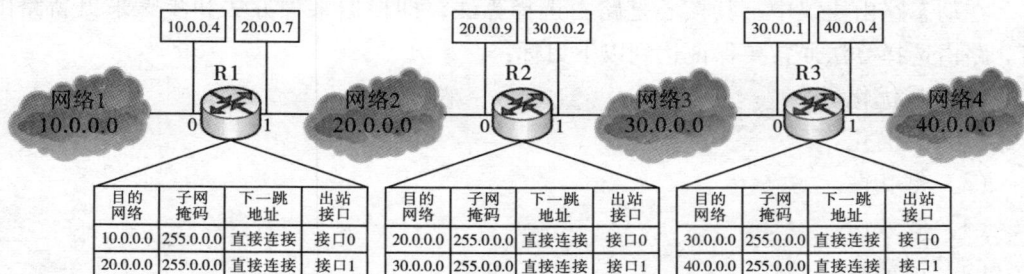

图 6 - 49　直连路由

6.5.5 路由表的更新

路由表更新的目的在于：使路由表的内容与网络的实际情况保持一致，即所谓的"路由收敛"。网络可能在不断地发生变化，路由表为了保持一致，也必须不断地更新。

路由可以分为静态路由和动态路由两类。静态路由是通过人工设定的，而动态路由则是路由器通过自己的学习得到的。

1. 静态路由

静态路由是由人工管理的。根据网络的拓扑结构和连接方式，网络管理员可以为一个路由器建立静态路由，如图 6 – 50 所示。

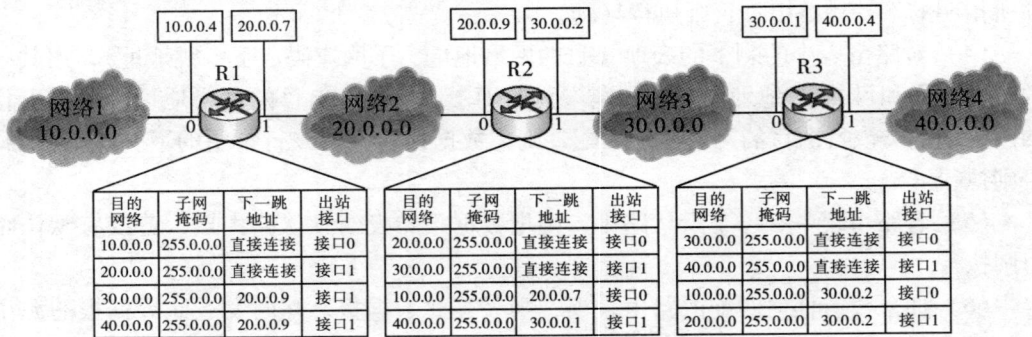

图 6 – 50　静态路由

静态路由的主要优点是简单直观，避免了动态路由选择的开销。在网络结构不太复杂、网络不经常变动的情况下，可使用静态路由。但是，对于复杂的互联网拓扑结构，静态路由的配置工作量会很大、很容易出错，并且人工更新速度可能赶不上网络的变化，并导致错误的路由。

2. 动态路由

与静态路由不同，动态路由协议通过多个路由器之间相互交换路由信息，自动生成和维护相应的路由表。当到达目标网络有多条路径，而正在使用的路径失效时，动态路由会自动切换到另一条路径。

动态路由有更多的自主性和灵活性，特别适合于拓扑结构复杂、网络规模庞大的网络环境。

在动态路由协议中，其核心是路由选择算法，即根据某种方法和步骤来更新路由表。路由选择算法通常要保证达到以下目标：

（1）最优化。

（2）最简化。

（3）健壮性。

（4）收敛快。

（5）灵活性。

（6）可扩展性。

当路由器自动刷新和修改路由表时，它的首要目标是要保证路由表中包含有最佳的路径信息。为了区分路由的好坏，需要给每条路径生成一个评价数值，该评价数值被称为度量值（Metric）。度量值通常也保存在路由表中。

每个路由选择算法用它自己的方式来解释什么是度量值。复杂的路由选择算法能够把路由选择建立在多种度量标准基础上，使它们合并为单一的复合度量标准。度量值大小表示这条路径的好坏。通常度量标准越小，路径就越佳。

度量标准一般由一种或几种不同特征来计算。路由选择协议使用常见的度量标准有以下几种：

（1）带宽。

（2）跳数。

（3）延迟。

（4）负载。

（5）可靠性。

（6）代价。

（7）最大传输单元（MTU）。

路由选择是个非常复杂的问题，因为它是网络中的所有路由器共同协调工作的结果。网络环境往往是不断变化的，而这种变化有时无法事先知道，例如，网络中某处线路断开、某个交换机坏掉等。此外，当网络发生拥塞时，就特别需要有能缓解这种拥塞的路由选择策略，但恰好在这种条件下，很难从网络中的其他路由器获得所需的路由选择信息。

动态路由选择也叫做自适应路由选择，其特点是能较好地适应网络状态的变化。但实现起来较为复杂，开销也比较大。因此，动态路由选择适用于较复杂的大中型网络。

6.5.6 路由协议

1. 内部网关协议和外部网关协议

因特网将整个互联网划分为许多较小的自治系统 AS（Autonomous System）。因此，在目前的因特网中，路由选择协议也划分为如下两大类：

（1）内部网关协议（Interior Gateway Protocol，IGP）。即在一个自治系统内部使用的路由选择协议，而这与在互联网中的其他自治系统选用什么路由选择协议无关。目前这类路由选择协议使用得最多，如 RIP 和 OSPF 协议。

（2）外部网关协议（External Gateway Protocol，EGP）。目前使用最多的外部网关协议是 BGP 的版本 4（BGPv4）。自治系统之间的路由选择也叫作域间路由选择（Interdomain Routing），而在自治系统内部的路由选择叫做域内路由选择（Intradomain Routing）。

图 6-51 所示为内部网关协议和外部网关协议。

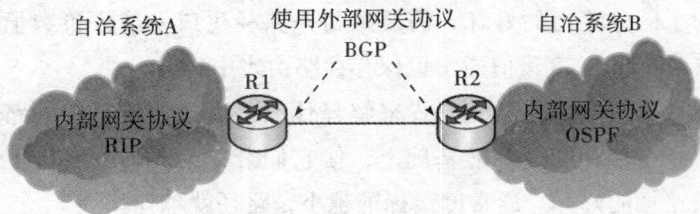

图 6-51　内部网关协议和外部网关协议

2. 有类路由协议和无类路由协议

路由协议在路由选择更新中不支持子网信息，路由器将只能依据传统的分类地址方式进行数据转发，这样的路由协议就属于有类路由协议，如 RIPv1（RIP 1.0）和 BGPv3（BGP 3.0）路由协议。

路由协议在路由选择更新中支持子网信息、传输子网掩码，路由器也可以忽略分类地址进行数据报的转发，这样的路由协议就属于无类路由协议。只有无类路由协议才能支持 VLSM（变长子网掩码）和 CIDR（无类域间路由），例如 RIPv2、OSPF、和 BGPv4 都属于支持无类路由的协议。

3. 内部网关路由协议

目前，使用最多的内部的网关路由协议有两种，一种叫作路由信息协议（Routing Information Protocol，RIP），另一种叫作开放式最短路径优先协议（Open Shortest Path First，OSPF）。为了使用动态路由，网络中的路由器必须运行相同的路由选择协议，执行相同的路由选择算法。

不管采用何种路由选择协议和算法，路由信息应精确地、一致地反映新的网络拓扑结构。当一个网络中的所有路由器都运行着相同的、精确的、足以反映当前网络拓扑结构的路由信息时，我们就说路由已经收敛（Convergence）。快速收敛是路由选择协议最希望具有的特征，因为它可以尽量避免路由器使用过时的路由信息选择可能是不经济或不正确的路由。

1）RIP 协议

RIP 协议是内部网关协议中最先广泛使用的一种协议。RIP 是一种基于距离向量路由选择算法的协议。

距离向量路由选择算法也称为贝尔曼－福特（Bellman－Ford）算法。其基本思想是路由器周期性地向其相相邻的路由器广播自己的路由信息，用于通知相邻路由器自己可以到达的网络以及到达该网络的距离，相邻路由器可以根据收到的路由信息修改和刷新自己的路由表。

距离通常用"跳数"（Hop Count）表示。从路由器到直接连接的网络的跳数一般定义为0。IP 数据报每经过一个路由器"跳数"就加 1。RIP 认为好的路由就是它通过的路由器的数目少，即"距离"短、"跳数"小。RIP 最多允许一条路径包含 15 个路由器。因此"距离"等于 16 时认为不可达，是"无限远"。这个特点决定了 RIP 只能用于中小型的网络。

图 6-52 所示为距离向量路由选择算法的基本工作过程。

距离向量路由选择算法的最大优点是算法简单、易于实现。但是，由于路由器的路径变化需要像涟漪一样从相邻路由器传播出去，过程较为缓慢，有可能造成慢收敛等问题，因此，它不适合应用于路由剧烈变化的或大型的互联网网络环境。另外，向量距离路由选择算法要求互联网中的每个路由器都参与路由信息的交换和计算，而且需要交换的路由信息报文与自己的路由表的大小几乎一样，因此，需要交换的信息量较大。

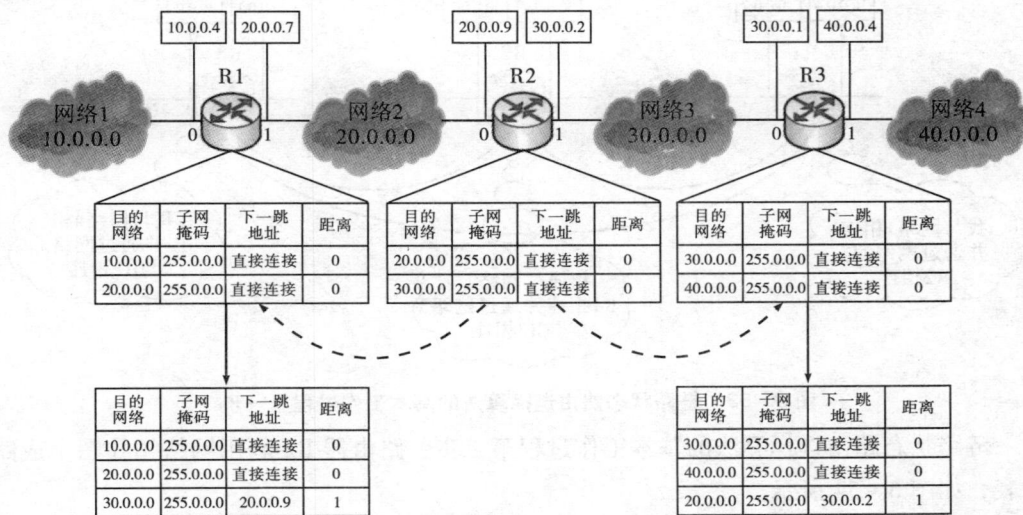

图 6-52 距离向量路由选择算法的基本工作过程

RIP 协议是距离向量路由选择算法具体实现。它规定了路由器之间交换路由信息的时间、交换信息的格式、错误的处理等内容。RIP 主要特点有：

①仅与相邻的路由器交换信息。

②路由器交换的信息就是自己的路由表。

③按固定时间交换信息。

RIP 协议最典型的特征是：好消息传播得快，而坏消息传播得慢。

RIP 协议最大的优点就是实现简单，开销较小。但 RIP 协议的缺点也较明显：

①RIP 限制了网络的规模，它能使用的最大距离为 15（16 表示不可达）。

②路由器之间交换的路由信息是路由器中的完整路由表，因而随着网络规模的扩大，开销也就增加。

③"坏消息传播得慢"，使更新过程的收敛时间过长。

因此，对于规模较大的网络 RIP 协议并不适用。然而，目前在规模较小的网络中，仍然广泛的使用 RIP 协议。

2）OSPF 协议

OSPF（Open Shortest Path First）协议是为克服 RIP 协议的局限性而开发的，因为性能远远优于 RIP 协议，OSPF 协议在大中型网络中得到了广泛使用。OSPF 的原理很简单，但实现起来却比较复杂。

OSPF 协议使用链路状态路由选择算法，也称为最短路径优先（Shortest Path First，SPF）算法。其基本思想是互联网上的每个路由器周期性地向其他路由器广播（多播）自己与相邻路由器的连接关系，以使各个路由器都可以画出一张网络拓扑结构图，利用这张图和最短路径优先算法，路由器就可以计算出自己到达各个网络的最短路径。

链路状态路由选择算法的基本工作过程：第一步，每个路由器向其他路由器广播自己与相邻路由器的连接关系，如图 6 - 53 所示。

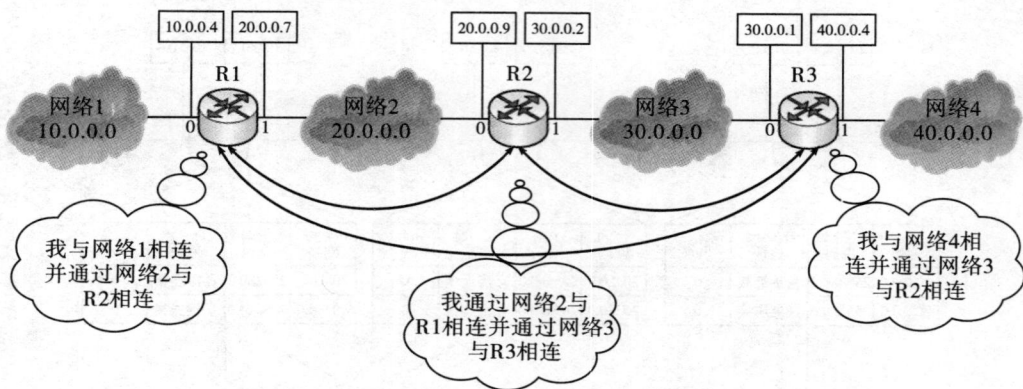

图 6 - 53　链路状态路由选择算法的基本工作过程第一步

链路状态路由选择算法的基本工作过程第二步：路由器 R2 利用网络拓扑图生成路由表，如图 6 - 54 所示。

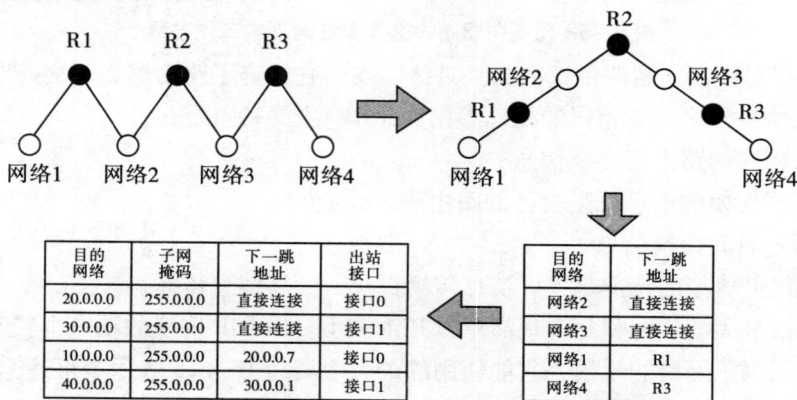

图 6 - 54　链路状态路由选择算法的基本工作过程第二步

链路状态路由选择算法与向量距离路由选择算法有很大的不同。向量距离路由选择算法并不需要路由器了解整个网络的拓扑结构，它通过相邻的路由器了解到达每个网络的可能路径。而链路状态路由选择算法则依赖于整个网络的拓扑结构图，利用该图得到 SPF 树，再由 SPF 树生成路由表。

为了适应更大规模的网络环境，OSPF 协议通过一系列的办法来解决这些问题，其中包括分层次划分区域和指派路由器。

（1）分层次划分区域。

为了使 OSPF 能够用于规模很大的网络，OSPF 将一个自治系统划分为若干个更小的范围，叫作区域（Area）。

每一个区域都有一个 32 位的区域标识符（用点分十进制表示，看起来像 IP 地址，也可使用普通数字表示）。

分层次划分区域如图 6－55 所示。

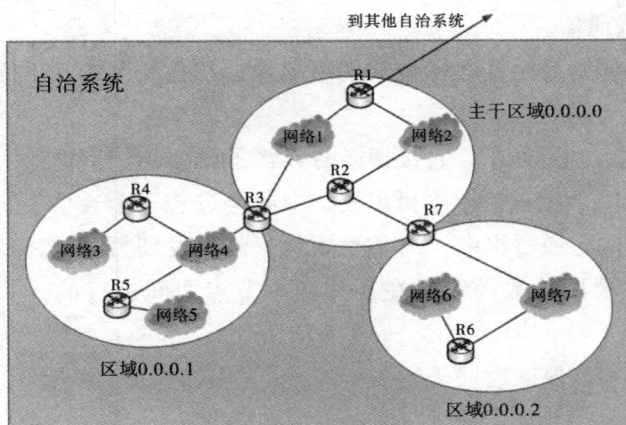

图 6－55　分层次划分区域

划分区域的好处就是把交换链路状态信息的范围局限于每一个区域而不是整个的自治系统，这就减少了整个网络上的通信量。在一个区域内部的路由器只知道本区域的完整网络拓扑，而不知道其他区域的网络拓扑的情况。为了使每一个区域能够和本区域以外的区域进行通信，OSPF 使用层次结构的区域划分。在上层的区域叫作主干区域，标识符规定为 0.0.0.0。主干区域的作用是用来连通其他下层的区域。其他下层区域之间的通信必须通过主干区域中转。

（2）指派路由器。

指派路由器是指在互联的局域网中，路由器将自己与相邻路由器的关系发送给一个或多个指定路由器，而不是广播给网络上的所有路由器。指派路由器生成整个网络的拓扑结构图，以便其他路由器查询。

由于一个路由器的链路状态只涉及到与相邻路由器的连通状态，因而与整个网络的规模并无直接关系。因此当互联网规模很大时，OSPF 协议要比 RIP 协议好得多。OSPF 没有"坏消息传播得慢"的问题，相反，据统计，一般中小型网络的响应变化的时间小于 100 ms。

OSPF 协议的优点是路由收敛快，同时还支持服务类型选路、负载均衡和身份认证等特点，非常适合于在规模庞大、环境复杂的互联网中使用；缺点是开销较大，在生成链路状态数据库和 SPF 树时需要占用较多的 CPU 和内存资源。不过，对于目前的路由器设备硬件配置水平来讲，已经不是问题了。

6.6 TCP 与 UDP

6.6.1 传输层的作用

1. 点到点方式通信

传输层的主要作用是保证数据传输的可靠性。在互联网中，不同的传输层协议为上层用户提供不同级别的通信可靠性。

IP 层采用点到点方式通信。直接相连的节点之间的通信叫作点到点通信。

在互联网中，IP 数据报从源主机出发，中间经过若干个通信设备，最后到达目的主机。在这个信息的传递过程中，IP 数据报从一站转发到另一站，从一个节点传送给下一个节点，其主要的传输控制是在相邻两个节点之间进行的，即点到点通信，如图6-56 所示。

点到点通信并不能保证数据传输的可靠性，也不能说明源主机与目的主机之间是哪两个进程（简单的理解为正在运行的程序）在通信。

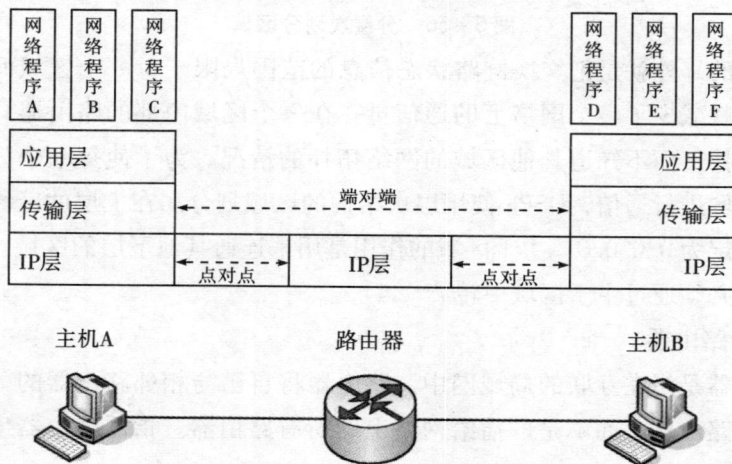

图 6-56 点到点方式通信

2. 端到端方式通信

传输层采用端到端方式通信。如果说点到点方式通信是从"微观"角度来看待通信的话，端到端方式通信则是从"宏观"角度来看待通信的。

传输层实际向用户屏蔽了下层网络实现的细节（如网络拓扑、所采用的路由选择协议等），它使网络程序看见的就是好像在两个传输层实体之间有一条端到端的逻辑通信信道。

端到端通信建立在点到点通信的基础之上，它是由一段一段的点到点通信构成的，是比点到点通信更高一级的通信方式，完成进程之间的通信。

一个传输层通信连接，就是一个"端到端"的连接，仿佛在两个通信的进程之间有一条"直接"的传输线路。

3. 传输层协议

TCP/IP 体系结构的传输层有以下两个协议：传输控制协议（Transmission Control Protocol，TCP）、用户数据报协议（User Datagram Protocol，UDP）

传输层协议如图 6－57 所示。

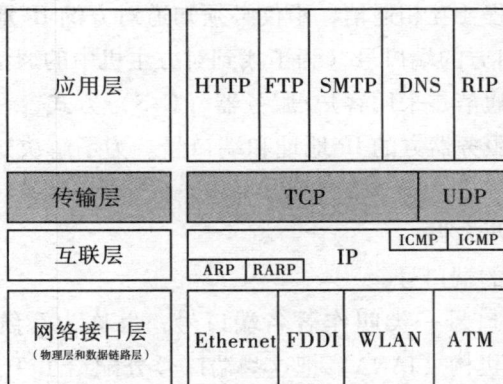

图 6－57 传输层协议

应用层是建立在传输层基础之上的，应用层协议是基于 TCP 或 UDP 协议的。表 6－10 列出了常见的应用层协议与 TCP 和 UDP 的对应关系。

表 6－10 常见的应用层协议与 TCP 和 UDP 的对应关系

应用服务	应用层协议	传输层协议
WWW	HTTP	TCP
E－mail	SMTP	TCP
文件传输	FTP	TCP
域名服务	DNS	UDP
路由选择	RIP	UDP
IP 电话	专用协议	UDP

6.6.2 传输层的端口

在互联网中，IP 地址只能定位到主机（或其他 IP 通信设备）。但是通信实质上是在源主机的进程（源端）和目的主机的进程（目的端）之间发生的。而一台主机上往往有多个进程需要通信，而采用 IP 地址只能识别一台主机，而不能进一步区分同一主机上的多个进程。

解决这个问题的方法是在传输层使用协议端口号（Protocol port number），常简称为端口（Port）。端口号实质上就是通信进程的一个编号。这样，有了 IP 地址和端口号以后，就能在因特网中唯一定位一台主机及这台主机上的一个通信进程。端口号和 IP 地址一样都是一种地址，只不过 IP 地址是主机的地址，端口是主机里面的进程的地址。

TCP/IP 的传输层用一个 16 位的二进制数来表示一个端口的编号，实际上就是主机的通信进程的编号。理论上，这个编号可由各个主机自己决定，不同主机可以使用相同的端口号而不会混淆（因为主机 IP 是不同的）。16 位的端口号可允许有 $2^{16}=65536$ 个不同的端口号，这个数目对一个主机来说是足够用的。

两个计算机中的进程要互相通信，不仅必须知道对方的 IP 地址（为了找到对方的主机），而且还要知道对方的端口号（为了找到对方主机中的通信进程）。

因特网上的计算机通信是采用客户/服务器（C/S）方式，一般由客户首先发起通信，因此，必须先知道服务器方的 IP 地址和端口号。为了解决这些问题，必须对端口号作一些约定。

端口号分为下面的两大类：

（1）服务器端使用的端口号。

服务器端使用的端口号一类叫作著名端口号，也称为系统端口号，数值为 0 ~ 1023。Internet 号码分配机构（IANA）把这些端口号分配给了 TCP/IP 最重要的一些服务程序，并让所有的用户都知道它。

另一类叫作登记端口号，数值为 1024 ~ 49151。这类端口号是为新开发的服务程序使用的。使用这类端口号必须在 Internet 号码分配机构登记，以防止重复。

实际上，这些端口号就像电话号码中的 119、120 等，需要对公众提供服务，所以必须固定下来。

（2）客户端使用的端口号。

客户端使用的端口号数值为 49152 ~ 65535。这类端口号是客户主机为通信进程随机分配的，又叫做动态端口号。客户通信进程向服务器发送信息的时候，会把自己的 IP 地址和端口号一起发送，因此服务器不需要预先知道客户进程的端口号，也可以与客户正常通信。通信结束后，进程关闭，此进程的端口号由操作系统回收，可以供其他新启动的通信进程使用。

注意：TCP 协议与 UDP 协议的端口号是独立的、没有任何关联。基于 TCP 的程序使用的自然就是 TCP 端口号（0 ~ 65535）；基于 UDP 的程序使用的自然就是 UDP 端口号（0 ~ 65535）。在同一台主机上，即使 TCP 的端口号和 UDP 的端口号相同，也不会混淆（因为使用不同的协议）。

IP 地址和端口号结合在一起，中间用 "：" 分隔开，称之为套接字（socket），如：192.168.1.10：80。

访问服务器的时候，一般情况下必须指明 IP 地址和端口号，如访问 WWW 服务：http：//192.168.1.100：80。但实际上写成 "http：//192.168.1.100" 的形式也可以访问。尽管没有指明端口号，但是 http 应用层协议默认使用 TCP 的 80 端口，因此浏览器会自动补上端口号，但仅限于默认端口号未被修改的情况。

6.6.3　TCP 协议

1. TCP 协议概述

TCP 协议能为应用程序提供可靠的通信连接，使一台主机发出的数据无差错地传送到网络上的其他主机。TCP 协议一般用于对可靠性要求较高的数据通信。

TCP 协议的主要特点：面向连接、提供可靠交付、提供全双工通信、面向字节流。

2. TCP 报文

TCP 传输数据的时候，数据是有格式的。TCP 报文格式如图 6 - 58 所示。

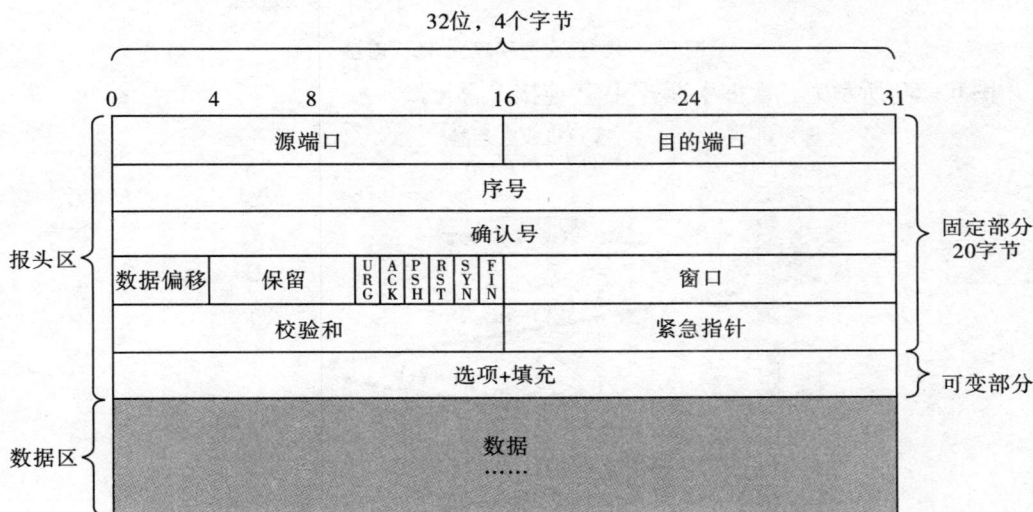

图 6 - 58　TCP 报文格式

3. TCP 可靠性的实现

由于 TCP 建立在 IP 协议层提供的面向非连接、不可靠的数据报传送服务基础之上，因此必须在 TCP 协议中设计相应的服务才能实现可靠传输。

1）连接的可靠建立与关闭

为了保证连接建立和关闭的可靠性，TCP 使用了 3 次握手法来解决这个问题。3 次握手法是指在连接建立和关闭过程中，通信的双方需要交换 3 个报文，通过这 3 个报文的反复确认，无论在发生什么问题的情况下，都可以保证连接的正常建立和正常关闭。

3 次握手实际上就是 3 次对话，通过一个简单的场景来理解这个过程。

图 6 - 59 所示为三次握手建立 TCP 连接。

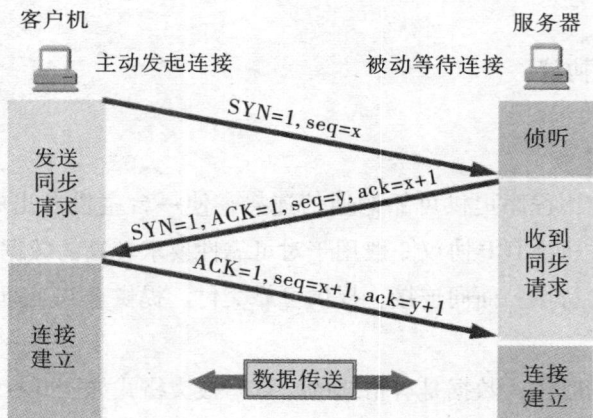

图 6-59　三次握手建立 TCP 连接

图 6-60 所示为三次握手断开 TCP 连接。

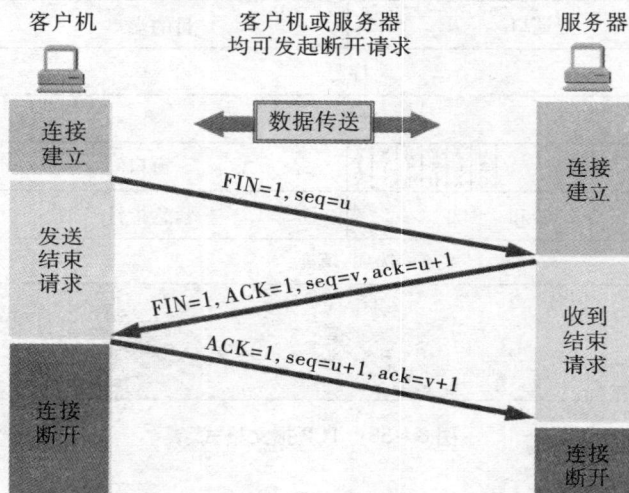

图 6-60　三次握手断开 TCP 连接

2）数据丢失与重发

TCP 建立在一个不可靠的 IP 虚拟通信系统上，因此数据的丢失可能是经常发生的。通常，发送方利用重发技术解决数据包的丢失问题，这种技术需要通信双方的共同参与。

在使用重发机制的过程中，如果接收方的 TCP 协议正确地收到一个数据包，它要回发一个确认信息给发送方。而发送方在发送数据时，TCP 协议会启动一个定时器，在定时器到时之前，如果没有收到一个确认信息，则发送方重发该数据。

4. **流量控制**

TCP 使用窗口机制进行流量控制。

当一个连接建立时，连接的每一端分配一个缓冲区来暂时存储接收到的数据，并将缓冲区的尺寸发送给另一端。当数据到达时，接收方将发送确认信息，其中包含了自己剩余的缓冲区尺寸。剩余缓冲区空间的尺寸叫作窗口，接收方发送的每个确认信息中都含有一个窗口通告。

窗口和窗口通告可以有效地控制 TCP 协议的数据传输流量，使发送方发送的数据永远不会溢出接收方的缓冲空间，从而保证在发送方的速率和接收方的速率不一致的情况下，也能正常传输数据。

5. TCP 连接与端口

在应用程序利用 TCP 协议传输数据之前，首先需要建立一条到达目的主机的 TCP 连接。TCP 协议将一个 TCP 连接两端的端点叫做 TCP 端口。实际上，网络程序利用 TCP 进行数据传输的过程就是数据从一台主机的 TCP 端口流出，经 TCP 连接从另一主机的 TCP 端口流入的过程，如图 6 - 61 所示。

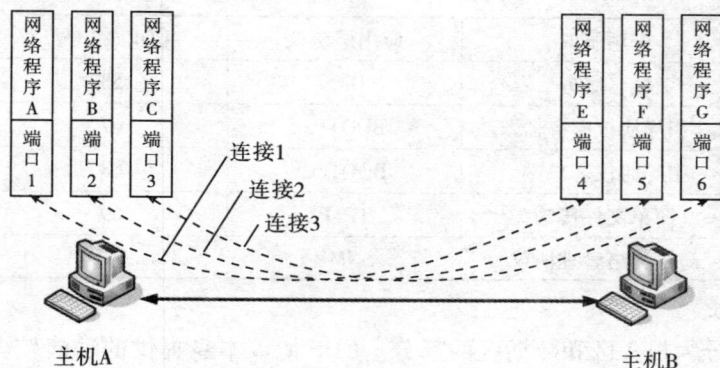

图 6 - 61 TCP 连接

TCP 可以利用端口提供多路复用功能。一台主机可以通过不同的端口建立多个到其他主机的连接，应用程序可以同时使用一个或多个 TCP 连接发送或接收数据。

表 6 - 11 给出了一些 TCP 著名端口号。

表 6 - 11 TCP 连接与端口

应用服务	应用层协议	TCP 端口号
WWW	HTTP	80
文件传输	FTP	21（20）
邮件传输	SMTP	25
邮局协议	POP3	110
远程登录	Telnet	23

6.6.4 UDP 协议

1. UDP 协议概述

TCP 协议提供可靠传输，系统资源消耗较大，属于"重量级"协议；UDP 协议提供不可靠传输，系统资源消耗较少，属于"轻量级"协议。如果把 TCP 协议的传输过程比喻成打电话的话，UDP 协议的传输过程就像是发短信，不用预先建立连接，也不需要断开连接，而是直接发送信息，但无法直接确认信息是否到达目的地。TCP 协议和 UDP 协议各有所长、各有所短，适用于不同要求的通信环境。

UDP 协议只在 IP 的数据报服务之上增加了很少一点的功能。UDP 的主要特点是：无连接的、不可靠交付、不对收到的数据进行排序、没有拥塞控制、传送数据较 TCP 快，系统开销也少。

2. UDP 协议特点

与 TCP 协议一样，UDP 的端口也使用 16 位二进制数表示。TCP 和 UDP 各自拥有自己的端口号，即使 TCP 和 UDP 的端口号相同，主机也不会混淆它们。UDP 的有些端口也被指派给一些著名的应用程序，我们把这些端口叫做 UDP 著名端口。表 6 - 12 给出了一些 UDP 著名端口号。

表 6 - 12   UDP 连接与端口

应用服务	应用层协议	UDP 端口号
域名服务	DNS	53
引导协议服务器	BOOTPS	67
引导协议客户端	BOOTPC	68
简单文件传输	TFTP	69
简单网络管理协议	SNMP	161

3. UDP 报文

UDP 报文分为报头区和数据区两部分。UDP 协议本身提供的功能较少，报文格式也比较简单，报头区只有 8 个字节，由 4 个字段组成，每个字段都占 2 个字节，如图 6 - 62 所示。

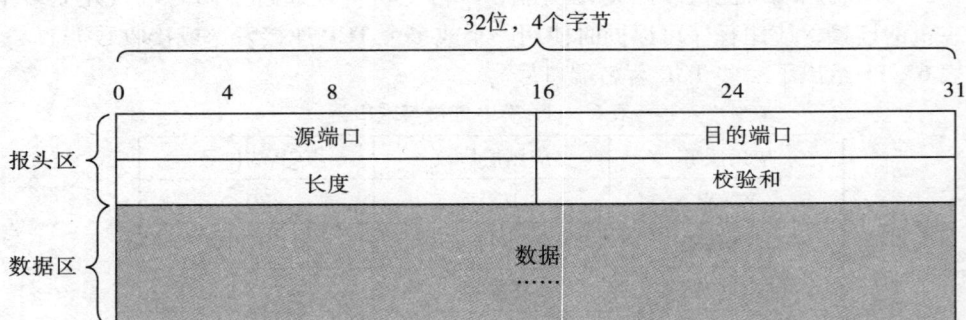

图 6 - 62   UDP 报文

6.7   计算机网络安全

6.7.1   网络安全问题与安全策略

1. 网络安全的基本概念

所谓的网络安全就是保护网络程序、数据或设备，使其免受非授权用户使用或访问。它的保护内容包括保护信息和资源、保护客户机和用户、保证私有性。

网络安全的目标是确保网络系统的信息安全，主要包括信息的存储安全和信息的传输安全。

网络安全措施主要包括三方面：社会的法律政策、企业的规章制度以及网络安全教育；技术方面的措施；审计与管理措施。

2. OSI 安全框架

OSI 安全框架是由国际电信联盟推荐的 X. 800 方案，它主要关注 3 个部分：安全攻击、安全机制和安全服务。

（1）安全攻击，在 X. 800 中将安全攻击分为被动攻击和主动攻击两类。

①被动攻击，对信息的保密性进行攻击，即通过窃听网络上传输的信息并加以分析从而获得有价值的情报，但它并不修改信息的内容。目标是获得正在传送的信息，其特点是偷听或监视信息的传递。

②主动攻击，攻击信息来源的真实性、信息传输的完整性和系统服务的可用性。有意对信息进行修改、插入和删除。

主动攻击的主要手段有以下几种：

假冒：一个实体假装成另一个实体。假冒攻击通常包括一种其他形式的主动攻击。

重放：涉及被动捕获数据单元及其后来的重新传送，以产生未经授权的效果。

修改消息：改变了真实消息的部分内容，或将消息延迟或重新排序，导致未授权的操作。

拒绝服务：禁止通信实体的正常使用或管理。

从网络高层的角度划分，攻击方法可以分为服务攻击和非服务攻击两大类。

①服务攻击是针对某种特定网络服务的攻击。

②非服务攻击不是针对某项具体应用服务，而是基于网络层等低层协议而进行的。攻击原因为 TCP/IP（尤其是 IPv4）自身的安全机制不足。

（2）安全机制，指用来保护系统免受侦听、组织安全攻击及回复系统的机制。

（3）安全服务，指加强数据处理系统和信息传输安全性的一种服务，目的在于利用一种或多种安全机制阻止安全攻击

3. 网络安全模型

常用的网络传输安全模型如图 6 - 63 所示。通信一方通过互联网将消息传送给另一方，通信双方必项协调工作共同完成消息的交换。可以通过定义互联网上源到宿的路由以及通信的主体共同使用的通信协议（如 TCP/IP）来建立逻辑信息通道。

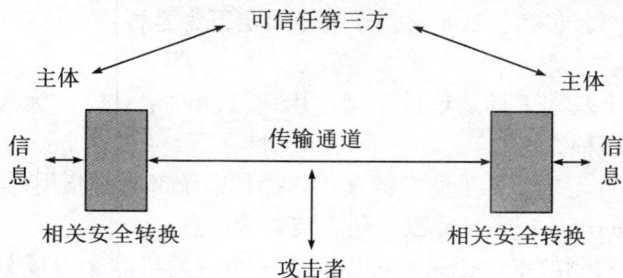

图 6 - 63　常用的网络传输安全模型

任何保护信息安全的方法都包含两个方面：一是对发送信息的相关安全变换，如消息加密；二是双方共享某些秘密消息，并希望这些消息不为攻击者所知，如加密密

钥。为实现安全传输，必须有可信的第三方。例如，第三方负责将秘密信息分配给通信双方，而对攻击者保密，或者当通信双方关于信息传输的真实性发生争执时，由第三方来仲裁。

上述模型说明，安全服务主要包含 4 个方面：安全传输、信息保密、分配和共享秘密信息、通信协议。

网络访问安全模型如图 6-64 所示，该模型希望保护信息系统不受有害访问。其中由程序引起的威胁有两种：信息访问威胁和服务威胁。

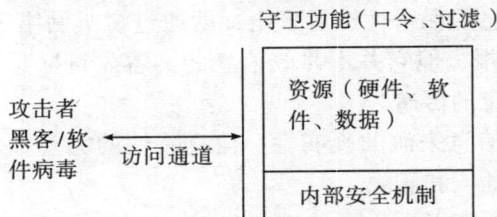

图 6-64　第二种网络访问安全模型

6.7.2　入侵检测技术与网络防火墙

1. 入侵者

入侵者通常是指黑客和解密高手。入侵者大致分为以下 3 类：

（1）假冒者，指未经授权使用计算机的人和穿透系统的存取控制冒用合法账号的人。

（2）非法者，指未经授权访问数据、程序和资源的合法用户；或者已经获得授权访问，但是错误使用权限的合法用户。

（3）秘密用户，夺取系统超级控制并使用这种控制权逃避审计和访问控制或者抑制审计记录的个人。

2. 入侵检测技术

入侵检测技术可以分为统计异常检测和基于规则的检测。

统计异常检测指收集一段时间内合法用户的行为，然后用统计测试来观测其行为，判定该行为是否是合法用户的行为。

基于规则的检测，包括尝试定义用于确定给定行为是否是入侵者行为的规则集合。

1）审计记录

入侵检测的一个基础工具是审计记录。用户活动的记录应作为入侵检测系统的输入，记录的获得有两种方法。

（1）原有的审计记录。几乎所有的多用户操作系统都有收集用户行为的审计软件，通过这种方法获得的审计记录可能没有包含需要的信息。

（2）专门用于检测的审计记录。可以实现一个收集机制来生成只包含入侵检测系统所需信息的审计记录。

2）统计异常检测

统计异常检测分为两大类：阈值检测和基于轮廓的检测。

（1）阈值检测与在一个时间区间内对专门的事件类型的出现次数有关。如果次数超出了被认为是合理的数值，那么就假定出现了入侵。阈值分析本身效率不高，并且阈值和时间区间必须是提前选定的。

（2）基于轮廓的异常检测集中于刻画单独用户或相关用户组的过去行为特性，然后检测出明显的偏差。这种方法的基础在于对审计记录的分析，入侵检测模型会分析进入的审计记录以确定与平均行为的偏差。

3）基于规则的入侵检测

基于规则的技术通过观察系统中的事件，应用一个决定给定活动模式是否可疑的规则集来检测入侵行为，通过分为异常检测和渗透鉴别两个方面。

（1）基于规则的异常检测方法是基于对过去行为的观察，通过分析历史的审计记录来识别出使用模式，并自动生成描述那些模式的规则；然后观察当前的行为，每个事务都和规则集相互匹配，以确定它是否符合任何观察的历史行为模式。

（2）基于规则的渗透鉴别采用了基于专家系统技术的方法。这样的系统的关键特征是要使用规则来鉴别已知的渗透，或利用已知弱点的渗透，也可以定义鉴别可疑行为的规则。这样的规则不是通过对审计记录的自动分析生成的，而是由"专家"生成的。这种方法的强度依赖于在建立规则时所涉及的人的技能。

4）分布式入侵检测

分布式入侵检测是要保护局域网内或内部互联网络内所有的主机安全。加利福尼亚大学建立的互联网安全监视器是分布式入侵检测系统的一个很好的例子。

3. 防火墙的特性

防火墙是指为了增强驻地网的安全性而嵌入到驻地网和互联网之间，从而建立受控制的连接并形成外部安全墙或者边界，用来防止驻地网收到来自互联网的攻击，并在安全性将受到影响的地方形成阻塞点。

1）防火墙的设计目标

（1）所有从内到外和从外到内的通信量都必须经过防火墙。

（2）只有被授权的通信才能通过防火墙。

（3）防火墙对于渗透是免疫的。

2）防火墙的常用技术

（1）服务控制，确定可以访问互联网服务的类型。

（2）方向控制，决定哪些特定的方向上服务请求可以被发起并通过防火墙。

（3）用户控制，根据哪个用户尝试访问服务来控制对一个服务的访问。

（4）行为控制，控制怎样使用特定的服务。

3）防火墙的功能

（1）防火墙定义了单个阻塞点，通过它就可以把未授权用户隔离到受保护网络之外，禁止危及安全的服务进入或离开网络，防止各种 IP 盗用和路由攻击。

（2）通过防火墙可以监视与安全有关的事件。在防火墙系统中可以采用监听和警报技术。

（3）防火墙可以为几种与安全无关的互联网服务提供方便的平台。其中包括网络地址翻译和网络管理功能部件，前者把本地地址映射成互联网地址，后者用来监听或记录互联网的使用情况。

（4）防火墙可以用作 IPSec 平台。

4. 防火墙的分类。

图 6-65 描述了三种最常用的防火墙：包过滤路由器、应用级网关和电路级网关。

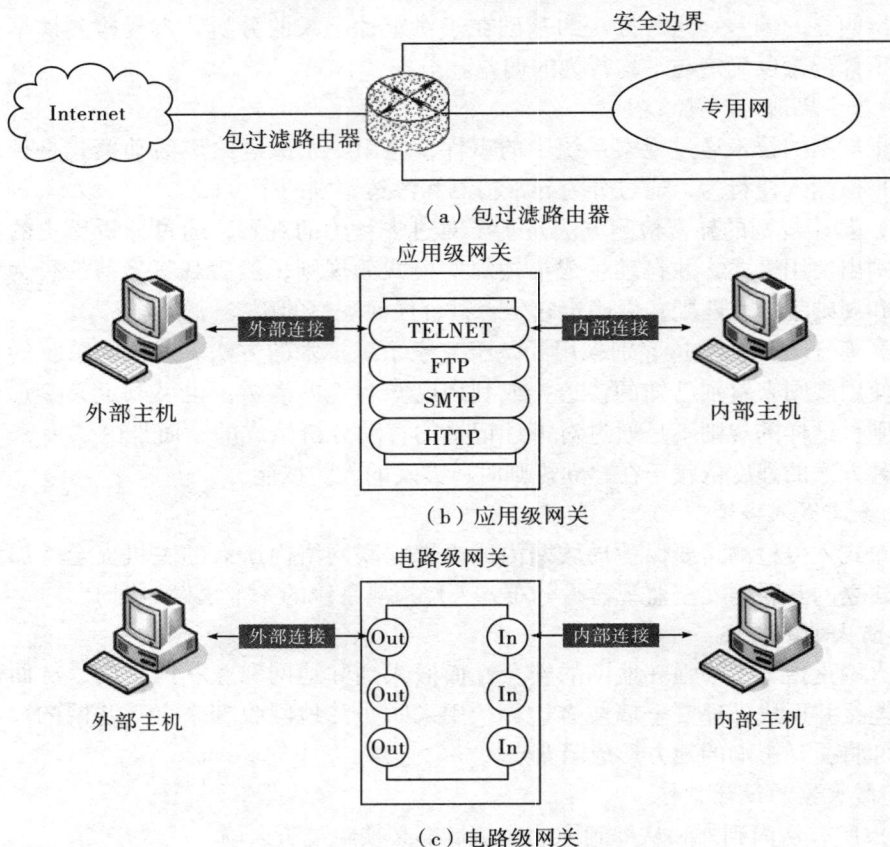

（a）包过滤路由器

（b）应用级网关

（c）电路级网关

图 6-65　防火墙的分类

1）包过滤路由器

包过滤路由器依据一套规则对收到的 IP 包进行处理，决定是转发还是丢弃。过滤的具体处理方法视数据包所包含的信息而定，如源 IP 地址、目的 IP 地址、源和目的传输层地址、IP 域和接口等。

包过滤器可以看作是一个规则表，由规则表和 IP 报头或 TCP 数据头内容的匹配情况来执行过滤操作。如果有一条规则与数据包的状态匹配，则按照这条规则来执行过滤操作；如果不匹配则执行默认操作。默认的策略有两种。

（1）默认丢弃策略，所有未明确允许转发的数据包都被丢弃。

（2）默认转发策略，所有未明确规定丢弃的数据包都被转发。

2）应用级网关

应用级网关也称代理服务器，其工作的过程大致为用户使用 Telnet 和 FTP 之类的 TCP/IP 应用程序时，建立一个到网关的连接，网关要求用户出示将要访问的异地计算机的正确名称。若用户给出了一个有效的用户 ID 和验证信息，网关就建立一个到异地计算机的应用连接，并开始在访问者和被访问者之间传递包含着应用数据的 TCP 数据段。如果网关无法执行某个应用程序的代理码，则服务就无法执行，也不能通过防火墙发送。

3）电路级网关

电路级网关不允许一个端到端的直接 TCP 连接，它由网关建立两个 TCP 连接，一个连接网关和网络内部的 TCP 用户，另一个连接网关和网络外部的 TCP 用户。连接建立之后，网关就起中继的作用，将数据段从一个连接转发到另一个连接。它通过决定哪个连接被允许建立来实现对其安全性的保障。

6.7.3 计算机病毒问题与防护

1. 计算机病毒

计算机病毒是一个程序、一段可执行代码，它对计算机进行破坏，使得计算机无法正常使用，甚至导致整个操作系统或硬盘损坏。计算机病毒不是独立存在的，它隐藏在其他可执行的程序之中，既有破坏性，又有被传染性和潜伏性。除了复制能力外，某些计算机病毒还有其他一些共同特性：一个被感染的病毒能传送病毒载体。

1）病毒的生命周期

计算机病毒的完整工作过程包括以下 4 个环节：

（1）潜伏阶段，这一阶段病毒处于休眠状态。病毒要通过某个事件来激发。

（2）繁殖阶段，病毒将与自身完全相同的副本放入其他程序或者磁盘上的特定系统区域。

（3）触发阶段，病毒被激活来进行它想要实现的功能。

（4）执行阶段，功能被实现。

2）病毒的结构

病毒可以附加在可执行程序的头部或尾部，或者采用其他方式嵌入。它运行的关键在于被感染的程序，当被调用时，将首先执行病毒代码，然后再执行程序原来的代码。病毒代码被附加在被感染程序的头部，并且假设被调用时，程序的入口是程序的第一行。

3）病毒的种类

对于重要的类型病毒有如下分类方法。

（1）寄生病毒，将自己附加到可执行文件中，当执行被感染的程序时，通过感染其他可执行文件来重复。

（2）存储器驻留病毒，病毒寄宿在主存中，会感染每个执行的程序。

（3）引导区病毒，感染主引导区或者引导记录，当系统从包含了病毒的磁盘启动时进行传播。

（4）隐形病毒，能够在反病毒软件时隐藏自己。

（5）多态病毒，每次感染时会改变的病毒，不能通过病毒的"签名"来检测病毒。

4）几种常见的病毒

（1）宏病毒，利用了在 Word 和其他办公软件中发现的特征（称为宏），自动执行的宏使得创建宏病毒成为可能，如打开文件、关闭文件和启动应用程序等。

（2）电子邮件病毒，将 Word 宏嵌入在电子邮件中，一旦接收者打开邮件附件，该 Word 宏就会被激活。

（3）特洛伊木马，伪装成一个使用工具或者游戏，诱使用户将其安装在 PC 或服务器上，以获得用户的账号和密码等。要注意的是木马程序本质上不能算是一种病毒。

（4）计算机蠕虫，通过分布式网络来扩散传播特定信息或错误，破坏网络中的信息或造成网络中断的病毒。

2. 计算机病毒的防治策略

防治计算机病毒威胁的最好方法是不允许病毒进入系统。通常的防治方法能够完成检测、标识和清除等操作。

目前，可将反病毒软件分为四代。

第一代，简单的扫描程序。

第二代，启发式的扫描程序。

第三代，行为陷阱。

第四代，全方位的保护。

第 7 章

工业总线技术

工业数据通信与控制网络是近年来发展形成的自控领域的网络技术，是计算机网络、通信技术与自控技术结合的产物。

随着自动控制、计算机、通信、网络等技术的发展，企业的信息集成系统正在迅速壮大，将覆盖从现场控制到监控、市场、经营管理的各个层次以及从原料采购、生产加工的各个环节，并将一直延伸到成品储运销售乃至世界各地市场的供需链全过程，以适应企业管理控制一体化的应用需求。

企业信息系统的发展对工业数据通信的开放性、对底层控制网络的功能及性能都提出了更高的要求。工业数据通信与控制网络技术正是在这种形势下逐渐发展形成的。

7.1 工业自动化技术的发展

工业控制自动化技术是工业自动化的核心，它是一种运用控制理论、仪器仪表、计算机和其他信息技术，对工业生产过程实现检测、控制、优化、调度、管理和决策，达到增加产量、提高质量、降低消耗、确保安全等目的的综合性技术，主要包括工业自动化软件、硬件和系统三大部分。

工业控制自动化技术作为 20 世纪现代制造领域中最重要的技术之一，主要解决生产效率与一致性问题。虽然自动化系统本身并不直接创造效益，但它对企业生产过程有明显的提升作用。目前，工业控制自动化技术正在向智能化、网络化和集成化方向发展。

7.1.1 工业控制自动化系统

工业控制自动化主要包含三个层次，从下往上依次是基础自动化、过程自动化和管理自动化，其核心是基础自动化和过程自动化。在传统的自动化系统中，基础自动化部分基本被 PLC 和 DCS 所垄断，过程自动化和管理自动化部分主要是由价格昂贵的过程计算机或小型机组成。

然而，自 20 世纪 90 年代以来，由于 PC - based 的工业计算机（简称工业 PC）的发展，以工业 PC、I/O 装置、监控装置、控制网络组成的 PC - based 的自动化系统得到了迅速普及，成为实现低成本工业自动化的重要途径。

工业 PC 是基于商用微型计算机或个人电脑，并采用了总线式结构、工业标准机箱和工业级元器件等诸多满足工业控制需求的实用技术。以工业 PC 为基础的低成本工业控制自动化系统的特点如下：

（1）开放的结构，用户可以选择来自不同厂商的不同产品，为应用提供更大的系统柔性，便于系统集成。

（2）PC 工控机的软硬件丰富，用户可以得到更高性价比的产品。

（3）提供有力、柔性的联网能力，可以使用标准 TCP/IP 以太网和网卡。

（4）能运行复杂任务（如趋势分析），并且可基于多种平台运行，如 Windows NT、Windows CE 和 Linux 等。

目前，我国的许多大企业已拆除了原来 DCS 或单回路数字式调节器，而改用工业 PC 来组成控制系统，并采用模糊控制算法，获得了良好效果。

7.1.2 PLC 的广泛应用

PLC 是由器逻辑控制系统发展而来的，初期主要代替继电器控制系统，侧重于开关量顺序控制方面，后来，随着微电子技术、大规模集成电路技术、计算机技术和通信技术的发展，PLC 在技术上和功能上发生了极大的变化。在逻辑运算的基础上，增加了数值计算、闭环调节等功能。增加了模拟量和 PID 调节等功能模块，实现了顺序控制和过程控制的结合。运算速度得到提高，新型 PLC 的 CPU 在能力已经赶上了工控机。开发了具有智能 I/O 模块，通信功能实现了 PLC 之间、PLC 与上位机之间以及 PLC 与其他智能设备间的通信，由此发展了多种局部总线和网络，也可构成集散控制系统。PLC 这些性能特点使其在工业控制自动化领域中得到了广泛的应用。

现代 PLC 的发展有两个重要趋势：其一是向体积更小、速度更快、功能更强和价格更低的微小型方面发展。其二是向大型网络化、高可靠性、好的兼容性和多功能性方面发展。具体有以下几个方面：

（1）大型网络化。主要是朝 DCS 方向发展，使其具有 DCS 系统的一些功能。网络化和通信能力强是 PLC 发展的一个重要方面，向下可将多个 PLC、I/O 框架相连；向上可与工业计算机、以太网等相连构成整个工厂的自动化控制系统。

（2）多功能。随着自调整、步进电机控制、位置控制、伺服控制、仿真、通信处理和故障诊断等模块的出现，使 PLC 控制领域更加宽广。

（3）高可靠性。由于控制系统的可靠性日益受到人们的重视，一些公司已将自诊断技术、冗余技术、容错技术广泛应用到现有产品中，推出了高可靠性的冗余系统，并采用热备用和并行工作、多数表决的工作方式。即使在恶劣、不稳定的工作环境下，坚固、全封闭的模板依然能正常工作。在操作运行过程中，有些 PLC 的模板还可热插拔。

7.1.3 分布式控制系统

分布式控制系统，也称为集散控制系统或分散式控制系统（DCS），它采用了标准化、模块化和系列化的设计，由过程控制级、控制管理级和生产管理级组成，以通信网络为纽带，对数据进行集中显示，而操作管理和控制相对分散，是一种配置灵活、组态方便、具有高可靠性的控制系统。其特点可总结为：分散控制、集中操作、分级管理、分而自治和综合协调。

DCS 正朝着综合性、开放性发展。工厂自动化要求加强各种设备（计算机、DCS、单回路调节器、PLC 等）之间的通信能力以便构成大系统。开放性的结构将方便地与管理的上位计算机进行数据交换，实现计算机集成制造系统。同时在大型 DCS 进一步完善和提高的同时，发展小型集散控制系统。随着电子技术的发展，结合现代控制理论，应用人工智能技术，以微处理器为基础的智能设备相继出现，如智能变送器、可编程调节器、智能 PID、自整定控制、智能人机接口，以至于智能 DCS。总的发展趋势可体现在以下几个方面：

（1）各制造厂商都在"开放性"上下工夫，力求使自已的 DCS 与其他厂商的产品很容易地联网。

（2）大力发展和完善 DCS 的通信功能，并将生产过程控制系统与工厂管理系统连接在一起，形成测控管理一体的系统产品。

（3）高度重视系统的可靠性，在软件的设计中采用容错技术。

（4）在控制功能中，不断引进各种先进控制理论，以提高系统的控制性能，如自整定、自适应、最优、模糊控制等。

（5）在系统规模的结构上，形成由小到大的产品，以适应不同规模的需求。

（6）发展以先进网络通信技术为基础的 DCS 控制结构，向低成本、综合化、自动化系统的方向发展。

7.1.4 现场总线技术的发展

现场总线是一种用于智能化现场设备和自动化系统的开放式、数字化、双向串行、多节点的通信总线。采用现场总线技术可实现一种具有开放式、数字化和网络化结构的新型自动化控制系统。

现场总线技术的采用带来了工业控制系统技术的革命。采用现场总线技术可以促进现场仪表的智能化、控制功能分散化、控制系统开放化，符合工业控制系统领域的技术发展趋势。现场总线技术使得从智能传感器到智能调节阀的信号一直保持数字化，从而极大地提高了抗干扰能力。

利用双绞线作为现场总线，既能传输现场总线上仪表设备与上位机的通信信号，还能为现场总线上的智能传感器/变送器、智能执行器、可编程控制器、可编程调节器等装置供电。现场总线是一种开放式的互联网，它可与同层网络相连，也可与不同层网络相连，只要配有统一的标准数字化总线接口并遵守相关通信协议的智能设备和仪表，都能并列地接入现场总线。

开放式、数字化和网络化结构的现场总线控制系统，由于具有降低成本、组合扩展容易、安装及维护简便等显著优点，从问世开始就在生产过程自动化领域引起极大的关注。

现场总线控制系统是继 DCS 之后控制系统的又一次重大的变革，必将成为工业自动化的发展主流，会对工业自动化领域的发展产生极其深远的影响。

7.1.5 智能控制系统的发展

理论上，工业自动化中工业控制系统的设计和分析是建立在精确的系统数学模型基础上的，而实际应用的控制系统由于各种因素的影响，无法获得精确的数学模型。同时，为了提高控制性能，整个控制系统会变得极其复杂，增加了设备的投资，降低了系统的可靠性。人工智能的出现和发展，促进了自动控制向更高的层次发展，即智能控制。

智能控制是模拟人类学习和自适应的能力，如能学习、存储和运用知识，能在逻辑推理和知识推理的基础上进行信息处理，能对复杂系统进行有效的全局性控制，能自主地驱动智能机器实现其目标的过程。

7.2 控制系统体系结构的演变

7.2.1 控制系统的发展过程

在工业控制系统的发展过程中，每一代新的控制系统的推出都是针对老一代控制系统存在的缺陷而给出的解决方案，同时也代表着技术的进步和效能的提高。工业控制系统在其发展过程中大致可划分为以下几个阶段。

1. 初级控制系统

20 世纪 50 年代以前，由于工业生产规模较小，各类检测、控制仪表处于发展的初级阶段，生产设备以机械设备为主，所用的设备主要是安装在生产现场、具有简单测控功能的基地式仪表，信号基本上都是在本仪表内起作用（主要是显示功能），一般不能传送给别的仪表或系统，各测控点为封闭状态，无法与外界沟通信息，操作人员只能够对生产现场的巡检来了解生产过程的运行状况。此阶段的控制系统为简单、初级控制系统。

2. 模拟仪表控制系统

随着测量技术、电子技术的发展和工业生产规模的不断扩大，操作人员需要了解和掌握更多的现场参数与信息，制定满足要求的操作控制系统。于是，在 20 世纪 60 年代至 70 年代后期，先后出现了以电子管、晶体管、集成电路为核心的气动和电动单元组合式仪表两大系列。它们分别以压缩空气和直流电源作为动力，用于对防爆要求较高的化工生产和其他行业，防爆等级为本质安全型，并以气压信号 0.02 ~ 0.1 MPa，直流电流信号 0 ~ 10 mA、4 ~ 20 mA，直流电压信号 0 ~ 5 V、1 ~ 5 V 等作为仪表的标准信号，在仪表内部实行电压并联传输，外部实行电流串联传输，以减小传输过程的干扰。

电动单元仪表通常以双绞线为传输介质，信号被送到集中控制室（通常称为仪表室或机房）后，操作人员可以坐在控制室内观察生产流程中各处的生产参数并了解整个生产过程。由于单元组合仪表具有统一的输入/输出信号标准，在此阶段自动化系统可以根据生产需要，由各种功能单元进行组合，完成各种相对复杂的控制。

3. 集中式数字控制系统

20 世纪 80 年代初，计算机、微处理器和并行处理技术的发展，使得原先一对一物理连接的模拟信号系统在速度和数量上越来越无法满足大型、复杂系统的需求，模拟信号的抗干扰能力也相对较差，人们开始使用数字信号代替模拟信号，并研制出直接数字控制系统，用数字计算机代替控制室内的仪表来完成控制系统功能。由于数字计算机价格昂贵，人们总是用一台计算机取代控制室的所有仪表，于是出现了集中式数字控制系统。这样，解决了信号传输及抗干扰问题。

由于当时数字计算机的可靠性还不够高，一旦计算机出现某种故障，就会造成系统崩溃、所有控制回路瘫痪、生产停产的严重局面。由于工业生产很难接受这种危险高度集中的系统结构，使得集中控制系统的应用受到一定的限制。

4. 集散控制系统

随着计算机可靠性的提高和价格的下降，自控领域又出现了新型控制方案——集散控制系统，它由数字调节器、可编程控制（PLC）以及多台计算机构成。当一台计算机出故障时，其他计算机立即接替该计算机的工作，使系统继续正常运行。在集散系统中系统的风险被分散到多台计算机承担，避免了集中控制系统的高风险，提高了系统的可靠性。因此，它被工业生产过程广泛接受，这就是今天正在被许多企业采用的 DCS 系统。在 DCS 系统中，测量仪表、变送器一般为模拟仪表，控制器多为数字式，因而它又是一种模拟数字混合系统。

这种系统与模拟式仪表控制系统、集中式数字控制系统相比较，在功能、性能、可靠性上都有了很大的进步，可以实现现场装置级、车间级的优化控制。但是，在 DCS 系统形成的过程中，由于受早期计算机发展的影响，各厂家的产品自成封闭体系，即使同一种协议下仍然存在不同厂家的设备有不同的信号传输方式且不能互联的现象，因此实现互换与互操作有一定的局限性。

5. 现场总线控制系统（FCS）

现场总线控制系统突破了 DCS 通信由专用网络的封闭系统来实现所造成的缺陷，把基于封闭、专用的解决方案变成了基于公开化、标准化的解决方案，即可以将来自不同厂商而遵守同一协议规范的自动化设备通过现场总线控制系统把 DCS 集中与分散结合的集散系统结构变成了新型全分布式系统结构，把控制功能彻底下放到现场。

现场总线之所以具有较高的测控性能，一是得益于仪表的智能化，二是得益于设备的通信化。

把微处理器置入现场自控设备，使设备具有数字计算和数字通信能力，一方面提高了信号的测量、控制和传输精度，另一方面丰富了测控信息的内容，为实现其远程传送创造了条件。在现场总线的环境下，借助设备的计算、通信能力，在现场就可进行许多复杂计算，形成真正分散在现场的完整的控制系统，提高了控制系统运行的可靠性。

此外还可借助现场总线网段与其他网段进行联网，实现异地远程自动控制，如操作在几百公里之外的电气开关、进行参数的设定等。系统还可提供如阀门开关动作次数、故障诊断等信息，便于操作管理人员更好、更深入地了解生产现场和自控设备的运行状态，这在传统仪表控制系统中是无法实现的。传统控制系统结构如图 7－1 所示，现场总线控制系统结构如图 7－2 所示。

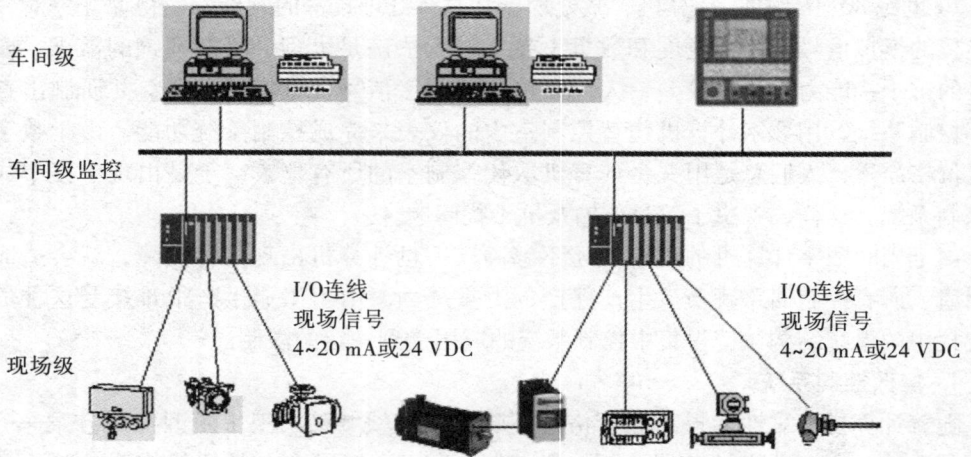

图 7－1　传统控制系统结构

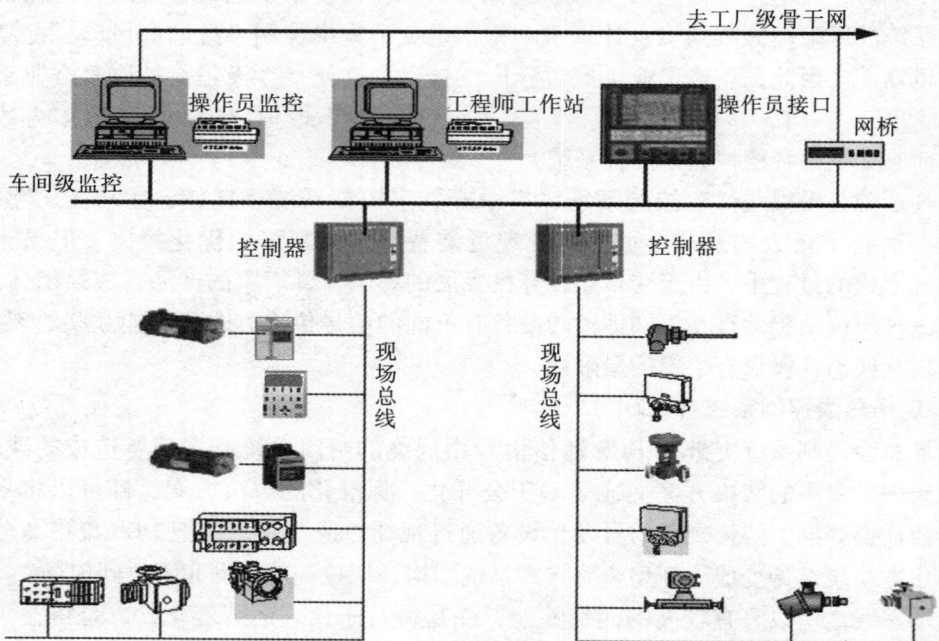

图 7.2　现场总线控制系统结构

7.2.2　现场总线技术的特点

现场总线是连接智能现场设备和自动化系统的数字式、双向传输、多分支结构的通信网络。也有将现场总线定义为应用在生产现场，在智能测控设备之间实现双向串行多节点数字通信的系统。也称为开放式、数字化、多点通信的低成本底层控制系统。

现场总线的特点主要体现在两方面，一是在体系结构上成功实现了串行连接，一举克服并行连接的许多不足。二是在技术层面上成功解决了开放竞争和设备兼容两大难题，实现了现场设备智能化和控制系统分散化两大目标。

1. 现场总线控制系统体系结构的特点

（1）基础性。在企业实施信息集成、实现综合自动化的进程中，作为底层网络的现场总线是一种能在现场环境运行的可靠、实时、廉价、灵活的通信系统，能够有效地集成到 TCP/IP 信息网络中，现场总线是企业强有力的控制和通信的基础设施。

（2）灵活性。现场总线打破了传统控制系统的结构形式，使控制系统的设计、建设、维护、重组和扩容更加灵活简便。

传统模拟控制系统采用一对一的并行连线，按控制分别进行连接，如图 7-1 所示。位于现场的测量变送器与位于控制室的控制器之间，控制器与位于现场的执行器、开关、电机之间均为一对一的物理连接，每个装置需单独使用一条线，因此形成了庞大的线束。由于现场布线的复杂性，传统控制系统在设计之初就需一次性规划好布线的数量和走向，一旦实施就具有刚性，不便于调整和维护，增大了投入的门槛，不利于扩展发展。

（3）现场总线系统由于采用智能现场设备，能够把传统控制系统中处于控制室的控制模块、I/O 模块和通信模块移置到现场设备中，使现场设备能够在一条总线上串行连接起来直接传送信号，完成控制功能，如图 7-2 所示。这样一来，系统布线就由几十条、上百条甚至于上千条简化为一条，不仅简化了设计施工，方便了修理维护，也降低了系统投入的门槛，大大提高了可靠性和灵活性。因为增减现场设备只需直接将设备挂上总线或将设备从总线取下即可，不必另行布线。

（4）分散性。由于现场总线中智能现场设备具有高度的自治性，因而控制系统功能可以不依赖控制室的计算机或控制仪表而直接在现场完成，实现了彻底的分散控制。另外，由于现场设备具有网络通信功能，这使得把不同网络中的现场设备和不同地理范围中的现场设备组成一个控制系统成为可能。因此，现场总线已构成一种新的全分散性控制系统的体系结构，具有高度的分散性。

（5）经济性。由于现场总线通信用数字信号替代了模拟信号，因而可通过复用技术在一条总线上传输多个信号，同时还可在这条总线上为现场设备供电，原来的大量集中式 I/O 部件均可省去。这就为简化控制系统的体系结构，节约硬件设备和连接电缆提供了可能，并将各种安装和维护费用降至最低。

另外，由于投入门槛的降低和扩展灵活性的提高，使得现场总线的资产投入不会产生沉淀而浪费，大大提高了经济性。最后，由于现场设备的开放性，设备价格不会被厂家垄断；由于现场设备的互换性，备品库也可大大降低。

2. 现场总线技术的特点

（1）开放性。现场总线的开放性有以下几层含义：一是相关标准的一致性和公开性。一致开放的标准有利于不同厂家设备之间的互联与替换；二是系统集成的透明性和开放性，用户进行系统设计、集成和重构的能力大大提高；三是产品竞争的公正性和公开性，用户可按自己的需要和评价，选用不同供应商的产品组成大小随意的系统。

（2）交互性。现场总线设备的交互性有以下几层含义：一是指上层网络与现场设备之间具有相互沟通的能力；二是指现场设备之间具有相互沟通能力，也就是具有互操作性；三是指不同厂家的同类设备可以相互替换，也就是具有互换性。

（3）自治性。由于智能仪表将传感测量、补偿计算、工程量处理与控制等功能下载到现场设备中完成，因此一台单独的现场设备即具有自动控制的基本功能，可以随时诊断自己的运行状况，实现功能的自治。

（4）适应性。安装在工业生产第一线的现场总线是专为恶劣环境而设计的，对现场环境具有很强的适应性，具有防电、防磁、防潮和较强的抗干扰能力，可满足本质安全防爆要求，可支持多种通信介质，如双绞线、同轴电缆、光缆、射频、红外线、电力线等。

7.2.3 典型现场总线简介

自20世纪80年代中期以来，世界上有许多企业、集团和国家开展现场总线标准的研究，并出现了多种有影响的现场总线标准。这些现场总线标准都各有其自己的特点，并在特定范围内产生了非常大的影响，也显示出了较强的生命力。典型的现场总线有基金会现场总线（FF）、PROFIBUS 总线、CAN 总线、ControlNet 总线、DeviceNet 总线等，下面以 PROFIBUS 总线和 CAN 总线为例，介绍其使用方法。

1. PROFIBUS 总线

PROFIBUS 是德国国家标准 DIN19245 和欧洲标准 EN50170 的现场总线标准。它由 PROFIBUS - DP、PROFIBUS - FMS 和 PROFIBUS - PA 组成 PROFIBUS 现场总线系列。DP 型用于分散外设间的高速数据传输，适合于加工自动化领域的应用。FMS 意为现场信息规范，适用于纺织、楼宇自动化、可编程控制器、低压开关等。而 PA 型则是用于过程自动化的总线类型，它遵从 IEC 1158 - 2 标准。该项技术是由西门公司为主的十几家德国公司、研究所共同推出。

Profibus 是一种不依赖于厂家的开放式现场总线标准，采用 Profibus 标准后，不同厂商所生产的设备不需对其接口进行特别调整就可通信。Profibus 为多主从结构，可方便地构成集中式、集散式和分布式控制系统。

1）FROFIBUS 总线

PROFIBUS 总线由三个兼容部分组成，即 PROFIBUS - DP、PROFIBUS - FMS 和 PROFIBUS - PA，三个系列分别用于不同的场合，如图 7 - 3 所示。

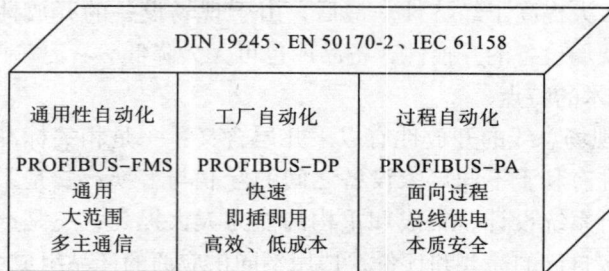

DIN 19245、EN 50170-2、IEC 61158		
通用性自动化	工厂自动化	过程自动化
PROFIBUS-FMS	PROFIBUS-DP	PROFIBUS-PA
通用	快速	面向过程
大范围	即插即用	总线供电
多主通信	高效、低成本	本质安全

图 7 - 3 PROFIBUS 三个兼容部分

PROFIBUS 三个系列总线提供了一个从传感器/执行器到区域控制器及管理层的透明通信网络，如图 7-4 所示。

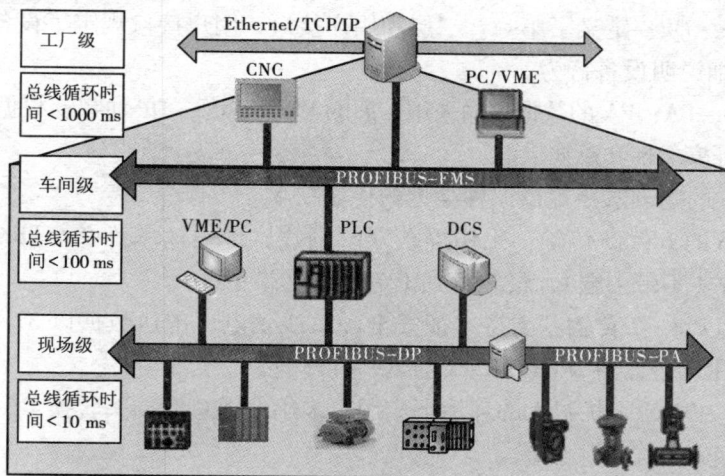

图 7-4 从传感器/执行器到区域控制器的透明通信网络

2）FROFIBUS 协议结构

对于 PROFIBUS 的三个兼容部分：PROFIBUS - DP、PROFIBUS - FMS 和 PROFIBUS - PA，因为针对不同的工业过程而设计，协议结构的各层定义有所不同，如图 7-5 所示。

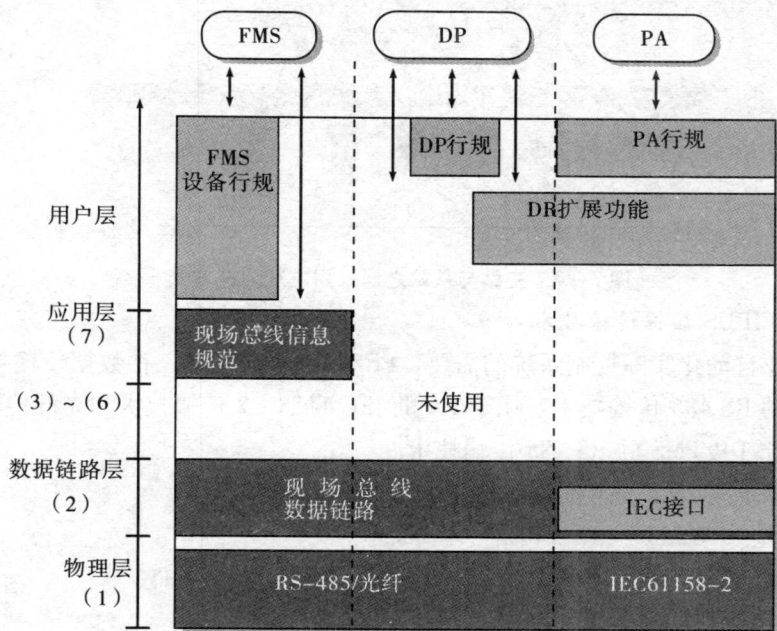

图 7-5 PROFIBUS 三个兼容部分协议

PROFIBUS 协议规范：符合 OSI 参考模型。

PROFIBUS - FMS：定义了第一、二、七层，应用层包括现场总线信息规范（Fieldbus Message Specification，FMS）和低层接口（Lower Layer Interface，LLI）。

FMS：向用户提供了可选用的通信服务。

LLI：协调通信关系，提供第二层访问接口。

PROFIBUS - DP：定义了第一、二层和用户接口，用户接口规定了设备可调用的应用功能，并详细说明设备行为。

PROFIBUS - PA：PA 的数据传输采用扩展的 PROFIBUS - DP 协议，根据 IEC 1158 - 2 标准，支持本征安全性和总线供电。

PROFIBUS 的物理层：提供三种类型的传输技术。

DP 和 FMS 的 RS485 传输：采用屏蔽双绞铜线，传输速率为 9.6 kb/s ~ 12 Mb/s，每分段 32 个站（不带中继），最多可到 127 个站（带中继）。

PA 的 IEC1158 - 2 传输：支持本征安全和总线供电，传送数据以 31.25 kb/s 调制供电电压，采用耦合器将 IEC1158 - 2 与 RS - 485 连接。

光纤 FO：在电磁干扰很大的环境下应用，采用专用总线插头转换 RS - 485 信号和光纤导体信号。

PROFIBUS 的数据链路层与 DP、FMS、PA 的数据链路层相同，采用主从结构，主站之间采用令牌传送方式，主站与从站之间采用主从传送方式，如图 7 - 6 所示。

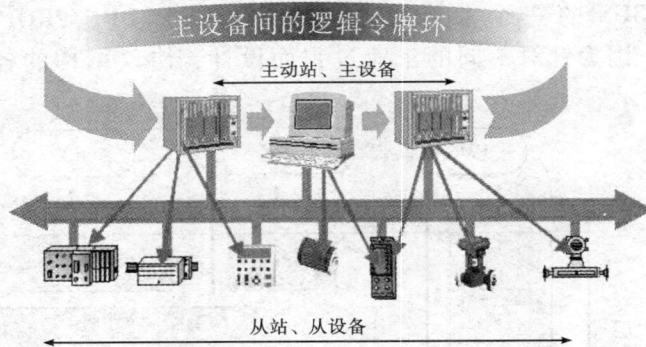

图 7 - 6 主站与从站之间采用主从传送方式

3）PROFIBUS 数据传输技术

针对工业自动化实际控制系统的需要，PROFIBUS 提供了三种数据传输技术，即用于 DP/FMS 的 RS 485 传输技术、用于 PA 的 IEC 1158 - 2 传输技术和光纤传输技术。

（1）用于 DP/FMS 的 RS 485 传输技术。

①RS 485 传输技术的基本特征如下：

传输速率：9.6 kb/s ~ 12 Mb/s。

通信介质：屏蔽双绞电缆，也可取消屏蔽，取决于环境条件。

网络拓扑：线性总线，两端配备有源的总线终端电阻。

站点数：每分段 32 个站（不带中继器），可扩展到 126 个站（带中继器）。

插头连接：9 针 D 型插头。

②RS 485 传输设备安装要点如下：

RS 485 全部设备均与总线连接。每个分段上最多可接 32 个站，每段的头和尾各有一个总线终端电阻，确保操作运行不发生误差。两个总线终端电阻必须永远有电源。

当分段上站数超过 32 个时，必须使用中继器用以连接各总线段。串联的中继器一般不超过 3 个，如图 7-7 所示。需要注意的是，中继站没有站地址，但被计算在每段的站数中。

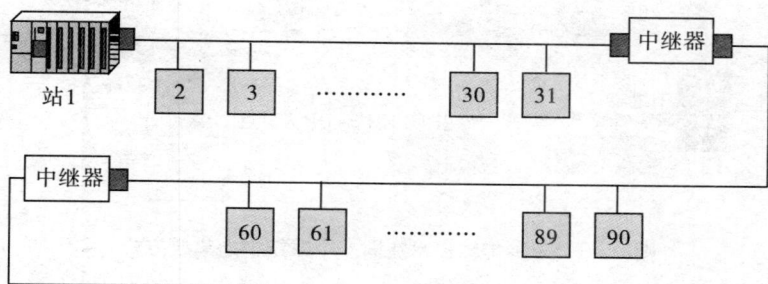

图 7-7　RS 485 分段连接结构

系统在高电磁发射环境运行时，应使用带屏蔽的电缆，屏蔽可提高电磁兼容性。

（2）用于 PA 的 IEC 1158-2 传输技术。

IEC 1158-2 的传输技术用于 PROFIBUS-PA，能满足化工和石油化工业的要求。它可保持本征安全性，通过总线对现场设备供电。

①IEC1158-2 传输技术特性如下：

数据传输：数字式、曼彻斯特编码，采用前同步信号、起始和终止限定符提高数据传输准确性。

传输速率：31.25 kb/s。

通信介质：屏蔽式或非屏蔽式双绞线。

远程电源供电：每段只有一个电源作为供电装置。

防爆性：能进行本征及非本征安全操作。

②RS 485 传输与 IEC1158-2 传输技术的连接如图 7-8 所示。

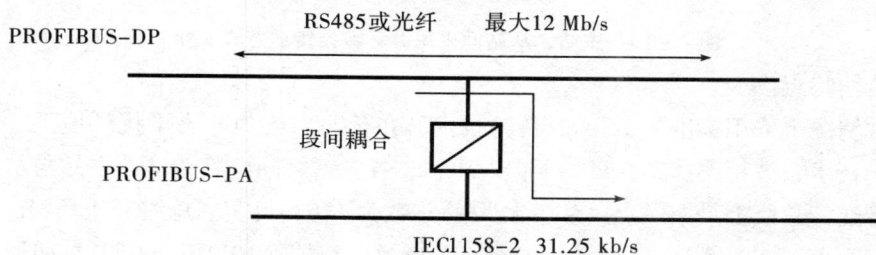

图 7-8　段间耦合器连接结构

（3）光纤传输技术。

在电磁干扰很大的环境下应用时，可使用光纤传输技术，利用光纤导体增加高速传输的距离。

PROFIBUS 总线的三种传输技术在系统的集成过程中，可根据实际控制需要，灵活选择和配置于一个系统中，如图 7-9 所示。

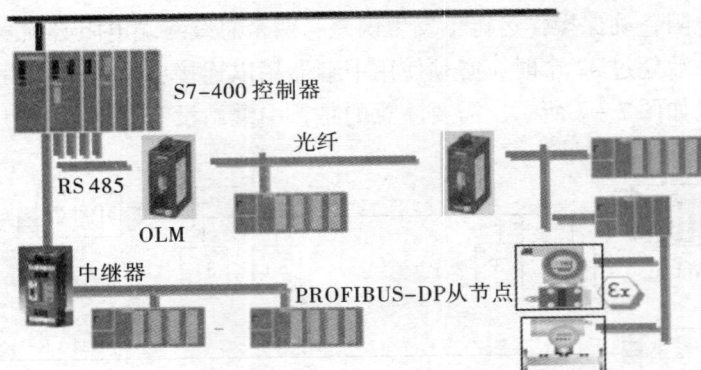

图 7 - 9　三种传输技术在同一个系统中的集成方式

4）PROFIBUS 三个系列总线的通信特性

（1）PROFIBUS - DP。

Profibus - DP（Decentralized Periphery）：用于传感器和执行器级的高速数据传输，传输速率可达 12 Mb/s，一般构成单主站系统，主站、从站间采用循环数据传送方式工作，如图 7 - 10 所示。

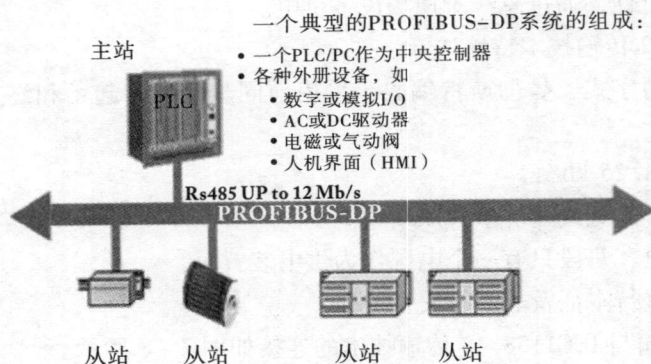

图 7 - 10　主站、从站间采用循环数据传送方式工作

①传输特点。

通常情况下采用标准的 RS 485 传输技术，在长距离或强电磁干扰环境下，可采用光纤传输技术，波特率从 9.6 kb/s 到 12 Mb/s。各主站之间令牌传送，主站与从站间为主 - 从传送，总线上最多站点（主、从设备）数为 126；可实现总线网或环网。

通信距离：在 1.5 Mb/s 的通信速率下，通过中继器 PROFIBUS - DP 总线通信距离可以达到 200 m。无通信速率要求下，最远可延长到 90 km。

② PROFIBUS - DP 总线可集成的设备。

PROFIBUS - DP 总线可集成的设备：集成远程 I/O、集成执行器和驱动、集成操作面板、集成 PID 回路控制器、集成 AS - I 总线。

PROFIBUS - DP 可集成的设备如图 7 - 11 所示。

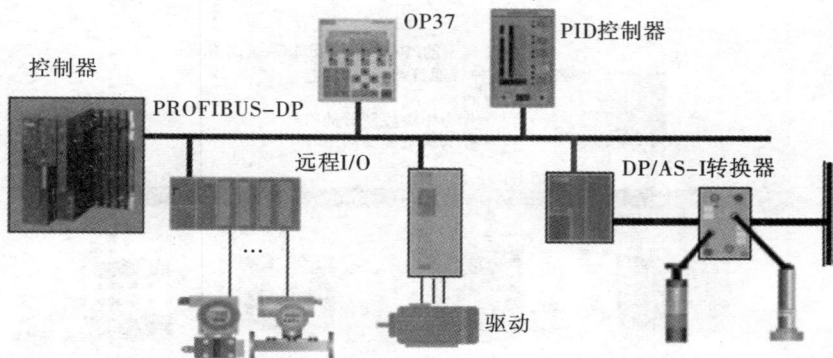

图 7 - 11　PROFIBUS - DP 可集成的设备

（2）PROFIBUS - PA。

PROFIBUS - PA（Process Automation）：用于安全性要求较高的场合，它具有本质安全特性，是 PROFIBUS 的过程自动化解决方案，将自动化系统和过程控制系统与现场设备连接起来，代替了 4 ~ 20 mA 模拟信号传输技术，如图 7 - 12 所示。

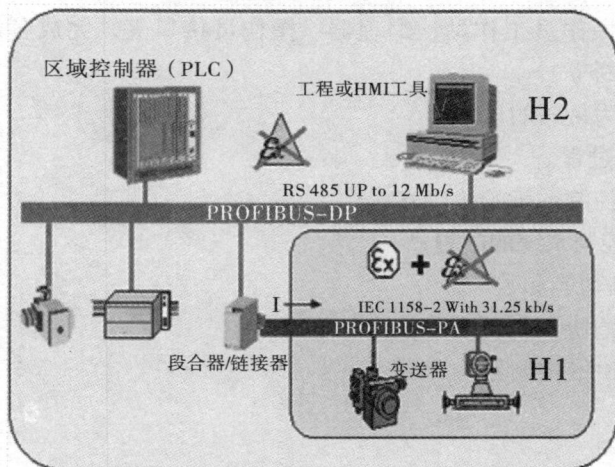

图 7 - 12　带有 PROFIBUS - PA 的典型系统配置

①传输特点。

基于扩展的 PROFIBUS - DP 协议和 IEC 61158 - 2 传输技术。增加和去除总线站点，不会影响到其他站，对所有设备只需一套组态和监测工具。仅用一根双绞线进行数据通信、控制和供电。在潜在的爆炸危险区可使用防爆型"本征安全"或"非本征安全"。通过读取仪器仪表的维护和诊断信息，减少故障和停机时间。

②PROFIBUS - PA 设备行规：行规保证不同厂商生产的设备具有相同的通信功能。

（3）PROFIBUS - FMS。

PROFIBUS - FMS（Fieldbus Message Specification）：用于车间级智能主站间通用的通信，它提供了大量的通信服务，用以完成以中等传输速度进行的循环和非循环的通信任务，如图 7 - 13 所示。

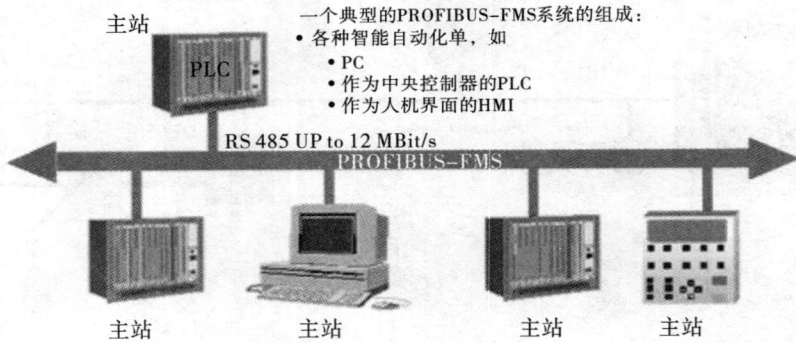

一个典型的PROFIBUS-FMS系统的组成：
· 各种智能自动化单，如
  · PC
  · 作为中央控制器的PLC
  · 作为人机界面的HMI

主站 PLC

RS 485 UP to 12 MBit/s
PROFIBUS-FMS

主站　　　　　主站　　　　　主站　　　　　主站

图 7 – 13　典型的 PROFIBUS – FMS 系统

5）PROFIBUS 总线的应用设计

（1）PROFIBUS 控制系统的构成。

① 一类主站：PC、PLC 或可做一类主站的控制器，由它们完成总线通信控制与管理。

②二类主站：操作员工作站、编程器、操作员接口等，完成各站点的数据读写、系统配置、故障诊断等。

③从站：可作为从站的设备。

（2）项目配置过程。

①确定与其他控制系统的接口方式；

②PROFIBUS 控制系统的配置；

③确定主/从站功能和数量；

④确定系统传输协议和现场设备；

⑤选择 PROFIBUS 控制器；

⑥综合评估。

（3）系统评价。

对现场总线控制系统及仪表的评价主要包括下列几项：

①控制功能分配是否合理，是否达到危险分散和节省硬件的目的。

②适当的冗余措施，使可靠性达到和高于 DCS 系统。

③对传统信号设备和系统的兼容性。

④是否通过互可操作性测试，是否具备管理能力。

⑤现场总线仪表的性能。

（4）PROFIBUS 总线的典型应用。

PROFIBUS 总线在西门子 PCS7 控制系统中的应用为 PCS7 系统结构（如图 7 – 14 所示），图 7 – 15 所示为现场仪表连接图。

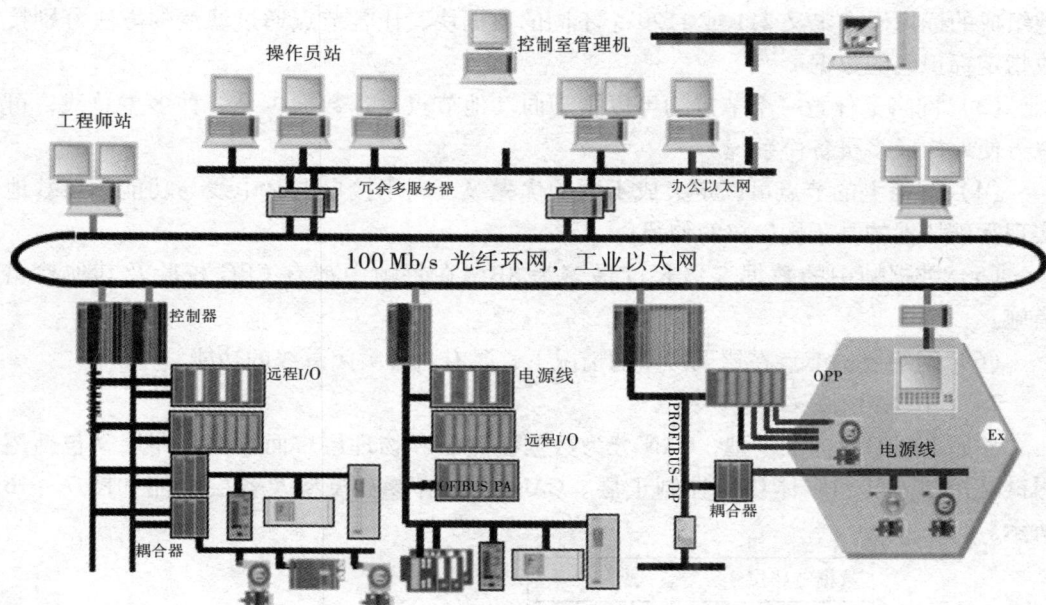

图 7 -14　PCS7 系统结构

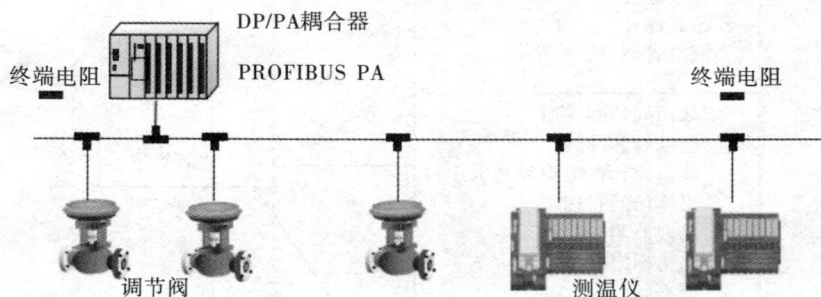

图 7 -15　现场仪表连接图

2. CAN 总线

CAN 是控制局域网（Control Area Network）的简称，它是一种有效支持分布式控制或实时控制的串行通信网络，是德国 Bosch 公司在上个世纪八十年代为解决现代汽车中众多测量控制部件之间的数据交换而开发的一种串行数据通信总线。其总线规范已被 ISO 国际标准组织制订为国际标准，得到 Motorola、Intel、Philips、Siemens、NEC 等公司的支持，已广泛应用在离散控制领域。目前，已有多家公司开发生产了符合 CAN 协议的通信芯片，如 Intel 公司的 82527，Motorola 公司的 MC68HC908AZ60Z，Philips 公司的 SJA1000 等，还有插在 PC 机上的 CAN 总线适配器，具有接口简单、编程方便、开发系统价格便宜等优点。

1）CAN 总线的通信特点

（1）通信介质可以是双绞线、同轴电缆和光纤，通信距离最远可达 10 km（5 kb/s），最高速率可达 1 Mb/s（40 m）。

（2）用数据块编码方式代替传统的站地址编码方式，用一个 11 位或 29 位二进制数组成的标识码来定义 211 或 1129 个不同的数据块，让各节点通过滤波的方法分别接收指定标识码的数据。

（3）网络上任意一个节点均可以主动向其他节点发送数据，是一种多主总线，可以方便地构成多机备份系统。

（4）网络上的节点可以定义成不同的优先级，利用接口电路中线与功能，巧妙地实现无破坏性的基于优先权的仲裁。

（5）数据帧中的数据字段长度最多为 8B，在每帧中都有 CRC 校验及其他检错措施。

（6）网络上的节点在错误严重的情况下，具有自动关闭总线的功能。

2）CAN 总线协议模型

参照 ISO/OSI 标准模型，CAN 分为数据链路层和物理层，而数据链路层又包括逻辑链路控制子层和媒体访问控制子层。CAN 的通信参考模型及各层功能如图 7 – 16 所示。

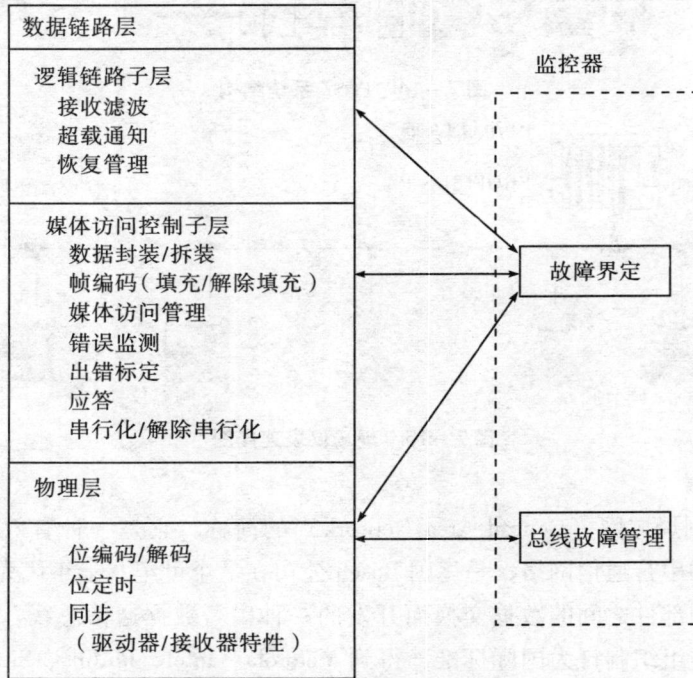

图 7 – 16　CAN 的通信参考模型及各层功能

物理层的主要内容是规定通信介质的机械、电气、功能和规程特性。

数据链路层的主要功能是将要发送的数据进行包装，即加上差错校验位、数据链路协议的控制信息、头尾标记等附加信息组成数据帧，从物理信道上发送出去，在接收到数据帧后，再把附加信息去掉，得到通信数据。

媒体访问控制子层 MAC：传输规则。

逻辑控制子层 LLC：报文的滤波和报文的处理。

CAN 总线的物理层和数据链路层的功能在 CAN 控制器中完成。

3）CAN 总线协议

CAN 通信协议规定有 4 种不同的帧格式，即数据帧、远程帧、错误帧和超载帧。

CAN 总线基于下列 5 条基本规则进行通信协调：总线访问、仲裁、编码/解码、出错标注、超载标注，如图 7 - 17 所示。

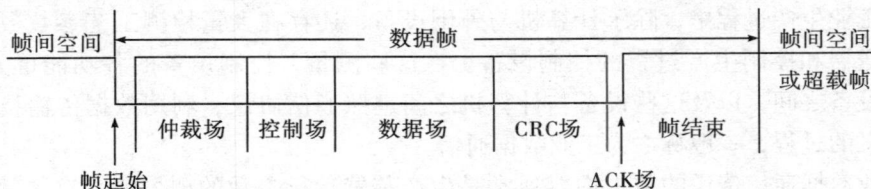

图 7 - 17　CAN 总线帧格式

4）CAN 总线通信中的几个问题

①发送器与接收器。

②错误类型。

5）CAN 总线的应用

案例：汽车 CAN 总线的基本结构如图 7 - 18 所示。

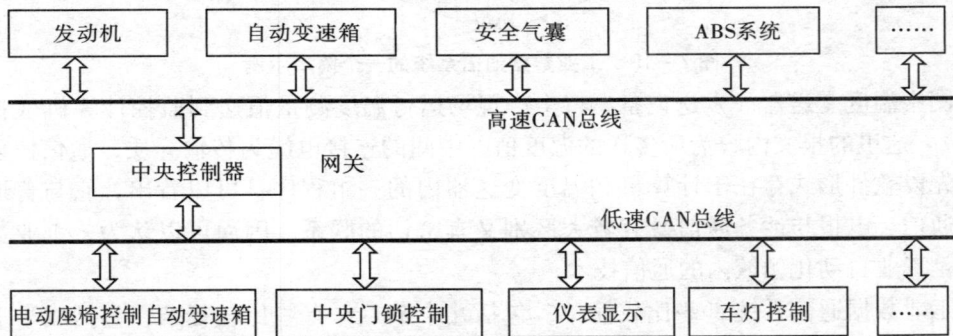

图 7 - 18　汽车内 CAN 总线的基本结构

上述只简单介绍了两种常用的现场总线技术，另外还有 LonWorks 、CC - Link、HART 等多种总线技术，它们各有其特点和应用领域。由于现场总线的应用领域广阔，要求不同，再考虑到总线产品的投资效应和各公司的商业利益，预计在今后一段时间内，会出现多种总线标准共存，同一生产现场有几种异构网络互联通信的局面。但发展共同遵从的统一标准规范，真正形成开放互联系统才是大势所趋。

7.3　工业数据通信与控制网络

7.3.1　工业数据通信

通信系统用于设备与设备、设备与人、人与人之间的信息传递。早期的通信系统可以追溯到利用烽火台的火光与烟雾。电的发明与使用为通信系统的发展提供了有效的工具。现代通信系统一般都运用电子或电力设备在两点或多点之间传递信息。

数据通信是指在两点或多点之间以二进制形式进行信息交换的过程。随着近年来计算机技术的发展，特别是互联网的出现，以数据交换为主的计算机数据通信与网络技术得到迅猛发展。因而数据通信在应用中一般是指计算机通信，用于计算机与计算机之间、计算机与打印机等外设之间传递各种文件等信息。

在工业生产过程中，除了计算机与外围设备，还存在大量检测工艺参数数值与状态的变送器和控制生产过程的控制设备。在这些测量、控制设备的各功能单元之间，设备与设备之间，以及这些设备与计算机之间遵照通信协议、利用数据传输技术传递数据信息的过程，一般称之为工业数据通信。

工业数据通信传送的数据内容通常是生产装置运行参数的测量值、控制量、阀门的工作位置、开关状态、报警状态、设备的资源与维护信息、系统组态、参数修改、零点量程调校信息等。图7-19所示为工业数据通信系统的一个简单示例。

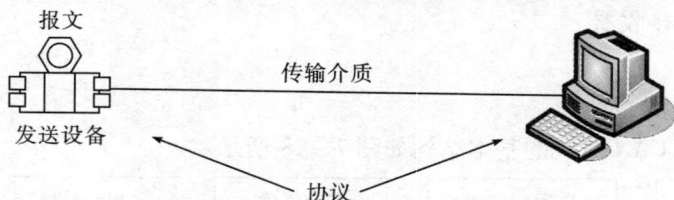

图7-19 工业数据通信系统的一个简单示例

图中温度变送器（发送设备）将生产现场运行温度测量值送到监控计算机（接收设备）。这里的报文内容为所传送的温度值，中间的连接电缆为传输介质，通信协议则是事先以软件形式存在于计算机和温度变送器内的一组程序。可以看出，它与普通计算机通信、电报与话务通信既有较大区别又有密切的联系。因而可以认为，工业数据通信是工业自动化领域内的通信技术。

工业数据通信系统有些比较简单，包括几个节点，有些比较复杂，包括成千上万个节点。例如一个汽车组装生产线可能有多达25万个I/O点，石油炼制过程中的一个普通装置也会有上千台测量控制设备。这些节点间进行多点通信时，往往并不是在每对通信节点间建立直达线路，而是采用网络连接形式构建数据通道，于是产生了数据通信网络。

这种节点众多的数据通信系统一般都采用串行通信方式。串行数据通信的最大优点是经济。两根导线上挂接数十、上百甚至更多的传感器、执行器，具有安装简单、通信方便的优点。这两根实现串行数据通信的导线就称为总线。总线上除了传输测量控制的数值外，还可以传输设备状态、参数调整和故障诊断等信息。

7.3.2 控制网络

1. 控制网络与现场总线

工业数据通信由早期的通信系统演化而来，但控制网络却是近年发展形成的。应该说，工业数据通信是控制网络的基础和支撑条件，是控制网络技术的重要组成部分。在这个意义上也可以把工业数据通信与控制网络一并称为控制网络。它是在现场总线的基础上发展形成的,具有比现场总线一词更宽、更深的技术内涵。

作为当今工业自动化领域的热点技术,"现场总线"一词已经为业内人士广泛认知,成为工业数据通信与控制网络的代名词。但随着现场总线技术的不断发展和内容的不断丰富,各种控制、应用功能与功能块、控制网络的网络管理、系统管理等内容的不断扩充,现场总线已经超出了原有的定位范围,不再只是通信标准与通信技术,而成为网络系统与控制系统。与互联网的结合使控制网络又进一步拓宽了视野和作用范围,不再受限于局域网。此时,现场总线一词已难以完整地表达控制网络现今的技术内涵。但毕竟现场总线已经成为这一领域人们熟知的代名词,在某些应用场合也能很好地体现其技术内容,因而这里对它们不作具体区别。

控制网络的定义可简单地概括为将多个分散在生产现场,具有数字通信能力的测量控制仪表作为网络节点,采用公开、规范的通信协议,以现场总线作为通信连接的纽带,把现场控制设备连接成为可以相互沟通信息,共同完成自控任务的网络系统与控制系统。

控制网络是一个位于生产现场的网络系统,网络在各控制设备之间构筑起沟通数据信息的通道,在现场的多个测量控制设备之间以及现场控制设备与监控计算机之间实现工业数据通信。也是一个以网络为支撑的控制系统,依靠网络在传感测量、控制计算机、执行器等功能模块之间传递输入/输出信号,构成完整的控制系统,完成自动控制的各项任务。

控制网络的组成成员比较复杂。除了普通的计算机、工作站、打印机、显示终端之外,大量的网络节点是各种可编程控制器、开关、电机、变送器、阀门、按钮等。其中大部分节点的智能程序远不及计算机,有的现场控制设备内嵌有 CPU 其他专用芯片,有的只是功能相当简单的非智能设备。控制网络是一类特殊的网络系统,广泛应用于、连续制造业、交通、楼宇等各行各业。

2. 控制网络在企业网络系统中的地位、作用及特点

企业网络的结构按功能分为信息网络和控制网络上、下两层,其体系结构如图7-20 所示。

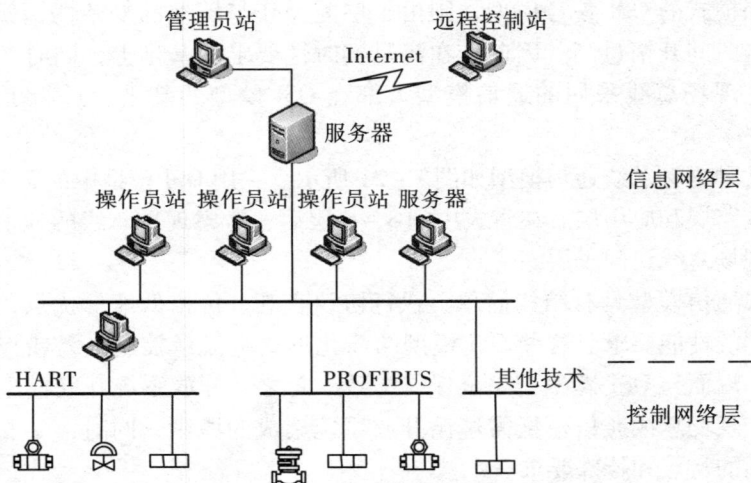

图 7-20 企业网络的体系结构

信息网络位于企业网络的上层，是企业数据共享和传输的载体。它主要完成现场信息的集中显示、操作、组态、过程优化计算和参数修改，并担负着包括工程技术、经营、商务和人力等方面的总体协调和管理工作。

控制网络位于企业网络的下层，由 HART、PROFIBUS 等现场总线网段组成，与信息网络紧密地集成在一起，服从信息网络的操作，同时又具有独立性和完整性。它的实现既可以采用工业以太网，也可以采用现场总线技术，或者工业以太网与现场总线技术相结合。其作用是把工业现场的实时参数送到信息网络中，以进行数据的分析、计算和显示。

控制网络相对于信息网络而言主要有如下特点：

（1）控制网络中数据传输的及时性和系统响应的实时性是控制系统的最基本要求。一般来说，过程控制系统的响应时间要求为 0.01 ~ 0.5 s，制造自动化系统的响应时间要求为 0.5 ~ 2.0 s，信息网络的响应时间要求为 2.0 ~ 6.0 s。在信息网络的大部分使用中实时性是忽略的。

（2）控制网络强调在恶劣环境下数据传输的完整性、可靠性。控制网络应具有高温、潮湿、震动、腐蚀、电磁干扰等在工业环境中长时间、连续、可靠、完整地传送数据的能力，并能抗工业电网的浪涌、跌落和尖峰干扰。在易燃易爆场合，控制网络还应具有本质安全性能。

（3）控制网络必须解决多家公司产品和系统在同一网络中的互操作问题。

7.3.3 现场总线通信模型

作为工业控制现场底层网络的现场总线，要构成开放的互联系统，必须考虑到工业生产现场状况，即存在大量的传感器、控制器、执行器等，它们通常相当零散地分布在一个较大范围内。对由它们组成的工业控制底层网络，其单个节点面向控制的信息量不大，信息传输的任务相对也比较简单，但对实时性、快速性的要求较高。如果完全参照 7 层模式的 OSI 参考模型，则由于层间操作与转换的复杂性，势必造成网络接口的造价与时间开销过高。因此，在满足实时性要求的基础上，同时考虑工业网络的低成本性，现场总线采用的通信模型大都在 OSI 模型的基础上进行了不同程度的简化。

典型的几种现场总线通信模型如图 7-21 所示。它用 OSI 模型中的 3 个典型层：物理层、数据链路层和应用层。在省去中间 3 ~ 6 层后，考虑现场总线的通信特点，特别设置了一个现场总线访问子层。

现场总线通信模型具有结构简单、执行协议直观、价格低廉等优点，同时又满足工业现场应用的性能要求。这种 OSI 模型的简化形式将流量控制与差错控制放在数据链路层进行，因而与 OSI 模型不完全保持一致。总之，开放系统互联模型是现场总线技术的基础。现场总线通信模型需遵循开放系统集成的原则，同时，又要充分兼顾测控和工业应用的特点和特殊要求。

现场总线通信模型的主要特点如下：

（1）对 OSI 参考模型进行简化。通常只采用 OSI 模型的第 1 层和第 2 层及最高层应用层。目的在于简化通信模型结构，缩短通信开销，降低成本及提高实时性能。

（2）各种类型现场总线并存，并在各自的应用领域获得良好应用效果。

（3）采用相应的补充方法实现被删除的 OSI 各层功能。

（4）通信数据的信息量较小，因此，相对其他通信网络来说，通信模型相对简单，结构更紧凑，实时性更好，通信速率更快，成本更低。

OSI参考模型		现场总线协议	FF模型		PROFI-DP	PROFI-FMS
应用层	7	应用层	用户层 功能块应用与 设备描述		用户接口	应用层接口
表示层	6					应用层信息规范低层接口
会话层	5					
传输层	4		报文子层	通信栈	除去3~7层	除去3~6层
网络层	3	总线访问子层	访问子层			
数据链路层	2	数据链路层	链路层		数据链路层	数据链路层
物理层	1	物理层	物理层		物理层	物理层

图 7-21　OSI 参考模型与部分现场总线通信模型的对应关系

7.3.4　网络互联规范

网络互联必须遵循一定的规范，随着计算机和计算机网络的发展，以及应用对局域网络互联的需求，IEEE 于 1980 年 2 月成立了局域网标准委员会（IEEE 802 委员会），建立了 802 课题，制定了开放式系统互联（OSI）模型的物理层、数据链路层的局域网标准。该协会已经发布了 IEEE 801.1 ~ IEEE 802.11 标准，其主要文件涉及的内容如图 7-22 所示。其中 IEEE 802.1 ~ IEEE 802.6 已经成为国际标准化组织的国际标准ISO 8802-1 ~ ISO 8802-6。

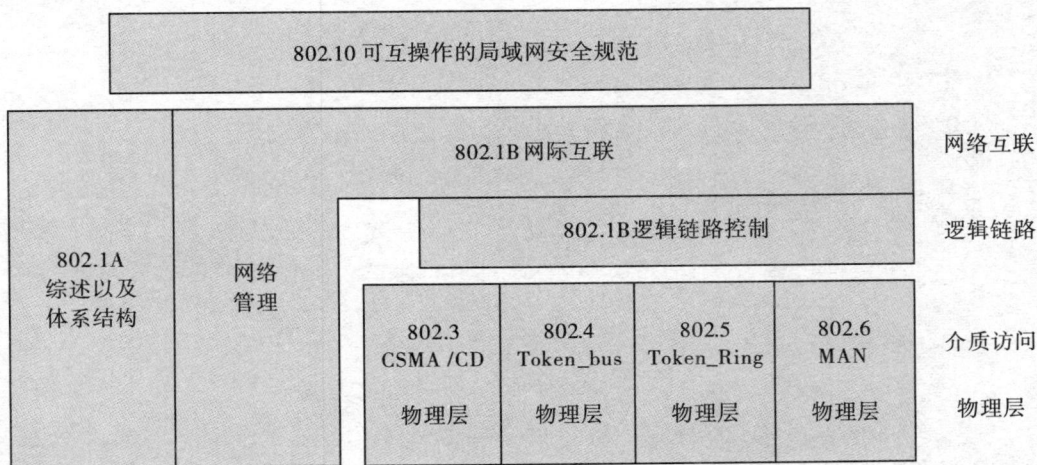

802.10 可互操作的局域网安全规范					
802.1A 综述以及 体系结构	网络 管理	802.1B网际互联			网络互联
		802.1B逻辑链路控制			逻辑链路
		802.3 CSMA /CD 物理层	802.4 Token_bus 物理层	802.5 Token_Ring 物理层	802.6 MAN 物理层
					介质访问 物理层

图 7-22　IEEE 802 标准主要文件涉及的内容

第三篇

苏州地铁 1 号线电力监控系统

本篇以苏州地铁 1 号线电力监控系统为实例，首先介绍了其电力监控系统的架构及主要构成设备，然后详细介绍了苏州地铁控制中心的电力调度系统及其变电所综合自动化系统，并主要讲述了其电力监控系统的功能及实现手段。

第8章

苏州地铁1号线电力监控系统概述

8.1 城市轨道交通电力监控系统概述

城市轨道交通电力监控系统完成对城市轨道交通全线各类变配电所、接触网等电力设备运行情况进行远程实时监视、测量和控制，处理供变配电系统的各种异常事故及报警事件，保障系统的正常运行，同时提升供变配电系统调度、管理及维修的自动化程度，提高供电质量，保证系统安全、可靠地运行。

在轨道交通电力监控系统整体网络拓扑结构中，控制中心监控系统是数据采集、处理、管理、存储、共享、分析与系统实时控制的核心节点。控制中心监控系统通过通信通道与变电所综合自动化系统进行信息交换，变电所综合自动化系统通过所内通信网与所内各智能化电气装置（IED）通信，形成现场、车站和主控中心的多层应用体系。

城市轨道交通电力监控系统采用嵌入式系统及光纤以太网技术，按照两级管理、三级控制方式进行使用和管理，与之相适应的监控系统架构考虑城市轨道交通的地域分布特点，监控系统采用分层分布的结构体系。分层分布系统架构在监控系统中属于大型复杂系统的系统结构，适用于跨地域、多层次、分级别的大型自动化系统。这种结构既满足目前城市轨道交通的电力应用需求，也满足今后城市轨道交通横向规模综合和纵向应用综合的两度应用发展对支持系统的基础架构要求。两级管理分别是中央级和车站级，三级控制分别是中央级、车站级和现场级。它们之间既相互联系又相对独立，分层分布原则确保了层次间的相对独立性，有效分解了系统的复杂度，提升了系统的可实施性；冗余和动态分布原则极大提升了系统的并行度，结合多种软硬件隔离和抗干扰措施，软件支持 1 + N 冗余调度，实现系统高可用性的终极目标。

城市轨道监控应用中心系统通常采用主备冗余系统，它对全线重要监控对象的状态、性能数据进行实时收集和处理，通过各种调度员工作站以图形、图像、表格和文本的形式显示出来，供调度人员控制和监视。同时系统根据一定的逻辑关系自动向分布在各站点的被监控对象或系统发送模式、程控、点控等控制命令，由调度员人工发布控制命令，从而完成对全线供电设备集中监控和调度管理，确保轨道交通的供电质量和供电安全。

车站级电力监控系统对本站供电设备监控对象的状态、性能数据进行实时收集和处理，当中心系统或通信网络发生故障时，该系统可对车站范围内的供电设备进行控制，形成多级冗余。

现场级测控设备与监控系统的中心和车站级均有通信接口。它们位于各监控对象附近，起接口转换、信息采集、传送、汇聚、命令接收、执行和反馈作用。通常采用工业控制网络或现场总线，分散控制结构，自律式控制器保证系统的安全可靠。现场级测控设备通常设置当地/远方功能，为系统的现场维护调试和特殊情况提供现场操作选择。

电力监控系统的三级控制方式互相闭锁，以达到安全控制的目的。对于接触网上电动隔离开关，在变电所内控制信号屏上设置当地/远方转换开关以及相应的分合闸开关控制装置。OCC中央电力调度系统主要有远程分合闸控制、远方置数；数据采集处理与显示、各种报警信息处理；事故维修、抢修、调度等功能。控制中心调度人员负责日常控制、监视和调度管理等工作。设在变电所的就地监控系统由控制信号盘（包括通信控制器、测控单元、隔离开关控制回路、交换机等）、智能通信接口装置及所内通信网络等部分组成，可通过控制信号盘工作站处理本所的所有远动功能，并具有更丰富的监控设备操作功能和报警信息。系统维护人员的维修工作也主要集中在控制信号盘上，本所内的所有操作不会影响到其他变电所。设备本体控制是优先级最高的一级控制，如果供电设备拨到本体控制，则控制中心远方控制和控制信号盘集中控制都将失去控制功能。本体控制只有在设备损坏需要维修时才会用到，一般情况下不允许将设备控制位置拨到就地控制。

8.2 苏州地铁1号线电力监控系统概述

1. 工程概况

苏州地铁1号线总体呈东西走向，起点位于吴中区木渎镇北侧天平山东麓的灵天路，沿竹园路向东进入苏州新区后，往北转入长江路，经苏州乐园，往东沿邓尉路穿过京杭运河，进入金阊区，经干将西路，穿西外城河，沿干将东路进入平江区，之后线路穿过东外城河进入苏州工业园区。线路沿中新路、苏华路布设，途经园区CBD后穿金鸡湖，沿玲珑街东行，经过园区会展中心、文化中心，沿翠园路东行经行政中心后线路向东止于锦溪街，全线总长25 739.2 m，均为地下线。

1号线共设24座车站，均为地下站，平均站间距1093.13 m，最大站间距2482.65 m，为穿金鸡湖的星港街站至会展中心站，最小站间距717 m，为华池街站至星湖街站；1号线设控制中心一座，位于广济路站西北侧，为线网四条线共用；全线设主变电所两座，分别位于苏州乐园站及星塘街站。

2. 供电系统及电力监控系统概况

苏州地铁1号线供电系统采用110/35 kV两级集中供电方式，设6个供电分区。东西设有专用的2座110/35 kV主变电所，采用35 kV中压网络向全线所有牵引降压混合变电所、降压变电所和跟随所供电。电力监控系统是由设置在控制中心的电力监控调度系统，设置在地铁沿线变电所综合自动化系统以及联系它们的通信通道构成。在车辆段综合基地供电车间调度室内还设置有电力有监控系统复示终端，以监视全线供电系统的运行情况。其中控制中心的电力调度系统、电力监控系统复示终端作为子系统纳入综合监控系统（ISCS），由综合监控专业实现其硬件、软件配置。

苏州地铁1号线采用综合监控系统（ISCS），系统采用集中分布式监控系统，系统网络由三层双网组成，即主干层、局域层和工控层。中央级局域网为双冗余的 100/1000 Mb/s 交互式以太网，车站级局域网为双冗余的快速交换式以太网，主干网络则用于其间的互联。电力监控系统（SCADA）的电力调度系统部分由 ISCS 集成；变电所综合自动化系统则在 SCADA 系统完成。在主变电站、牵引降压混合变电所和降压变电所内设置变电所综合自动化盘，对供电系统设备的运行状况及运行环境进行监控。变电所综合自动化系统在车站接入综合监控系统。

8.3　苏州地铁1号线电力监控系统构成

苏州地铁1号线设置一套电力监控系统，用于对全线的供电系统主要设备的数据采集和监视控制，如图8-1所示。

电力监控系统由控制中心的电力调度系统、变电所综合自动化系统及联系两者间的通道三部分组成，其中控制中心的电力调度系统作为一个子系统纳入综合监控系统（ISCS），变电所综合自动化系统则设置在全线的主变电站、牵引降压混合变电所、降压变电所和跟随所内。

综合监控系统通道采用通信专业提供的通道，不单独设置通信通道。

8.3.1　控制中心电力调度系统的构成

控制中心的电力调度系统由局域网络、主备服务器、主备操作员计算机、维护计算机、数据文档计算机、前置通信机、远方通信接口、打印机、大屏幕投影显示等设备构成，并配置 UPS 电源，保证监控设备的不间断供电。

四台打印机则分别用于日常事件记录打印、统计报表、画面拷贝和程序打印。大屏幕投影则用于显示全线 AC110 kV、AC35 kV、DC1500 V、AC0.4 kV 供电以及接触网开关设备的运行状态。

控制中心电力调度系统作为一个子系统集成于综合监控系统（ISCS）。

8.3.2　变电所综合自动化系统的构成

变电所综合自动化系统采用微机技术将传统变电所的二次设备功能进行整合，实现对变电所的自动监视、测量、保护、控制、通信和统一数据管理，并通过与通信系统接口，实现与控制中心电力监控调度系统联通。

变电所综合自动化系统采用集中管理、分散布置模式，分层、分布式系统结构，系统由站级管理层、网络通信层、间隔设备层组成。系统以供电设备为对象，通过网络将所内间隔层保护测控设备与站级控制管理设备控制信号屏连接起来。

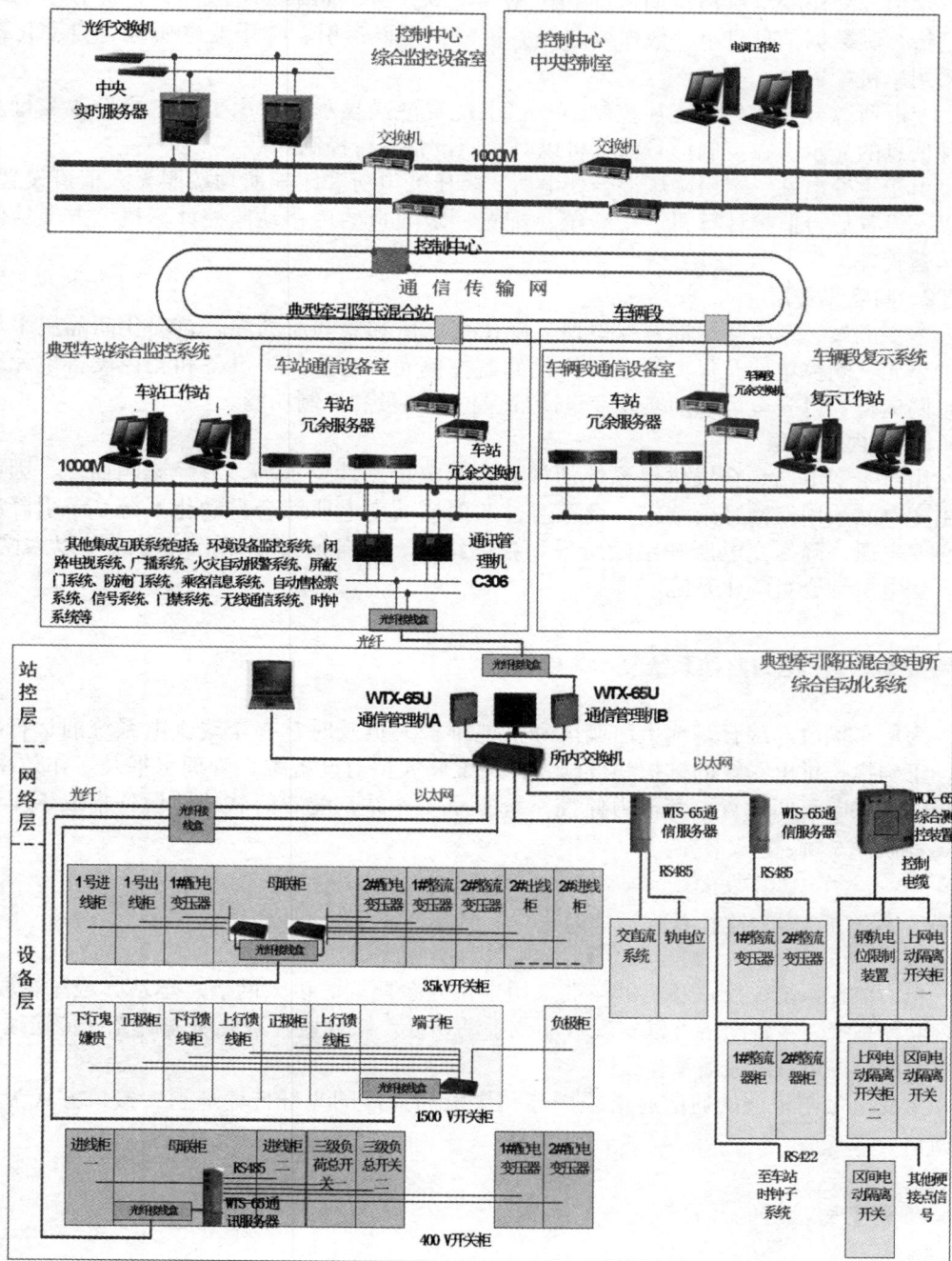

图8-1　苏州地铁1号线电力监控系统结构示意图

245

1. 站级管理层

主变电站担负着向全线变电所供电的任务，一旦出现故障，将直接影响地铁全线的运行，涉及面广，供电可靠性要求高。此外，主变电站设备数量多、数据信息量大、数据处理任务重，所以主变电站综合自动化系统主监控单元采用整机冗余配置。

牵引、降压变电所担负向区间和车站供电的任务，如果发生故障，将部分影响地铁运行，其数据信息量小，数据处理任务较轻，所以牵引、降压变电所综合自动化系统采用单机配置。

变电所综合自动化系统在控制信号盘上配置液晶显示器，用于变电所设备运行及各种信息的显示。在控制信号盘上可以对本所设备进行控制。

由于主变电站、牵引降压混合变电所、降压变电所和跟随所均按照无人值班设置，所以不设置后台监控计算机。全线统一配置一定数量的可移动监控计算机，方便检修和运营管理。

2. 间隔设备层

主变电站、牵引降压混合变电所、降压变电所和跟随所的综合自动化间隔层采用保护单元、测控单元及保护测控一体化的监控单元，这些保护设备和测控设备单元统一组网运行，以安全可靠地实现变电所的保护、测量和控制功能。

3. 所内通信层

由于主变电站是全线供电系统的核心，供电可靠性要求高，故障影响面广，因此在主变电站采用双网冗余结构，设备通过双网接入变电所综合自动化系统。牵引降压混合变电所、降压变电所和跟随所采用单网结构，设备通过现场总线（或单以太网）接入变电所综合自动化系统。

8.3.3 电力监控系统复示终端构成

为使车辆段与综合基地生产调度和供电维护人员及时掌握全线供电系统的运行状况，正确指挥供电系统的维护和抢修，提高维修人员对设备维护管理水平及工作效率，在车辆段供电车间设置一套电力监控系统复示工作站，配置的软硬件设备集成于车辆段综合监控系统。

8.3.4 电力监控系统通信通道

电力监控系统被控站及复示终端采用主备冗余配置的以太网接入车站（或车辆段）综合监控系统，主备网络可以实现自动或手动切换。综合监控系统所需的光纤传输通道及相应的传输设备由通信系统提供。

主变电站与地调的通信通道采用苏州供电局提供的光纤传输通道，接口方式为数字通信。

8.3.5 其他

1. 电力监控内容

电力监控内容如表 8 - 1 所示。

表 8 - 1　电力监控内容

	主变电站	牵引降压混合所	降压变电所
遥控	110 kV 断路器/电动隔离开关变压器二次侧 35 kV 断路器 35 kV 母联断路器 35 kV 馈线断路器等其他切换开关	35 kV 进线/出线断路器 35 kV 母联断路器 35 kV 馈线断路器 0.4 kV 进线、母联、三级负荷总开关 1500 V 直流电动隔离开关 1500 V 直流快速断路器 接触网电动隔离开关 35 kV 母联开关自投重合闸投切	35 kV 进线/出线断路器 35 kV 母联断路器 35 kV 馈线断路器 0.4 kV 进线、母联、三级负荷总开关 35 kV 母联开关自投
遥信	遥控开关合/分位置 自动装置位置 远方/当地开关位置 进线检压信号 主变保护信号 馈线保护信号 所用电交/直流系统监测信号 设备自检信号 自动装置动作信号 主变抽头位置	遥控开关合/分位置 自动装置位置 远方/当地位置信号 母线检压信号 35 kV 进线/出线保护信号 35 kV 馈线保护信号 整流机组保护信号 动力变保护信号 1500 V 直流馈线保护信号 0.4 kV 系统保护信号 设备自检信号 钢轨电位限制装置状态信号 所用电交/直流系统监测信号	遥控开关合/分位置 自动装置位置 远方/当地位置信号 母线检压信号 35 kV 进线/出线保护信号 35 kV 馈线保护信号 动力变保护信号 0.4 kV 系统保护信号 设备自检信号 所用电交/直流系统监测信号
遥测	110 kV 电流/电压 110 kV 主变有功功率/有功电度 110 kV 功率因数 110 kV 主变无功功率/无功电度主变二次侧电流 35 kV 母线电压 35 kV 馈线电流（交直流系统有关电量）	35 kV 进/出线电流 35 kV 母线电压 35 kV 母联电流 整流/动力变压器一次侧电流/有功功率/有功电度 整流机组输出电流 1500 V 直流母线电压 1500 V 馈线电流回流线电流 0.4 kV 进线电流/电压（交直流系统有关电量）	35 kV 进/出线电流 35 kV 母线电压 35 kV 母联电流 动力变压器一次侧电流/有功功率/有功电度 0.4 kV 进线电流/电压（交直流系统有关电量）
遥调	主变压器有载调压	—	—

2. 电力监控系统主要技术指标

（1）控制中心主站系统技术指标如下：

模拟量测量总误差≤1.5%；

站内事件顺序记录分辨率≤10 ms；

站间事件顺序记录分辨率≤20 ms；

系统平均无故障工作时间（含所有网络连接设备）：≥10000 小时；

控制中心遥控命令响应时间（此处指控制中心遥控命令下发至智能测控装置的出口响应时间）≤3 s；

控制中心遥信变位响应时间（此处指变电所智能测控装置入口至控制中心画面刷新响应时间）≤3 s；

遥测数据时间≤3 s；

画面调用响应时间≤3 s；

双机自动切换到基本监控功能恢复时间≤30 s；

远动数据传输速率≤9.6 kb/s；

遥控正确率：≥99.99%；

信号正确率：≥99.99%；

系统可利用率：≥99.98%；

系统所有服务器工作站的运行平均负荷率：≤30%；

产品绝缘强度及耐压性能满足国家有关标准。

（2）变电所综合自动化系统技术指标如下：

模拟量测量总误差≤1.5%；

站内事件顺序记录分辨率≤10 ms；

系统平均无故障工作时间（含所有网络连接设备）：≥10000 小时；

遥控命令响应时间（此处指变电所人机界面遥控命令下发至智能测控装置的出口响应时间）≤3 s；

遥信变位响应时间（此处指变电所智能测控装置入口至变电所人机界面刷新响应时间）≤3 s；

遥测数据时间≤3 s；

画面调用响应时间≤3 s；

双机自动切换到基本监控功能恢复时间≤30 s；

远动数据传输速率≤9.6 kb/s；

遥控正确率：≥99.99%；

信号正确率：≥99.99%；

系统可利用率：≥99.98%；

系统所有服务器工作站的运行平均负荷率：≤30%；

产品绝缘强度及耐压性能满足国家有关标准。

（3）电力监控系统与综合监控系统的关系及接口。

目前城市轨道交通工程包含多个自动化系统，系统集成便于资源共享，因而电力监控系统有必要集成于综合监控系统中。此时处理好电力监控系统与综合监控系统的关系及接口是十分重要的。

电力监控系统集成于综合监控系统后，综合监控系统应以电力监控系统需求作为其硬件、软件设计、施工、维护的基础，两个系统是密不可分、相辅相成的。

电力监控系统作为综合监控系统的集成对象，为综合监控系统提供受监控对象的底层监控数据。综合监控系统为电力监控系统提供电力调度、电力维护人员的人机操作平台，同时，综合监控系统的软件、硬件配置必须满足电力监控系统提出的性能指标及功能要求。

①接口分界如图8-2所示。

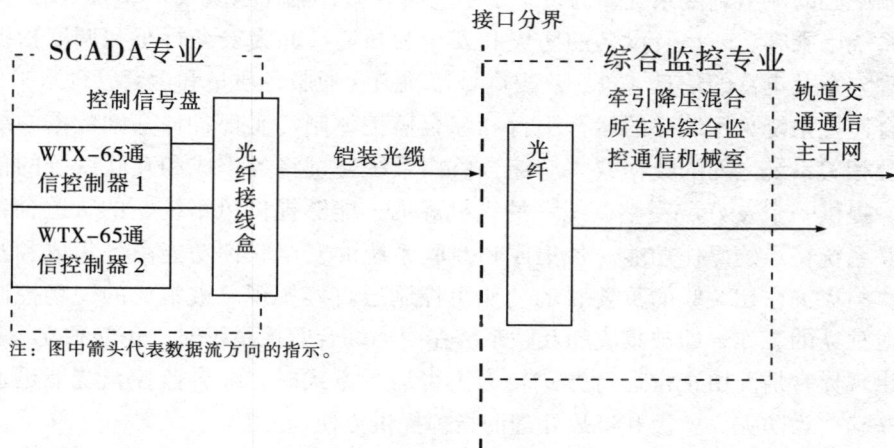

图8-2 接口分界

②接口类型、位置及数量如表8-2所示。

表8-2 接口类型、位置及数量

接口编号	接口类型	各专业接口位置	接口数量	接口用途
SCADA. LS. 01	光纤以太网、主/备通道光缆采用2根4芯室外直埋型钢带铠装光缆、104规约	SCADA：SCADA控制信号盘内的光纤接线盒综合监控：相邻牵引降压混合所车站综合监控通信机械室的光纤接线盒的光口	SCADA：每个站提供1处接口综合监控：每个站提供1处接口	实现主变电所综合自动化系统接入综合监控系统

③接口责任如表8-3所示。

表8-3 接口责任

接口分界	综合监控	SCADA
相邻车站综合监控通信机械室的光纤接线盒光口	负责车站综合监控通信机械室端子排至光纤接线盒的通信维护	负责与综合监控专业接口以下的光纤以太网接口设备、通信光缆及光缆附件的通信维护

第9章

苏州地铁控制中心电力调度系统

控制中心的电力调度系统作为一个子系统纳入综合监控系统（ISCS）。轨道交通综合监控系统以乘客、环境及设备的防灾和安全为核心，并为安全行车和调度指挥提供应急处理方案及丰富的信息，进一步提高城市轨道交通服务质量和运营管理水平。

综合监控系统采用统一的运行平台和综合监控体制，实现各种基础数据的统一管理，以及相关系统之间的数据共享。综合监控系统通过将各集成和互联系统的信息进行整合，提供一个友好、完整、统一的人机界面，能够提供风格统一的，适合各主要集成互联系统特点的操作功能。各集成和互联系统的安全联锁功能由各集成和互联系统完成，与火灾密切关联的重要联动功能由控制层直接实现。被集成的现场控制层保证能相对独立的工作，即被集成和互联系统在脱离综合监控系统时，仍能独立运行。

当出现异常情况由正常运行方式转为灾害运行方式时，综合监控系统能迅速启动相关的联动，为防灾、救援和事故处理的指挥提供方便。

9.1 轨道交通综合监控系统构成概述

轨道交通综合监控系统采用计算机网络、自动控制、通信及分布智能等技术，实现对环境与设备监控系统（BAS）、电力监控系统（PSCADA）的集成，对安全门系统（PSD）、火灾自动报警系统（FAS）、自动售检票系统（AFC）、闭路电视系统（CCTV）、广播系统（PA）、信号系统（SIG）、门禁系统（ACS）等系统的互联。对各相关机电设备的集中监控和各子系统之间的信息互通、信息共享和协调联动，确保机电设备处于安全、高效、节能和最佳运行状态，充分发挥各种设备应有的作用，从而为乘客提供一个舒适的乘车环境，并保证乘客的安全和设备的正常运行。

应用 ISCS 系统的主要用户是在城市轨道交通建设和运营中，对车站和线路上的机电设备采用集中监控、设备系统之间信息交换和协调联动方式进行管理的地铁、轻轨、有轨电车等建设和运营公司。

ISCS 系统的网络采用分布式结构，由通信传输网、中央级和车站级监控局域网、现场网络组成。ISCS 采用工业级交换设备，通过冗余技术、多层次网络技术、光纤通信、集成控制等技术手段，更好地满足高可靠性的实时监控的需要，减少故障的波及面。

ISCS 系统的硬件设备选择具备高可靠性、高容错性、可维护性好的工业级控制设备，根据现场实际情况和用户的需要，中央级、车站级监控室可配置冗余热备的服务器和操作工作站、维护工作站、交换机、事件/报表打印机、UPS 等。

ISCS 系统的软件采用模块化结构，具有很好的开放性和扩展性，具备完整远程维护和诊断功能。系统软件平台先进、成熟、可靠、开放；应用软件按中央级、车站级、现场控制级三层次编制，符合地铁 ISCS 的功能需求，人机界面新颖友好。

ISCS 系统遵循标准化、开放性的接口设计原则，支持串行数据接口、以太网数据接口和硬线接口等类型，支持 TCP/IP 协议，OPC 技术及多种通信协议，便于与子系统实现数据交互共享。

综合监控系统功能如下：

（1）设备监控功能。

实现中央级、车站级、就地级三级监控；ISCS 控制命令能分别从中央级、车站级和车站紧急控制盘（IBP 盘）自动或手动地下达执行，并具有越级控制能力，设备按优先级分级操作。

（2）报警功能。

ISCS 系统提供丰富的报警功能，用于显示、处理从子系统上传的报警信息。系统以图形、文字、弹出画面等多种方式实现报警。系统可提供实时报警页面，实现报警信息的实时文字显示；提供历史报警页面，显示报警历史记录，操作员可以按系统、车站等条件进行筛选。

（3）用户管理功能。

系统对每一位进入系统的人员进行严格的登录检查，清楚地分辨、记录进入系统和进行操作的人员，以确定管理人员的管理范围。系统分配给每个级别用户一定的权限，这些权限包括操作模式、控制权力、控制范围等。

（4）协调联动功能。

ISCS 系统汇集了各个设备系统的信息，实现各个系统之间与安全无关信息的互通和联动。联动包括日常操作联动和紧急联动，日常操作联动一般是按照时间表自动激活或操作员手动启动执行；紧急联动一般由事故触发或操作员手动触发。

ISCS 采用冗余、分层、分布式 C/S 结构，TCP/IP 协议，并采用行之有效的故障隔离和抗干扰措施。

轨道交通综合监控系统采用两级管理三级控制的分层分布式结构。两级管理分别是中央级和车站级，三级控制分别是中央级、车站级和现场级。

ISCS 由位于 OCC 的中央 ISCS（CISCS）、位于各车站的车站 ISCS（SISCS）、位于车辆段的车辆段 ISCS（DISCS），以及培训管理系统（TMS）、维修管理系统等组成。苏州地铁 1 号线综合监控系统的总体结构图如图 9 – 1 所示。

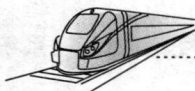

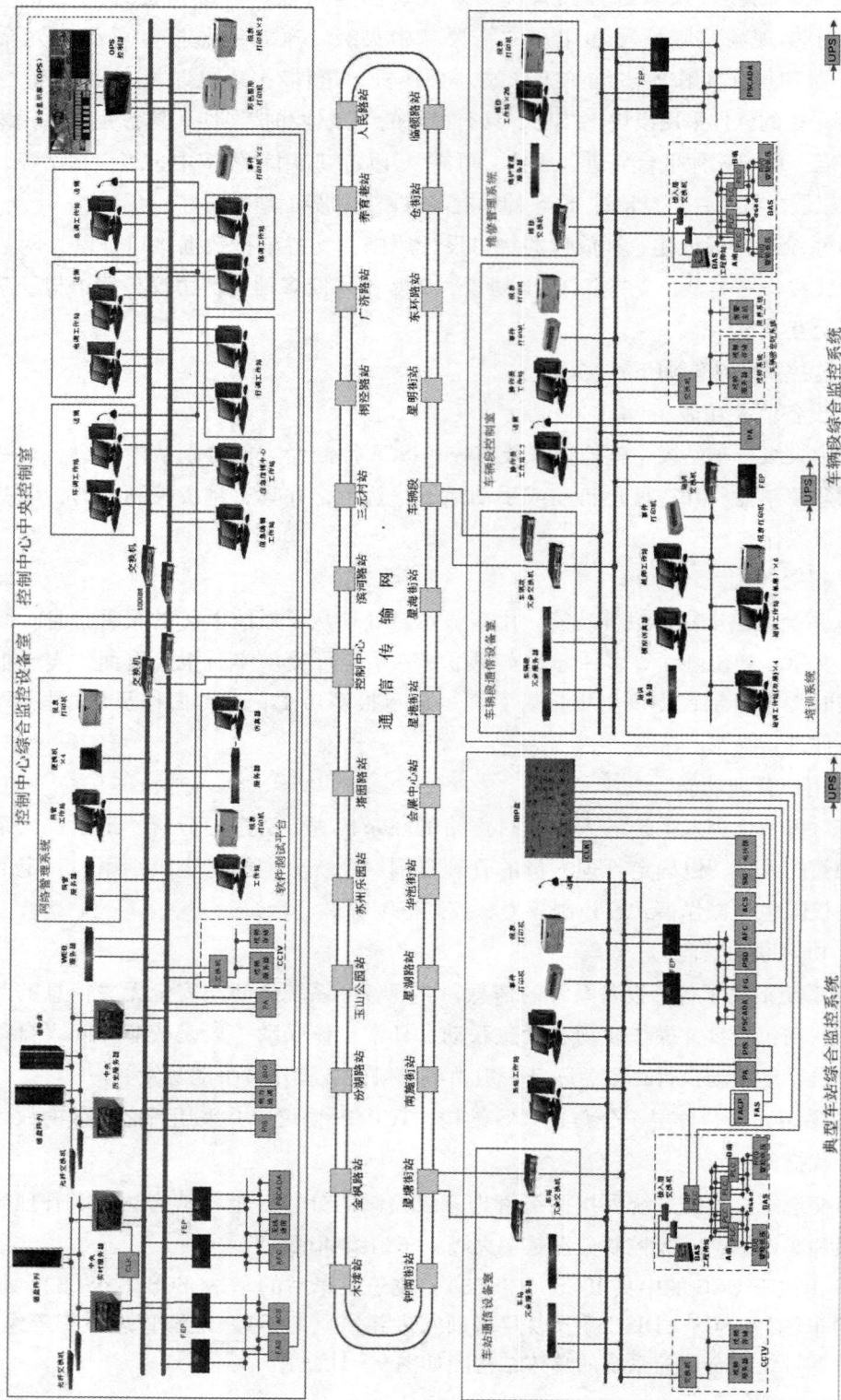

图9-1 苏州地铁1号综合监控系统的总体结构构图

9.1.1 硬件构成

ISCS 的硬件分为如下三层：

（1）中央级综合监控系统，由各种服务器、网络设备、工作站、打印机、综合显示屏等构成。

（2）车站级综合监控系统，位于各车站、车辆段，车站级综合监控系统由服务器、网络设备、工作站、打印机、综合后备盘等构成。

（3）现场级综合监控系统，包括各集成系统的控制层设备。

9.1.2 软件构成

ISCS 的软件分为如下三层：

（1）数据接口层，用于数据采集和协议转换。

（2）数据处理层，对收集到的各集成互联系统数据进行分析处理。

（3）人机接口层，用于处理人机交互，通过从车站和中央服务器获取数据，在操作站上显示人机界面，完成各种监控操作。

ISCSI 软件构成如图 9-2 所示。

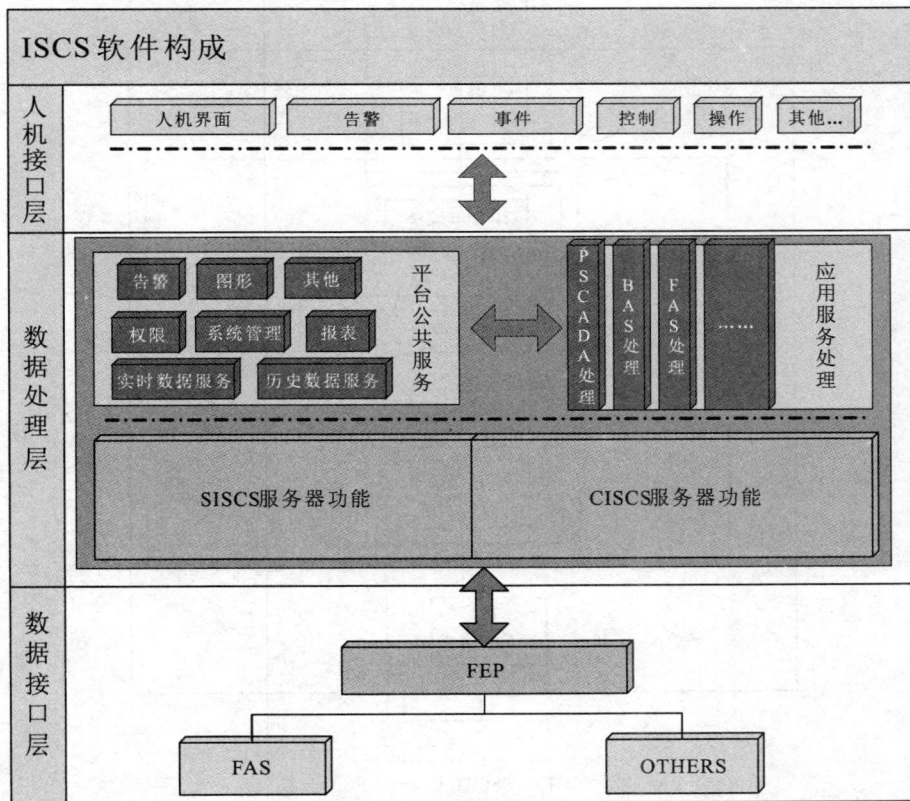

图 9-2 ISCSI 软件构成

9.1.3 网络构成

ISCS 网络采用三层网络结构，即主干层、局域层和现场层。

（1）主干层。

主干层用于控制中心与各车站、车辆段局域网的连接。

主干网络传输通道由通信传输网络提供，通信专业在控制中心、各车站、车辆段为综合监控系统提供双路冗余的主干网络传输通道，有效带宽总共是 600 Mb/s，接口形式为千兆以太网口（光口）。

控制中心、各车站、车辆段综合监控系统配置 2 个千兆交换机与通信传输系统提供的 2 个千兆网口连接形成冗余环网。主干网保证音频、视频信息的传输质量。

（2）局域层。

局域层即控制中心、各车站、车辆段、培训中心的局域网。

（3）现场层。

现场层网络指各子系统控制层网络，一般采用工业控制网络或现场总线。

综合监控系统网络结构如图 9-3 所示。

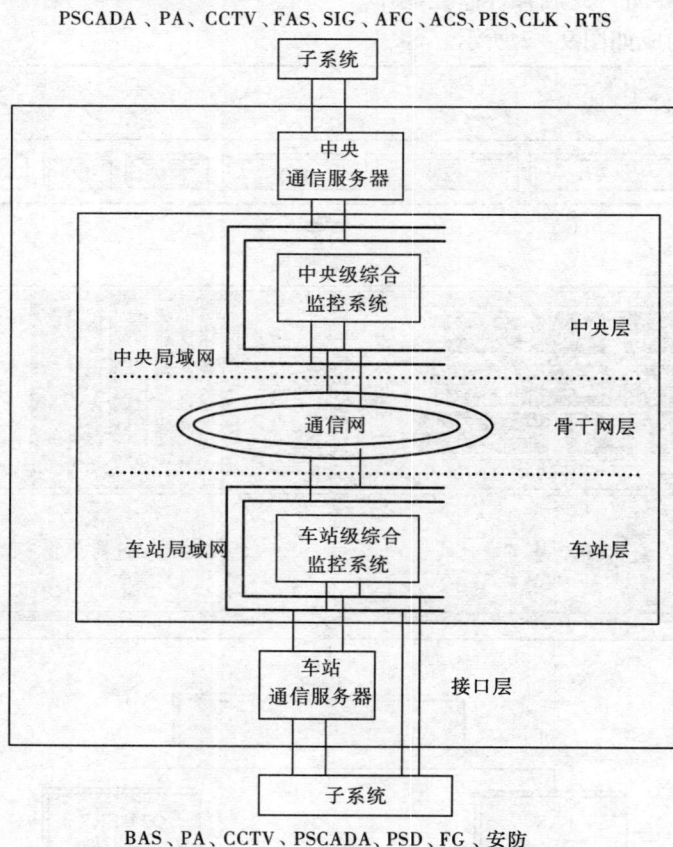

PSCADA、PA、CCTV、FAS、SIG、AFC、ACS、PIS、CLK、RTS

BAS、PA、CCTV、PSCADA、PSD、FG、安防

图 9-3　综合监控系统网络结构

9.2　电调工作站

中心电力调度设两套电调工作站，分别为主值和副值。两个席位的调度员工作站拥有相同的、可相互切换的监控权限，提供相同的功能，可以互相替代。

9.2.1　控制中心电力调度员的主要工作

控制中心电力调度员主要完成以下工作：

（1）监视全线所有变电所的供电设备工作状态，判断设备是否处于正常工作状态。

（2）监视全线所有变电所的供电设备发出的预告和事故报警，确认报警，并实施正确的操作。

（3）完成日常的电力设备控制操作，包括早间送电、晚间停电、倒闸等顺控和遥控操作。

（4）按照检修计划操作各个变电所的供电设备。

（5）在发生事故时，发出操作指令以维持运营，保护人身和设备安全。

（6）调整顺控操作序列。

（7）查阅全线所有变电所各种保护单元的整定值并可进行远程定值组切换。

（8）查阅全线所有变电所各种保护设备的故障及负荷录波和事故报告。

（9）以数值或曲线的方式查阅历史数据。

（10）查阅并生成打印报表。

（11）屏幕拷贝。

（12）向车站或变电所操作人员授予或收回操作权限。

（13）设置或解除设备操作闭锁。

（14）停止设备数据扫描和状态更新。

（15）能监视变电所摄像机视频画面。

9.2.2　监控和操作范围

电调工作站负责全线供电系统设备的监视和调度操作。部分监控范围如表9－1所示。

表9－1　部分监控范围

设备	监视	控制	报警确认	维护
110 kV 开关设备	√	√	√	保护定值、录波和故障报告查阅
110 kV 主变压器	√	√	√	

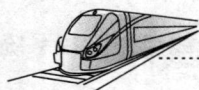

设备	监视	控制	报警确认	维护
35 kV 开关设备	√	√	√	保护定值、录波和故障报告查阅
1500 V 开关设备	√	√	√	保护定值、录波和故障报告查阅
400 V 开关设备	√	√（不含馈 出开关）	√（不含馈 出开关）	
动力变压器	√	√	√	
整流器	√		√	
牵引整流 变压器	√		√	
直流屏	√		√	
杂散电流 监测装置	√		√	
钢轨电位 限制装置	√		√	
变电所综合 自动化装置	√		√	
车辆段接触网 电动隔离开关	√	√	√	故障报告查阅
综合显示 屏系统	√（设备状态）	√（电力区域 画面切换）		
变电所 CCTV	√	√	√	

9.2.3　操作画面（包含但不限于）

电调监控站应至少提供如下画面：

①苏州轨道交通 1 号线工程线路示意图。

②供电系统示意图。

③供电设施分布示意图。

④电力监控系统构成示意图。

⑤变电所综合自动化构成示意图。

⑥各变电所主接线。

⑦正线接触网供电分段示意图。

⑧车辆段接触网供电分段示意图。

⑨程控显示画面。

⑩遥测曲线画面。

⑪电度量直方图。

⑫日报、月报、年报报表。

⑬越/复限统计报表。

⑭操作记录报表。

⑮报警细目画面。

⑯变电所视频监控画面。

9.2.4 报表（包含但不限于）

统计报表内容可分为两大类：模拟量统计和数字量统计。

模拟量统计的主要对象是各类开关的有功电量和无功电量，以及依此计算功率因数、负荷统计、电流和电压越限值和越限次数统计。

数字量统计的主要对象是开关动作、故障跳闸次数、开关遥控操作和实际动作次数统计，并计算出遥控操作成功率。

各种报表的统计的起始时间和结束时间由用户任意设定，且将报表进行分类，并长期保存，便于用户打印。

（1）常用模拟量统计报表：有功电量、无功电量和功率因数、电度统计。

模拟量统计报表统计各个变电所进线回路、变压器回路日（月/年）的有功电量、无功电量，并计算功率因数。统计各个变电所进线回路、变压器回路每小时的有功电量。汇总全线每天进线回路、变压器回路总电度量，计算出全月负荷。汇总全线进线回路、变压器回路总电度量，计算全年负荷。

电压越限：按日、月、年三种方式统计母线电压越限次数和越限总时间。

（2）常用数字量统计报表。

数字量统计报表统计开关动作（合/分）次数。按日、周、月和年四种方式统计开关动作（合/分）次数，包括交流断路器、直流断路器、直流电动隔离开关等。

开关事故跳闸次数、开关遥控操作及实际动作次数：按日、周、月和年四种统计方式。

遥控操作的成功率：按站、按开关类别分项统计，并按日、周、月和年四种统计方式。

9.3 ISCS 实现的电力监控功能要求

1. 中央级功能

1）控制功能

控制可分为单控、程控、紧急状态控制、定时控制、自动控制。

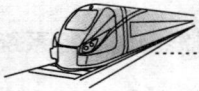

（1）单独控制。控制过程分两步进行：

第一步：首先调出被控站的主接线图，选择控制对象。若选择成功，此时跳出被选中的对象的确认画面，所选对象分别在 LCD 和投影仪上闪烁。若选择失败，亦在显示器上提示，同时 LCD 及投影仪恢复原状态显示。只有当选择成功后，方可进行后续操作。

第二步：在被选中对象的确认画面上，按下执行键，发出执行命令。若遥控成功，则 LCD 及投影仪上开关状态刷新，停闪，并有打印记录，打印颜色为黑色；若执行失败，则 LCD 及投影仪上开关恢复原状态显示，并有打印记录，其打印颜色为红色。

（2）过程控制。过程控制就其执行过程而言与单控相似，它是若干单控的组合形式，其显示打印也类似单控。在执行前进行条件状态检测，当条件或状态满足要求时，系统允许执行提示信息；当条件或状态不满足要求时，系统给出不允许执行提示信息。

程控种类：站内程控、站间程控。

程控执行步骤分为如下两步进行：

第一步：调出程控相关画面，选择程控对象，被选择中的程控项符号闪烁，同时在提示区域用汉字显示确认信息。

第二步：执行，按下执行键，发出执行命令，执行一个对象的操作，先检查预定义对象的状态。发出执行命令后，在工作站屏幕上出现两个窗口，一个窗口显示程控细目内容，一个窗口显示被控对象所在变电所主接线画面，执行结果由主接线画面的开关符号变色进行确认，并在打印机上打印，打印颜色为黑色。

如果此时被控站发生故障或程控中某个控制失败，程控被自动中止，并给出提示信息。

系统具有带条件判断处理功能，自动判断执行命令的逻辑条件是否满足要求，若满足执行条件，则继续执行下一步；若不满足执行条件，则停止执行命令，同时提示错误信息。

（3）紧急状态控制。

当现场发生紧急情况时，通过调用该控制紧急断电，达到避险或减少损失的目的。可设置自动或手动两种启动方式。

（4）定时控制。

针对轨道交通定点运行的特点，在某些规定停送电时间点，系统自动启动该控制，经调度人员确认后自动执行。

（5）自动控制。

自动控制是由特定信息启动的程控。

（6）遥控试验。

在控制中心电力调度子系统主接线画面上设置遥控试验。

2）遥信信号处理

ISCS 具有采集处理供电系统各种遥信的功能，包括变电所开关位置信号、开关设备接地刀闸位信号、变电所内事故信号和预告信号、变电所内交直流信号等等的采集。

遥信分为位置遥信和保护信号遥信。

（1）位置遥信分为单位置遥信和双位置遥信，保护遥信为单位置遥信。

位置遥信包括各种开关、刀闸、接触器的合、分状态，开关手车的工作、试验位置状态，温度检测设备的过限与否等。

（2）保护遥信包括各类保护跳闸动作重合闸动作的启动、出口、失败，各路开入错误、开出错误、采样错误、定值错误等信息，分为事故遥信和预告遥信。事故遥信指使设备停电、停运的事故信号，预告遥信指不影响设备继续运行的故障信号。

每个遥信点用户可自行定义。

3）遥测功能

（1）ISCS 具有完善的遥测量处理功能。

ISCS 具有变电所各种电气量的采集功能，包括测量对象的 ABC 三相电压、线电压、电流、零序电压、零序电流、直流电压、直流电流、杂散电流、牵变谐波、有功功率、无功功率、功率因数、变压器温度等。

（2）完成各种数据格式的转换。

ISCS 可将二进制数格式、BCD 码格式、浮点数格式等各种格式的模拟量统一转换为实时数据库支持的数据格式。

（3）ISCS 具有多种计算功能。

实时数据库可为每个遥测量配置工程值换算系数和偏移量，从而完成实际工程值的计算。一些无法直接从子站采集的数据，可在实时数据库中编辑公式计算。

（4）ISCS 具有多种统计功能。

每个遥测量都可进行 1 分钟、15 分钟、1 小时、4 小时、日最大值、日最小值、日平均值、日最大值出现时间、日最小值出现时间的统计。当采集点类型为电压时，还可进行电压合格率统计，并结合系统强大的计算功能，提供了各种综合量的计算。

电度量的统计可以分时段进行，分别按照峰、谷、平时段进行统计。电度量包括各车站进线、牵变、配变的电度量。日电量在零点清零。

遥测信号采用周期方式进行采集，最小采集周期为 1 秒。

4）遥调功能

ISCS 可对主变电站内有载调压变压器的调压开关进行调节，遥调结果在监视器主接线画面上显示。

5）遥视功能

ISCS 可在电力监控该系统平台上方便地查看各变电所内各摄像头的即时和历史画面。可通过点击摄像头在变电所内的布置图和摄像头列表选择需要查看的摄像头。

正常运行状态的画面应保存一定时间。保存时间与公共区要求相同。

对于故障状态（变电所内有故障信号和跳闸信号上传），ISCS 会将该变电所故障时候前后 5 分钟的视频自动保存，以便查找事故原因。

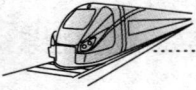

6）数据采集及显示

（1）正常运行状态的显示。

各被控站主控单元将各种信息实时地传递到控制中心综合监控系统电力调度子系统，通过 LCD 装置和综合显示屏、投影显示屏实现电力调度子系统对各被控站供电设备运行状态的监视。

（2）报警信息处理。

当被控站发生事故或预告警时，系统发出音响报警，且两者音响具有不同频率，此外还有灯光显示和打印记录。

7）控制闭锁

系统具有如下控制闭锁功能：

（1）当现场供电设备故障时，引起相应开关跳闸，则此开关控制命令被自动闭锁。

（2）当现场某一供电开关设备处于合闸位置时，另一开关的控制命令可自动被闭锁。

（3）当现场供电开关设备接地刀闸接地时，操作员可在 LCD 主接线上开关符号处设置接地标志（应尽可能自动实现），用于闭锁本开关的控制功能。

8）屏蔽功能

操作员可以对任何一个或一座变电所被控设备进行屏蔽，使之不能被遥控操作，屏蔽被解除后方可恢复遥控。屏蔽分为开关屏蔽控制和变电所屏蔽控制。

9）用户画面显示功能

配置动态显示的供电系统图、监控系统图、变电所主接线、记录、报警、牵引网供电分段示意图、程控等用户画面。另外还含有变电所盘面动态显示图。

用户画面种类和要求如下：

（1）工程线路示意图。

（2）供电系统示意图：动态显示 35 kV 供电环网及各开关柜运行状态。

（3）供电设施分布示意图：显示全线各种变电所的位置分布。

（4）电力监控系统构成示意图：包括调度所主站设备、被控站设备、通道等在内的整个电力监控系统配置情况及各设备运行状态等信息。

（5）变电所综合自动化构成示意图：包括控制信号盘，下位监控单元、所内监控网络等配置情况及各种模块运行状态等信息。

（6）各变电所主接线和牵引网线路图：动态显示各变电所的主接线、牵引网线路和设备的运行状态。根据要求主接线图上包含电流、电压、功率等显示内容。

（7）程控显示画面：在主接线图中用鼠标点中程控操作菜单后，将显示该站的程控项目窗口。

（8）遥测曲线画面：显示各遥测量（包括电流/电压、有功功率/无功功率）的趋势曲线。

（9）电度量直方图：显示有功电度量和无功电度量。

（10）日报报表：用表格的形式显示一天内的有功电度量和无功电度量及依此计算出的功率因数。报表能进行手动修改；以表格形式，显示出模拟量当日出现的最大值和最小值（电压值）及出现的时间、及过负荷情况。

（11）月报报表：用表格的形式显示一月内的有功电度量和无功电度量及依此计算出的功率因数。报表能进行手动修改；以表格形式，显示出各模拟量当月出现的最大值和最小值（电压值）及出现的时间、及过负荷情况。

（12）年报报表：用表格的形式显示一年内的有功电度量和无功电度量及依此计算出的功率因数。报表能进行手动修改；以表格形式，显示出各模拟量当年出现的最大值和最小值（电压值）及出现的时间、及过负荷情况。

（13）越/复限统计报表：以表格形式，显示出各模拟量当天越/复限出现的起始时间、结束时间及峰值/谷值。

（14）操作记录报表：以表格形式显示出操作员所进行的操作时间、结果，所有操作记录均采用黑色显示与打印。

（15）警报细目画面：用于事件发生后，操作员对事件进行处理。事件发生后画面显示事件发生的时间、地点、事件内容和事件性质（紧急或非紧急）。

（16）警报细目画面包括各被控站内警报细目和全系统警报细目，并可分别按时间、对象、性质进行检索。其记录方式应具有随时打印、定时打印、自动以电子文件保存等方式。

（17）警报接收时，显示"红色"，当操作员确认后，变为其他颜色（具体要求设计联络时确定）。

10）口令功能

对各等级的运行管理人员进行口令级别设置，以确定管理人员的管理范围，管理人员在岗位交接班时用口令替换形式完成。

11）综合显示屏投影显示功能

能够将变电所开关位置及牵引网带电状态反映到综合监控系统的综合显示屏上，提供对系统宏观整体运行状况的显示，具有紧急事件优先的特点。

12）数据打印及画面拷贝功能

所有操作、警报、报表信息均可根据需要在打印机上打印出来，当不需要打印、打印机关机或故障时，各种信息应自动保存在硬盘的指定目录内，同时对所调度终端画面均可实现随机拷贝。

13）维修、事故抢修调度功能

（1）采集设备异常或故障信号，及时通知运营维护部门进行事故抢修。

（2）根据检修维护计划申请，结合行车组织和供电系统运行状况，编制供电设施的维护检修计划。

14）模拟操作

（1）开关不下位模拟对位操作。

（2）闭锁、解锁操作。

（3）挂地线操作。

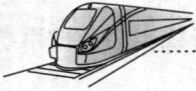

15）遥控试验

在 LCD 主接线画面上设置遥控试验按钮，各被控站远动分机内设有一个模拟试验开关。遥控试验操作过程与单控操作过程相同。

16）数据归档和统计报表功能

分门别类地保存操作信息、事故和报警信息的历史记录，以进行查询和故障分析；实现测量数据的日报、月报的统计报表。系统可根据调度人员的要求，建立各种档案报表，采用自动或手动方式录入数据；可进行定时和随时打印；数据可以以常用数据格式导出，方便运营人员在别的计算机上对数据进行分析。

17）信息查询功能

用户可通过设定时间和项目在系统中查询各种实时、历史信息。被查询的信息可以是一定时间内的变化过程，被查询的过程可以被重新演示，即过程回顾、事故重演。

18）培训功能

系统具有对操作人员、运行维护人员进行上岗培训功能，使其掌握电力监控系统的运行管理、操作、以及日常维护、故障排除、替换故障组件等业务，且对系统的实际运行不产生任何影响。

19）与相关系统信息交换功能

系统能够直接或者通过网关完成与其他相关系统的信息交换。

20）汉化功能

用户界面汉字化显示，打印机汉字化打印。系统最低配置中华人民共和国一级汉字库（GB 2312—1998，6763 个汉字）。

21）软件的维护、修改、扩展功能

系统具有对应用软件维护修改功能，当数据库或用户画面由于某些原因发生数据变化或显示有误，维护人员能调出数据库定义程序或画面编辑程序，对有关错误进行修改调整。

当系统需增扩一些对象时，维护操作人员可根据数据库及画面编辑原则，对系统进行扩容。

系统具有容错能力、自诊断、自恢复及在线修改功能。自检标志达到模块级。

22）远方通信功能

通过远方通信接口实现远方用户对网络的访问，进而实现供货商在远方对用户提供系统维护的功能。

2. 车站级功能

车站级不具有控制功能，可以监视本站变电所或临近主变电所综合自动化，监视内容和中央级相同。

3. 车辆段功能

在车辆段，ISCS 通过 SCADA 对变电所设备、接触网设备运行状态和运行参数进行实时监视，对 400 V 三级负荷总开关及主要供电回路断路器实施控制（其他开关的遥控操作只在 OCC 进行）等功能。

9.4 综合监控各系统监控权限

综合监控各系统监控权限一览表如表9-2所示。

表9-2 综合监控各系统监控权限一览表

系统类别		监 控 对 象	中 央 级										车站级	
			总调		行调		电调		环调		维调		值班站长	
			监视	控制	监视	控制	监视	控制	监视	控制	监视	控制	监视	控制
SCADA	主变电所	断路器、隔离开关	√				√	√			√		√	
		故障信号、信号位置	√				√				√		√	
		电压电流功率电	√				√				√		√	
	牵引降压所	断路器、隔离开关 进线、母连、三级负荷总	√				√				√		√	
		故障信号、信号位置	√				√				√		√	
		电压电流功率电	√				√				√		√	
	降压所	断路器、隔离开关 进线、母连、三级负荷总	√				√	√			√		√	
		故障信号、信号位置	√				√				√		√	
		电压电流功率电	√				√				√		√	
	跟随所	断路器	√				√				√		√	
		故障信号、信号位置	√				√				√		√	
		电压电流功率电	√				√				√		√	

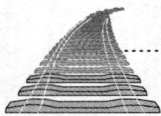

第 10 章

苏州地铁变电所综合自动化系统

10.1 系统概述及结构发展

变电所综合自动化系统是建立在现代计算机技术、数据通信技术、数字信号处理（DSP）等技术基础上发展起来的，它综合了变电所内全部二次设备功能。它以微机保护和计算机监控系统为主体，加上变电所其他智能设备构成功能综合的变电所自动化系统。

变电所综合自动化系统上行信息为送至上一级调度控制中心的信息；下行信息为变电所供电设备的信息和状态。因此，变电所综合自动化的特定功能在设计应用中，必须贯穿于上、下系统的整体总目标，保证系统整体效益的优化组合，信息数据综合处理要高度统一和规范；提高信息满足对供电系统的全面性科学管理，要有良好的可变性和可移植性，既要先进又要实用。

根据系统设计思想以及安装的物理位置不同，综合自动化系统的组态模式可以分成很多种类，且每一种类又因变电所实际情况的不同而有所差异。从系统设计思想上划分有集中式、分布式和分层分布式；从安装物理位置上划分有集中组屏、分层组屏和分散在一次设备间隔安装等形式。

1. 集中式

集中式的综合自动化系统是按功能划分的模式。系统各功能模块与硬件无关。各功能模块用模块化软件连接来实现，并集中采集信息，集中处理运算。但是对计算机的性能要求高，存在系统可扩性及可维护性较差，难以应用 DSP 技术等缺点。因此，这种模式除了在早期综合自动化系统中应用外，目前已基本被新的模式所替代。

2. 分布式

分布式组态模式一般按功能设计，采用主从 CPU 协同工作方式，各功能模块（通常是多个从 CPU）之间采用网络技术或串行方式实现数据通信，多 CPU 系统提高了处理并行多发事件的能力，解决了 CPU 运算处理的瓶颈问题。另外，可以选用具有优先级的网络系统解决数据传输瓶颈问题，提高系统实时性。分布式结构方便系统扩展和维护，局部故障不影响其他模块（部件）正常运行。

3. 分层分布式

分层分布式系统从逻辑上将变电所自动化系统划分为两层，即变电所层（所级测控主单元）和间隔层（间隔单元）。它是采用"面向对象"及面向电气一次回路和电气间隔的方法设计的，间隔层中各数据采集、控制单元和保护单元就地分散安装在开关柜上或其他一次设备附近，各个单元的设备间相互独立，仅通过通信网互联，并同所级测控主单元通信。通常，能在间隔层完成的功能一般不依赖通信网络，如保护功能本身不依赖通信网，通信网的通信可以是光缆或双绞线等，该组态模式集中了分布式的全部优点。此外，还最大限度地压缩了二次设备及其繁杂的二次电缆，节省了土建投资。系统本身配置灵活，从安装配置上处理能分散安装在间隔层开关柜上以外，还可以实现在控制室内集中组屏或分层组屏，既可以一部分集中在控制室内，另一部分集中在低压开关室内分别组屏等。系统具有很好的可扩展性和维护性。

目前，供电系统主变电所的间隔层高压设备一般采用集中式安装（也可以采用分散式安装），中压、低压设备采用分散式安装，牵引降压混合变电所、降压变电所等为分散式安装。因此，主变电所综合自动化系统采用集中式与分布式相结合的变电所综合自动化系统，其余变电所采用分层分布式变电所综合自动化系统。

变电所综合自动化系统和电力监控系统，两者功能的原则性要求是一致的，区别在于变电所综合自动化系统的监控范围为本变电所，而电力监控系统的监控范围为全线所有变电所。

10.2 系统基本构成

变电所综合自动化系统结构及设备配置情况可将其划分为主变电所综合自动化系统和牵引、降压及混合变电所综合自动化系统两类。

苏州轨道交通1号线车站级监控系统采用国电南自 NDT650 变电所综合自动化系统。采用分层分布式结构。系统由站级管理层、网络通信层、间隔设备层组成。系统以供电设备为对象，通过网络将所内 35 kV/0.4 kV 交流保护测控单元、1500 V 直流保护测控单元、交直流电源系统监控单元等间隔层设备连接起来。

（1）站级管理层为设置在综控屏内的 SCADA 操作员站、便携式维护计算机、冗余热备的通信管理装置。

（2）间隔层包括分散安装于供电一次设备中的各种微机保护测控单元、信息采集设备以及采用硬接点输出的现场设备。设备包括 400 V 及 35 kV 交流保护测控单元、1500 V 直流保护测控单元、变压器温控器、微机测控单元、杂散电流监控单元、交/直流屏、上网隔离开关、负荷开关等。各厂家的智能装置由国电南自提供的 WTS – 65 网络通信服务器进行接口及规约的转换，实现与变电所综合自动化系统的接口，其他硬接点信号可由智能测控装置进行采集，并由其实现对接触网隔离开关等的控制功能。

（3）网络通信层即为所内通信网络和接口设备，间隔单元通过所内通信网络层与站级管理层进行数据交换。

整个系统面向变电所通盘考虑，通过间隔单元与一次开关设备、CT/PT 等设备接口，

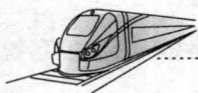

实现对变电所设备的控制、监视、测量、继电保护及数据管理、远程通信等综合自动化管理，以保证供电系统的安全可靠运行。该系统通信采用光纤以太网方式。

系统采用分散控制、集中管理的结构，即使系统网络的某一部分控制或线路受到损坏，也只有系统的这一部分瘫痪，不会影响到整个系统的运行。变电所各间隔控制采用三级控制方式，即中央级控制、所内控制信号盘上集中控制、设备本体控制。正常运行时采用远动控制，当设备检修时采用所内集中控制或设备本体控制。在开关柜上设当地/远方选择开关。三种控制方式相互闭锁，以达到安全控制的目的。

对于苏州地铁 1 号线，变电所分为主变电所、牵引降压混合变电所和降压变电所，各变电所综合自动化系统结构详见附录 1~3。

10.3 主变电所综合自动化系统构成

10.3.1 主变电所综合自动化系统概述

主变电所综合自动化系统采用集中管理、分层分布式布置结构，集中和分散布置相结合的模式。系统分为三层：站级管理层、网络通信层和间隔设备层。由设置在主变电所控制室内的工作站、控制信号屏、所内通信网络及分散式或集中组屏式布置的各微机测控、保护设备等组成，完成主变电所供电设备的控制、保护、监视及运行数据的测量及传输。

主变电站是全线供电系统的核心，供电可靠性要求高，故障影响面广，因此在主变电站采用双网冗余结构，设备通过双网接入变电所综合自动化系统。

间隔设备接口包括 35 kV L90 差动保护单元、F650 测控保护单元；110 kV 测控保护单元、主变测量保护单元、电压调节单元；交直流屏。

1. 站级管理层

站级管理层主要包括两台操作员工作站，控制信号盘（两台主控管理单元和冗余网络设备、液晶显示器等）、打印机等设备构成。站级管理层网络设备采用 10M/100M 高速工业光纤以太网，设备及网络采用双网冗余配置。

（1）主控管理单元性能及要求。

主控管理单元应采用可靠性高、处理能力强、实时响应速度快的工业级产品。

主控管理单元是主变电所综合自动化系统的信息中心，它通过不同的通信介质和通信规约，对主变电所内的各种设备的信息进行采集处理，形成标准的信息格式并通过数据通道传送到车站级综合监控系统和电力局地调中心。

主控管理单元通过通信方式，实现主变电所供电设备的集中控制、监视、测量、自动控制、数据集中管理、远程通信等自动化管理功能。每个主变电所设置两台主控管理单元，每台主控管理单元和通信层设备组成一个完整网络，构成主变电所综合自动化系统的双网配置，正常时主用主控管理单元处于工作状态，当主用主控管理单元故障时，自动起动备用主控管理单元。或根据控制中心的切换命令，实现主备主控管理单元的切换功能。

（2）音响报警装置。

由站控计算机驱动预告和事故声光报警，音量可调，可自动或手动复归，自动复归时间需可调。

2. 网络通信层

网络通信层即为所内通信网络和接口设备，间隔设备层通过所内通信网络层与站级管理层进行数据交换。设备包括交换机、光纤接口设备、通信线缆（光纤、双绞线等）。

（1）远程通信网络。

远程通信网络系指从控制信号屏网络通信接口至车站级综合监控系统和地方电力调度系统的通信网络。

主变电所综合自动化系统与综合监控系统的通信信道冗余配置，通信接口类型为10/100 Mb/s自适应以太网口（光纤接口），采用光缆连接，为2路光纤以太网，采用国际通用的、标准的、开放的通信协议，具体设计联络确定。主、备用通信通道应支持手/自动切换功能。远程通信网络、主控管理单元应与对应车站综合监控系统的通信接口和通信通道相匹配。

主变电所综合自动化系统与地方电力调度之间的通信信道冗余配置，通信接口类型为10/100 Mb/s自适应以太网口（光纤接口），采用光缆连接，为2路光纤以太网，采用国际通用的、标准的、开放的通信协议。主、备用通信通道应支持手/自动切换功能。远程通信网络、主控管理单元应与地方电力调度的通信接口和通信通道相匹配。同时在主变电所预留与地方电力调度的模拟通信接口。

正常时，主通道处于工作状态，当主通道故障时，自动起动备用通道。或根据控制中心的切换命令，实现主备网络通道的切换功能。

（2）所内通信网络及网络接口设备。

所内通信网络实现站级管理层与间隔设备层之间的通信，采用实时、可靠、抗干扰性能好的现场总线或工业以太网通信网络，根据不同间隔组成若干个子网，网络传输速率需满足系统的实时性要求，主要设备包括光电转换装置、光缆、光缆终端盒、通信节点机、通信电缆等。网络通信层总体采用双网配置，冗余备用。

3. 间隔设备层

间隔层实现将采集和处理后的数据信号，经通信电缆或光缆传输到站级管理层，各间隔单元相互独立，不相互影响。

间隔设备层包括分散安装于供电一次设备中的各种微机保护测控单元、信息采集设备、智能测控单元以及采用硬接点接入的现场设备；包括所内的110 kV/35 kV/0.4 kV交流保护测控单元、主变压器保护测控装置、交直流电源系统监控单元、电度表等间隔层设备。

整个系统面向主变电所通盘考虑，通过间隔单元与一次开关设备、CT/PT等设备接口，实现对主变电所设备的控制、监视、测量、继电保护及数据管理、远程通信等综合自动化管理，以保证供电系统的安全可靠运行。在主变电所自动化系统中：间隔层和站级管理层之间的通信方式采用光纤以太网、RS485或其现场总线方式。主变电所站级管理层采用以太网通信方式。

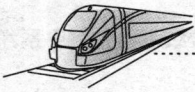

典型主变电所综合自动化系统图如图 10 - 1 所示。

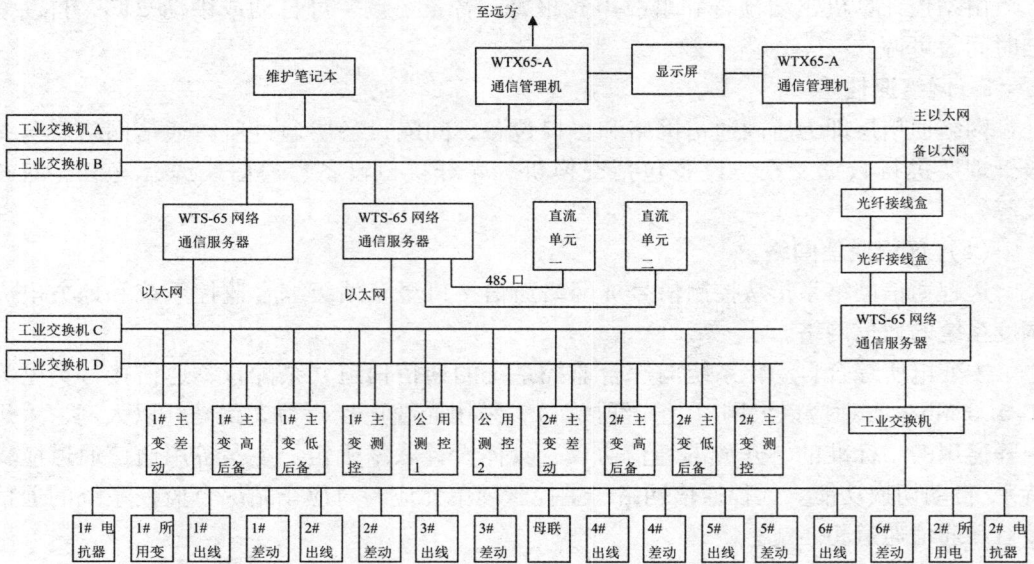

图 10 - 1   主变电所网络通信拓扑图

10.3.2   站级管理层构成

站级管理层由控制信号盘及安装于控制信号盘内的通信控制器、液晶显示器、数字 I/O、模拟 I/O、安装于控制信号盘面板上的操作把手、按钮及指示灯，用于实现所内集中监控的后台监控计算机、模拟屏、打印机，用于维护、维修的便携式维护计算机以及为集中监控台设备提供应急电源的 UPS 等设备构成。

主变电所设置一面控制信号盘，安装一套双重配置的 WTX - 65 通信管理装置。WTX - 65 通信管理装置是变电所自动化系统的信息中心，具有通信接口转换、数据收集处理、监视控制所内设备和远程通信等功能，并和 15 寸液晶显示器构成变电所内的简单人机对话界面，完成所内监控、设备调试、软件维护等人机交互功能；同时配置一套集中监控台设备，主要由高性能工业用监控计算机、21 寸液晶显示器、HP 打印机、山特 UPS 及 NDT650 变电站综合自动化软件构成，来完成整个主变电所的集中监控功能。

1. 控制信号盘硬件构成

主变电所所内控制屏如图 10 - 2 所示，由上至下的设备分别为：WTX - 65U 管理机、17 寸液晶显示器、鼠标键盘套装、WTS - 65 网络通信服务器、交换机、通用测控装置 WCK - 65C、路由器。

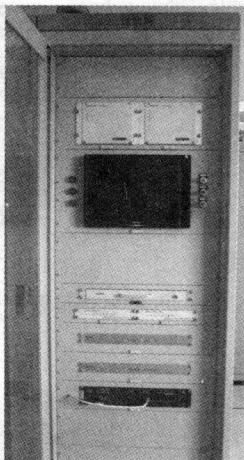

图 10 - 2　主变电所所内控制屏

1）通信控制器概述

WTX - 65 微机通信管理装置（以下简称装置）主要用于电气化铁路牵引变电所、开闭所、分区所等和当地计算机、保护、测控设备一起构成牵引变电所综合自动化系统，是牵引变电所综合自动化系统的重要组成部分。它与变电站内的保护、测控单元通过通信网络进行通信；同时可与当地监控计算机和远方调度进行通信，实现当地变电站计算机监控系统和远方调度系统功能；收集变电站内所有保护、测控装置及其他智能设备的信息，其根据需要发出事故音响报警或预告音响报警。串行通信口与其他装置的接口可以是隔离的 RS - 232C 接口，也可以是隔离的 RS - 422C、RS - 485C 接口。根据现场需要用户也可以定制其他接口，如长线驱动、光纤接口、以太网接口等。串行口的通信规约也可以根据现场的实际需要进行配置，目前支持 IEC 870 - 5 - 101、IEC 870 - 5 - 102、IEC 870 - 5 - 103、IEC 870 - 5 - 104、DL451 - 91（国标 CDT）、POLLING 等多种标准通信规约，并可根据用户要求进行特殊规约的开发。WTX - 65 微机通信管理装置正视图、背视图分别如图 10 - 3、图 10 - 4 所示。

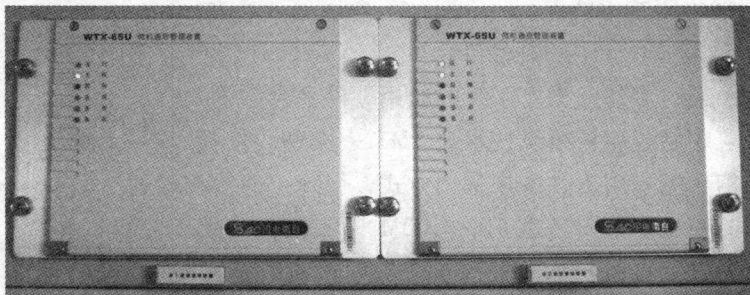

图 10 - 3　WTX - 65 微机通信管理装置正视图

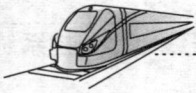

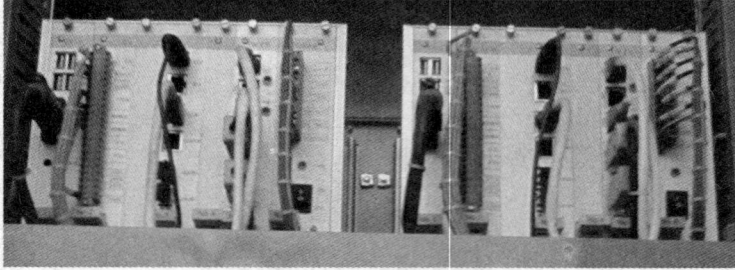

图 10 - 4　WTX - 65 微机通信管理装置背视图

（1）装置的主要功能。

①与当地监控计算机系统通信的功能：采用基于 TCP/IP 协议的 10M/100M 以太网通信，规约采用 IEC 60870 - 5 - 103 国际标准通信规约。

②与保护、测控装置通信的功能。

③与远方调度系统通信的功能：完成遥信、遥测、遥控、遥调等功能，可通过二个 RS - 232C 口或 RS - 485C 口实现，支持 IEC 870 - 5 - 101、IEC 870 - 5 - 102、IEC 870 - 5 - 103、IEC 870 - 5 - 104、SC1801 DL451 - 91（国标 CDT）、POLLING 等各种标准通信规约，并可根据用户要求进行特殊规约的开发。

④微机事故音响功能：驱动电笛、电铃发出事故、预告音响、可以自动、手动复归。

⑤通信监视功能：通过运行在 PC 机上的调试终端软件监视本机工作状态及网络、串口通信报文。

⑥自诊断功能：装置在开机时进行自我检测。

⑦程序自恢复功能：在受到外界干扰或其他原因导致程序运行出错时，系统能在一定的时间内自行恢复。

⑧双机自动切换功能：装置内两块通信管理 CPU 实现一主一备功能，当主 CPU 板出现异常时，可自动切换自动切换备用 CPU 板

（2）装置的主要技术特点。

①采用基于 32 位 CPU 的硬件平台。

②采用基于实时多任务操作系统的通用软件平台。

③采用多层印制电路板布线技术及 SMT 表面贴装技术。

④主机通信功能采用主、备热备用方式，保障了通信的畅通。

⑤和后台监控通信采用高速 10M/100M 以太网，使用 IEC 60870 - 5 - 103 国际标准规约，具有通信数据容量大、速度快、实时性高、标准化等特点，完全满足电气化铁路牵引系统的要求。

⑥具有以太网 CAN 网、RS - 485 网和 RS - 232C 等多种通信接口，通信介质可选用光纤、双绞线等。

⑦有灵活的在线、离线调试手段，可靠的下载参数及数据查询功能，满足日新月异的网络信息时代的要求。

⑧完善的自检功能，满足状态检修功能。

⑨采用整机免调节设计。

⑩采用印制板背插式机箱结构，使装置内部强、弱电回路在走线上完全分开 避免了相互干扰，提高了装置抗干扰能力

⑪外壳防护符合 IP50 的要求。

⑫高标准的电磁兼容性能、密封、抗震的机箱结构，设备可直接下放至开关场。

2）通信控制器的组成及性能

主变电所综合自动化系统采用 WTX – 65 微机通信管理装置作为站控主单元，每座变电所配置一套（双机）。WTX – 65 微机通信管理装置具有可靠性高、处理能力强、响应速度快，存储空间大的特点，通过不同的通信介质和通信规约，对变电站内各种设备的信息进行采集处理，并形成标准的信息，同时通过数据通道传输到控制中心，可以配置外置显示器等人机界面作为站内监控系统的主机，是变电站集中控制、监视、测量、自动控制、数据集中管理、远程通信的综合自动化系统的中心。

（1）通信处理单元的配置。

通信处理单元的配置具体如下：

嵌入式操作系统 WindowsXPE；

AMD CPU 主频 500M；

内存 256 DDR；

闪存 4G，硬盘 40G ~ 100G（选配）；

标准显示器、键盘、鼠标、4 个 USB 接口（内置 KVM）；

4 个 10/100M 自适应以太网口、光纤接口（选配）；

RS232/485 串口 8 个；

内置 GPS（选配）。

（2）WTX – 65 微机通信管理装置的工作模式。

WTX – 65 微机通信管理装置采用双冗余通信处理单元、双套电源模式。双套处理单元（A 机和 B 机）互为热备用（一为主机，一为备机）。正常工作时，主机负责变电所综合自动化系统数据的收发、数据转发、数据存储等工作，备机只负责变电所综合自动化系统数据的接受并进行数据存储、备份，主机与备机通过装置内部和外部的通信网络，实时进行通信，两套处理单元相互监视各自的工作状态；当主机故障或退出运行时，备机自动投入，转为主机，进行数据的收发、存储等工作；当主机恢复运行时，自动进入备用状态，只接受数据并进行数据存储、备份，保持已经转入主机的处理单元继续负责通信数据的收发、存储工作，实现变电所的监控和通信，保证变电所通信数据不丢失。

（3）WTX – 65 通信管理机结构。

WTX – 65 通信管理装置模块配置图如图 10 – 5 所示。

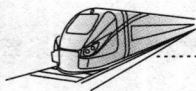

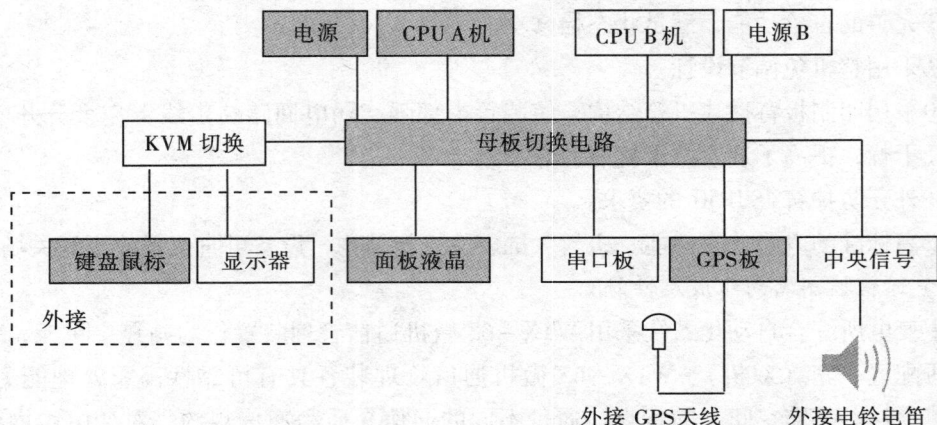

图 10 - 5　WTX - 65 通信管理装置模块配置图

WTX - 65 通信管理机采用 4U 模件背插式结构，由电源模件、主机模件，通信模件，KVM 模件，以及选配的外接显示器、鼠标键盘等外设件组成。

当相应模块出现故障时，直接更换插件。

当电源失电时，应从以下方面查找原因：确认进线电源是否有电，空气开关是否合上，电源模块开关是否合上，更换电源模块。

当通信中断，应从以下方面查找原因：通信连接线是否接好，更换通信模块，更换主机模块。

（4）WTX - 65 微机通信管理装置的容量。

WTX - 65 微机通信管理装置的容量满足变电所内所有设备的遥测量、遥信量、电度量、遥控量、遥调量的容量要求，具体容量如下：

遥测量：2048（可扩展）。

遥信量：4096（可扩展）。

电度量：128（可扩展）。

遥控量：512（可扩展）。

遥调量：32（可扩展）。

WTX - 65 微机通信管理装置所能存储的历史数据容量由装置的存储器容量决定。

（5）WTX - 65 微机通信管理装置的每套主机均配置四路独立的以太网光纤通信接口（或 RJ - 45 或两路光纤两路 RJ - 45），相互物理隔离，分别完成与变电所自动化系统和远端调度中心的连接。

3）液晶显示器的组成及性能

控制信号屏上设置 PHILIPS 15 寸 150S8 液晶显示器，采用数字通信方式与 WTX - 65 微机通信管理装置通信，显示所内所有故障、预告信号、所内各监控单元的运行状态。

4）测控装置概述

WCK - 65 微机测控装置是一种多功能测控装置，针对馈线/电容器单元或变压器单元进行实时监控功能而设计。选用 MOTOROLA 公司 32 位单片机 MC68332ACFC20 为主 CPU，具有交流采样法测量、开关量输入、脉冲量输入、控制输出及网络通信等功能。采用汉化液晶显示、中文菜单操作，调试维护方便。可广泛应用于电气化铁路牵引变电站及各种电压等级电力变电站。

（1）整套装置的主要功能。

①数据采集功能：采集变电所二次侧交流信号（电压/电流），并计算出相关的电量：电压、电流、有功功率、无功功率、功率因数、系统频率等；直流电压、电流信号采集及主变温度采集；开关量实时采集，状态变化生成 SOE 记录；脉冲量输入累计和处理。

②控制功能：控制断路器、电动隔离开关的分、合操作；控制调压变压器档位升、降、停操作。

③逻辑闭锁功能：具有网络对时和手动对时功能，时钟精度为 24 h，误差在 ±3 s 范围内；在直流电源消失时，时钟、参数、电度数据均不丢失；具有网络接口（以太网 CAN 网 RS－485 网），可选用双绞线或光纤作为通信介质与变电站自动化系统配套使用；本装置具有全汉化液晶显示屏及操作键盘，信息显示人性化，操作方便。

④自诊断功能：装置在开机时进行自我检测。

⑤程序自恢复功能：在受到外界干扰或其他原因导致程序运行出错时，系统能在一定的时间内自行恢复。

（2）整套装置的主要特点。

①采用基于 32 位 CPU 的硬件平台。

②采用基于 16 位 A/D 转换、高速采样技术的高精度数据采集系统。

③采用多层印制电路板布线技术及 SMT 表面贴装技术。

④采用基于实时多任务操作系统的通用软件平台。

⑤具有以太网、CAN 网、RS－485 网和 RS－232C 等多种通信接口，通信介质可选用光纤、双绞线等。

⑥具有完善的自检功能，满足状态检修功能。

⑦采用整机免调节设计。

⑧采用印制板背插式机箱结构，使装置内部强、弱电回路在走线上完全分开，避免了相互干扰，提高了装置抗干扰能力。

⑨外壳防护符合 IP50 的要求。

⑩具有高标准的电磁兼容性能、密封、抗震的机箱结构，设备可直接下放至开关场。

5）测控装置

测控装置采用国电南自生产的 WCK－65 微机测控装置，其输入输出接口数量满足现场的实际需要。输入采用光电隔离及防抖措施，过压、过流保护措施，输入回路的额定电压采用 DC 220 V，输出继电器接点闭合时间在 20 ms～5 s 范围内可调。测控单

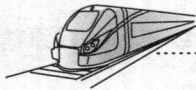

元能与站控主单元通信，并能够脱离站控主单元独立运行，完成联锁和就地控制。

WCK-65C 微机测控装置，采用模块化设计思想，配置十分灵活，各种模件在插槽总数一定的约束下可任意组合。对变电所内牵引变压器、所用变压器、变压器温度、上网电动隔离开关、轨电位限制装置以及其他硬线通信设备等进行实施监控。

WCK-65C 微机测控装置主要构成模件如表 10-1 所示。

表 10-1 WCK-65C 微机测控装置主要构成模件

序号	模件标识	模件名称	主　要　功　能
1	POWER	电源模件	提供装置电源
2	CPU	CPU 模件	数据采集计算处理
3	KR	开入采集模件	20 点开关量输入
4	KC	开出控制模件	4 个对象控制（8 个控制输出）

WCK-65 微机测控装置如图 10-6 所示。

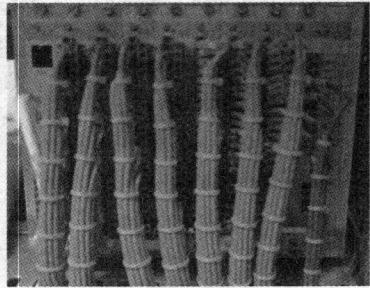

（a）正视图　　　　　　　　　　（b）背视图

图 10-6　WCK-65 微机测控装置

2. 集中监控台设备

（1）计算机。采用研华工业用控制计算机与飞利浦 22 寸液晶显示器组成监控计算机。工业用控制计算机采用研华生产的工业用控制计算机 IPC 610MB，如图 10-7 所示。

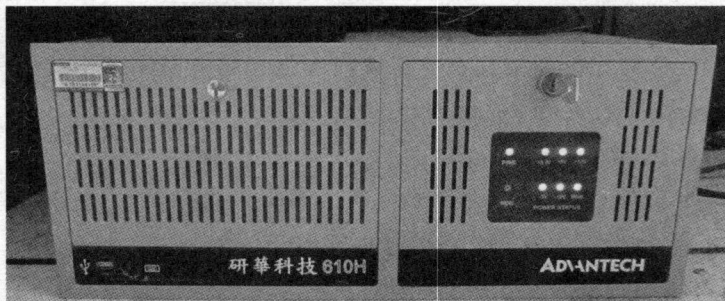

图 10-7　监控计算机

（2）打印机。采用 HP Deskjet D2568 喷墨打印机。

（3）集控台。集控台尺寸为 2000 mm×1000 mm，采用防火、阻燃材质，且坚固耐用，外形美观大方，并配有文件抽屉。

3. 模拟屏

在每个主变电所都设置有模拟屏，用以显示所内变电所主接线及开关信息等，模拟屏一般采用江阴百士特控制显示设备有限公司生产的智能马赛克模拟屏，如图 10 - 8 所示。或采用落地式立柜模拟屏，主变电所规格暂定为 2500 mm × 1600 mm × 300 mm。

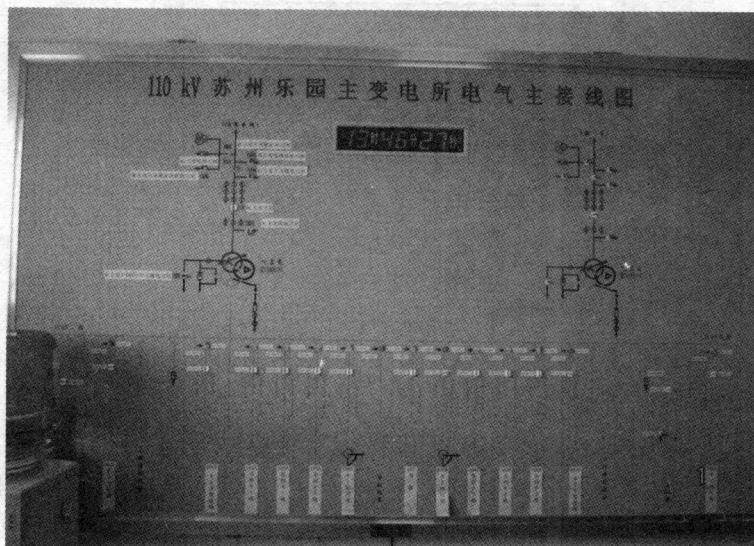

图 10 - 8　智能马赛克模拟屏

10.3.3　网络通信层构成

网络通信层由所内通信网络、远程通信网络及网络接口设备组成。

1. 所内通信网络

主变电所变电站层局域网由光纤交换以太网双网构成，数据传输率不低于 100M，采用 TCP/IP 协议和星型网络结构，交换机设备选用东土电信 SICOM3024 - 6M（S） - 16T 工业交换机两台。间隔单元按照智能设备类型各配置一台 WTS - 65 网络通信服务器，安装于间隔单元，完成站内各智能设备的通信接口及通信规约的转换，实现各智能设备与站内光纤以太网的连接。

2. 远程通信网络

远程通信网络指从通信控制器远程通信口至车站综合监控系统网络交换机之间的通信网络。控制信号盘安装一套冗余配置的 WTX - 65 通信管理装置，WTX - 65 通信管理机各主机单元中分别提供两个独立的以太网接口，互为备用，通信传输速率 100 Mb/s，分别连接到 SCADA 系统主干通信双环网上。正常时，主通信接口处于工作状态，当主通信以太网接口或主通道故障时，自动起动备用通信以太网接口，使用备用通道。

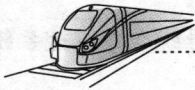

（1）双网模式。

通信管理单元各主机以双网的模式连接到通信主干网，即 A 主机通过其主备网络接口分别连接到主干网的主备网络，B 主机也通过其主备网络接口分别连接到主干网的主备网络，如图 10 - 9 所示。

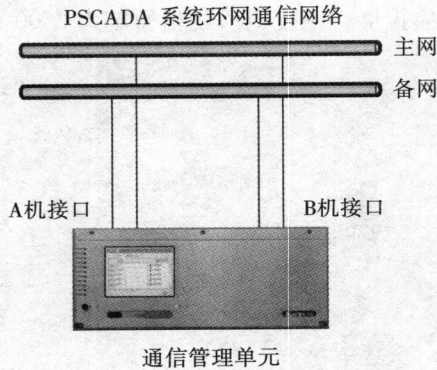

图 10 - 9　通信管理单元

在这种连接模式下，如果主干网络出现故障，各变电所只需把运行主机与调度系统的连接由 A 以太网接口切换为 B 以太网接口，即可把运行主机切换到主干网的备用网络，无需进行通信管理单元的主机切换；如果通信管理单元的运行主机出现故障，只需把出现故障的主机切换到备用主机，通过备用主机的以太网接口与运行的主干网主网进行连接，无需进行主干网的主备网络切换，避免了多个变电所同时出现通信故障而可能会造成有的变电所与调度中心通信中断的风险，真正做到了双网、双主机互为备用的运行方式。

远程通信出现故障时按下列顺序查找：确认通信管理装置出于正常工作状态，确认交换机出于正常工作状态，确认通信线缆连接正确，确认光电转换器出于正常工作状态，确认通信管理装置至车站通信室主干网端口间通信正常，确认主干网通信正常。

（2）网络接口设备。

网络接口设备包含用于完成所内通信网络与间隔层设备接口的光纤以太网转换设备及相关连接设备等。

3. 通信服务器

如图 10 - 10 所示，WTS - 65C 网络通信服务器用以将其他厂家的智能设备接进 NDT650 牵引变电所综合自动化系统。WTS - 65C 网络通信服务器可以在底层物理接口和到高层应用规约的各层次上进行双向的规约转换，让各种具备通信接口的智能设备在 NDT 650 站内网上映射成一台虚拟的兼容装置。

WTS - 65C 通信服务器采用 MOTOROLA 的 68332 微处理器，配置 3 个 10/100M 以太网口和 4 个 RS - 232/485 串行口，可用在需要转换设备比较多的场合，也可以用于单网到双网的转换。操作系统采用 Nucleus 实时多任务操作系统。

通信服务器具有丰富的规约库，支持规约上百种。

通信服务器与间隔层智能通信设备采样 RS485 通信方式连接。

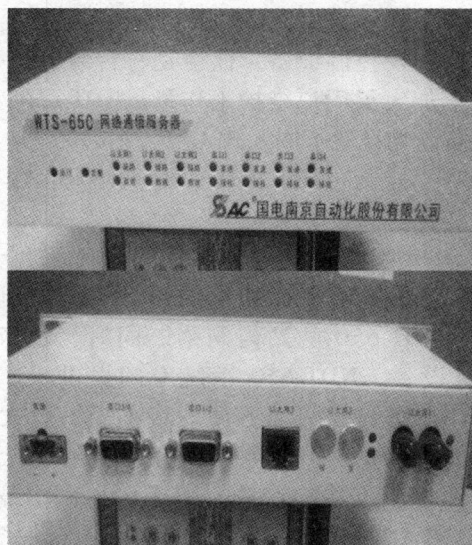

图 10 – 10　WTS – 65C 通信服务器

WTS – 65C 通信服务器接口功能如图 10 – 11 所示。

1—电源接口，全线改造前接口处为交流 220V 电源，由于电压波动有造成通信中断风险，改造加装外置电源模块；

2—串行口，1~4 全线 400 V，401、402、400、411、412 采用 modbus RTU 协议接至该串行口；

3—电口，用于外接笔记本调试；

4—光口，modbus RTU 协议经规约转换成国电南自 103 规约，再由光口接至后台

图 10 – 11　WTS – 65C 通信服务器接口功能

（1）主要用途。

①用作网络打印服务器，实现变电站内多台保护与测控装置共享一台打印机功能。

②用作变电站内其他智能设备的规约转换。

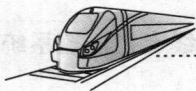

（2）功能配置。

①网络打印。传统的保护及控制设备，往往是一台装置配一台打印机，这样一方面增加了成本，另一方面也加大了用户维护工作量。NDT 650 牵引变电所综合自动化系统的所有保护及控制设备，均设置了嵌入式 CAN 网接口，并集成了 CAN2.0B 规约，从而使得多台装置共享打印机成为可能。WTS - 65 网络通信服务器就是用于实现系统中多台设备共享打印机的装置。

②规约转换。NDT 650 牵引变电所综合自动化系统采用了开放式的设计思想，因而在站内通信网络的各层都采用了标准化的设计，其他制造商的设备完全可以使用通用的技术直接接入 NDT 650 的站内网络。同时，也考虑到使用者的实际需要，为了更多地兼容已有设备，NDT 650 系统专门提供了实现异种网络互联的规约转换 WTS - 65 网络通信服务器，可以方便地将不提供以太网 CAN 网络通信功能的微机化设备连接进入 NDT 650 牵引变电所综合自动化系统的站内主干网络。

通过 WTS - 65 网络通信服务器的转换，NDT 650 牵引变电所综合自动化系统大大延伸出信息共享的触角。目前已经出现的 IED（微机化站内设备）设备类型很多，不仅包括了各种规约的微机保护产品，更还有站内电度表、直流屏、变压器有载调压装置，甚至小到各种变送器等五花八门的产品。只要能够提供完整的通信规约，各种厂家的 IED 设备基本上都能被 NDT 650 系统所兼容。

当通信服务器出现故障后，按下列次序处理：确认通信线缆连接正确，更换通信服务器。

4. 交换机

站内使用 8 光口 16 电口交换机一套，该交换机实现与站内监控系统的连接。交换机采用带网管功能的工业以太网交换机，如图 10 - 12 所示。

图 10 - 12　交换机视图

当交换机出现故障，确认不是电源故障时需更换新的交换机。

10.3.4　间隔设备层构成

间隔设备层包括：110 kV GIS 测控单元、110 kV 主变保护、110 kV 电度表以及分散安装于供电设备就地的 35 kV 开关柜内的综合测控保护单元、0.4 kV 开关柜监控单元等。

（1）主变电所接入综合自动化系统通信网络的间隔层设备包括：110 kV 主变保护、110 kV GIS 测控单元、主变有载调压开关装置、110 kV 电度表、35 kV GIS 综合保护测控装置、交直流电源装置智能监控单元、0.4 kV 低压开关柜监控单元。

（2）主变电站接入综合自动化系统通信网络的间隔层设备及其通信规约如表 10 - 2 所示。

表 10-2 通信网络的间隔层设备及其通信规约

序号	接口设备名称	接口类型	通信规约
1	110 kV 主变保护	以太网	IEC 60870-5-103
2	110 kV GIS 测控单元	光纤以太网	IEC 60870-5-101
3	35 kV 开关柜保护测控单元	光纤以太网	MODBUS-TCP/IP
4	交直流电源装置监控单元	串口通信（RS485）	MODBUS-RTU

10.4 牵引降压混合变电所综合自动化系统构成

10.4.1 站级管理层构成

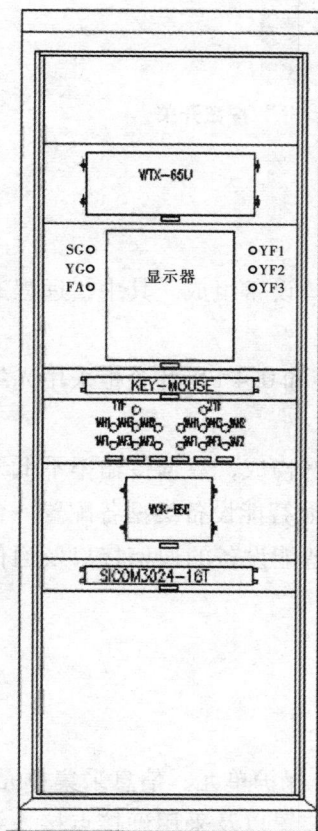

图 10-13 控制信号盘

站级管理层由控制信号盘及安装于控制信号盘内的通信控制器、液晶显示器、数字 I/O、模拟 I/O，安装于控制信号盘面板上的操作把手、按钮及指示灯，用于维护、维修的便携式维护计算机等设备构成。其中通信控制器和液晶显示器的组成及性能同主变电所，这里不再赘述。下面主要叙述控制信号盘的硬件构成和面板操作把手及信号指示灯，控制信号盘如图 10-13 所示。

1. 控制信号盘硬件构成

牵引降压混合变电所所内控制屏，由上至下的设备分别为：WTX-65U 管理机、17 寸液晶显示器、鼠标键盘套装、上网隔开显示及控制按钮、通用测控装置 WCK-65C、交换机。

控制信号盘安装在变电所控制室内，防护等级不低于 IP40。盘上设有音响报警装置，应具备故障、预告两种音响，并设置音响"投入""撤除"转换开关。音响为自动复归方式，报警时间可调整。

控制信号盘上还装设分合闸继电器、所内及所间联锁继电器、越区隔离开关联锁远动解除继电器、信号输入隔离中间继电器以及用于功能扩展的继电器等，并设置两个带锁的当地/远方转换开关，6 个带合/分信号指示灯的合/分按钮，用于对牵引降压混合所 4 个馈线电动隔离开关，两个越区电动隔离开关的控制。遥控、遥

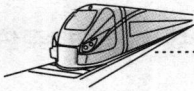

信功能通过配置的 WCK-65 微机综合测控装置实现。盘上应装有两插头和三插头的交流 220 V 和交流 380 V，容量分别不小于 10 A 的电源插座，供调试设备用电。

2. 面板操作把手及信号指示灯

牵引降压混合变电所控制信号盘设置了能对接触网电动隔离开关进行合/分操作、当地/远方转换及合/分位置信号显示。盘上设两个（上、下行接触网电动隔离开关各设一个）带锁的当地/远方转换开关，配置控制信号盘远方/当地转换开关及设备本体远方/当地转换开关实现控制方式的转换。三种控制方式相互闭锁，以达到安全控制的目的。每个接触网电动隔离开关设一个带合/分信号指示灯的合/分按钮。每个牵引变电所和牵引变电所的牵引降压混合所均设 4 个馈线电动隔离开关，2 个越区电动隔离开关，共 6 个接触网电动隔离开关。电动隔离开关的控制均经中间继电器输出，且每个越区隔离开关需设置 2 个用于闭锁的中间继电器，继电器接点数量应不低于 3 对常开和 3 对常闭。

隔离开关"当地/远方"转换开关及"合/分"按钮开关如图 10-14 所示。

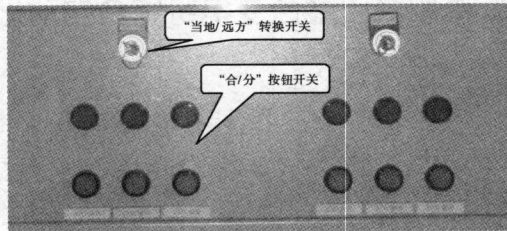

图 10-14　隔离开关"当地/远方"转换开关及"合/分"按钮开关

10.4.2　网络通信层构成

网络通信层由所内通信网络、远程通信网络及网络接口设备组成。其中，远程通信网络和网络接口设备同主变电所，这里不再赘述。

所内通信网络指 35 kV GIS 开关柜、1500 V 直流开关柜和 0.4 kV 开关柜采用光纤以太网单网结构，通过组网完成所内数字化信息传输。

牵引降压混合变电所变电站层局域网由光纤交换以太网构成，数据传输率不低于 100 Mb/s，采用 TCP/IP 协议和星型网络结构。间隔单元按照智能设备类型各配置一台 WTS-65 网络通信服务器，安装于间隔单元，完成站内各智能设备的通信接口及通信规约的转换，实现各智能设备与站内光纤以太网的连接。

10.4.3　间隔设备层构成

间隔设备层包括分散安装于供电设备就地的微机测控、保护单元、信息采集单元、直流电源监控单元等需接入变电所综合自动化系统的智能装置以及采用硬接点接入综合自动化系统的接触网上网电动隔离开关、轨电位限制装置、排流柜等现场设备。

根据间隔设备类型的不同采用光纤以太网、现场总线、硬线接入等方法将设备连成光纤以太网络。

牵引降压混合变电所接入综合自动化系统通信网络的间隔层设备包括：35 kV GIS综合保护测控单元、1500 V 直流开关柜综合保护测控单元、0.4 kV 开关柜智能信息采集单元（含跟随所）、交直流电源屏装置监控单元、上网隔离开关、轨电位限制装置、排流柜、杂散电流监测装置。

降压变电所接入综合自动化系统通信网络的间隔层设备包括：35 kV GIS 综合保护测控单元、0.4 kV 开关柜智能信息采集单元（含跟随所）、交直流电源装置监控单元、轨电位限制装置。

各间隔层设备与综合自动化系统的接口类型及采用的通信规约如表 10 – 3 所示。

表 10 – 3 各间隔层设备与综合自动化系统的接口类型及采用的通信规约

序号	接口设备名称	接口类型	通信规约	备 注
1	35 kV 开关柜保护测控单元	光纤以太网	MODBUS TCP/IP	
2	1500 V 直流开关柜保护测控单元	光纤以太网	MODBUS TCP/IP	降压所不设
3	接触网上网隔离开关	硬接点		降压所不设
4	排流柜	硬接点		降压所不设
5	0.4 kV 低压开关柜 监控单元（含跟随所）	串口通信 （RS485）	MODBUS – RTU	
6	交直流电源装置监控单元	串口通信 （RS485）	MODBUS – RTU	
7	轨电位限制装置	硬接点		

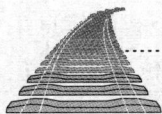

第11章

苏州地铁电力监控系统功能

11.1 控制信号盘的主要功能

控制信号盘上设有音响报警装置，应具有事故、预告两种音响，并设置音响"投入""撤除"转换开关。音响为自动复归方式，报警时间可调整。控制信号盘上还装设分合闸继电器、所内及所间联锁继电器、越区隔离开关联锁远动解除继电器、信号输入隔离中间继电器以及用于功能扩展的继电器等，并设置两个带锁的当地/远方转换开关，6个带合/分信号指示灯的合/分按钮，用于对牵引降压混合所4个馈线电动隔离开关，2个越区电动隔离开关的控制。遥控、遥信功能通过配置 WCK-65 微机综合测控装置实现。盘上应装有两插头和三插头的交流 220 V 和交流 380 V，容量分别不小于10 A 的电源插座，供调试设备用电。控制信号盘利用光纤以太网交换机及通信服务器组成光纤以太网络，实时监视系统运行情况并与综合监控系统通信。

1. 通信处理功能

控制信号盘利用光纤以太网交换机及通信服务器组成光纤以太网网络，实时监控系统运行情况并与综合监控系统远程通信；配置冗余远程通信接口，分别与双通道接口，可实现通道自动切换，完成通信规约的处理。向综合监控系统、便携式维护计算机或后台监控计算机、液晶显示屏传送变电所操作、事故、预告等信息。

通过所内通信网络，完成与各间隔单元的接口功能，并进行规约处理，实施对间隔单元的数据采集与控制输出。

2. 集中监控功能

配置液晶显示器、键盘等设备，以汉字菜单及对话框方式，实现人机对话及所内集中监控管理。

（1）控制功能：接受控制指挥中心或维护计算机的控制命令，对所内被控对象进行集中控制，远方遥控和所内集中控制操作之间需设操作切换闭锁，同一被控设备只允许由一个远方控制端对其实施遥控。操作分选择—执行两步进行。牵引降压混合变电所和降压变电所控制信号盘上还设有 I/O 模块单元，直接控制监视接触网上网电动隔离开关、轨电位限制装置等不宜装设下位监控单元的开关设备，操作方式除可使用便携式维护计算机外，控制信号盘上还应配置操作按钮和远方/当地转换开关。

（2）信息显示功能：主要包括被控对象的位置信号，各种事件信息、自检信息及动态实时主接线图、所内各智能电子装置的运行工况等。信号显示内容有事件时间、事件内容（汉字显示）等，便于维护人员的故障查找。

（3）用户画面显示功能：能动态显示变电所主接线画面和接入综合自动化系统的测控保护单元等智能电子装置的通信工况。

（4）测量集中显示功能：包括各种模拟量及脉冲量的工程值，并可对工程量转换公式进行灵活定义。

3. 时钟同步功能

通过软件对时及脉冲对时与通信时钟系统保持同步，并通过软件对时，同步各间隔单元设备等。对时精度应不大于 1 ms。

4. 音响报警功能

控制信号盘内装有钥匙开关控制音响的投入和退出，报警装置针对事故和预告信号分别启动不同的报警音响，且在一定的时间内自动解除，解除时间可以方便配置。

5. 变电所大门开启状态监视功能

控制信号盘附带门磁（以及配套的线缆）用于检测变电所对外的门的开启信号，该信号接入变电所综合自动化。

6. 维护机通信

控制信号盘通过控制信号盘光纤以太网交换机与维护计算机通信。

7. 看门狗、自诊断、自恢复功能

控制信号盘具有看门狗、自诊断、自恢复功能及系统故障诊断功能。所内任何智能电子装置发生故障，均能报警。

8. 软联锁

NDT650 变电站自动化软件具有软联锁设置工具，可以方便地进行软联锁的逻辑设置。按照 IEC－1131－3 标准设计的可编程控制功能，完成单设备的顺控、群控及全站范围内的控制逻辑闭锁。用户可以使用梯形图和功能模块描述变量之间的逻辑闭锁关系，编译并生成控制逻辑关系目标代码。操作人员在进行控制操作时，系统按照程序代码要求进行逻辑判断，当满足闭锁或联锁的条件时，将返回"不允许"操作的信息提示操作员，并不进行间隔层设备的控制操作；当不满足闭锁或联锁条件时，将以正常形式进行间隔层设备的控制操作。联锁功能调度人员不能进行撤除。

9. 控制信号盘维护及注意事项

（1）检查各装置指示灯指示状态、液晶显示器状况以及运行情况。

（2）NDT650 电力监控软件历史及当前告警信息检查。

（3）重启通信管理机 A/B 机（热启动）。

（4）NDT650 电力监控软件主接线图检查。

（5）SCADA 系统通信状态及 SCADA 系统与 ISCS 通信状态检查。

（6）检查通信管理机 GPS 对时是否正常。

（7）检查音响报警系统。

（8）各选择开关位置状态检查。

（9）KVM、鼠标、键盘、显示器状况检查。

（10）交直流电源空气开关状况检查。

（11）检查屏内温度。

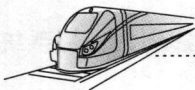

（12）检查屏内照明。

（13）综合外观检查。

（14）接地检查。

（15）屏柜外观除尘。

（16）检查门磁工作状态。

（17）检查模拟盘工作状态。

断电检修时应注意以下几点：

（1）断柜后上排直流空开时，先断右侧总开关，再断其下接开关。送电时，顺序相反。

（2）恒启工业交换机断电再送电时，21光口可能不通，看 CP 屏上通信是否中断或者看交换机前面21光口灯是否闪，不通不闪则需插拔21光口光纤。

（3）作业前将管理机、测控装置、交换机电口和 USB 口等孔洞用胶布封好，以免灰尘进入损坏设备。

（4）作业中应配戴防静电手腕带。

11.2 NDT650 变电所综合自动化系统功能

NDT650 变电站监控系统是基于客户/服务器（Client/Server）体系结构的开放式系统，图 11 - 1 所示是系统结构框图。

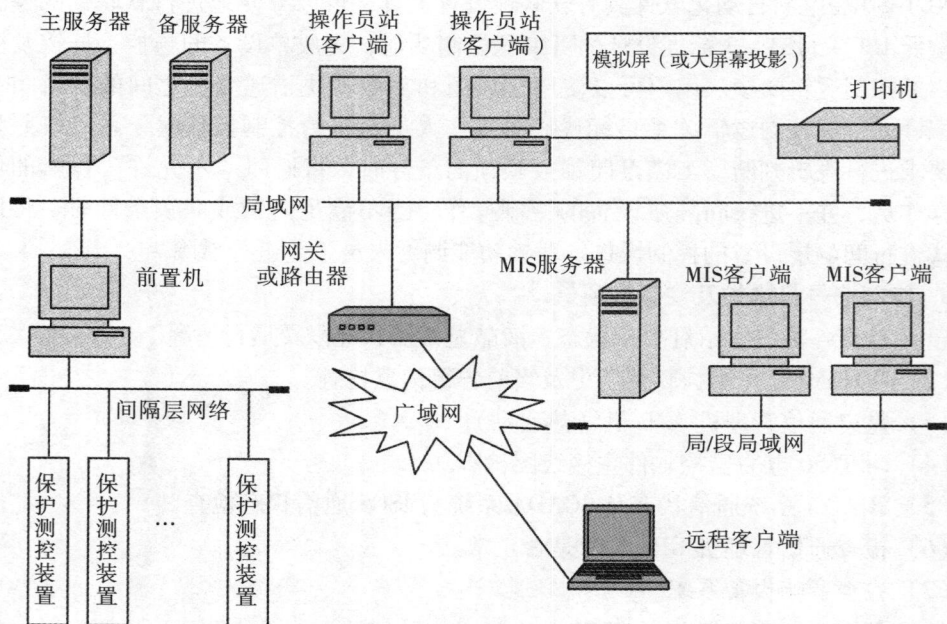

图 11 - 1 系统结构框图

系统在逻辑上由两大部分组成，即服务器系统（Server）和客户机系统（Client）。服务器的基本任务是数据维护和数据处理，并响应客户机的请求向客户机传送格式化的数据信息。客户机则负责提供用户界面，如图形、表格甚至声音、动画等。服务器和客户机可以运行在各自的硬件平台上，也可以运行在同一台机器上，服务器和客户机通过网络进行数据交换。

服务器是 NDT650 监控系统的核心。前置机是特殊类型的客户机，完成系统和现场数据的接口任务，根据具体情况可配单机或双机。为保证整个系统运转，必须至少有一台服务器处于运行状态，为保证数据的实时更新，也必须至少有一台前置机处于运行状态。系统其他各种工作站均是客户机，根据需要可以配备任意多台。全部系统也可以在一台计算机上运行，适用于一般的变电站自动化系统。

▼ 11.2.1 NDT650 变电站综合自动化系统主要软件模块

NDT650 变电站综合自动化系统主要软件模块包含以下几种：
（1）数据库系统软件；
（2）公式编译和管理软件；
（3）系统服务软件；
（4）系统主控制台界面使用和维护软件；
（5）前置机系统软件；
（6）数据录入和浏览软件；
（7）其他软件。

▼ 11.2.2 系统主要功能

（1）数据采集及处理功能。按电气间隔分布配置或集中配置综合测控终端，完成开关量、模拟量、脉冲量等信息的采集及处理，并将处理后的信息上传。

（2）控制操作功能。控制各电气间隔的断路器、电动隔离刀闸的分闸/合闸操作。控制操作可由站级工作站实现，也可在各间隔层测控终端通过手动操作完成。

（3）防误操作闭锁控制功能。系统软件对所采集的信号量可实行防误闭锁，对非采集量可与"五防"电子钥匙通信，获取状态信息，再实行防误闭锁。

（4）报警及事件记录功能。将遥测越限、正常遥信变位、事故变位、SOE、保护信息、遥控记录、操作记录等信息集中统一管理，分类记录并处理。

（5）历史记录功能。负责定期将处理后的数据保留入历史库，以供趋势分折、统计计算之用。

（6）显示打印功能。支持多窗口，分层显示各种接线图、地理图、系统图、曲线、潮流图、事件列表、保护信息、报表、三维棒图等，可人工、自动或定时打印各种报表、曲线、事件等。

（7）操作票系统功能。能生成、预演、执行、管理及打印操作票。

（8）保护设备管理功能。保护设备库管理、定值召唤及设置、保护信息的处理等。

（9）故障录波分析功能。对系统聚集的扰动数据并进行处理并保存，同时进行波

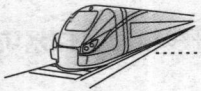

形显示、故障分析、打印等。

（10）系统自诊断与自恢复功能。

（11）远动功能。除常规的远动信息通道外，还可通过光纤或广域网，以 TCP/IP 协议传输 通信规约支持 CDT、Polling、SC – 1801、DNP、IEC. 60870 – 5 – 101、IEC. 60870 – 5 – 102、IEC60870 – 5 – 103、IEC. 60870 – 5 – 104 等通信规约。

（12）远程监视和维护功能。利用 Modem 实现远程监视及维护。

（13）各种保护功能。涵盖了铁路供电系统各种变电站的输电线路保护、主变压器保护、电容器保护及备自投等功能。

11. 2. 3　系统主要技术指标

（1）系统最大容量。

遥测量：2048 个；

遥信量：4096 个；

遥控量：512 个；

遥调量：32 个；

电度量：128 个。

（2）测控精度。

① 模拟量测量精确度。

交流电流、电压量：0.2%；

直流电流、电压量：0.2%；

功率、电度量：0.5%；

频率：0.01%。

② 脉冲输入量。

允许脉冲宽度：≥ 10 ms；

允许脉冲电平：≤ 30 V；

③ 事故顺序记录。

记录分辨率：≤ 1 ms。

④ 遥控动作成功率。

遥控动作成功率：100%。

（3）有实时数据的画面整幅调出响应时间。

画面调入：≤ 2 s（可设定）；

数据刷新：≤ 1 s（可设定）。

（4）数据处理速度。

从数据采集到主站显示：≤ 3 s（可设定）；

遥调命令传输时间：≤ 2 s（可设定）。

遥控命令选择 执行或撤销传输时间：≤ 1 s（可设定）。

（5）数据通信。

① 站内通信。

网络速率如下：

CAN 网络：1 Mb/s。

以太网络：10 Mb/s 或 100 Mb/s。

② 远方转发。

通信速率在 300 b/s、600 b/s、1200 b/s、2400 b/s、…、19200 b/s 内可调，传输介质可采用双绞线、光纤等。

（6）双机自动切换。

双机自动切换：≤ 10 s（可设定）。

（7）历史数据存档。

测量数据存档最小时间间隔为 1 min，数据保存周期不少于 2 年；保护信息、事件记录、越限记录等保存周期不少于 1 年。

（8）系统可用率。

系统可用率：99.8。

（9）平均无故障时间。

平均无故障时间（MTBF）：≥ 20000 h。

（10）使用环境。

环境温度：−5～40 ℃；

相对湿度：40%～90%；

大气压力：70～106 kPa。

11.3 系统功能应用操作示例

变电所综合自动化系统可以实现所内电压、电流、功率、电度量和开关量等信息的采集，并将信息送往调度控制中心，接收调度控制中心的控制命令，实现变电所电力监控系统的集成。所内在控制信号盘内配置一体化监控计算机，实现对所内设备工作情况的监视工作，调度控制中心电力调度工作站完成全线各所电力设备的监控工作。在正常情况下，由调度控制中心电调操作员工作站实现电力设备的控制工作，如控制开关及刀闸的合/分，变电所一体化监控工作站只进行监视功能。当维护和调试时，控制中心下放控制权，由变电所一体化监控计算机实现所内的控制和维护功能。

11.3.1 通信及四遥功能

1. 通信功能

通信管理单元是变电站综合自动化系统的信息中心，它通过不同的通信介质和通信规约，对变电站内各种设备的信息进行采集处理，形成标准的数据信息并由通信管

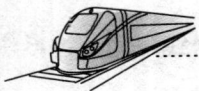

理单元经数据通道传送到调度控制中心系统。

变电所设置通信服务器 WTS－65C 和通信管理单元 WTX－65U。通过以太网总线方式连接所内各间隔层智能设备，进行规约和接口的转换，实现对间隔层设备的数据采集和控制输出；另外，WTX－65U 通信管理单元通过双通道接入光纤环网，上传变电所操作、事故、预告等信息，接收调度控制中心下发的控制命令。变电所综合自动化系统与综合监控系统的连接采用冗余的双光纤通道，当某一通道故障时，可自动切换至另一通道，从而保证与车站综合监控系统间信息的正常传输。

在变电所控制信号盘中运行 NDT650 后台监控软件，在该软件中，可方便地监视通信服务器与后台监控计算机之间的通信状态，以便于维护人员进行故障检测。

网络信息监视界面如图 11－2 所示，该画面中将显示后台计算机的节点名、节点类型、网络状态等信息。

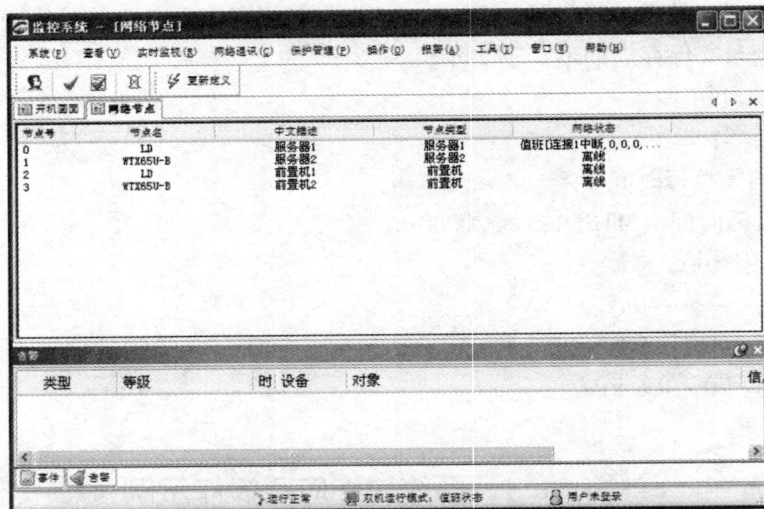

图 11－2　网络信息监视界面

2. 遥控功能

控制功能采用三级控制方式（即远程控制、所内盘上集中控制、设备本体控制），通过控制屏内的正常时控制权限在中心，由控制中心实施监控功能，此时站内监控计算机将闭锁控制功能，在紧急情况必须等到控制中心将控制权下放至变电所监控计算机，此时控制中心失去控制权限，由站内监控计算机实现控制功能，控制中心对权限的下发和收回通过控制屏内的钥匙开关完成。遥控监视画面如图 11－3 所示。

对于 35 kV、400 V 和 DC1500 V 的设备，控制的出口分散安装于开关柜上的智能装置上，通信服务器 WTS－65C 接收当地监控计算机或控制中心系统的控制命令后，通过通信口下发控制命令至智能单元，由智能单元控制出口实现开关的合分控制操作。

控制信号盘上还设有微机测控装置 WCK－65C，通过硬接点的方式与一次设备相连，直接监视和控制手动配电柜等不宜装设下位监控单元的开关设备。通信管理单元 WTX－65U 接收当地监控计算机或控制中心系统的控制命令后，下发控制命令至 WCK－65C，由 WCK－65C 控制出口实现开关的合/分控制操作。

电力调度中心下放控制权限后，NDT650 变电所综合自动化系统可以对所内任何一个可遥控的对象进行合、分遥控。所有的遥控可依照用户的预先定义执行，或者由具有操作权限的操作员单机人机界面中的按钮执行。对于关键性的控制，在正式执行前必须进行校验和确认。只要命令启动条件满足，遥控功能即可执行。系统将根据执行的情况，报告"成功执行"或"执行失败"。操作员能在控制执行之前，通过选择"确认"功能键，执行控制命令；通过选择"取消"功能键，取消控制命令执行。

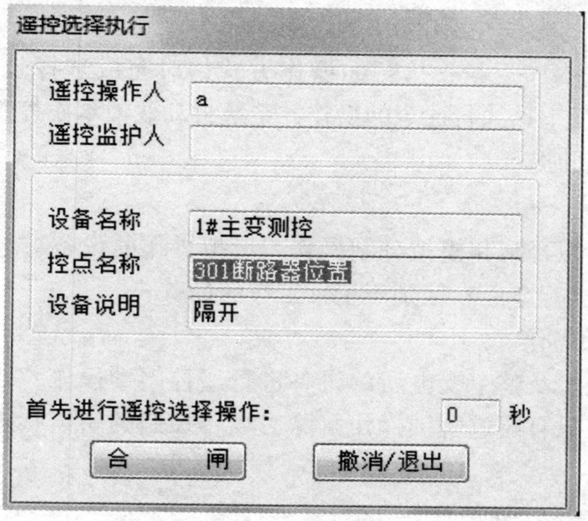

图 11-3 遥控监视画面

（1）单独控制。

单独遥控实现对系统中某一对象运行状态的控制，控制和调节对象包括：断路器、可进行遥控的电动刀闸、保护复归及定值整定等。系统操作员利用系统实现对上述对象的断路器及电动刀闸合/分、保护装置定值修改和切换等控制操作。控制命令按选点、校验、执行三个步骤执行。

当操作失败后通过下面顺序查找错误：

操作员权限是否满足；

闭锁条件是否满足；

通信通道是否通畅；

间隔层设备遥控是否成功；

手动控制是否成功；

本体操作是否成功。

（2）程序控制。

程序控制是一系列单独控制序列的顺序组合，系统提供图形、表格工具等方便用户实现对程序遥控的控制序列、执行条件的定义、编辑、修改、删除、存储、调用和管理等。为了保证系统运行的安全性，在控制过程中必须判断控制执行条件，对不满足执行条件的控制过程，系统自动终止相应的程控，撤销以下的控制操作，并给出相应提示。程控的执行支持手动一次启动、手动逐条启动、自动单步执启动。对所有的启动方式，均允许用户在程控执行过程中人为终止。遥控命令和执行结果将进行画面的显示和记录。

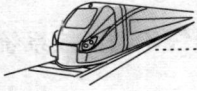

（3）遥控试验。

系统提供遥控试验功能，遥控试验操作过程和实际遥控操作相同，只是选择对象为主接线画面上的遥控试验对象，控制输出出口继电器为综控屏内的模拟试验继电器。遥控试验用于测试调度系统至变电所综合自动化系统之间的可靠性，不对实际控制对象进行操作。

控制操作只能在具备控制权限的节点上进行，对多用户操作同一设备的情况系统将终止所有对该设备的操作并给出相应的提示。

控制操作采用选择—返校—执行的操作方式，对完成选择步骤而在规定时间内（时间长短可设定）没下达执行命令的操作，系统自动取消本次控制操作，清除本次选择结果，并给出相应的提示。

（4）模拟操作。

模拟操作包括模拟合闸和模拟分闸操作，模拟操作的设备可通过不同的显示颜色（显示颜色可由用户自行定义）区别于正常工作的设备。

（5）闭锁、解锁操作。

支持对单个、批量及整个变电所的设备进行遥控闭锁操作，处于闭锁状态的设备不能进行遥控操作，只有通过解锁操作解除对设备控制的闭锁状态后，方可进行遥控操作。

（6）其他安全操作，防误操作功能。

完善的防误操作功能，对所有的操作进行安全合理性判断，自动闭锁不符合电力调度操作规程的不安全操作。维护计算机提供闭锁自定义功能，用户能依据各种闭锁条件定义闭锁关系，当现场供电设备故障时，引起相应开关跳闸，则此开关控制命令的操作被自动闭锁，人工解锁后才能进行操作。对各种重要命令和操作设置超时监视，对控制操作具有多重选择无效并给出提示的功能。在完成选择步骤而在规定时间内（时间长短可设定）没下达执行命令的操作，系统自动取消本次遥控操作，消除本次选择结果，并给出相应的提示。

3. 遥信功能

（1）位置状态遥信。

位置状态遥信有单位置遥信和双位置遥信两种情况。单位置遥信只有 0 或 1 两种状态，分别代表设备的开/关状态，双位置遥信有 00、01、10、11 四种状态代表的含义如下：

01：正常位置状态（合或分等）；

10：正常位置状态（分或合等）；

00：故障状态；

11：故障状态。

位置状态遥信包括：各种开关、刀闸、接触器的合、分状态；开关手车的工作、实验、柜外位置状态；各种开关操作手柄的遥控、就地位置状态；其他设备的信号接点位置状态等。

（2）保护信号遥信。

保护信号遥信，包括各类保护跳闸动作重合闸动作的启动、出口、失败，各路开入错误、开出错误、采样错误、定值错误等信息，分为事故遥信和预告遥信。

事故遥信指使设备停电、停运的事故信号它包含各种开关保护跳闸动作信号、重合闸启动、重合闸成功和失败、温控器检查超温跳闸、整流器三倍过载、整流器熔断器熔断、进线失压等信号。

预告遥信指不影响设备继续运行的故障信号，包含直流操作电源失电、温控箱检查超温报警、PT 熔丝熔断、CT 断线、PLC 电池失电、PLC 故障、整流器硅管超温报警、跳闸回路断线、各路开入错误、开出错误等信号。

每个遥信点用户可自行定义。遥信信息在人机界面上实时刷新，其状态可以采用0/1 数字方式或红/绿灯等方式进行显示，以便操作员及时了解现场设备的运行状态。遥信画面如图 11 - 4 所示。

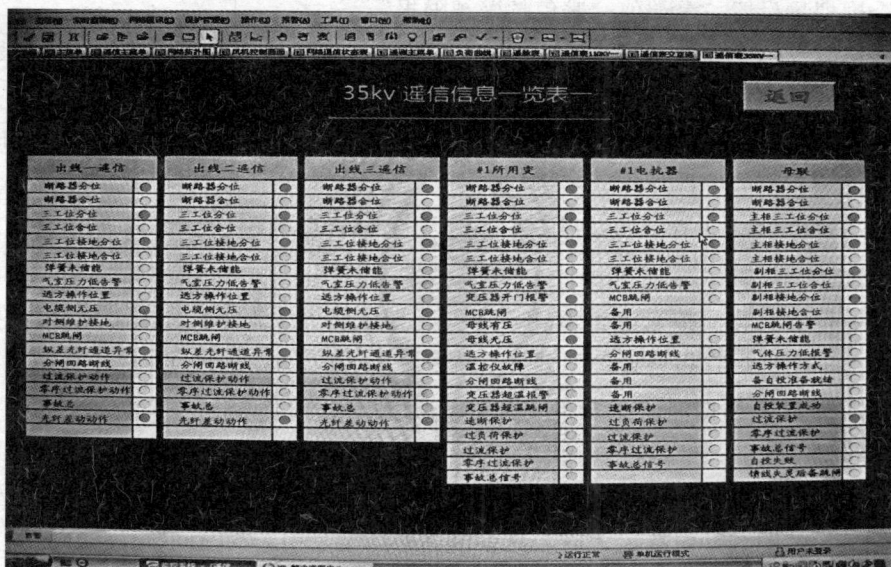

图 11 - 4　遥信画面

4. 遥测功能

（1）变电所内遥测的对象。

主要包括：有功功率、无功功率、功率因素、电流、电压、周波值、温度、轨电位及其他测量值。

可设定每个模拟量的死区值范围，仅把变化超过死区值的数据发送给当地监控系统，每个模拟量的死区值范围可在操作员工作站通过人机界面设定。扫描周期≤3 秒。

（2）模拟量数据处理。

模拟量主要包括变压器及线路的有功功率、无功功率、功率因素，变压器及线路的电流，母线电压，变压器、电抗器温度，系统频率等。

（3）处理工作。

将采集的原始数据根据工程系数转换为有名值。

进行零漂处理，设定每个值的归零范围，将近似为零的值置为零。

对数据合理性进行检查，设置最大有效值和最小有效值，如果测量值大于最大有效值或小于最小有效值，模拟状态置为无效状态，一旦数据恢复正常，模拟量状态置为有效状态。

每一模拟量设置一个合理上、下限，如果测量值大于合理上限或小于合理下限，不进行统计计算。

设定梯度限值，当收到的测量值与上一次值相比超过梯度限值，该测量值被舍弃。

设定上上限、上限、下限、下下限，对越限的测量点进行报警，报警的方式（如闪烁、推画面、自动清闪、音响报警、响铃等）可人工设定。

为避免遥测数据因瞬态干扰冲剂产生的误报警，遥测值的报警在越限持续一段时间后才产生，用户可自定义此时间的长度。

每个模拟量设置一个差值，避免频繁越限报警。

越限报警存储：存储其越限起始时间、恢复时间及越限过程中的最大或最小值，及出现该值的时间，越限的持续时间等。

当某一设备设定为检修时，与该设备相关联的测量值不进行越限报警，同时不进行该设备遥测数据的统计计算。

可以人工设定测量值，人工设定后不接受实时数据的刷新，直到人工解除，便于进行模拟试验。

当开关量状态和模拟量测量值相矛盾时，如线路开关断开，线路的电流、功率等大于归零范围时，进行报警处理，开关量位置在分位时，将小于归零范围模拟量清零。

在生成模拟量类型时，一般分为电压、电流、有功功率、无功功率、功率因素、温度、系统频率等。

每个测量值可设为是否要越限、是否进行统计计算等。

每个测量值的统计包括最大值、最小值、平均值及相应的时间统计。

测量值存储历史的周期可设定。

各测量值的状态，一般包括无效、正常、越限、人工置数。模拟量的各种状态在画面上用不同的颜色表示。颜色可按缺省定义，也可由用户定义。

测量值越限时，与之相关联的设备也以报警闪烁的方式进行显示。

可对遥测数据取绝对值。

通过公式，可由遥测数据生成各种相关计算测量值。

各遥测数据所关联的逻辑节点通信状态不同时，数据置异常标志，并用特殊的颜色显示提示用户，颜色可设定。遥测画面如图 11-5 所示。

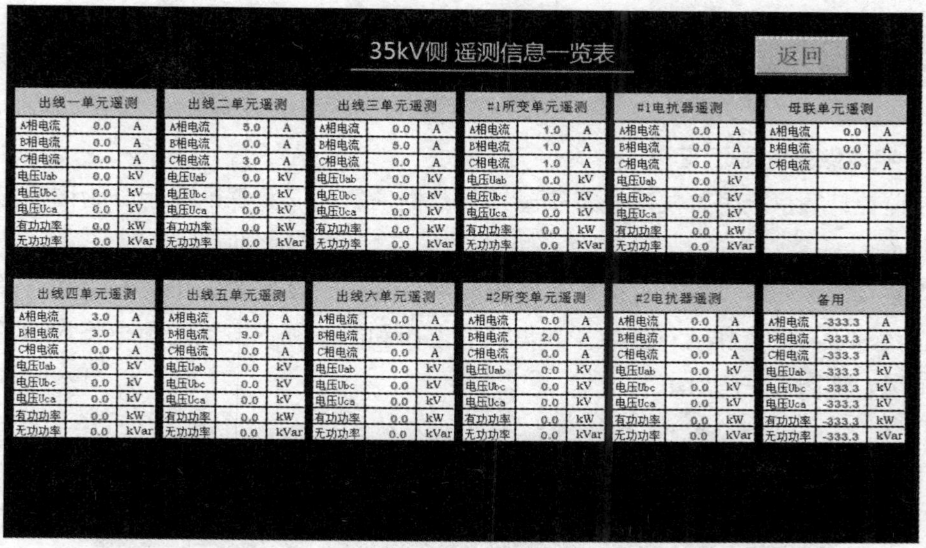

图 11-5　遥测画面

（4）人工置数。

具有权限的操作员可以通过操作命令人工设置遥信点的状态和遥测点的数值，或禁止对遥信点的采集，对于禁止操作，数据库中保留禁止前的状态，所有禁止点进入禁止点列表，如图 11-6 所示。

当系统无法采集到某个设备（如开关、刀闸等）的状态或采集到的数据不可信时，用户可以将该设备置于人工置数状态。

人工置数后的设备在图形画面上用明显的符号和颜色设置相应的标志，所有人工设置的状态量能用列表显示，并能根据该状态量所在的厂站名调出相应主接线图。

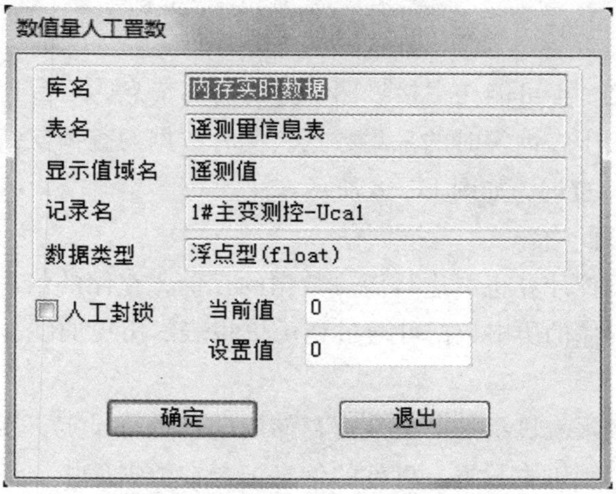

图 11-6　数值量人工置数画面

5. 遥调功能

遥调是对主变压器有载调压开关的分接头位置进行升、降、停控制的功能。

11.3.2 采样数据的显示和查询

1. 实时数据的显示查询

在监控计算机上可方便地进行实时采集数据的查询。数据的显示分为图形显示和表格显示。

在主接线图中，可以直观地显示系统的网络结构、设备的工作状态（如开关的分合状态）和设备的工作运行参数，如母线的电压和电流等，主接线图中将显示重要数据的情况，如图 11-7 所示。

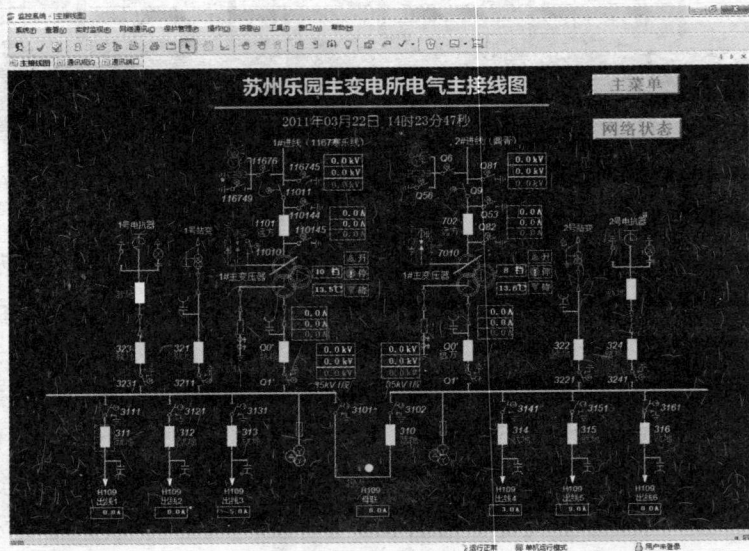

图 11-7 主接线图

对于站内的信息，不可能在主接线图上显示所有信息，后台计算机监控系统提供实时信息显示表格用于查询实时的采集数据。实时数据的查询支持按厂站查询、按节点设备（智能设备）查询，如图 11-8 所示。

2. 历史数据处理

在变电所内的监控计算机可进行历史数据的存储，存储的信息包括：测量值的存储、事件的存储。存储的历史数据可通过调历史报表、历史曲线、事件浏览器表进行显示。

用于曲线显示和报表显示的历史数据存储周期可进行设定，用户可方便地以画面或报表的形式显示存档历史数据。事件的信息记录在数据库中，通过事件一览表可对历史事件进行查询和显示。

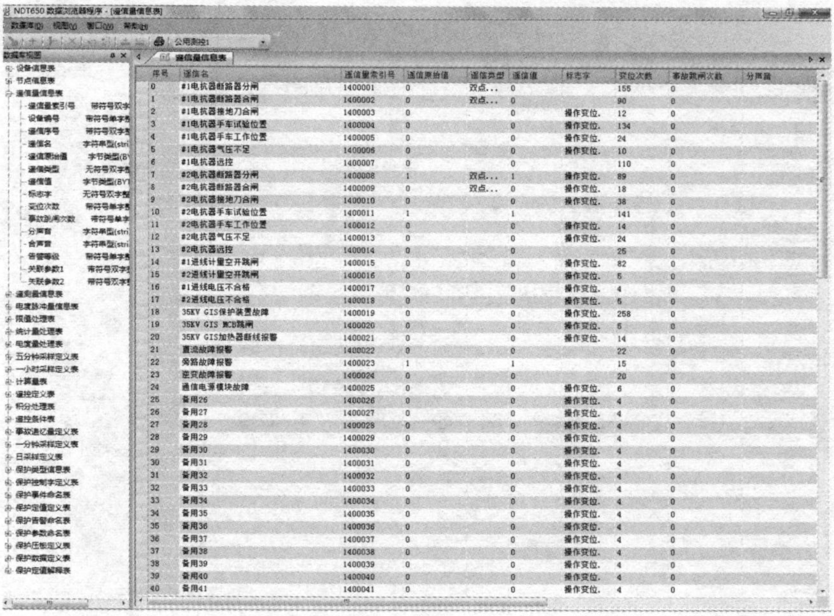

图 11-8　表格显示画面

　　系统运行的各种信息按时间先后顺序，被明确分类登录到相应的事件一览表中。事件一览表包括遥信变位表、事件记录表、遥控操作表、遥测越限表、远动信息表、网络节点表、微机保护事件表。系统中所有操作、动作事件、修改均要登录到事件一览表，各种登录表可按对象、类型、时间进行查询显示。

　　状态量事件主要包括变位事件、故障事件、保护事件、用户自定义事件、系统自诊断事件。状态报警发生后，将对象、类型、状态、发生时间、恢复时间、确认时间等信息登录到状态量一览表中，同时进行其他报警。

　　遥测越限发生时，将发生越限的对象、发生时间、恢复时间、越限过程中的最大值或最小值及该值出现的时间登录到遥测越限一览表中，同时进行报警。

　　操作登录表中包括遥控操作、权限设置、人工置数、数据或图形修改、主备机切换等。操作执行后，将操作时间、操作人、监护人、操作类型、设备记录、节点信息等记录到操作登录一览表中。其中权限设置可进一步显示每次操作所修改的权限，如图 11-9 所示。

　　SOE 登录表包括普通遥信 SOE 和保护动作 SOE。

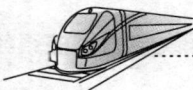

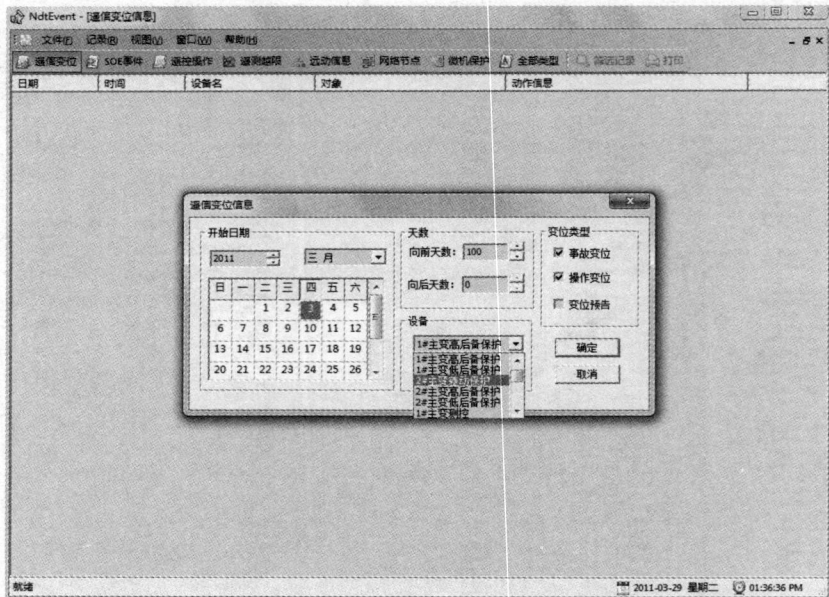

图 11 - 9　操作登录表画面

历史数据的当地和远方的维护：系统会按月自动对历史数据进行备份，维护员可随时进行历史数据的备份，删除、恢复等操作。

11.3.3　保护装置信息查询

NDT650 当地监控系统具有保护装置信息查询功能。操作员通过保护设备窗口，可方便地查看某一保护设备的保护定值，并对该设备进行上装保护定值、下载保护定值、查看保护设备压板状态、投退保护压板、读取保护设备的故障录波数据、录波数据的波形显示、查看保护设备的模拟量值，对保护设备进行广播对时、事故总信号的信号复归等操作。保护装置信息查询窗口如图 11 - 10 所示。

11.3.4　画面显示及编辑功能

当地后台计算机的图形显示图形系统由三个部分组成：设备图元编辑、画面编辑，图形显示操作，控制台。

它们分工明确，但相辅相成，共同构成图形系统的体系结构。

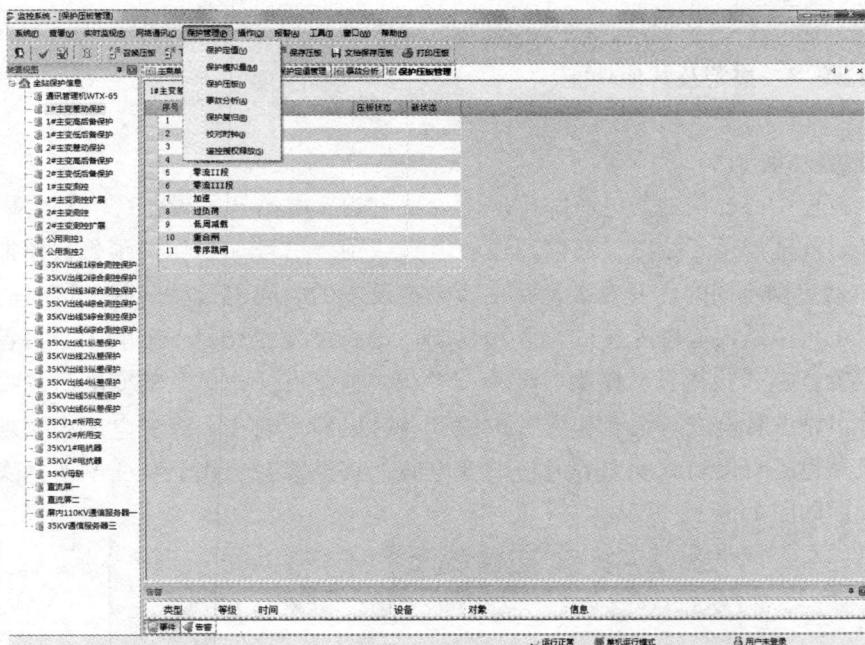

图 11-10 保护装置信息查询窗口

系统的主要画面包括:

索引画面;历史信息检索画面,包括状态登录、主接线图(总画面、35 kV 部分,DC1500 V 部分,400 V 部分);系统设备运行工况图(正常灰色,故障红色);设备工作状态图;保护压板投退图;35 kV,DC750 V 联锁示意图;遥测越限、SOE、保护事件、保护故障、操作记录);实时数据显示界面;保护录波界面;报警界面;系统维护所需的其他界面(画面编辑、组态界面)。

在计算机屏幕上显示主接线图、棒图、饼图、趋势曲线、立体图、动画、照片、地图、各种指示仪表等。画面操作具有以下功能:

(1)支持屏幕拷贝功能。

(2)可以显示多平面的组合。

(3)画面可通过画面索引、菜单、多级菜单、操作按钮、前翻、后翻等方式方便快速地调出。

(4)实时数据的显示和刷新。

(5)自动适应不同的显示器,能支持不同颜色、分辨率。

(6)下发控制命令。

(7)实时数据库操作(封锁、人工置数、等)。

(8)自动推画面(如事故时)。

注意:只有用户进行了系统登录,各种操作才可以进行。

11.3.5 报警及其他功能

1. 报警功能

在与调度中心通信的变电所综控屏上设置电铃、电笛音响设备，当发生事故（如开关变位、间隔层单元故障、通信通道故障）或预告信号（如保护预告、模拟量越限等）时自动启动不同的声音效果，并且音响在设定的时间内自动解除，该时间可以人工设置，也可由站内值班人员进行手动复归，站内报警的复归不影响中心报警，在综控屏上设置音响"投入""撤除"转换开关，其他具有操作员站的变电所的报警信号通过操作员站的音响进行语音报警，电铃、电笛报警音响在上级变电所内实现；既没有操作员站也不直接和调度中心通信的变电所，其报警音响在上级变电所内实现，报警功能画面如图 11-11 所示。

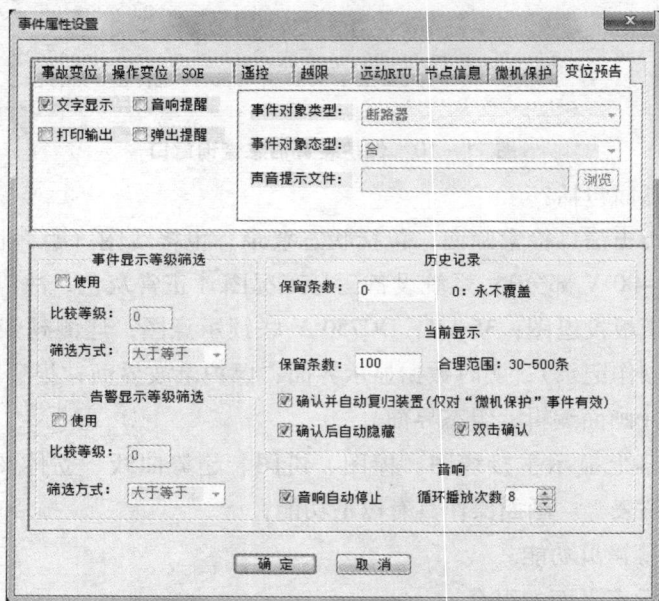

图 11-11 报警功能画面

系统发生以下情况时将启动报警：

（1）越限告警。对需要报警的模拟量设定上下限值，当越限状态发生变化时，发生越限报警，通过窗口显示文字及相关的数据变色。

（2）变位报警。当系统发生正常变位时，变位点在窗口中发生数据变色，推出文字信息，同时根据需要发生音响告警。

（3）事故报警。当厂站发生事故跳闸信息，产生事故后，系统将发生强烈告警。

（4）工况告警。当与接口设备通信中断时，系统发出明显的告警信息，以提示运行人员及时处理。各种告警信息发生后，各信息被数据库明确分类、归档，可按时间及类型分别检索及处理。

（5）音响报警。当在系统范围内发生需要引起操作员注意的情况时，控制信号盘设置音响报警回路，如图11-12所示。

图11-12 音响报警回路

音响不能正常报警时按下列顺序查询：是否禁止报警，钥匙开关是否将事故音响、预告音响投入。利用试验按钮进行测试。确认通信管理装置报警模块损坏，进行更换插件。确认电笛、电铃损坏后更换。

2. 用户权限管理

NDT650系统的用户信息存放在数据库中，用户权限管理软件用来添加、删除用户，或更改用户设置。

每一台操作员工作站上均启动用户权限管理程序，启动时系统要求用户自动输入口令。该软件是一个基于对话框的程序。按"属性"按钮，进入用户属性对话框，当前登录用户可以更改自己的口令，但是只有具有"管理用户"这一权限的用户才能设置自己以及别人的权限。

具有"管理用户"权限的用户还可以通过"新增"按钮添加新的用户，或通过"删除"按钮删除已注册的用户。注意：系统管理员不要轻易把"管理用户"这一权限赋予别人。

后台监控系统可以设置不同人员的管理权限。其操作权限管理分为：操作、监护、保护设置、画面报表维护、数据库维护、历史数据维护、系统维护。

控制操作权限：具有控制操作权限的操作员可以进行控制、人工置数等操作。

监护操作权限：监护人员监护操作员的控制操作，监护人员输入监护密码进行监护。

保护权限：具有保护设置权限的人员，可以修改保护定值。

画面报表编辑权限：具有画面报表编辑权限的人员，可以在线修改保护的背景画面、修改前景与数据库的关系，可以修改、生成报表。

数据库操作权限：具有数据库操作权限的人员，可以修改数据库的定义。

系统维护权限：具有系统维护权限的人员可以修改网络节点的配置，修改节点功能的配置，增加或删除用户，并且可设置其他用户的权限。系统中可以同时有多个具有超级权限的用户。

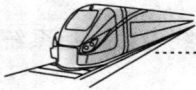

管理用户权限：进行相关维护人员的权限给予或收回。

对于不同的操作员，可赋予其一种或多种权限。系统对具有维护权限的人员对权限的每一次修改，均进行详细记录，记录修改人、修改时间、修改了哪些权限。另外任何用户都可以修改自己的口令。

权限设置画面如图 11 - 13 所示。

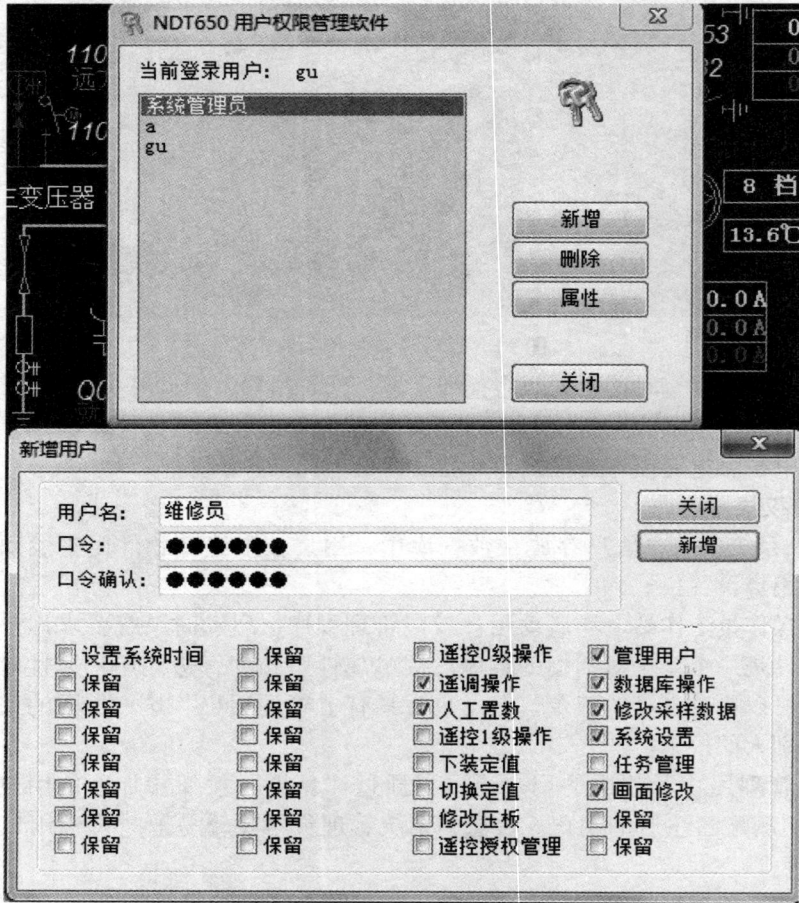

图 11 - 13　权限设置画面

用户类分为浏览、所内值班员、检修员、系统管理员、超级用户。每个用户可以归为不同的用户类。一般浏览类用户只能进行画面的浏览；所内值班员类具有操作控制权限、保护管理权限；系统管理员类具有图形编辑、报表编辑、数据库的维护权限；超级类用户可以完成系统的所有。每个用户类的权限也可以根据用户的需求方便地定义。

3. 维护计算机功能

变电所电力监控系统配置了维护用便携式计算机，维护计算机用于设备和软件的维护以及计算机发生故障时暂时替代其运行的功能。

（1）维护功能。维护计算机与通信服务器的通信采用标准以太网接口，维护人员只需将维护计算机与通信服务器以太网接口相连，利用提供的计算机监控系统软件调出、输入变电所综合自动化系统采集的数据及参数，即可自动完成对综合自动化系统的维护。每台计算机容量将覆盖全线各被控站，功能适用于全线的牵引、降压变电所。

便携式计算机提供相应的软件维护工具，完成对通信管理机、通信服务器、交换机的配置、组态、程序编程下载和远程诊断功能。维护工具具有良好的人机界面，具有直观易用的特点。

配置功能：根据装置的硬件配置情况进行相关参数的设置，如装置类型、装置板件类型和位置、装置 IP 地址、串行通信口参数。

组态功能：设置相关设备功能参数，如网络通信规约选择、网络节点配置、遥控出口时间设置等。

（2）监控功能。便携式计算机中装有与控制信号盘上一体化监控计算机中相同的监控软件，可实现与计算机相同的监视和控制功能。在一体化监控计算机故障时，替代其进行工作。

（3）数据库管理功能。利用便携式计算机可进行数据库的管理。可离线进行后台监控系统数据库的修改，然后更新至监控计算机。

监控软件采用商用和实时统一的数据库管理系统，向用户提供统一的访问接口和人机界面，用户访问数据库时，只要指出访问的数据对象具体信息类型，就可检索到相应的数据。

以图形制导的方式，建立数据库。整个数据库的索引方式采用厂站→设备名→设备类型→测点名→属性名。应用功能可以直接访问数据库的数据。对各种应用提供统一的接口。接口按照下面检索的层次进行提供。数据库检索界面按厂站→设备→设备类型→测点名→属性名来实现。

4. 软件在线维护、修改、扩展功能

系统具有在线对数据库和应用软件维护修改功能。对各种用户画面、报表和数据库进行在线修改、编辑和定义。采用人机对话输入方式，包括数据库生成，报表生成，画面生成，控制监测点参数的修改、增加和删除等，用户可根据需要增加硬件（如打印机等）和一些其他功能等，不会影响系统正常运行。

5. 时钟同步

本系统既可以通过 GPS 时钟系统及所内时钟网络实现时钟同步（各间隔层单元应该配置 GPS 时钟接口），也可以采用与控制中心软件对时的方案实现系统时钟同步，通过控制中心调度系统定时对各子站的 WTX－65 通信管理装置广播对时，然后由各子站的 WTX－65 通信管理装置对站内的其他智能设备广播对时，实现整个供电系统电力监控及全所自动化系统时钟同步。在苏州轨道交通 1 号线工程的实施中，采用调度控制中心调度系统定时对各子站的 WTX－65 通信管理装置广播对时，然后由各子站的 WTX－65 通信管理装置对站内的其他智能设备广播对时，实现对整个轨道交通供电系统电力监控及全所自动化系统时钟同步。

6. 系统故障诊断功能

系统内所有智能设备及网络设备均具有自检测功能，在发生故障时，均能自动报警，通过光纤以太网络传送至通信管理装置，并在液晶显示器上实时显示并报警。

参考文献

［1］ 魏晓东．城市轨道交通自动化系统与技术［M］．北京：电子工业出版社，2011.

［2］ 俞军燕．机电设备检修工——综合监控系统检修［M］．北京：中国劳动社会保障出版社，2011.

［3］ 李建民．城市轨道交通供电导论［M］．北京：机械工业出版社，2012.

［4］ 李国宁，刘伯鸿．城市轨道交通综合监控系统及集成［M］．成都：西南交通大学出版社，2011.

［5］ 上海申通地铁集团有限公司轨道交通培训中心．城市轨道交通变配电技术［M］．北京：中国铁道出版社，2011.

［6］ 李艇．实时工业网络设计与应用［M］．北京：人民邮电出版社，2014.

［7］ 邢彦辰，范立红．计算机网络与通信［M］．北京：人民邮电出版社，2012.

［8］ 杨云，王绍军．局域网组建、管理与维护［M］．北京：机械工业出版社，2014.

［9］ 杨扩武．牵引变电所［M］．北京：中国铁道出版社，2008.

［10］ 向晓汉．西门子PLC工业通信完全精通教程［M］．北京：化学工业出版社，2014.